科技创新与新质生产力

眭纪刚 等

编著

中国人民大学出版社
·北京·

推荐序

以科技创新引领产业创新，加快发展新质生产力

田杰棠

国务院发展研究中心产业经济研究部部长、研究员

生产力是人类社会发展的根本动力和最终决定力量，而科技创新是生产力发展的引擎。随着科技的快速发展，生产力实现从"量变"到"质变"的跃迁，由此推动人类社会从农业时代向蒸汽时代、电气时代、信息时代和智能时代不断迈进。2023年9月，习近平总书记提出加快形成新质生产力；2024年1月，习近平总书记在中共中央政治局第十一次集体学习时强调，加快发展新质生产力，扎实推进高质量发展。2024年3月5日，习近平总书记在参加十四届全国人大二次会议江苏代表团审议时指出，要牢牢把握高质量发展这个首要任务，因地制宜发展新质生产力，并就发展新质生产力做出深入阐释。这是对马克思主义生产力理论的又一次重大创新，为新时代中国式现代化实践提供了新的理论指引。

当前，社会各界围绕新质生产力开展了一系列探讨，主要集中在新质生产力概念的内涵和外延、发展新质生产力的战略意义以及当前发展新质生产力的路径等方面。这些研究对加快形成和发展新质生产力提供了重要参考。但是，对于新质生产力的学理

性解释、各类创新主体在发展新质生产力中的角色、如何以科技创新引领产业创新、区域科技创新中心如何发挥新质生产力策源地功能、政策体系如何调整完善以更好发展新质生产力等理论和实践问题，仍然缺少深入和系统的阐释。如果缺乏清晰的认识，就可能出现将新质生产力概念泛化以及在实践中一哄而上等乱象，甚至可能造成大量资源浪费，破坏了新质生产力的发展环境。

回溯人类发展的历史，科技创新始终是推动生产力发展的关键力量。在历次生产力跃迁中，能够成功实现引领的国家往往都是世界科技强国、产业强国，它们是重大科学发现、高技术产业发展的策源地。当前，新一轮科技革命和产业变革正在蓬勃发展，诸如前沿科技取得重大突破、新兴业态不断涌现均已成为产业变革、生产力发展的动力源泉和世界各国竞争的焦点。我国科技和产业发展在经历了技术快速追赶阶段后，正在迎来从跟跑走向并跑乃至领跑的新历史时期，科技创新在推动生产力发展中的作用更加凸显。新质生产力是相对传统生产力"质"的跃升，实现这一跃升仅靠技术吸收和模仿创新是远远不够的，需要更加重视原始创新和前沿性、颠覆性技术突破，不断开辟新领域新赛道，塑造发展新动能新优势。

新质生产力的发展离不开各类创新主体的持续努力，进而形成了企业、大学、科研院所等多元主体协同、整体效能不断提升的国家创新体系。与发展新质生产力的要求相比，当前我国创新主体的功能定位还存在一定交叉重复，国家战略科技力量还需进一步加强，企业在科技创新体系中的主体地位仍需继续强化，高校的基础研究水平有待持续提升，科研院所的国家使命导向作用还未充分发挥，原始创新能力和支撑国家安全、经济发展的能力还有待进一步提升。如何促进各类创新主体紧密合作、创新要素有序流动、创新生态持续优化、创新体系效能整体提升，是发展新质生产力的一个重要着力点。

推荐序

产业是新质生产力发展的载体和根本落脚点。从党的二十大报告部署"建设现代化产业体系",到二十届中央财经委员会第一次会议研究"加快建设现代化产业体系",再到"新质生产力"的提出,表明在新的历史起点上,围绕构建现代化产业体系发展新质生产力的战略目标逐渐明确。当前,战略性新兴产业和未来产业是形成新质生产力的主要阵地,传统产业升级是发展新质生产力的基础支撑。战略性新兴产业是对经济社会全局和长远发展具有重大引领带动作用的产业,在很大程度上决定着一个国家的综合国力及至核心竞争力。未来产业尽管处于产业生命周期的早期阶段,因而产业成熟度较低、不确定性较高,但代表着未来科技与产业发展的新方向,是全球竞争中赢得先机的关键所在,也是全球经济格局变迁中最活跃的力量。传统产业量大面广,仍然可以依靠科技创新焕发出新的活力。需要对产业创新进行梯次、前瞻布局,使科技创新的突破性成果及时转化为产业发展的强大动力。

区域科技创新体系是创新要素集聚地,是加快形成新质生产力的关键支撑。科技创新资源和创新活动向少数发达城市和地区集聚是全球科技创新的重要规律和趋势。习近平总书记指出,尊重科技创新的区域集聚规律,因地制宜探索差异化的创新发展路径,加快打造具有全球影响力的科技创新中心,建设若干具有强大带动力的创新型城市和区域创新中心。党的十八大以来,我国先后布局建设了京津冀、长三角、粤港澳大湾区三大科技创新高地,以及成渝、武汉、西安、合肥等区域科技创新中心。这些区域主动瞄准世界科技前沿、聚焦国家重要战略需求和经济社会发展需求,在创新要素集聚配置、战略科技力量培育、原始创新策源地建设、全面创新改革实验等方面走在了前列。下一步,我国需要持续增强区域创新活力,补齐短板、发挥优势,因地制宜地形成各具特色的区域科技创新模式,发挥其对新质生产力形成和发展的支撑作用。

加快形成和发展新质生产力离不开良好的政策和制度环境，这需要构建与新质生产力相适应的新型生产关系，其核心是处理好政府与市场的关系。第一，应持续营造有利于科技创新的制度环境，尤其是要破除制约企业公平参与市场竞争的障碍，允许并持续鼓励多种技术路线竞相发展，真正激励广大企业参与优胜劣汰的创新竞争并获取创新收益。第二，应积极培育新技术、新业态的应用市场。尤其要促进前沿技术的商业化应用和价值创造，支持具有竞争潜力的技术能够不断实现迭代优化并在规模化生产中实现成熟应用。第三，在当前全球激烈竞争的背景下，应充分发挥我国社会主义市场经济的制度优势，统筹科技、教育、人才、成果转化、知识产权等领域的政策，形成发展新质生产力的政策合力。同时，我国还应不断推进高水平开放，在开放创新中发展新质生产力。

关于新质生产力的文献与著作并不鲜见，而本书的特点在于抓住了"新质生产力的核心是创新"这一关键特征，然后从内在学理、创新主体、产业创新、区域创新、创新政策等角度，对科技创新与新质生产力发展的关系进行了全面剖析。本书凝聚了中国科学院科技战略咨询研究院中青年学者的心血和才智，他们长期关注科技创新政策，并基于各自擅长的研究领域撰写相关篇章，是一本系统性阐述"加强科技创新对新质生产力的引领作用"的优秀著作，值得广大科技与经济管理工作者、政策研究者、企业家以及对科技创新与经济发展感兴趣的各界朋友深入品读。希望学界涌现出更多优秀成果，在繁荣学术研究的同时，也能为发展新质生产力和制定相关政策提供重要参考价值。

前　言

科技创新：新质生产力的强大引擎

生产力是人类改造自然和征服自然的能力，是推动社会进步最活跃、最革命的要素。历史上的几次工业革命，都是科技革命引发的生产力大爆发，从而带领人类从传统农业社会进入现代经济社会。在此过程中，生产工具不断变革和升级，从原始的简单工具和手工生产，逐渐发展成机械化、电气化、信息化的高科技设备和现代大工业生产。

在当代社会，新一轮科技革命与产业变革蓬勃发展，并使生产力有了新的内涵和表现形式。正是在这一时代背景下，习近平总书记于 2023 年 9 月在黑龙江省哈尔滨市主持召开新时代推动东北全面振兴座谈会时强调："加快形成新质生产力，增强发展新动能。"习近平总书记在 2023 年的中央经济工作会议和中共中央政治局第十一次集体学习时再次强调"发展新质生产力"，表明发展"新质生产力"不仅为推动东北全面振兴指明了方向，也对全国其他地区深入实施创新驱动发展战略具有重大指导意义。因此，加快形成和发展"新质生产力"是党中央根据我国发展阶段和内外部环境变化做出的具有根本性、全局性、长远性的重大战略判断，体现了党和国家对现代化产业体系发展的谋划及布局。

新质生产力是由技术革命性突破、生产要素创新性配置、产业深度转型升级而催生的当代先进生产力，它以劳动者、劳动资料、劳动对象及其优化组合的质变为基本内涵，以全要素生产率提升为核心标志，是在新生产条件下由科技创新与转化、产业升级与换代所产生的新型生产力。新质生产力的"新"主要包括新要素、新技术、新业态；新质生产力的"质"主要区别于传统发展方式中偏重"数量"的投入，而是强调高素质人力资本、生产工具的技术含量以及绿色低碳等高质量发展方式。

新质生产力的本质是创新驱动，而这种创新驱动的关键在于新技术的突破，它通过与劳动者、劳动资料和劳动对象的结合实现在生产中的应用，从而产生新的更为强劲的发展动力。发展新质生产力，就要发挥科技在产业发展中的重要作用，以科技创新驱动产业变革，提高全要素生产率。从工业革命以来，人类社会区别于传统社会的特点就在于能把科学技术系统地、经常地应用于商品生产和服务业。这种持续的科技创新已成为生产力发展不可或缺的因素。

当然，发展新质生产力不仅仅是科技创新，科技成果要想转化为现实生产力，必须依托产业这一重要载体。新质生产力是新兴产业和未来产业发展的基础及支撑，而新兴产业和未来产业则是新质生产力不断发展与应用的现实场景和表现形式。在新质生产力发展过程中，科技与产业相互渗透，科学-技术-产业已形成一个有机的整体过程，使得许多科技创新成果转化为产业应用的周期大大缩短，技术变革正在加速转化为现实生产力。因此，推动新质生产力的形成既要加强科技创新驱动力，又要加快新兴产业的培育壮大。

新质生产力是生产力领域的重大变革，还需要与之相耦合的"新质生产关系"，即能够促进科技不断创新，并能将科技成果转化为现实生产力的一系列制度和体制，包括科技体制、创新体系、科技政策、创新政策、产业政策、市场政策、教育政策、人才政策等都要做出相应变革，不断激发各类创新主体的活力，形成有利于前沿技术突破、创新成果转化和产业不断发展的持续动力。

前言

为系统论述科技创新促进新质生产力发展的机制,并为相关部门制定政策提供理论依据,我们组织编写了这本《科技创新与新质生产力》。本书按照新质生产力发展所涉及的理论、主体、产业、区域、政策,分为五个篇章:

(1) 理论。理论是对实践的总结和抽象,又能对实践产生指导作用,总结生产力的相关理论对于更加深入理解新质生产力的内涵、制定相关政策至关重要。理论篇主要回顾了不同时代一些代表人物关于生产力的理论,梳理从古典时代的生产力理论到创新发展理论,再到现代的"新质生产力"理论的演化脉络。比如古典经济学时代的学者强调土地、人口、劳动分工、比较优势和贸易的重要作用,他们因为所处时代的原因,没有看到创新对生产力的推动作用;李斯特强调了国家系统和制造业是后发国家生产力的重要来源,而马克思和恩格斯则认识到科技在生产力发展中的重要作用,同时他们不再孤立地考察生产力,而是从生产力与生产关系相互联系的视角理解经济社会发展。熊彼特的创新理论和现代演化经济学上承古典经济学家的思想,将创新与发展的研究向前推进了一大步,它们都强调科技创新、新型生产要素、产业变革、组织制度对创新发展的重要作用。在这些方面,新质生产力与创新发展理论既有相通之处,又有新的内涵特征。

(2) 主体。创新主体是各类创新活动的实际承担者,其创新能力直接影响一个国家的科技创新水平。主体篇主要介绍企业、高校和科研机构等创新主体在推进新质生产力发展中的作用。新质生产力的形成不仅需要技术水平的提升,更需要众多主体能够持续进行创新。企业既是科技创新的主体,又是产业发展的主体,企业在科技创新方面的投入和能力不仅决定了其在市场竞争中的地位和效益,而且直接影响着新质生产力的培育和提升。新质生产力发展所需的更高素质的劳动者、劳动资料的革新、劳动对象的拓展,都迫切需要高校在高水平人才培养和科技创新方面,尤其是基础研究领域发挥引领作用,在加快形成新质生产力中展现更大作为。科研机构作为国家创新体系的重要主体，既在开展科学研究中创造了新知识，也在推动创新主体协同合作、加快技术突破和创新型生产要素配置中发挥了重要作用，是发展新质生产力的重要力量。

（3）产业。产业是发展新质生产力的载体。产业篇主要介绍战略性新兴产业、未来产业和产业绿色转型对发展新质生产力的作用。战略性新兴产业是中国实现经济高质量发展和现代化转型的重要基础，也是新质生产力发展的重要支撑。新质生产力视角下的战略性新兴产业发展，有助于实现我国产业发展由量变到质变的飞跃。未来产业以各类颠覆性技术和前沿技术创新为驱动力，需要全新的劳动者、劳动资料、劳动对象及其优化组合，进而不断形成新的产业形态和生产力质态。产业绿色转型是新质生产力的重要内涵，绿色创新有助于促进绿色产业和绿色经济的发展，为经济发展注入可持续动力，实现经济效益、社会效益和生态效益相统一的高质量发展。

（4）区域。科技创新资源分布具有不均衡性，在一些创新基础和环境良好的城市及地区会形成各类创新中心。区域篇主要介绍科技创新中心、综合性科学中心和国家高新区在培育新质生产力中的促进作用。科技创新中心既是新质生产力的创新策源地，也是新质生产力的重要承载区，更是新质生产力发展的前沿探索先行先试地，积极推动科技创新中心建设已成为我国培育发展新质生产力的重大战略举措。综合性科学中心作为科学资源的集聚地和科学知识的策源地，通过原创性基础研究突破、前沿引领技术创新、产业升级与变革等，对于发展新质生产力具有重要推动作用。国家高新区集聚了众多高科技企业和产业，以新技术培育新产业、引领产业升级，培育发展新动能，在实践中形成了生产力发展的新质态，展示出对新质生产力发展的强劲推动力。

（5）政策。新质生产力发展需要"新型生产关系"，从而对科技、教育、人才等政策提出了更高要求。政策篇主要介绍科技

前 言

创新体系、知识产权、科技成果转化、教育政策、人才政策对新质生产力的推动作用。当前，我国科技创新面临的国内外环境发生了很大变化，原有的科技创新体系已不能适应新时代国家科技创新和新质生产力发展的需求，亟须建立与发展新质生产力相适应的创新体系。知识产权作为一种生产关系，是激励科技创新的催化剂、促进产业发展的加速器，对发展新质生产力发挥着重要的制度供给和技术供给双重作用。科技成果转化是将科技创新转化为现实生产力的关键环节。通过科技成果转化，将科研成果、技术产品应用于产业生产中，是提高生产效率、促进产业转型的重要途径，也是培育和发展新质生产力的重要环节。新质生产力需要大量高素质的劳动者和创新人才，要求我国的教育和人才政策做出重大变革，加快教育、科技、人才"三位一体"统筹推进，培养出满足新质生产力发展的各类科技创新人才和高技能人才。

本书是由中国科学院科技战略咨询研究院的中青年学者们共同完成的，他们在接到任务后，无不带着强烈的使命感和责任感，立即投入到相关篇章的撰写中。大家基于各自的研究领域和长期积累，在较短时间内高质量地完成了书稿。当然，新质生产力是一个全新的概念，我们对它的理解还有待进一步深入，书中的不足之处也恳请各位读者批评指正。

最后，感谢中国人民大学出版社的精心策划，特别是罗钦老师不仅在前期做了大量沟通工作，而且在编辑过程中对本书内容提出了诸多宝贵建议，最终让本书在较短时间内付梓。这种认真负责的态度值得我们学习。发展新质生产力，需要社会公众汇聚力量，不断推动国家创新发展进程，为全面建设社会主义现代化国家而奋斗！

眭纪刚
2024 年 4 月于北京中关村

目 录

一、理论篇

1. 古典生产力理论：从亚当·斯密到马克思 　　3
2. 创新与发展理论：从熊彼特到演化学派 　　17
3. 新质生产力理论：新理论、新内涵、新特征 　　31

二、主体篇

4. 提升企业创新能力，激发新质生产力创新动力 　　47
5. 强化高校科教赋能，夯实新质生产力知识根基 　　63
6. 推动科研机构转型，搭建新质生产力创新桥梁 　　78

三、产业篇

7. 发展战略性新兴产业，巩固新质生产力主阵地 　　95
8. 前瞻布局未来产业，抢占新质生产力制高点 　　112
9. 加快产业绿色转型，培育新质生产力原动力 　　126

四、区域篇

10. 建设科创中心，汇聚新质生产力之核 　　143
11. 创立科学中心，筑梦新质生产力未来 　　157
12. 打造高新之区，培育新质生产力沃土 　　171

五、政策篇

13. 构建创新体系，引领新质生产力飞跃　　189
14. 保护创新成果，激发新质生产力活力　　204
15. 加速成果转化，释放新质生产力潜能　　217
16. 提升教育质量，筑牢新质生产力基石　　231
17. 吸引人才聚集，打造新质生产力高地　　245

一、理论篇

1. 古典生产力理论：
从亚当·斯密到马克思

眭纪刚①

自"新质生产力"概念提出以来，学者们从不同视角研究了新质生产力的内涵特征与政策启示，然而学界对新质生产力的理论基础却较少关注。为了更全面理解新质生产力的内涵，有必要系统梳理与生产力相关的理论，特别是这些理论的发展脉络，了解它们如何从古典的生产力理论发展到现代的新质生产力理论，这对于深入理解新质生产力的内涵、制定相关政策至关重要。

发展生产力是提升经济水平的关键，生产力理论也是经济学的核心命题之一。在经济学发展史上，许多经济学家都提出过关于生产力的理论。古典经济学派是现代生产力理论的开创者，比如亚当·斯密（Adam Smith）认为"分工可以提高劳动生产力，促进经济增长"；弗里德里希·李斯特（Friedrich List）认为国家体系会塑造一个国家的生产力水平；马克思不仅重视科技对生产力的重要性，而且强调生产关系对生产力的反作用。他们的思想是古典生产力理论的重要代表，为了解生产力理论的起源和发展奠定了重要基础。

一、古典经济学的生产力理论强调农业、分工和贸易的作用

最早提出生产力（productivity）概念的是法国重农主义学

---

① 眭纪刚，中国科学院科技战略咨询研究院研究员，中国科学院大学公共政策与管理学院岗位教授，研究方向为创新发展理论与政策。

派代表人物弗朗索瓦·魁奈（Francois Quesnay）。他在1757年的《谷物论》中提出"农业是生产的自然源泉"，认为只有通过农业生产才能实现经济增长，主要强调土地和人口对于累积财富的作用。魁奈所说的生产力实际上是指土地生产力，这一观点在当时受到了广泛关注和讨论。但是，由于时代和认知的局限性，魁奈没有重视其他要素和行业对生产力发展的重要作用。

受重农主义思想的影响，英国经济学家亚当·斯密在继承和批判魁奈观点的基础上，对生产力做了进一步阐释。亚当·斯密在《国富论》第一章谈论的主要问题就是技术进步和生产率的增长。他在书中提出了"劳动生产力"的概念，认为分工可以提高劳动生产力，从而增加生产量。其原因主要有两点：首先，当一个人专注于某种特定的工作，不断重复并掌握技能，就能提高生产效率；其次，分工可以使工人变得熟练，从而提高整体产出。分工是经济增长和社会进步的关键，因为它可以促进专业化、提高生产效率、扩大市场，以及释放出更多的时间和资源来推动其他经济活动的发展。通过分工，个体可以专注于自己擅长的领域，从而有利于提供更高质量和更多样化的产品。这样，市场上的选择就会增加，消费者可以更好地满足自己的需求。

斯密的这些观点对于后来经济学的发展产生了重要影响。法国经济学家让-巴蒂斯特·萨伊（Jean-Baptiste Say）在其著作《政治经济学概论》中提出了"生产力的比例"理论。他认为：生产力的比例取决于生产要素的供给情况，而生产要素的供给情况又取决于市场供求关系。如果某种生产要素在市场上的供给量大于需求量，那么该生产要素的价格就会下降，反之则会上升。如果生产要素的供给量和需求量相等，那么该生产要素的价格就会保持稳定。此外，萨伊还指出：不同生产要素之间的相对价格也会受到市场供求关系的影响。如果某种生产要素的供给量相对较少，那么该生产要素的价格就会相对较高，反之则会相对较低。不同生产要素之间的相对价格会影响到它们在不同生产过程中的使用比例，从而影响到生产力的比例，体现了市场机制对生产力发展的重要作用。

古典学派的另一位代表人物大卫·李嘉图（David Ricardo）在《政治经济学及赋税原理》中提出了"比较生产力"的概念。他认为：不同国家生产力的差异取决于土地、劳动、资本等生产要素的供给情况以及它们的价格，不同国家根据比较优势进行贸易，从而改变自身福利水平。在李嘉图的影响下，英国更加强调交换和贸易在经济发展中的作用。因为这一时期英国完成了第一次工业革命，高度过剩的工业产能促使英国政府与资本家开始大力推行自由贸易理论与政策。根据李嘉图的比较优势理论，一个国家应专门从事它相比于其他国家具有相对优势的产业，然后通过贸易使两国的福利都得到提高，不同类型的经济体通过自由贸易会产生经济和谐与工资均等化。但是，这种经济理论构建的经济系统是一种"循环流转"过程，所有人都是为了交换而生产，最终供给和需求会稳定在一个由价格反映的均衡状态中（Schumpeter，1934）。贸易对财富创造确实非常重要，但生产的作用和国家能力差距也不应被忽视。

二、李斯特的生产力理论强调国家和工业的重要作用

德国经济学家李斯特的生产力理论和上述学者的观点不同，他强调国家系统对生产力发展的重要作用，对于后发国家的追赶具有重要指导意义。李斯特原来是亚当·斯密等自由贸易理论的信徒，但是他在流亡美国期间，亚历山大·汉密尔顿（Alexander Hamilton）的产业保护政策对他产生了深刻影响，促使他从一名自由主义者转变为保护主义者（赖纳特，2007）。李斯特在1841年出版了《政治经济学的国民体系》，与英国经济学家倡导的经济学不同，李斯特关心的焦点是德国这样的欠发达国家对英国的追赶问题。他强调经济发展的国家性和民族性特征，认为每

个国家都有其发展特点,各国经济发展的道路、水平不同,适用于一切国家的经济规律并不存在,后发国家需要建立一套关于国家体系的政治经济学(赖纳特,2007)。因此,李斯特提出了旨在加速工业化和经济增长的广泛政策。在随后的一个半世纪里,这些政策中的许多措施在追赶型国家中得到了应用(弗里曼,2008)。要理解李斯特,就必须首先认识经济活动之间"质"的差异、多样性、创新、协作及发展进程的历史顺序,以及人的能动性(包含新知识、技术变迁和企业家精神等变革的力量)在经济发展中的重要作用,而所有这些都是主流经济学中的"盲点"(赖纳特,2010)。

与李嘉图强调贸易的重要性不同,李斯特强调生产力对经济发展的重要作用。李斯特认为生产力是财富产生的基本原因和基础,生产力比财富本身重要得多。"它不但可以使已有的和已经增加的财富获得保障,而且可以使已经消失的财富获得补偿。"因此,他阐明了生产力理论比古典自由主义经济学的交换价值理论更加重要。李斯特指出,一个国家的发展并不取决于一时获得的静态交换价值的多少,而在于生产力的发展程度。通过贸易和交换,向国外购买廉价商品可以增加一时的财富,但从长远来看,却会导致本国的生产力得不到发展,始终处于落后和从属地位。李斯特认为,一个国家的生产力主要集中在制造业,因为制造业能创出这种力量而农业却不能。制造业被认为能够带来竞争力的提高,而原材料则相反。尽管从主流经济学的角度来看有点不可思议,然而,这一战略的实施后果——工业革命却很难被否认(赖纳特,2007)。李斯特认为,工业的生产力聚集在一起并以一个区域为中心,该过程最终创造的生产力是以几何级数而非算术级数扩大的。在大都市中,集中了各种各样的技能、生产力、应用科学、艺术和文学,同时存在着大量的公共和私人机构,竞相把理论知识应用于工商业的实践中(赖纳特,2007)。

尽管李斯特不赞同古典经济学的自由放任政策,但他并没有否认市场的作用,同时他认为:一个国家的经济发展必须要有政

1. 古典生产力理论：从亚当·斯密到马克思

治上的自由、完备的公共制度和法律，以及合理的国家行政管理和对外政策，这是提高生产力的必要条件。从一定意义上讲，李斯特的贸易保护理论是其国家干预论的延伸。李斯特指出：如果按照斯密的国际分工理论，当时落后的德国就不应当发展工业，而只应发挥自然禀赋优势，即为英国提供木材、煤炭和粗加工品。李斯特认为：英国的政策目的就是让德国这种当时经济比较落后的国家永远处在初级产品供应的地位。他指出：贸易政策应该服从国家利益，服从生产力发展的需要，经济落后的国家实行贸易保护是促进生产力发展的基本途径。李斯特（1961）认为，自由贸易学说在发达国家是适用的，但要求落后的德国同发达的英国进行自由贸易竞争是不公平的，落后国家进行贸易保护和自由贸易的选择需要不同的时机：所有国家首先需要一段时间的自由贸易以改变人们的消费模式，从而创造对工业品的需求；待产业建立起来后，则需要国家保护这些幼稚产业免受发达国家的冲击。只有在幼稚产业成长起来并获得比较优势之后，全球自由贸易的构想才是令人满意的。因此，李斯特既是一个贸易保护主义者又是一个自由贸易主义者，他的贸易保护论是相对的而不是绝对的，主要取决于一个国家的发展阶段（赖纳特，2007）。

至于如何提高生产力，李斯特提出了一系列政策建议，包括：借助海军和航海法规保护本国的商船；修筑公路、铁路、桥梁、运河、防海堤等基础设施；发展教育，提高劳动力素质；投资技术，引进国外先进技术和工人；突出制造业对整个国家经济发展的带动作用；通过贸易保护扶持民族幼稚产业发展；重视政治和法律制度对促进生产力的作用；等等。这些政策中的大部分均涉及对新技术进行学习和应用。李斯特主张在国内实施自由贸易，呼吁德国废除内部关税而建立一个统一的对外关税体系，反映了其对制造业规模重要性的认识。因此，李斯特在德国被认为是一个自由贸易主义者，而在其他国家，他却被看作贸易保护主义者（赖纳特，2007）。可见，李斯特的政策建议带有强烈的国家干预特征,但他认为国家干预不应是随意任性的,而应当是有目的的,使本国的经济发展"趋于人为的方向"。"关于国民个人知道得更清楚、更加擅长的那些事,国家无须越俎代庖;相反地,国家要做的是,即使个人有所了解、单靠个人力量也无法进行的那些事"(李斯特,1961)。李斯特的生产力理论是其整个学说的核心,他通过对生产力的研究而建立起完整的国家经济学。这为后来德国培养世界一流的技工、技师、技术专家起到了积极的促进作用,被看成德国快速崛起的关键。虽然李斯特没有解释这些政策措施的内在机制,但他将经济发展与国民财富创造之间的协同效应,以及报酬递增活动和基础设施巨大投资的产出看成国民财富背后驱动力量的整体视角却是开创性的。

李斯特的国家经济学的主旨就是论证落后的农业国家必须实现工业化,在经济结构上完成由传统农业社会向现代农工商并举的社会过渡。不仅如此,他还要求通过工业发展带动国家在文化、科学技术、公民态度、社会政治制度、国际地位等方面的发展和变化,提高劳动者的身心素质和科技水平,改变公民的价值观念和工作态度,完善社会政治制度,维护国家经济独立和政治自主。德国"铁血宰相"俾斯麦在研究了李斯特的著作之后,改变了一度信仰的经济自由主义,成为"李斯特的崇拜者"。李斯特的理论是第一次世界大战前德国和美国经济政策的理论基础,其背后蕴含的基本准则已成为成功实现后发追赶国家的经济政策的重要组成部分,包括明治维新时期的日本、20 世纪 50 年代早期开始的欧洲一体化以及 20 世纪 60 年代后的东亚国家和地区都运用了相同的政策工具(赖纳特,2010)。

三、马克思的生产力理论强调科技和生产关系的重要作用

马克思生活在英国工业革命和科技革命大潮时代,他本人非

常关心技术革命，尤其是工业生产方式在西方世界兴起过程中发挥的作用，以至于熊彼特本人坦率承认其创新理论的源泉来自马克思的创新思想。马克思在1845年的《评弗里德里希·李斯特的著作〈政治经济学的国民体系〉》手稿中，对李斯特的生产力理论进行了评论，并提出自己的观点，标志着马克思生产力理论的诞生。在此后的《共产党宣言》和《资本论》中，马克思的生产力理论进一步成熟（李维森，1984）。

（一）马克思的生产力理论概述

马克思的经济发展理论主要从生产力、生产方式、生产关系与上层建筑之间的内在联系及互相作用来研究社会经济发展的主要动力和基本过程。马克思认为，生产力是社会生产中最活跃、最革命的因素，经常处于不断的发展变化中。社会生产的变革和发展，总是以生产力的变革和发展开始的。在马克思看来，经济发展的过程是生产力发展→生产方式演进→生产关系变革→上层建筑变革四者交互推动、不断强化的动态演进过程。对于社会经济发展过程中各环节之间的内在联系与相互作用，马克思将其概括为："随着新生产力的获得，人们改变自己的生产方式，随着生产方式即谋生的方式的改变，人们也就会改变自己的一切社会关系"（马克思，2012a：222）。"随着经济基础的变更，全部庞大的上层建筑也或慢或快地发生变革"（马克思，2012b：3）。在生产力和生产关系的相互关系上，是生产力决定生产关系，有什么样的生产力，就会有什么样的生产关系，"手推磨产生的是封建主的社会，蒸汽磨产生的是工业资本家的社会"（马克思和恩格斯，2012a：222）。

马克思和恩格斯注意到工业革命中的生产力大爆发，他们在《共产党宣言》中说道："资产阶级在它的不到一百年的阶级统治中所创造的生产力，比过去一切世代创造的全部生产力还要多，还要大。自然力的征服，机器的采用，化学在工业和农业中的应用，轮船的行驶，铁路的通行，电报的使用，整个整个大陆的开垦，河川的通航，仿佛用法术从地下呼唤出来的大量人口——过去哪一个世纪料想到在社会劳动里蕴藏着这样的生产力呢？"（马克思和恩格斯，2018：32）马克思认为，在进入机器大生产阶段前，劳动过程过多地受到人的体力、精力、准确性等限制，只能以人的自然的、主观的条件建立和划分劳动过程，从而使得科学技术的应用受到限制。而进入机器大生产阶段后，劳动生产过程大大突破了人的体力和脑力的束缚，简单的人力不再是劳动生产过程的中心，整个生产过程建立在以大机器生产为中心的基础上，进而使得科学技术第一次被主动应用到生产过程中。在马克思的经济发展理论中，技术进步一方面表现为单个部门内部生产工艺等方面的进展，使得生产效率提高，从而节约了劳动时间和提高了利润率；另一方面，对经济发展更重要的是新主导生产部门的出现（罗斯托，2014）。在长波理论中，每一次长期的经济增长都是源于根本性的新主导生产部门的出现，从而带动利润率水平的提高，进而刺激整个资本主义经济的增长（孟捷，2007）。马克思在其论著中多次表达了这种观点，认为技术创新会推动生产力的发展，并在生产关系与生产力相适应的时期推动资本主义的经济增长。而技术创新带来的生产力的巨大进步和经济增长，把资本主义与以前的一切社会区别开来："资产阶级除非对生产工具，从而对生产关系，从而对全部社会关系不断地进行革命，否则就不能生存下去"（马克思和恩格斯，2018：30）。

那么，工业国家如何在短短的时间里创造出威力巨大的工业和科技革命呢？马克思在《资本论》中回答了这个问题："作为资本的货币的流通本身就是目的，因为只是在这个不断更新的运动中才有价值的增殖。因此，资本的运动是没有限度的"（马克思，2004：178）。"资本家只有作为人格化的资本……作为价值增殖的狂热追求者，他肆无忌惮地迫使人类去为生产而生产，从而去发展社会生产力，去创造生产的物质条件；而只有这样的条件,才能为一个更高级的、以每一个人的全面而自由的发展为基本原则的社会形式建立现实基础"(马克思,2004:683)。马克思描绘的近代西方世界兴起的动力机制源于企业家对利润的无限制追求,推动着企业家不断发现新的生产方法,发明和使用新的技术及机器,不断地进行企业内部和市场的分工,并不断拓展国内市场和国际贸易。正如马克思(2004:717)所言:"一旦资本主义制度的一般基础奠定下来,在积累过程中就一定会出现一个时刻,那时社会劳动生产率的发展成为积累的最强有力的杠杆。"可以看出,马克思不但洞悉了企业家对利润的追求是现代西方经济发展的一个强有力的杠杆,而且从某种程度上把西方世界的兴起归结为制度因素。熊彼特在《经济发展理论》的日文版序言中曾指出:"马克思之所以有别于同时代或前代的经济学家,正是因为他认为经济发展的特定过程是经济制度本身所产生的这一看法。……正是因为这一点,一代又一代的经济学家才又都回到他这里来。"

(二)技术创新与生产力发展

马克思生活于科学技术日新月异的工业革命时代,该时代背景让他深切体会到科学技术对于生产力发展和社会历史演变的巨大作用。马克思和恩格斯(1980:211)特别指出生产力中包括科学,"资本是以生产力的一定的现有的历史发展为前提的,——在这些生产力中也包括科学","随着大工业的发展,现实财富的创造较少地取决于劳动时间和已耗费的劳动量……相反地却取决于一般的科学水平和技术进步,或者说取决于科学在生产上的应用"(马克思和恩格斯,1980:217)。马克思认为科学技术如此重要,以至于导致社会变革的决定性因素带动生产力是随着科学技术的不断发展而不断进步的。正因如此,有关技术变迁的理论在马克思的理论体系中占据着相当重要的地位(杨勇华,2007)。正如恩格斯指出的,马克思"把科学首先看成是历史的有力的杠杆,看成是最高意义上的革命力量","没有一个人能像马克思那样,对任何领域的每个科学成就,不管它是否已实际应用,都感到真正的喜悦"(马克思和恩格斯,1963:372-373)。所以,马克思认为,生产力(科学技术也是生产力)是社会生产和人类历史发展的最终决定力量,生产力发展了,必然会引起生产关系的变革(即制度创新)(李玉虹和马勇,2001)。

马克思经济理论中包含的"创造性破坏"思想比熊彼特更早。马克思的"创造性破坏"思想表明,一旦新技术适应了环境,就会对旧技术产生革命性替代,甚至摧毁世界范围内以旧技术为基础的产业与就业结构。具体包括以下三个方面:一是技术创新引起旧机器提前报废。资本家之间存在激烈的竞争,他们为了获取高于平均利润的超额利润会不断进行技术创新,不断淘汰旧机器。二是引起生产者的分化,破坏就业结构。由于改进与引入新机器,一部分企业必然由于技术与产品的落后而退出市场,打破了原有就业结构的平衡。掌握新技术的工人代替了掌握旧技术的工人,部分不能适应技能转换的工人陷入失业状态。三是世界范围内生产方式的普遍革命。这种以技术创新为特征的竞争,引起资本主义生产方式的革命,并会进一步扩展到世界范围内(任力,2007)。

(三) 制度创新与生产关系变革

虽然马克思特别强调技术和生产力的作用,以至于后人常常把马克思的经济发展理论简单地归结为"生产力决定生产关系、经济基础决定上层建筑",甚至把马克思的社会历史观归结为技术决定论。其实,这是对马克思经济社会理论的一种极大误解(韦森,2007)。马克思对生产关系(经济制度)的重视不亚于生产力(技术创新),他在《政治经济学批判》序言(马克思,2012b:2-3)中写道:"社会的物质生产力发展到一定阶段,便同它们一直在其中运动的现存生产关系或财产关系(这只是生产关系的法律用语）发生矛盾。于是这些关系便由生产力的发展形式变成生产力的桎梏。那时社会革命的时代就到来了。随着经济基础的变更，全部庞大的上层建筑也或慢或快地发生变革。"

生产关系的"正面"，即一定的管理制度，会对各种生产要素的配置与利用效率产生重要影响：专制性、集中化的管理制度会严重压抑劳动者的积极性，从而导致生产要素利用效率降低，而自主性、民主化的管理制度能够极大地激发劳动者的积极性、主动性与创造性，从而提高生产要素利用效率。生产关系的"背面"，即一定的分配制度，也会对各种生产要素的配置与利用效率产生重要影响：剥削性、失衡化的分配制度会严重压抑劳动者的积极性，从而导致生产要素利用效率降低，而分享性、公平化的分配制度能够极大地激发劳动者的积极性、主动性与创造性，从而提高生产要素利用效率。当生产关系由生产力的推动要素变成桎梏时，生产关系的变革对生产力与社会经济的发展就具有决定性的意义（于金富，2012）。

生产力领域的创新活动迟早会带来与生产关系的矛盾，要想让社会保持稳定的发展，就需要对生产关系本身进行适应性创新，即对既存经济制度进行适应性变革或创新。过去，人们过度强调马克思主义是一种革命哲学，导致人们对通过经济制度的变革或创新消除生产力与生产关系矛盾的作用不够重视。其实，这是人类社会在大多数时候都会遇到的情况，就像一项突破性技术被采用以后需要通过长期的渐进性创新才能不断完善。例如，在资本主义社会早期曾普遍实行以计件工资为主的包工制，劳动者每天要工作长达15~18小时才能免于饥饿，马克思称之为"血汗工厂"。后来，随着工业革命的爆发，这种"血汗工厂"因为不适合大规模生产的要求才被泰罗的"科学管理"替代。

当既有的生产关系不能随着生产力进步做出相应调整时，生产力发展的客观要求需要对既有的生产关系进行革命性创新。这种变革与上述适应性创新截然不同，而是一种创新主体、创新动机都发生了剧烈变化的创新,通常会给社会发展带来巨大的震荡。在封建社会向资本主义社会,以及资本主义社会向社会主义社会过渡时期,都会发生这种革命性的创新来实现生产关系的更替(蔡兵,2012)。"封建的所有制关系,就不再适应已经发展的生产力了。……它变成了束缚生产的桎梏。它必须被炸毁"(马克思和恩格斯,2018:32-33)。对于资本主义向社会主义过渡,马克思论述道:"现在,我们眼前又进行着类似的运动。"资本主义社会所拥有的"生产力已经强大到这种关系所不能适应的地步,它已经受到这种关系的阻碍;而它一着手克服这种障碍,就使整个资产阶级社会陷入混乱,就使资产阶级所有制的存在受到威胁。资产阶级的关系已经太狭窄了,再容纳不了它本身所造成的财富了"(马克思和恩格斯,2018:33)。

四、不同生产力理论对新质生产力的借鉴价值

从经济思想史的演进过程可以看出,不同学者的生产力理论强调不同的要素,如魁奈强调土地和人口,斯密强调劳动分工,李嘉图强调比较优势和贸易。这些学者因为所处时代的原因,没有看到创新对生产力的推动作用。李斯特的生产力理论强调国家、制造业和技术发明,可以说建立了创新发展理论的雏形。在马克思和恩格斯登上研究生产力和生产关系的历史舞台后,结束了单纯研究生产力的历史,纠正了前人研究生产力的不足,把生产力研究提升到一个新的高度。他们在生产力研究方面的突出贡献在于:首先,强调了科技在生产力发展中的重要作用;其次,不再孤立地考察生产力,而是从生产力与生产关系相互联系的视角,把生产力作为决定生产关系的原因。由此,他们揭示了社会问题最根本的规律,为后来的学者和理论,包括熊彼特的创新理论、演化经济学派的创新发展理论以及新质生产力理论奠定了重要基础。

参考文献

[1] 克里斯托夫·弗里曼. 技术政策与经济绩效:日本国家创新系统的经验. 张宇轩译. 南京:东南大学出版社, 2008.

[2] 埃里克·S. 赖纳特, 贾根良. 穷国的国富论. 贾根良, 王中华, 等译. 北京:高等教育出版社, 2007.

[3] 埃里克·S. 赖纳特. 富国为什么富, 穷国为什么穷. 杨虎涛, 陈国涛, 等译. 北京:中国人民大学出版社, 2010.

[4] W. W. 罗斯托. 这一切是怎么开始的:现代经济的起源. 黄其祥, 纪坚博译. 北京:商务印书馆, 2014.

[5] 蔡兵. 从熊彼特回到马克思:建设创新型国家需要构建全面创新理论. 广东行政学院学报, 2012(6):75-79.

[6] 弗里德里希·李斯特. 政治经济学的国民体系. 陈万煦译. 北京:商务印书馆, 1961.

[7] 李维森. 马克思生产力理论发展的三个阶段. 经济科学, 1984(6):10-18.

[8] 李玉虹, 马勇. 技术创新与制度创新互动关系的理论探源——马克思主义经济学与新制度经济学的比较. 经济科学, 2001(1):87-93.

[9] 马克思, 恩格斯. 共产党宣言. 中共中央马克思恩格斯列宁斯大林编译局编译. 北京:人民出版社, 2018.

[10] 马克思, 恩格斯. 马克思恩格斯选集:第一卷. 中共中央马克思恩格斯列宁斯大林编译局编译. 北京:人民出版社, 2012a.

[11] 马克思, 恩格斯. 马克思恩格斯选集:第二卷. 中共中央马克思恩格斯列宁斯大林编译局编译. 北京:人民出版社, 2012b.

[12] 马克思. 资本论:第一卷. 中共中央马克思恩格斯列宁斯大林编译局编译. 北京:人民出版社, 2004.

[13] 马克思, 恩格斯. 马克思恩格斯全集:第四十六卷下. 中共中央马克思恩格斯列宁斯大林编译局编译. 北京:人民出版社, 1980.

[14] 威廉·拉佐尼克. 车间的竞争优势. 徐华, 黄虹译. 北京:中国人民大学出版社, 2007.

[15] 马克思, 恩格斯. 马克思恩格斯全集:第十九卷. 中共中央马克思恩格斯列宁斯大林编译局编译. 北京:人民出版社, 1963.

[16] 任力. 马克思对技术创新理论的贡献. 当代经济研究, 2007 (7): 16-20.

[17] 韦森. 近代西方世界兴起原因的再思考(上). 河北学刊, 2007 (1): 82-88.

[18] 约瑟夫·熊彼特. 经济发展理论. 何畏, 易家详, 等译. 北京: 商务印书馆, 1990.

[19] 杨勇华. 马克思关于技术变迁的演化经济思想, 经济学家, 2007 (4): 65-70.

[20] 于金富. 马克思主义经济发展理论的基本硬核与科学范式, 马克思主义研究, 2012(7): 32-138+160.

[21] Schumpeter J. The Theory of Economic Development. Cambridge: Harvard University Press, 1934.

2. 创新与发展理论：
从熊彼特到演化学派

眭纪刚

在现代经济学诞生早期，从亚当·斯密到马克思，他们一直都非常关心经济发展问题（纳尔森，2001）。只不过到了20世纪初，新古典学派开始占据主导地位，研究长期发展的理论逐渐被边缘化。在20世纪上半叶的主要经济学家中，几乎只有熊彼特真正把创新和发展作为理论体系的核心，并且认真论述了社会和制度变革问题。20世纪70年代—80年代兴起的创新经济学继承了熊彼特的思想，用演化理论解释创新和经济发展等问题，因而被称为"新熊彼特学派"，并且成为当代创新发展理论的主要分支（眭纪刚，2019）。

新质生产力的本质是科技创新驱动经济发展。从创新发展理论的内核可以看出，新质生产力和创新驱动发展具有相通之处：两者都强调科技创新对经济发展的推动作用，都强调新型生产要素的重要作用，都强调产业变革在经济发展中的重要作用，都强调生产关系（制度）对技术创新的反作用……因此，新质生产力的理论基础除了古典时代的生产力理论外，还包括现代创新发展理论。

一、熊彼特对创新发展理论的开创性贡献

（一）熊彼特创新理论的主要观点

熊彼特生活的年代（1883—1950年），正是第二次工业革命

如火如荼的时代，也是新古典经济学开始占据主流地位的时代。经济学家开始关注既定条件下的资源配置问题，偏离了古典时代对长期发展问题的关注。与同时代的经济学家不同，熊彼特始终强调把创新作为推动经济发展的主要源泉，用历史眼光从概念上区分发明、创新及其扩散，提高了人们对组织创新、管理创新、社会创新和技术创新之间联系的认识。这使他像其他伟大经济学家（如亚当·斯密、马克思）一样，建立了经济发展的一般理论，并成为后续经济学家的研究基点（弗里曼等，1992）。

熊彼特在一生中目睹了铁路、汽车、电话、飞机、电力、收音机和电视等复杂性不断提高的创新，目睹了许多伟大发明家和企业家的涌现。熊彼特从中得出的结论是，创新在经济和社会变迁中发挥着重要作用（梅特卡夫，2007）。熊彼特认为，经济发展是一个"质变"过程，它在某个历史时期会被创新推动而产生质变。依靠创新的竞争是经济发展的动力和源泉，如果特定产业或部门的一个企业成功地引入了一项重要创新，它将享受到高额利润回报，这就向其他企业发出了信号，这些模仿者将蜂拥进入这个产业或部门，以期分享收益（法格博格、莫利和纳尔逊，2009）。熊彼特认为，创新使经济资源得到了更有效的配置，使生产要素实现了新组合，使资源利用方式得到了改善，而不是资本和劳动力等生产要素数量的增加。可见，创新与发展是紧密联系的概念。经济发展的关键和根本在于能否实现创新，没有创新就根本谈不上发展。熊彼特（Schumpeter，1934）提到的创新过程包括以下五种情况：①引进新产品或产品的新特性；②采用新技术或新的生产方式；③开辟新市场；④开辟原材料或半成品的新供给来源；⑤采用新的组织方式。当代经济学家在构建创新理论时，大多会以熊彼特的上述论述为起点展开研究。但是，一些经济学家曲解了熊彼特的基本观点，认为创新就是技术创新（纳尔森，2001）。从熊彼特的论述来看，创新的内涵比较广泛，技术创新只是其中一部分内容。

2. 创新与发展理论：从熊彼特到演化学派

（二）《经济发展理论》标志着创新理论的诞生

对研究创新发展而言，无论怎样强调《经济发展理论》的重要性都不过分，因为这是研究创新发展问题的基础理论。熊彼特在《经济发展理论》日语版序言中承认：他对经济动态的理解与马克思相似，他们都是"在经济系统内部寻找力量之源，而经济系统本身会打破它可能达到的任何均衡"（赖纳特，2010）。在序言中，熊彼特陈述了他的学术思想基础，就是理解经济体系如何产生变化及变化的动力问题，理解这种变化纯粹是一种内生力量作用的结果，以及经济系统如何产生一种不断改变自身的力量这个问题。经济系统本身具有内在的能量可以打破任何已经取得的均衡。因此，应该建立一个不依赖外界因素而引发经济变化的经济理论（罗森伯格，2004）。

在《经济发展理论》中，熊彼特首先重点辨析了经济运行过程中"循环流转"与"发展"的区别。熊彼特认为：一般均衡理论只能在变化发生以后去研究新的均衡位置，无法解释动态发展现象，静态分析不仅不能预测非连续性变化的后果，而且不能说明这种生产性革命的出现，也不能说明伴随它们的现象（纳尔森，2001）。因此，那种忽略了打破均衡和促进发展动力的理论研究方式至多触及了次要现象，或只是表面现象（罗森伯格，2004）。与循环流转不同，熊彼特将"发展"定义为经济系统及其社会条件的巨大跳跃，是经济生活中从内部自行发生的变化。如果没有发生这种变化，而只是经济连续不断地适应数据的变化，那么就不存在经济发展。例如，仅由人口规模的扩大产生的财富只是单纯的经济增长，而不是发展，因为这种增长本质上没有产生新现象。熊彼特所说的"发展"是指"经济生活中不是外部强加给它的，而是内部自行发生的变化"。发展的核心不在其均衡力量，而在于系统有不可避免地背离均衡的趋势，即打破均衡的力量，这种革命动力就是创新。因此，我们对经济为什么变化和如何变化的论述不能局限在新古典均衡分析的静态框架中。因为发展有其主导经济行为的内在逻辑,其实质是创新产生的经济变革(Rosenberg,2004)。

(三)《资本主义、社会主义和民主》研究市场结构与创新的关系

熊彼特的另一部代表作《资本主义、社会主义和民主》也是创新理论的重要基础之一。前已述及,古典经济学非常关心经济发展问题,但到了熊彼特所在的时代,主流经济分析的主要方向已偏离了发展与创新,而是转向了能用均衡概念处理的问题,并用均衡理论分析了经济活动和现象(纳尔森,2001)。例如,完全竞争假设居于经济学模型的核心,人们对如何分配现有资源等问题纠缠不休。而熊彼特关注的是经济系统如何促进在本质方面的变化。在该书中,熊彼特认为必须把由创新推动的经济发展理解成一个演化过程:"从本质上说,资本主义是一种经济变动的形式或方法,它不仅从来不是,而且永远不可能是静止不变的。资本主义过程的这种演化性质不只是因为经济生活是在变动着的社会与自然环境里进行的,并且这个环境的变化又改变经济行为本身"(熊彼特,2013)。这段话不仅包含对资本主义内在动态性质的认识,而且是对完全竞争这一理想假设的摒弃(罗森伯格,2004)。熊彼特(2013)强调了不完全竞争和规模经济在创新中的优势及作用:"在迥然有别于教科书的资本主义现实中,有价值的不是通过低价格实现的竞争,而是关于新商品、新技术的竞争,这种竞争和其他竞争在效率上的差别,犹如炮击和徒手推门间的差别。"熊彼特认为,将垄断简单归结为束缚和反社会的力量是错误的,因为某种程度的垄断力量是创造性毁灭过程的一个短暂的副产品而已。他指出,20世纪的企业规模不断增长的意义重大,一些拥有内部研究能力的大企业正成为技术进步的主要动力。"我们必须要承认大型企业已经成为经济进步最有力的发

动机,特别是总产量长期扩张的巨大动力。完全竞争不但不可能,而且是二流的,不配成为理想效率的典范"(熊彼特,2013)。

但是,摒弃完全竞争假设并不等同于说垄断力量本身有利于创新,垄断只是创新过程的一个暂时阶段。如果企业暂时的创新垄断利润得不到保护,就没有动力继续创新。熊彼特认为,企业经营所处的环境条件:一方面,由法律加以界定,它们使企业能够拥有所有权,拥有企业创造的新技术;另一方面,由公共的科学知识加以界定,知识使企业在从事产业研发活动时具有解决问题的能力。当研发活动创造出有市场前景的产品时,企业将从中获利。假若竞争对手受这种利益的诱导也进行研发,其结果是促使企业重视研发方面的投资,致使涌现出大量的新产品和新工艺流程。剩下的问题便是让市场对不同企业的创新和企业做事后的选择(纳尔森,2001)。熊彼特提出的基于创新的市场结构和竞争概念,通常被理解为市场经济如何管理现有组织,但更重要的问题是如何创造并毁灭这些组织。创新作为破坏均衡的主要因素,推动经济走向更高收入、更高产出和更高福利的水平。只有创造性毁灭的风暴才能横扫反对变革的守旧力量,这便是创造性毁灭成为至关重要的经济力量的原因(罗森伯格,2004)。

(四)《经济周期》强调创新对经济长波的推动作用

此外,熊彼特还对经济周期提出了独到见解。在康德拉季耶夫经济周期的基础上,熊彼特论证了长波的存在性、持续性和规律性。熊彼特对长波的解释是,不同经济时期是以一组不同的技术及相关的产业为标志的。一组新技术和产业的问世会刺激投资,带来经济活动的扩张,从而引导出一个长期的上涨阶段。熊彼特提出,每一次这样的长期上涨阶段之所以会最终消失,都是关键部门的技术进步减缓、投资机会缺乏的结果。因此,每一次上涨阶段后都会出现一个长期的比较低速的增长和衰退。不同经济时期是以出现不同群体的战略技术和产业为标志的,关键性技术必须快速扩散,这样才能出现应用技术的开发浪潮(纳尔森,2001)。

二、演化经济学对熊彼特理论的继承与发展

(一)演化经济学的源流

早在第一次世界大战之前,演化这个术语和生物学类比就已经在经济学界非常流行了,以至于马歇尔宣称:"经济学家的麦加应当在于经济生物学,而非经济力学。"不仅熊彼特和马歇尔,甚至亚当·斯密、马克思等学者都可划归为演化经济学的鼻祖之列。然而,演化经济学的发展却历经坎坷,到了20世纪六七十年代已被绝大多数经济学家遗忘,一直到20世纪80年代,才开始被越来越多的经济学家所注意(贾根良,2004)。

一般认为,演化理论来自达尔文的进化论,其核心观点为:任何程度的变化对于任何物种的个体都是有利的,而这种变化将会使得该个体得以持续存在并由其后代继承。达尔文把这种有利的细微变化的保存称为自然选择。梅特卡夫(2007)认为:演化虽然是生物学的核心概念,并不意味着它只能应用于生物学领域。只要具备了演化过程所需的各种条件(如多样性、变异、适应、选择、保留等),演化也可以发生在其他领域(多普弗,2011)。弗里曼把马克思看作演化经济学的先驱,因为马克思主义经济学就其范式的硬核而言,并不排斥演化经济学所倡导的研究主题。

从经济思想史来看,演化经济学与历史学派、老制度学派和经济学中的其他演化思想流派相关联(多普菲,2004)。1898年,凡勃伦在美国《经济学季刊》发表了《为什么经济学不是一门演化科学》,从而催生了演化经济学。此后,以凡勃伦、康芒斯和米切尔为首的老制度学派成为美国当时的主流学派。在这一时期,演化方法成为经济分析的主流。20世纪80年代以前,人

们倾向于把演化经济学等同于美国制度经济学①，而后者又被看成19世纪下半叶德国历史学派的衍生物。这些思想流派中都有经济学家把经济系统看作演化过程的产物（福斯特和梅特卡夫，2005）。熊彼特的理论也带有强烈的演化特征，并强调"在研究资本主义时我们是研究一个演化过程"，发动和保持资本主义引擎的基本推动力来自新的产品、新的生产或运输方法、新的市场、新的产业组织形式。这些变化也说明了产业变异过程，是不断地从内部彻底变革经济结构，不断地创造新产业，不断地毁灭旧产业。但是到了20世纪四五十年代，随着实证主义科学哲学的兴起，经济学数学化的趋势日益加剧，演化经济学在这个时期进入了沉寂状态（贾根良，2004）。

（二）现代演化经济学的主要观点

纳尔森和温特在1982年出版的《经济变迁的演化理论》标志着现代演化经济学的诞生。20世纪八九十年代是现代演化经济学发展的重要时期，一些演化经济学家继承了熊彼特的思想，自称"新熊彼特学派"。该学派批判地继承了熊彼特的传统，广泛地探讨了"熊彼特竞争"的各种问题，如创新收益率、竞争的可持续性、企业规模分布、市场结构的决定因素和新企业创办的作用等；提出了技术、制度与产业结构共演的演化增长理论；发展了目前对企业战略产生重大影响的企业能力理论；以研究科学技术、知识经济和创新体系等闻名于世（贾根良，2004）。随着演化经济学的发展，人们关注的焦点重新回到了创新和生产的一面（赖纳特，2007）。在演化经济学看来，为解释持久的经济变化过程，生产要素的投入只是必要条件，而充分条件则来自新偏好的形成、技术和制度的创新及新资源的创造，即经济演化的关键取决于"新奇的创生"，这是引发经济变化永无休止的根本原

---

① 以凡勃伦为代表的老制度学派一直认为其研究的老制度经济学就是演化经济学。

因。正如威特（Witt）和霍奇森（Hodgson）所指出的，演化经济学把创新放在核心地位，这是演化经济学与新古典经济学在研究纲领上的基本区别。

纳尔森和温特的著作表明：演化经济学已经变成探索技术和生产"黑箱"的经济学分支。国家创新体系方法就是新熊彼特经济学的重要研究成果。由于以生产和创新为焦点，现代演化经济学恢复了研究由历史学派和老制度学派提出的重要问题，而这正是熊彼特方法的来源。新熊彼特学派强调协同效应、多样性和异质性，而这些因素正是主流经济学的主要盲点。总的来说，可以将更多的研究焦点放在企业创新所产生的宏观效应上。目前经济学界都认为，知识是解释经济增长的一个关键性因素。即使最新的主流教科书也声称"经济增长主要来自知识的积累"。各种形式的学习都成了演化经济学关注的焦点：制度学习、"干中学"、互动式学习等，经济思想正在进入这种新的未知领域（赖纳特和贾根良，2007）。

弗里曼和卢桑（2007）在熊彼特经济周期理论的基础上提出，经济增长可以理解为历经的一系列不同时代，而每个时代都以一种技术集群为标志，这些技术集群的进步和发展会推动经济增长。但他们一再强调，这种观点不同于技术决定论。因为作为每个时代核心的特定技术的有效开发和应用，都需要必要的制度结构提供支撑。弗里曼和卢桑将一个国家的经济制度看作一种内在一致的整体，同时与其他主要社会子系统和制度交织在一起，也就是与科学、技术、政治、文化紧密相关。不同国家在不同时代先后领先的根本原因在于，相对于其他国家而言，领先国家的各个子系统相互匹配并为关键技术提供了完善的支撑结构。每个时代在一定制度框架下基于核心技术取得的进步迟早会进入报酬递减阶段，而建立在这种技术基础上的经济进步必然会减慢。经济的再次迅猛增长需要一套新核心技术的推动，要求重塑制度结构以适应新的需要（弗里曼和卢桑，2007）。例如，几次工业革命最显著的特征就是重大新技术、组织创新集群的出现与扩散，造成结构、职业、技能和管理系统的深刻变革。这一时期最重要的特征就是经济发生"质"的变化。例如，汽车工业，飞机工业和航空公司及其零部件供应商，石油、石化和合成材料工业，公路和机场基础设施，以及维修、保养和销售服务等，构成了工业国家经济总产出的很大比重，其中的大部分产业在1900年之前几乎不存在（弗里曼和卢桑，2007）。

总体而言，演化经济学是对经济系统中新奇事物的创生、扩散和由此导致的结构转变进行研究的经济科学新范式。演化理论是对经济变迁的速率和方向的解释，是关于一般动态过程中主体的差异在绝对和相对数量上的重要性变化的理论。对经济学家和经济史学家来说，对经济现象的演化解释为他们提供了强有力的思想，使创新、竞争与经济发展之间的关系显得特别有意义（Dopfer，2004）。演化理论的发展为理解社会、技术和组织创新的意义及其与经济发展、结构变迁和竞争过程的关系提供了强有力的系统性思想（福斯特和梅特卡夫，2005）。

三、创新发展理论与传统经济学的本质区别

创新发展过程是一个复杂的运行机制，因为经济变迁具有质变和量变两个维度，两者之间的交互作用是演化分析的主线。质变与创新过程、新经济活动的引入和老经济活动的退出密切相关；量变则与投入、产出的数量密不可分。创新和竞争作为演化理论的核心概念，可以为研究两者之间的联系提供帮助。在演化经济学看来，影响经济发展的众多要素（包括资本、劳动、自然资源、地理环境、技术、制度、文化等）之间存在复杂的关联，很难区分某一个因素对经济发展的特殊作用。由于地理环境、自然资源等外生因素相对难以改变，经济发展理论必须更多地关注内生变量对经济发展的影响。尤其是考虑到创新发展过程中的各

种结构性变化,经济发展理论就不能将解释的重点放在要素累积上,而必须转向影响要素累积的深层次原因与机制。技术和制度是决定要素累积与创新的重要原因,它们构成了创新发展的两个重要影响因素(黄凯南、何青松和程臻宇,2014)。因此,经济发展理论需要对创新发展的上述特征予以重点关注。

在古典经济学时代,分析经济长期动态发展是经济学的主题。但在19世纪和20世纪之交时,经济学的理论发展方向发生了变化,创新和经济发展已不属于经济学主流问题。虽然马歇尔曾宣称"经济学家的麦加应当在于经济生物学,而非经济力学",但马歇尔自己并没有坚持这一方向,而是把经济学推向了力学。他解释了经济学发展方向转变的原因,"生物学概念比力学概念复杂得多;因此,一本论述经济学基础的书必定会用大量的篇幅阐述与力学类似的原理,并且经常用到的一个词,即均衡,表示的就是一种类似于静止的意思"(纳尔森,2001)。此后,分析资源配置的静态均衡分析和数学形式主义的新古典主义开始统治了经济学。

演化经济学不同于新古典经济学的均衡范式和过度的数学形式主义,试图为整个经济学的发展重新定向。由于物理-机械与制度-演化范式的分歧,新古典经济学和现代演化理论是不可调和的两种范式(多普菲,2004)。这两种理论范式存在多方面区别:在假设前提上,现代演化理论强调人的有限理性、信息的不完全,尤其重视学习、认知的过程及其对偏好、行为选择的随机扰动作用,而新古典经济理论认为人是完全理性的、市场是完全信息并追逐最大化收益的。在方法论上,现代演化理论主张群体思考,强调个体差异性和群体选择的作用,而不是新古典经济理论的原子式、无差别的个人。在研究对象上,现代演化理论关注时间不可逆世界中的经济进程,而不是新古典经济理论的强调结果。在研究方法上,现代演化理论对经济行为主体和经济活动的"环境",如制度、习俗、政治格局尤为重视,而不是像新古典经

2. 创新与发展理论：从熊彼特到演化学派

济理论那样在静态的假想世界中进行纯粹研究（杨虎涛，2006）。除上述这些学科范式上的区别之外，在对创新发展的态度上，这两种理论也形成了鲜明对比。

（1）关于发展的动力。新古典经济学认为资本和劳动是驱动经济增长的关键要素，而将技术和制度看作外生变量。但是，随着人们对经济发展理解的加深，发现用资本和劳动解释经济发展的不足越来越明显。演化理论从众多因素中选出一种特定的因素作为推动经济发展的关键要素，那就是创新。其中，技术进步不仅对经济发展起着重要的推动作用，而且对导致新增实物投资和人力资本投资这两项增长的必需伴随品，起着关键的催化作用。在这一景象的背后是一套组织制度，维持并引导着经济发展各主要阶段的正常运行（纳尔森，2001）。

（2）关于技术的特征。一些新增长模型已经认识到，技术进步在经济增长中居于中心地位。然而，这些模型至今还没有认识到下述事实，即技术进步应当被理解为一个演化过程。在这一过程中，各种新技术方案不断产生。它们除了要进行相互之间的优劣竞争之外，还要接受现实的检验，并与先前的技术进行比较，从而决定哪些新技术获胜。技术创新的演化观点不同于新古典增长理论，也不同于新增长理论，虽然它们都假定技术进步和经济增长是动态均衡的过程。新增长理论没有认识到，在一个发生持续技术进步的社会里，经济从总体上看是处于连续的不均衡状态之中。虽然在现行技术条件下，可能有力量随时使经济系统向均衡方向移动，但技术进步和其他突发事件不断使那些均衡势力遭到破坏，从而使经济增长呈现出非均衡性（纳尔森，2001）。

（3）关于制度的作用。经济组织的成长演变是为了孕育和促进技术进步与其他活动，也是为了刺激与经济发展相关的投资，这一观点也与主流经济理论的认识有着相当大的差异。主流经济理论把追求利润的企业放在首要位置。其他经济组织（如政府组织和管理机构）几乎都被视为辅助性安排，其作用是对市场失灵做出反应。像大学、科学技术学会及行业协会这类组织，至少在常规的经济理论中是不予考虑的。事实上，现行的一套组织制度，不论是私人的还是公共的、竞争的还是合作的，都是在一系列复杂的、涉及个体和群体行为的过程中逐渐演化而来的。组织制度的变化如同技术的进步，也应当被看成一个演化的过程。许多西方经济学家在为那些转型国家提供政策咨询时，不负责任地忽略了现代经济制度的复杂性。这些国家现在开始意识到，现代经济制度有着比私有化和市场更多的内涵（纳尔森，2001）。

四、创新发展理论对新质生产力的启示

从熊彼特的创新理论，到演化经济学的创新发展理论，与当前的新质生产力理论具有相通之处，它们的发展脉络也具有传承性，将给创新发展政策和新质生产力发展带来重要启示。鉴于创新对生产力和经济发展的重要作用，因此需要关注促进创新的各种方法。通过对创新发展及其理论的深入研究可知，创新的源泉不只是研发活动，还有教育、学习、人力资本积累、市场需求、国家意志等；技术进步和制度变革是导致环境不稳定的非均衡因素，它们是推动创新发展的主要驱动力。因此，发展新质生产力除了要强调研发和科技创新，还需要国家战略的引导，以便塑造良好的市场环境，制定合理的产业、教育、人才等政策，从而将科技创新能力转化为现实生产力，推动我国经济高质量发展。

参考文献

[1] 库尔特·多普菲. 演化经济学：纲领与范围. 贾根良, 刘辉锋,

2. 创新与发展理论：从熊彼特到演化学派

崔学锋译. 北京：高等教育出版社，2004.

[2] 库尔特·多普弗. 经济学的演化基础. 锁凌燕译. 北京：北京大学出版社，2011.

[3] G.多西，C.弗里曼，R.纳尔逊，等. 技术进步与经济理论. 钟学义，沈利生，陈平，等译. 北京：经济科学出版社，1992.

[4] 詹·法格博格，戴维·莫利，理查德·纳尔逊. 牛津创新手册. 北京：知识产权出版社，2009.

[5] 约翰·福斯特，J.斯坦利·梅特卡夫. 演化经济学前沿：竞争、自组织与创新政策. 贾根良，刘刚译. 北京：高等教育出版社，2005.

[6] 克里斯·弗里曼，弗朗西斯科·卢桑. 光阴似箭. 北京：中国人民大学出版社，2007.

[7] 梅特卡夫. 演化经济学与创造性毁灭. 冯健译. 北京：中国人民大学出版社，2007.

[8] 理查德·R.纳尔逊，悉尼·C.温特. 经济变迁的演化理论. 胡世凯译. 北京：商务印书馆，1997.

[9] 理查德·R.纳尔森. 经济增长的源泉. 北京：中国经济出版社，2001.

[10] 埃里克·S.赖纳特，贾根良. 穷国的国富论. 贾根良，王中华，等译. 北京：高等教育出版社，2007.

[11] 埃里克·S.赖纳特. 富国为什么富，穷国为什么穷. 杨虎涛，陈国涛，等译. 北京：中国人民大学出版社，2010.

[12] 内森·罗森伯格. 探索黑箱. 王文勇，吕睿译. 北京：商务印书馆，2004.

[13] 约瑟夫·熊彼特. 经济发展理论. 何畏，易家详，等译. 北京：商务印书馆，1990.

[14] 约瑟夫·熊彼特. 资本主义、社会主义和民主. 北京：电子工业出版社，2013.

[15] 黄凯南，何青松，程臻宇. 演化增长理论：基于技术、制度与偏好的共同演化. 东岳论丛，2014，35（2）：26-38.

[16] 贾根良. 理解演化经济学. 中国社会科学，2004（2）：33-41.

[17] 威廉·拉佐尼克. 车间的竞争优势. 徐华，黄虹译. 北京：中国人民大学出版社，2007.

[18] 眭纪刚. 创新发展经济学. 北京：科学出版社，2019.

[19] 杨虎涛. 演化经济学的过去、现在和未来. 社会科学管理与评论，2006（4）：71-80.

[20] Schumpeter J. The Theory of Economic Development. Cambridge：Harvard University Press，1934.

3. 新质生产力理论：
新理论、新内涵、新特征

眭纪刚　张林林　魏莹①

生产力是人类改造自然和征服自然的能力，是推动社会进步的最活跃、最革命的要素。社会主义的根本任务就是解放和发展社会生产力。在现代社会，随着科技的快速发展，生产力的样态发生了新的变化。尤其是在迈入高质量发展阶段后，依赖传统生产要素投入的发展模式已经不可持续。此时，以科技创新为主导的新型生产力便应运而生。习近平总书记提出的"新质生产力"概念和理论，既是对马克思主义生产力理论的继承与发展，又为我国当前和未来的发展指明了方向。

一、新质生产力提出的背景

按照唯物史观，生产力发展是衡量社会发展的根本标准。在当代社会，生产力有了新的内涵和表现形式。近年来，随着新一轮科技革命与产业变革的兴起，人工智能、大数据、云计算等新技术蓬勃发展，形成了智能制造、数字经济等新产业和新生产力，有望引领全球经济走出低迷，开启新的繁荣。正是在这一时代背景下，习近平总书记于2023年9月在黑龙江省哈尔滨市主持召开新时代推动东北全面振兴座谈会时强调："积极培育新能

---

① 张林林，中国科学院大学公共政策与管理学院博士生，研究方向为创新发展政策；魏莹，中国科学院科技战略咨询研究院博士生，研究方向为创新发展政策。

源、新材料、先进制造、电子信息等战略性新兴产业，积极培育未来产业，加快形成新质生产力，增强发展新动能。""新质生产力"概念是习近平总书记在东北考察调研期间首次提出的，主要是从东北地区的战略地位与现实问题出发，基于经济转型发展、创新驱动发展和区域协调发展等多重考量，为东北地区创新发展指明行动方向。习近平总书记提出的"新质生产力"，是新的科学技术、新的生产方式和新的产业形态，强调的是创新对高质量发展的驱动作用，而不是生产要素数量的简单叠加，明显有别于东北地区传统的"老工业"。这正是东北地区经济转型所需的发展模式，也是东北地区有待提升的发展能力。

习近平总书记在2023年的中央经济工作会议和中共中央政治局第十一次集体学习时再次强调"发展新质生产力"，表明发展"新质生产力"不仅为推动东北全面振兴指明了方向，也对全国其他地区深入实施创新驱动发展战略具有重大指导意义。自党的十八大提出"创新驱动发展战略"以来，我国创新发展取得显著成效，科技创新对生产力的带动作用显著提升。但是，我国自主创新能力仍然不是很强，对产业发展的支撑引领作用仍然有待提高，科技创新向现实生产力转化仍然存在诸多堵点。"新质生产力"概念的提出是根据我国发展阶段、发展环境、发展条件变化而做出的具有根本性、全局性、长远性的重大战略判断。加快形成新质生产力既是构建新发展格局、推动高质量发展的必然要求，也是我国建设现代化经济体系的关键举措，关系到我国在未来发展和国际竞争中能否赢得战略主动。

二、新质生产力的内涵与特征

生产力是人类社会发展的动力。在经济社会发展过程中，生产力不断变革和升级，从原始的简单工具和手工劳动，逐渐发展成现代化的机械化设备、电气化设备和人工智能等技术和生产工具。"新质生产力"是相对于传统生产力而言的，是社会生产力经过"数量"的不断积累发展到一定阶段产生"质变"的结果。

（一）新质生产力的内涵

生产力的形成依赖生产要素（包括劳动、土地、资本等有形要素，以及知识和技术等无形要素）的供给状况。新质生产力的生产要素是在已有要素之外出现了新型要素，使要素的范围和种类得以扩展，而且要素供给的侧重点从数量逐步转向质量。根据弗里曼和佩蕾丝（Perez）的技术经济范式理论，生产力的跃迁源自"关键生产要素"的出现。关键生产要素的更替是推动经济增长的原生变量，它通过影响企业的"超额利润"，进而引致新技术的应用和新产业的出现，最终带来生产过程、组织形式、商业模式等方面的改变。因此，对关键生产要素的"核心投入"，是经济不断发展的源泉，该要素的规模和使用效果决定了生产力水平的高低。例如，在传统工业社会，形成生产力的要素扩展为土地、劳动、资本等，但在信息和智能社会，传统生产要素的地位开始衰落，资本驱动的生产方式和增长模式也在动摇，数据和知识等要素的重要作用不断提升。不但要素的范围不断扩大，而且要素的重要程度也发生了质的变化，从而形成新质生产力，带来经济效益的提升。由此可见，新质生产力是一种不依赖传统物质资源投入、以新技术和新产业为发展引擎、具有可持续性和包容性的新发展范式，是加快建设现代化产业体系的内生动力，是驱动高质量发展的新动能，将助力国家在未来发展和国际竞争中赢得战略主动的新优势。基于以上认识，新质生产力的内涵可概括为以下几个方面：

（1）新质生产力的"新"。新质生产力的"新"主要包括新要素、新技术、新业态。生产要素是生产力的重要组成部分，新质生产力的生产要素不同于土地、劳动、资本等传统要素，而是融合了高素质的人力资本、先进生产技术等更新的生产要素。

"科学技术是第一生产力"反映了新技术在新质生产力形成和发展中的重要作用,当前的各类颠覆性技术、前沿技术代表了新技术发展的方向,也为新质生产力的发展提供了强大动力。新业态强调通过科技创新与制度创新形成新的经济结构和产业形态,以新科技推动传统产业升级、促进新兴产业和未来产业发展,完成先进技术向高端产业的转化,代表着新质生产力的经济维度。从这种意义来讲,新质生产力体现了要素新组合、技术新突破、经济新发展的有机统一。

(2)新质生产力的"质"。生产力的跃升是一个从量变到质变的过程。整个人类社会发展的历史进程,都是生产力从量变到质变、从"旧质"到"新质"、从低级到高级的演进过程。新质生产力的"质"主要区别于传统发展方式中偏重"量"的投入,而是把目光投向"高质量"发展方式,强调高素质人力资本、生产工具的技术含量以及绿色低碳等新型发展方式。单纯靠量的积累而没有质的突破,很难形成新质生产力。总体而言,"新质"是社会生产力在新生产条件下由科技创新与转化、产业升级与换代所衍生的新形式、新质态。

(3)与传统生产力的区别。新质生产力是由技术的革命性突破、生产要素的创新性配置、产业的深度转型升级而催生,以劳动者、劳动资料、劳动对象及其优化组合的质变为基本内涵,以全要素生产率大幅提升为核心标志,是科技创新发挥主导作用的生产力。由于新质生产力具有鲜明的创新特征,因而会带来"创造性毁灭",即在创造新生事物、对生产要素进行新组合、建立新的生产体系过程中,也在不断破坏旧的事物和结构、淘汰旧的技术和产业,会对传统生产力形成冲击与破坏。

(4)与传统生产力的联系。虽然新质生产力具有明显的创新特征,但它又与传统生产力联系得非常紧密。新质生产力是在传统生产力基础上形成的,是传统生产力的跃迁与升级。随着科学技术的不断进步,生产力水平也不断提高。但是,当经济社会发展到一定阶段时,就会出现资源短缺、市场饱和、劳动力成本上升、边际收益递减等问题和挑战。这些问题需要通过新的技术和新的生产方式来解决,从而催生出新质生产力。然而,新质生产力的形成与发展需要一定的条件,比如在新技术的研发与应用方面需要物质基础、人力资本、资金和资源的支持,在接受新产品和服务方面需要一定的市场需求和消费能力等。只有在传统生产力发展到一定水平,具备了上述条件时,新质生产力才有可能发展起来。

(二)新质生产力的特征

相比传统生产力,新质生产力具有产业领域新、技术含量高、要素配置优、环境友好等突出特征(盛朝迅等,2024)。

(1)产业领域新。产业是经济之本,是生产力变革发展的具体领域。新质生产力的形成过程与现代化产业体系的构建紧密关联、相互促进,是通过新产业的发展、壮大、升级来实现生产力的跃升。新质生产力所涉及的产业领域主要包括在新一轮科技革命和产业变革中孕育兴起的新一代信息技术、新能源、新材料、人工智能等战略性新兴产业和未来产业等新领域。习近平总书记在东北全面振兴座谈会上的讲话也将新质生产力与新能源、新材料、先进制造、电子信息等战略性新兴产业及未来产业紧密联系在一起。由此可见,战略性新兴产业和未来产业是新质生产力的重要载体,是科技与产业结合的产物。形成新质生产力的过程也是战略性新兴产业加快发展和未来产业孕育兴起、不断壮大的过程。

(2)技术含量高。新质生产力是当今时代先进生产力的具体表现形式,是科技创新交叉融合突破所产生的成果,是新一轮科技革命和产业技术突破推动形成的生产力。传统工业时代的生产技术诞生于工业革命时期,很多技术是基于当时的生产条件和环境开发出来的,如传统钢铁、石油、化工冶炼技术等,由于能耗高、污染大、效率低,已无法适应智能时代的生产需求。当前,新一轮科技革命和产业变革深入发展，人工智能、大数据、信息通信等新一代信息技术正处于大爆发时期，新能源、空间技术、海洋开发等技术创新更加密集，量子信息、工业互联网、智能机器人、新材料等基于重大基础研究的引领性原创成果不断涌现，为新质生产力的发展奠定了重要基础。

（3）要素配置优。新质生产力的形成过程实质上是科技、金融、人才、数据、信息等一系列重要生产要素重新组合的过程。在这一过程中，要素组合方式发生了变化，要素配置效率明显提升，全要素生产率不断提高，生产力发展水平由低级到高级的突破性变化带动产出效益、生产水平和产业结构、经济结构实现质的跃升。因此，新质生产力的形成要求科学技术、现代金融、人力资源、数据信息等高端要素与现代产业发展方向相协同、相匹配，并且尽可能扩大资源要素的协同范围，加快建立全国统一大市场，推进高标准制度型开放，更好利用国内国际两个市场、两种资源，扩大要素配置范围，提高要素配置效率。

（4）环境友好。环境友好是生态文明建设和可持续发展的必然要求，也是新质生产力的重要内容。与传统生产力发展过程中忽视人与自然的和谐相处不同，新质生产力具有明显的生态属性，是兼顾发展与保护、当前与长远、重视生态平衡的绿色生产力，强调在创造物质财富的前提下推进可持续发展，因而更加注重绿色技术的开发和应用。新质生产力由掌握绿色科技、具有生态文明理念的劳动者，以清洁生产的机器化体系为主要内容的劳动资料，以绿色原材料为主要内容的劳动对象等组成，是绿色理念得到普及、生态价值充分实现、人与自然更加和谐、运行机制更加完善、更加注重系统发展观念和可持续发展的环境友好的生产力。

三、科技创新是新质生产力的核心动力

"科学技术是第一生产力"表明了科技在生产力发展中的重

要作用,科技创新也是新质生产力的集中体现和主要标志。新质生产力是以科技创新为主导,为实现产业结构调整升级和创新发展而产生的生产力。甚至可以说,没有科技创新的重大突破,就难以产生新质生产力。新质生产力的本质是创新驱动,而创新驱动的关键在于新技术的突破,通过与劳动者、劳动资料和劳动对象的结合实现在生产中的应用,从而产生新的更为强劲的发展动力。习近平总书记在主持中共中央政治局第十一次集体学习时强调:"科技创新能够催生新产业、新模式、新动能,是发展新质生产力的核心要素。"发展新质生产力,就要发挥科技在产业发展中的重要作用,以科技创新驱动产业变革,提高全要素生产率。

库兹涅茨认为,真正区分现代经济增长和传统经济增长的标志是在经济活动中融入创新的方式和速度。纵观人类发展史,创新始终是社会生产力提升的关键因素,科技的重大突破往往是社会发展的重要引擎和催化剂。从蒸汽机的发明开启工业革命大门,到电话、电灯的应用拉开电气时代序幕,再到电子计算机把人类带入信息社会,以及当前的数字化、智能化社会,科学技术在人类社会发展中的地位和作用越来越突出,带来了社会生产力的大解放和人民生活水平的大跃升。

18世纪以前的农业社会之所以增长缓慢,是因为在当时给定的技术和产业条件下,各经济体经过世代反复实践和积累,其资源配置已接近最优,改进资源配置效率的空间已经极为有限(林毅夫,2012)。农业社会的生产主要依靠自然条件,其中土地是对农业经济发展最普遍和最有约束力的限制条件。农业社会没有产生出能够稳定地应用于经济发展的技术创新,这种技术的局限性限制了土地的生产力。因为生产率太低,人类为求生存必须集中于粮食生产。在这种社会里,财富和贫困是一种零和博弈,财富主要是通过占领新的土地来获得(赖纳特,2010)。

自工业革命以来,人类社会区别于传统社会的特点在于能把科学和技术系统地、经常地应用于商品生产和服务业方面。这种持续的技术创新已成为一个不可或缺的生产因素。人类有组织的创新活动已成为一种生产力，足以补偿土地和自然资源的种种局限，摆脱了李嘉图的土地报酬递减和马尔萨斯人口陷阱的约束（罗斯托，2014）。蒸汽机的应用带动了纺织工业、冶金工业、煤炭工业、交通运输业、机器制造业的飞跃发展，而电力在生产、通信等诸多领域的应用，通过机械化和电气化生产提高了生产效率，实现了生产力的巨大飞跃。工业革命所创造的商品种类和数量远远胜过农业社会依靠大自然赐予的种类和数量，这是因为工业革命不仅是工业品数量供应上的急剧增加，更是物品多样化供给上的生产力飞跃。

在20世纪70年代的石油危机后，第四次经济长波开始进入下降期。与此同时，微电子和信息技术等领域正在酝酿新的技术革命。从90年代开始，这场新技术革命加速向新产业革命转变，最终形成了一种不同于传统大工业经济模式的"新经济"。在美国的带动下，信息和网络技术作为新一轮技术创新的核心，开始在其他国家迅速扩散，并形成了全球范围的第五次经济长波。在经历了大约20年的长波繁荣期后，2001年互联网泡沫破裂和2008年国际金融危机，导致世界经济一片低迷，意味着第五次经济长波进入下降期。按照熊彼特的经济周期理论，作为带动本轮经济长波的技术核心——信息技术和信息产业发展的后劲乏力，是全球性经济周期波动的主要原因。

与此同时，以生物、新能源、新材料和人工智能为代表的新一轮科技革命和产业变革正在孕育兴起。技术变革正在将一系列相互联系的突破性创新连接起来，形成整个技术体系的"群体变革"。在技术变革过程中，科学与技术相互渗透，科学-技术-生产已形成一个有机的整体过程，使得许多科技创新成果转化为产业应用的周期大大缩短。随着新能源、新材料、新一代信息技术等新兴产业的蓬勃发展，生产的数字化、智能化水平不断提升，技术变革正在加速转化为现实生产力。很多新兴业态尽管形式不同,如数字经济、共享经济、平台经济等,但它们在本质上都符合新质生产力低碳、智能等大趋势,显现出与前几次经济长波截然不同的特征(眭纪刚,2018)。

四、产业发展是新质生产力的重要载体

产业是人类社会生活的基础,是生产力的具体表现形式和组织方式。科技创新成果要想转化为现实生产力,必须依托产业这一重要载体。新质生产力自提出以来一直处于产业发展的语境之下,表明新质生产力与现代化产业体系密不可分。习近平总书记在黑龙江考察期间,两次提及"新质生产力"时都和"战略性新兴产业""未来产业"紧密联系:这两种产业都有高技术含量、高附加值、高成长性、产业辐射面广等特点,将成为培育和发展新质生产力的主阵地;同时,形成新质生产力也可以更好地培育壮大战略性新兴产业,开辟未来产业的新赛道。习近平总书记在2023年中央经济工作会议上指出:"要以科技创新推动产业创新,特别是以颠覆性技术和前沿技术催生新产业、新模式、新动能,发展新质生产力。"习近平总书记在中共中央政治局第十一次集体学习时强调:"要围绕发展新质生产力布局产业链,提升产业链供应链韧性和安全水平,保证产业体系自主可控、安全可靠。"习近平总书记在参加十四届全国人大二次会议江苏代表团审议时强调:"面对新一轮科技革命和产业变革,我们必须抢抓机遇,加大创新力度,培育壮大新兴产业,超前布局建设未来产业,完善现代化产业体系。"

未来产业是指由处于探索期的前沿技术所推动、以满足经济社会不断升级的需求为目标、代表科技和产业长期发展方向,会在未来发展成熟和实现产业转化并形成对国民经济的重要支撑和巨大带动,但当前尚处于孕育孵化阶段的新兴产业。与战略性新

兴产业相比，未来产业处于产业生命周期的早期阶段，因而未来产业的成熟度更低、不确定性更高。在未来产业的赛道上，世界各国处于相同的起跑线上，都面临相同的不确定性，因此成为后发国家"换道超车"的重要领域。一些未来产业已进入商业化开发阶段，如果不及早进行布局，一旦当产业到达爆发式增长的拐点时，就会由于前期人才积累不足、工程技术进展慢、产业配套弱、市场开发不力而被甩在后面。因此，尽管未来产业的不确定性更高、投资回报期更长、风险更大，但仍必须及早进行布局。

当未来产业的技术进入相对成熟阶段、产品开始大规模生产时就形成了战略性新兴产业。与未来产业相比，战略性新兴产业虽然已经具有较大的规模，但仍然具有很大的市场潜力。战略性新兴产业的快速发展不仅形成了新的日益强大的产业部门，而且许多技术、产品具有广泛的用途，通过在其他产业的应用、与其他技术和产品的融合，能够使既有的产业部门发生效率和质量变革，从而也成为新质生产力的重要组成部分。战略性新兴产业的发展既需要重大科技创新的不断突破，也需要市场的拉动和相关配套产业的支持。我国的超大规模市场优势能够给战略性新兴产业的发展提供有力的市场支撑，齐全的产业门类、完备的产业生态是形成战略性新兴产业供应链和维持其高效运转的基础。近年来，我国的光伏组件、风机设备、新能源汽车、先进制造、移动互联网等战略性新兴产业蓬勃发展，占据世界领先地位甚至成为最大的生产国。

发展新质生产力不仅意味着以科技创新推动产业创新，而且体现了以产业升级构筑新竞争优势、赢得发展的主动权，发展新质生产力还需注重科技创新、高质量发展与新兴产业的融合，代表了生产力的革新和未来发展方向。战略性新兴产业和未来产业具有不同于传统产业的新技术、新要素、新产出，蕴含着更为巨大的改造自然的能力，不仅可以提高生产效率和增长质量，还可以创造更多的就业机会和社会财富，因而具有更高的发展质量。

因此，从科技创新到未来产业，再到战略性新兴产业是一个连续的过程，新质生产力是战略性新兴产业和未来产业发展的基础及支撑，而战略性新兴产业和未来产业是新质生产力不断发展和应用的现实场景及表现形式。推动新质生产力发展既要加强科技创新的驱动作用，又要加快新兴产业的培育壮大。

五、生产关系是新质生产力的制度保障

按照马克思的生产力理论，生产力是生产关系形成的前提和基础，生产关系是生产力发展的制度保障。生产关系是为适应生产力的发展要求而建立起来的，生产关系必须适应生产力的发展水平才能进一步激发社会生产力。但是，随着生产力发展到一定程度，便与旧的生产关系发生冲突。若要继续发展生产力，需要适时调整生产关系以适应生产力的发展要求，只有解决了生产力和生产关系的内在矛盾，才能推动生产力实现更高程度的发展。正如马克思所说："社会的物质生产力发展到一定阶段，便同它们一直在其中运动的现存生产关系或财产关系（这只是生产关系的法律用语）发生矛盾。于是这些关系便由生产力发展的形式变成生产力的桎梏。"生产关系不是永恒不变的，而是"随着物质生产资料、生产力的变化和发展而变化和改变的"。因此，生产力的提升是发展命题，生产关系的变革则是改革命题。

新质生产力内在地要求与科技创新、成果转化、产业发展相契合的制度环境因素。如果缺少相关制度的支撑和配合，新质生产力的形成和发展会受到很大影响。这意味着新质生产力需要与之相耦合的"新质生产关系"，即能够促进科技不断创新，并将科技成果转化为现实生产力的一系列制度和体制。这些制度既要保持社会秩序的稳定，又要激发经济创新的活力。通过全面深化体制改革，产生出一种与新质生产力发展基本相适应的新型生产关系，促进形成有利于前沿技术突破、创新成果转化和产业不断

发展的新机制。在此过程中，新质生产力不断形成和发展，而旧的生产关系则逐渐被扬弃，进而可能会引起社会制度和社会形态的变革。

新一轮科技革命和产业变革给我国提供了发展新质生产力的历史契机。科技创新政策和产业政策作为生产关系的重要内容，需要根据科技创新和产业发展做出适应性的转型。由于新技术和未来产业的高度不确定性，支持技术创新和产业发展的政策需要做出重大改变，应从原来支持特定技术路线和特定企业的选择性方式，转向政府进行方向引导、市场支持，更多地鼓励市场微观主体的科技创业和对技术路线、应用场景的"试错型"探索，转向创造更好的科技创新和产业发展环境，弥补科技创新和产业转化早期阶段的"市场失灵"问题。比如科技政策应鼓励科研机构和科学家进行更加自由的科研探索，并改变过去那种"以成败论英雄"的科研考核机制，加大基础研究的投入、创造早期应用市场以及适时进行制度、法律和政策改革，以适应新技术、新产品、新模式发展的要求；产业监管政策的实施应非常谨慎，需要采取包容审慎的监管原则，给新技术更大的应用空间，让市场机制充分发挥作用，通过有效竞争在众多的技术路线中筛选出可行的方案。

六、新质生产力的理论贡献

生产力理论是马克思主义经济学的核心理论之一。中国共产党作为马克思主义政党，一直把解放和发展生产力作为社会主义建设的重要任务。新中国成立以来，党和国家领导人高度重视科学技术在经济社会发展中的重要作用。1956年制定的《1956—1967年科学技术发展远景规划》对影响经济发展的科技领域做了重点部署；自十一届三中全会到党的十二大，以邓小平同志为核心的党中央强调"以经济建设为中心"，"科学技术是第一生产力",强调"四个现代化,关键是科学技术现代化";江泽民同志指出,创新是一个民族进步的灵魂,是一个国家兴旺发达的不竭动力,科学技术的本质就是创新;以胡锦涛同志为总书记的党中央在2006年全国科技大会上明确提出自主创新、建设创新型国家战略。

新质生产力论断和马克思的生产力理论以及我国的发展战略一脉相承,同时将发展战略提升到新高度。党的十八大以来,面对复杂多变且处于深度调整的世界形势,习近平总书记对我国的发展战略做了新的历史定位,明确提出实施创新驱动发展战略;党的十九大提出创新是引领发展的第一动力;党的十九届五中全会提出,坚持创新在我国现代化建设全局中的核心地位;党的二十大报告提出,开辟发展新领域新赛道,不断塑造发展新动能新优势。新质生产力是在分析总结全球创新发展一般规律和我国现代化产业体系建设实践的基础上提出的新论断,体现了党和国家对现阶段现代化产业体系发展的谋划和布局。

习近平总书记在坚持马克思生产力理论的基础上,结合新的生产力条件,提出新质生产力的概念和理论,反映了新时代生产力由"量"的积累转向以"质"的突破带动"质量"融合发展的新趋势,为生产力水平总体跃升提供了新思路。新质生产力理论的提出,本质上是马克思主义生产力理论同新时代中国生产力发展实际相结合的产物,不但丰富了马克思主义生产力理论的内涵,而且为中国特色社会主义政治经济学提供了重要的理论指导。

参考文献

[1] 克里斯·弗里曼,弗朗西斯科·卢桑. 光阴似箭. 北京:中国人民大学出版社, 2007.

[2] 卡萝塔·佩蕾丝. 技术革命与金融资本. 北京:中国人民大学出

版社，2007.

［3］埃里克·S.赖纳特．富国为什么富，穷国为什么穷．杨虎清，陈国涛，等译．北京：中国人民大学出版社，2010．

［4］W.W.罗斯托．这一切是怎么开始的．黄其祥，纪坚博译．北京：商务印书馆，2014．

［5］马克思．资本论：第一卷．中共中央马克思恩格斯列宁斯大林编译局编译．北京：人民出版社，2004．

［6］林毅夫．繁荣的求索．张建华译．北京：北京大学出版社，2012．

［7］眭纪刚．技术范式转换与跨越式发展．国家治理，2018（37）：21－26．

［8］眭纪刚．创新发展经济学．北京：科学出版社，2019．

［9］盛朝迅．新质生产力的形成条件与培育路径．经济纵横，2024（2）：31－40．

二、主体篇

4. 提升企业创新能力，激发新质生产力创新动力

赵祚翔①

企业是科技创新和产业发展的主体。在创新发展过程中，企业作为国家创新体系的核心扮演着至关重要的角色。党的十八大提出，要加快建设国家创新体系，着力构建以企业为主体、市场为导向、产学研相结合的技术创新体系，提高大中型企业核心竞争力，支持小微企业特别是科技型小微企业发展。党的十九大报告进一步对建设科技强国做出了系统性战略部署，强调通过深化科技体制改革，建立以企业为主体、市场为导向、产学研深度融合的技术创新体系，加强对中小企业创新的支持，促进科技成果转化；强化企业创新主体地位和科技领军企业创新主导地位。在党的二十大报告中，习近平总书记强调了加强企业主导的产学研深度融合，强化目标导向，提高科技成果转化和产业化水平。这明确提出了提高企业科技创新能力的重要性，为创新驱动发展战略的进一步完善指明了方向。因此，企业创新不仅对国民经济、社会进步、国家安全、人民生活质量的提升有重大贡献，还是推动发展方式转变、塑造新动能和优势的关键。通过强化企业科技创新主体地位，利用新科技革命和产业变革的机遇，可以提升产业链供应链的现代化水平，加速构建新发展格局，增强国家创新体系的整体效能。

---

① 赵祚翔，原为中国科学院科技战略咨询研究院助理研究员，现为北京化工大学经济管理学院副教授，研究方向为创新政策、企业创新管理。

2023年，习近平总书记首次提出了"新质生产力"的概念。① 他指出：积极培育新能源、新材料、先进制造、电子信息等战略性新兴产业，积极培育未来产业，加快形成新质生产力。这一概念的提出，不仅推动了马克思主义政治经济学的新发展，也为中国经济的高质量发展提供了新动力。企业科技创新不仅是推动新质生产力发展的内在动力，也是实现高质量发展和提升国家整体生产力的重要路径之一。研究企业科技创新机制和路径，强化政策支持和实践探索，可以促进新质生产力的持续发展，推动经济社会高质量发展。深入理解新质生产力概念及企业技术创新实现路径，对未来中国经济发展至关重要。

一、企业科技创新对新质生产力的影响机制

企业科技创新能力与新质生产力的关系及相互影响是中国实现创新驱动发展的关键问题之一。随着科技的快速发展和产业结构的不断调整，企业在科技创新方面的投入和能力决定了其在市场竞争中的地位及效益，同时也直接影响着新质生产力的培育和提升。企业科技创新能力建设对加快发展新质生产力的重要性体现在以下几个方面：

新质生产力的形成不仅需要技术水平的提升，更需要企业能够持续进行创新，推动新技术、新产品和新服务的出现，从而带动整个产业的升级和转型。首先，具备较强创新能力的企业能够更好地适应市场需求的变化，及时调整产品结构和生产方式，推出符合市场需求的新产品和新服务。这有助于提高企业的市场竞争力，从而促进整个产业链的创新和发展，推动新质生产力的形成。其次，企业创新能力的提升有助于优化市场资源配置，实现

---

① 习近平主持召开新时代推动东北全面振兴座谈会强调 牢牢把握东北的重要使命 奋力谱写东北全面振兴新篇章. 人民日报, 2023-09-10.

4. 提升企业创新能力，激发新质生产力创新动力

资源的最大化利用。通过技术创新和管理创新，企业能够降低生产成本、提高生产效率，从而提高资源利用效率，为新质生产力的发展提供有力支持。此外，创新能力的增强也能够增强企业的可持续发展能力。企业不断进行技术创新和管理创新，能够更好地适应市场和环境变化，实现长期稳定的发展，为新质生产力的持续发展提供有力保障。最后，通过企业创新能力建设，可以推动产业结构的优化和转型升级。企业不断提高产品的附加值和市场竞争力，推动产业向高附加值、高技术含量的方向发展，可以促进产业升级和优化，进而推动新质生产力的不断提升。

新质生产力的提出，是为了应对新一轮科技革命和产业变革、大国竞争加剧以及我国经济发展方式转型这一历史性交汇所带来的新要求。从政治经济学视角考察，新质生产力主要以科技创新为主导，因实现了关键性、颠覆性技术突破而产生，是对传统生产力的超越，需要新的生产关系与之相适应。因此，加快形成新质生产力是高质量发展的内在要求。技术创新通过不同层面促进新质生产力的形成，并且突破性技术创新在这一过程中发挥了重要作用。企业通过持续的技术研发和创新活动，不断提升产品和服务的质量、效率及附加值，从而推动了新质生产力的不断提升。生产力的系统性新质化是推动人类社会跨越式发展的决定性力量，当前，数字信息时代的到来标志着第三次生产力的系统性新质化，突显了科技创新对生产力发展的关键性作用。

新质生产力的发展对企业技术管理能力、新技术的推广应用和持续发展也提出了内在要求。具备较强新技术推广能力的企业能够更好地适应市场需求的变化，不断推出具有竞争力的新产品和新服务，提高了企业的市场竞争力。企业与外部机构的协作创新网络可以在吸收能力的作用下，影响产品和过程创新能力，进而提升新产品的性能。这表明企业通过与外部合作伙伴进行技术创新合作，可以更好地利用外部资源和技术，促进新产品和新技术的开发，从而推动新质生产力的发展。内部

研发和技术采购支出对于企业推出新产品和/或新工艺的概率有积极的回报，创新者的生产率水平也高于非创新者。这些结果不仅突显了创新对企业生产力的关键作用，同时也呼应了国家生产力的概念。

在新质生产力的形成机制和作用路径方面，企业技术创新能力的提升还能促进传统产业结构的优化和转型升级。科技创新在新质生产力形成中的导向作用反映出从生产力"量"的积累向"质"的突破转变的新趋势。企业通过不断引入新技术、新产品和新服务，推动产业向高技术含量、高附加值的方向发展，促进了产业的结构优化和转型升级。在加快企业创新以推动新质生产力发展的实践中，科技创新被认为是加速形成新质生产力的核心。通过提高全要素生产率、加强顶层设计和政策支持等措施，可以实现这一目标。当前的政策研究集中探索了加速新质生产力形成的策略和机制，提出了增强全要素生产率、优化顶层设计和提供有效政策支持等关键建议。这些建议旨在创造一个有利于科技创新的环境，从而推动新质生产力的发展。

综上所述，企业科技创新作为推动新质生产力形成的关键力量，在经济发展和社会进步中发挥着重要作用。企业科技创新与新质生产力发展之间存在紧密的内在逻辑。首先，科技创新被认为是推动新质生产力的主要驱动力之一，企业通过持续的技术研发和创新活动，可以提升产品和服务的质量、效率及附加值，从而促进新质生产力的提升。其次，技术创新能力对企业自身的竞争力和持续发展至关重要，具备较强技术创新能力的企业能够更好地适应市场需求的变化，推出具有竞争力的新产品和新服务，从而提高市场竞争力。再次，外部合作也被视为促进创新的重要途径，企业与外部合作伙伴进行技术创新合作，可以更好地利用外部资源和技术，促进新产品和新技术的开发，进而推动新质生产力的发展。此外，企业技术创新能力的提升还能促进传统产业结构的优化和转型升级，通过引入新技术、新产品和新服务，推动产业向高技术含量、高附加值的方向发展，实现产业的智能化和数字化转型。最后，政府在科技创新政策和顶层设计上的支持对于加快形成新质生产力至关重要，通过建立良好的科技创新环境、健全科技创新体系，并进行战略性规划，有助于推动新质生产力的形成。

二、中国企业科技创新能力建设的基础和挑战

（一）我国企业研发投入规模持续增加

近年来，中国的市场主体数量迅速增长，截至 2023 年底，登记在册经营主体达 1.84 亿户，同比增长 8.9%。其中，企业 5 826.8 万户，个体工商户 1.24 亿户。2023 年全年新设经营主体 3 272.7 万户，同比增长 12.6%。2023 年，全社会研发经费投入超过 3.3 万亿元，研发经费投入强度达 2.64%，企业在全社会研发经费投入中的占比不断提高，至 2023 年已达 77.6%。[①] 截至 2023 年底，国内有效发明专利突破 400 万件，居世界第一位。企业专利申请和授权量占国内总量的 60% 以上，2022 年中国投入研发费用最多的三个企业依次是华为、腾讯和阿里巴巴，其中华为研发投入排名全球前五。我国企业整体专利申请活跃，获得海外授权的发明专利数量继续高速增长，已成为世界上最多的企业专利申请来源地。企业创新能力的提升，为发展新质生产力奠定了重要基础。

根据经济合作与发展组织（OECD）公布的各国企业研发经费数据（见图 4-1），中国企业在研发上的投资持续增加，从 2000 年的不到 300 亿美元，到 2021 年的近 5 000 亿美元，特别是在 2008 年之后，企业研发支出的增速有了明显的加快。2020—

---

① 国家统计局. 中华人民共和国 2023 年国民经济和社会发展统计公报，2024-02-29.

2021年，即便在全球经济受到新冠疫情影响期间，我国企业研发支出也显示出较大的增幅。

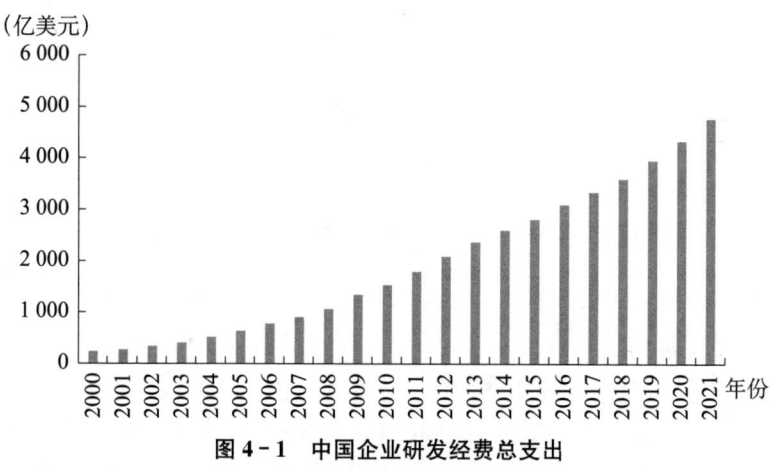

图 4-1 中国企业研发经费总支出

资料来源：OECD 的 ANBERD 数据库。

OECD数据反映了中国企业在研发领域的投入随着时间的推移而显著增加。这种情况不仅体现了数量的增长，更代表了中国企业在创新战略上的根本转变。研发投入的加大意味着企业正在加强技术积累和产品升级，这在高新技术产业、制药业以及信息技术服务业中尤为明显。在这一进程中，大量资金被用于开发新产品、新工艺、新材料以及提高现有产品的技术含量，这是企业保持竞争力、占领市场高地的重要手段。

这种投资增长的背后，是多方面因素的综合作用。首先，中国政府在推动国家向创新驱动的经济模式转型过程中，出台了一系列政策，这些政策旨在鼓励企业研发，包括税收优惠、财政补贴和建立国家高新区等。其次，随着全球经济一体化，中国企业面临的国际竞争压力增大，研发成为企业寻求新的增长点、拓展国际市场的必由之路。再加上中国庞大的市场规模和完善的产业链优势，为研发活动提供了良好的内部条件和外部环境。这些因素共同推动了企业研发投入的持续增长，体现了中国企业在全球创新领域中角色的日益增强。

（二）企业研发投入在全社会研发投入中占比最高

根据 OECD 数据，中国企业已成为全社会研发经费的重要贡献者。中国、日本和韩国的企业研发投入占全社会投入总额的比例最高，均超过 76%；美国和德国的企业研发投入占全社会投入总额的 65% 左右（见图 4-2）。而在实际投入规模上，我国企业研发投入总规模位居世界第二，超过 4 000 亿美元，仅次于美国。

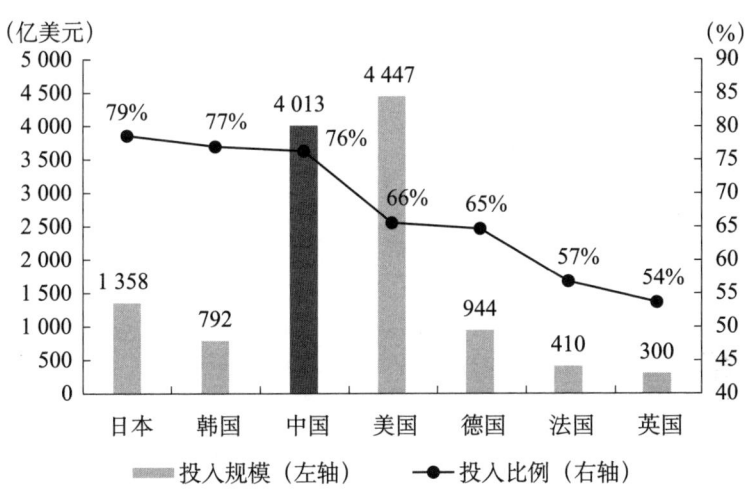

图 4-2 2020 年主要国家企业研发投入规模与比例

资料来源：OECD 的 ANBERD 数据库。

（三）企业专利价值有待提升，企业产学研合作效率低

虽然我国企业在创新投入和产出方面都位居世界前列，但我国企业在追求专利数量快速攀升的同时，也暴露出创新产出质量不高、具备国际领先水平的研发产出较少等问题。以专利的引用为例（被引用次数越多，说明技术水平越高、专利价值越大），

2020年美国专利商标局授权发明专利352 001项，这些专利的参考文献达到了2 004万条，每项专利的平均引文为57条。其中，超级引文专利有32 783项[1]，占专利总数的9%，提供了63%的引文。按照专利权人的国籍进行统计，美、日、韩、德、中五国专利的平均引文条数是82、24、23、29、20，美国是中国的4倍。此外，各国超级引文专利的数量也不一样，按照专利权人的国籍进行统计，美国有15%的专利为超级引文专利，而日、韩、德、中四国分别为2%、2%、3%、1%。由此可见，中国超级引文专利和平均引文条数均明显小于发达国家，专利产出的整体质量属于较低水平。

根据国家知识产权局出版的《2020年中国专利调查报告》[2]，我国绝大多数企业在研发成果的产出方面能力较弱，产学研合作意愿不强。调查显示（见表4-1）2019年向境外提交专利申请[含通过《专利合作条约》（即PCT）提交专利申请]的企业占比仅为3.7%，96.3%的企业没有向境外提交专利申请。其中，大型企业向境外提交专利申请（含PCT）的比例为14.8%，明显高于其他规模企业。向境外提交商标注册申请的企业占比为4.1%，95.9%的企业未向境外提交商标注册申请。由此可见，具备一定研发能力和具有国际竞争力的企业在中国还非常少。

表4-1 不同规模企业向境外提交专利申请（含PCT）情况（%）

	大型企业	中型企业	小型企业	微型企业	总计
是	14.8	6.0	3.1	2.3	3.7
否	85.2	94.0	96.9	97.7	96.3
合计	100.0	100.0	100.0	100.0	100.0

注：该表中的大型企业、中型企业、小型企业和微型企业的有效数据量分别为2 204、2 606、3 915、1 983，总计为10 708。

---

[1] 达到或超过100条引文的专利称为超级引文专利。
[2] 2020年中国专利调查回收的有效专利权人样本中，企业总数为10 708。

4. 提升企业创新能力，激发新质生产力创新动力

（四）科技领军企业逐步涌现，但具有国际竞争力的企业少

欧盟发布《欧盟工业研发投资记分牌》，根据报告公布的数据（见图4-3），2020年全球研发投入TOP 2 500家公司的研发投入合计达到9 042亿欧元，占全球商业部门研发投入的90%，占全球总研发投入规模的比重超60%。2019年全球研发投入TOP 2 500家企业中，美国企业的研发投入总额为3 477亿欧元，占比达38.45%；欧盟企业的研发投入总额为1 889亿欧元，占比为20.89%，中国企业的研发投入为1 188亿欧元，占比为13.14%，整体投入偏低；日本企业的研发投入为1 149亿欧元，占比为12.71%。

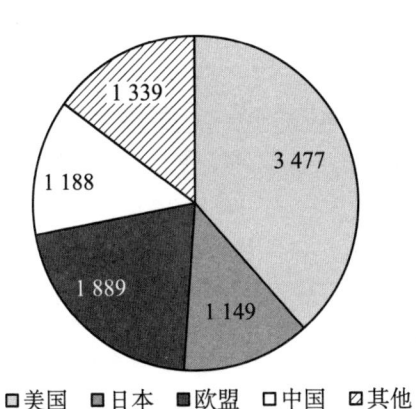

图4-3 全球研发投入TOP 2 500家企业的地区分布（亿欧元）

资料来源：欧盟联合研究中心. 欧盟工业研发投资记分牌，2020-12-17.

从全球研发投入TOP 20企业榜单来看，全球研发投入最多的企业是美国的Alphabet。2020年，Alphabet公司的研发投入达231.6亿欧元，同比增长24.37%。微软公司的研发投入仅次于Alphabet。2020年，微软公司的研发投入为171.5亿欧元，同比增长14.18%。2020年，唯一上榜的中国企业——华为以

167.1亿欧元的研发投入位列全球第三,研发投入同比增长31.23%。但是,在所有20强榜单中,美国企业的上榜数量多达10家,整体实力远超中国。

表4-2展示了主要经济体研发投入前十名企业指标对比的情况。从平均研发投入来看,2020年我国研发投入前十名企业的研发投入总额为3 294.35百万欧元,低于欧盟和美国,仅是美国的31%。从平均研发强度来看,我国研发投入前十名企业的平均研发强度为6.72%,显著低于美国(13.26%)和欧盟(11.73%)企业的研发强度,仅相当于美国和欧盟的一半。从平均利润率来看,我国研发投入前十名企业的平均利润率为8.88%,高于欧盟,但仅为美国企业平均利润率24.12%的37%。综上可知,我国头部企业在研发投入和研发强度方面亟待加强。

表4-2 主要经济体研发投入前十名企业指标对比

	平均排名	平均研发投入（百万欧元）	平均研发强度（%）	平均利润率（%）
全球研发投入TOP 10企业	—	12 673.11	11.86	21.27
美国研发投入TOP 10企业	9.9	10 489.95	13.26	24.12
欧盟研发投入TOP 10企业	21.8	6 548.47	11.73	7.32
中国研发投入TOP 10企业	67.0	3 294.35	6.72	8.88

资料来源：欧盟联合研究中心．欧盟工业研发投资记分牌，2020-12-17.

三、科技领军企业用创新推动智能化转型案例

位于产业链高端的科技领军企业,它们不仅在国内外科技领域中扮演着越来越重要的角色,而且通过一系列创新实践,展现

了中国科技创新的独特价值与全球竞争力。本节以腾讯公司为例，分析科技领军企业的创新案例，以此揭示中国企业创新能力的提升路径，为理解企业创新在新质生产力创建中的角色和贡献提供更深入的视角。

（一）丰富数字化应用场景，加快产业智能化转型

腾讯不只是一家即时通信和开发游戏产品的公司，在推进产业数字化和智能化转型升级方面也做出了很大贡献，主要体现在智能制造、云计算、人工智能等领域的创新实践与应用。腾讯与工业富联的协作，尤其在智能制造方面的突破，通过"灯塔工厂"的实施，展现了利用云计算与工业互联网技术推动制造业数字化转型的有效路径。腾讯云 TCE 企业专有云解决方案的应用，不仅加快了工业富联的业务系统云迁移过程，也通过多中心部署和创新的工业 PaaS 平台，提升了生产智能化改造的效率和成效，向制造业展示了智能化转型的可行模式。此外，腾讯在长三角区域建设的人工智能先进计算中心及产业基地，标志着其在区域产业升级和人工智能应用方面的积极投入。该中心不仅将提供大规模 AI 算法处理和云计算服务，而且还计划与地方政府合作，推动智慧城市建设，涵盖智慧政务、智慧教育及工业互联网安全等多个领域，助力上海及华东地区 AI 产业的发展。腾讯 WeMake 工业互联网平台的推出，则进一步深化了腾讯在工业互联网领域的布局。该平台不仅支持大型制造企业降低成本、提高效率，还通过数字孪生技术和人工智能，为工业企业提供从数据连接到智能应用的全链条解决方案，推进企业的全面数字化运营。

（二）推动产学研深度融合，探索科技创新与人才培养

腾讯公司不只是在创新过程中使用人才，而且也与高校合作，双方联合培养人才。腾讯与深圳大学携手共建的"腾班"人工智能特色班项目，是腾讯在推进产学研一体化创新中的典型范

例。该项目通过一种创新的教育模式，将人工智能专业课程整合进学生的学习计划中，旨在为高科技产业进行技术人才储备，并成功培育了一群掌握新时代生产力技能的人才。该"腾班"项目作为腾讯和深圳大学合作的成果，在广东省率先通过特色班级形式为行业输送人工智能领域的专才。在此项目框架下，学生们不仅要接受计算机科学的基础教育，而且要深入学习人工智能的专业课程（如人工智能概论、自然语言处理和机器学习等），并通过结合理论与实践的教学方法（如实际操作项目和实训）来强化学习效果。一个鲜明的例子是学生们在汕头鹅场开发的首个 AI 养鹅小程序，该程序显著提高了养殖效率和鹅的存活率。这种教育模式不仅促进了学生创新能力和实际操作技能的发展，还为行业注入了创新思维和新鲜血液。

通过这种侧重实践和创新的教育模式，腾讯与高等教育机构的合作不仅培育了掌握先进知识与技能的新一代人才，也为产业提供了新动能，有力推动了经济的结构优化和升级。此外，该模式还促进了产业的智能化和数字化转型，为新质生产力发展注入了新的活力。

（三）通过科技创新，推动社会进步和提升公共福祉

企业创新的目的不只是获取利润，在推动社会进步和提升公共福祉方面，科技创新也扮演了至关重要的角色。腾讯作为互联网和信息科技领域的领跑者，近年来致力于新兴技术领域的探索，尤其在将科技创新与履行社会责任相结合的实践中取得了显著成就。

一方面，腾讯天籁实验室针对当前助听器市场中存在的产品价格偏高且性能不足的问题，自主研发了一种高效的助听器核心算法解决方案。通过与深圳的助听器生产企业智听科技的合作，推出了创新性的"挚听（腾讯天籁 inside）助听器"。该产品显著优化了助听器在多种环境下的性能，尤其是通过引入先进的啸

叫抑制技术，解决了影响听障群体的长期难题，使得性价比高的国产助听器在关键性能上与昂贵的进口产品相媲美。这项创新不仅显著提高了助听器的整体质量，而且为听障老年人提供了更加经济实惠的选择，体现了腾讯通过科技创新积极解决社会问题的努力。另一方面，腾讯与迈瑞医疗的合作则是科技与医疗领域深度融合的又一体现。两家公司联手开发的"全自动外周血细胞形态学分析仪"，利用腾讯在人工智能和云计算等领域的技术实力，大幅提高了医学阅片的准确性和效率，打破了市场上单一品牌的垄断。这一合作不仅推动了国内医疗器械技术的进步，还通过智能化应用的扩展，展现了科技创新在提高医疗服务质量与效率方面的巨大价值。

通过这些案例分析，我们可以看到：腾讯不仅是一家领先的互联网科技公司，更是产业转型升级和数字经济发展的重要推动者。腾讯通过在科技创新上的深度探索和实践，展现了其在推动新质生产力发展方面的积极作用。该公司不仅在其核心业务领域不断进取，而且通过科技公益项目和跨界合作，将科技创新的成果转化为社会价值，直接助力了产业转型升级，从而促进了新质生产力的形成和发展。

四、提升企业科技创新能力，推动新质生产力发展的建议

推动新质生产力的发展是实现经济转型升级和高质量发展的关键途径。在这一过程中，企业和市场无疑扮演着核心角色，负责直接推进技术创新、产品开发和市场应用。然而，要充分发挥企业和市场的潜力，政府的角色同样不可或缺。政府不仅需要提供必要的政策保障和改善创新环境，还要搭建桥梁，促进资源的有效配置和创新成果的广泛应用。具体可从以下几个方面有效激发企业和市场的创新活力，为新质生产力的发展提供坚实的支撑，推动经济实现高质量发展。

（一）强化企业创新主体地位

（1）加快建设高能级创新联合体。鼓励科技领军企业领头，高校院所提供支持，各创新主体共同协作，集中精力解决国家战略领域的关键科学难题和重大产业创新需求。通过打造高能级创新联合体，提升科技领军企业的前沿创新能力。同时，鼓励科技领军企业积极开展国际合作，与国际知名企业、研究机构等建立合作关系，共享技术和资源，拓展市场和渠道，提升国际竞争力。

（2）持续加强自主研发和应用基础研究投入。支持科技领军企业增加自主研发和应用基础研究投入，提升自主创新能力和国际竞争力。政府应赋予这些企业更多的创新资源调配权、产业联盟建设权和产业标准制定话语权，同时加强对企业的监管和指导。

（3）推动战略型企业家发挥作用。加大对战略型企业家在科技创新中的支持和鼓励，赋予他们在重大科技创新项目立项和科技基础设施建设等方面更大的决策权，以促进更广泛的协同创新。

（二）推动促进产学研深度融合

（1）积极建设企业主导、高校院所高效协同的技术创新模式。增强高能级科创平台为企业服务的力度，支持国家实验室、国家级技术创新平台、新型研发机构与企业合作，为企业提供技术验证和定制化的技术创新服务。

（2）推进高校院所与企业的合作，支持地方政府引入知名高校，与企业共同建设创新平台，围绕企业需求开展联合研发，借助创新平台促进高校技术成果向企业转移。

（3）深化科技成果评价和发布机制改革，推动科技成果转化。加强企业高价值知识产权培育，拓宽高价值发明专利的快速授权通道，建立优先审查推荐机制。完善知识产权运营交易体系，建立综合化的知识产权交易平台。重塑知识产权转移转化工作机制，持续推动国家专利转化专项计划，深化专利开放许可机制，促进更多专利成果转化为实际生产力。

（三）改善企业技术创新服务体系

（1）加大对技术服务平台和孵化器的建设及支持，提升其服务质量。这包括建立更多的创业孵化器，提供免费或低成本的办公场地、技术支持、市场推广等服务，帮助初创企业降低创业成本、提高成功率。同时，加强对孵化器的管理和评估，确保孵化器能够提供有效的支持和指导。

（2）推行新的融资模式，通过市场化机制探索小微企业直接融资增信产品。鼓励通过私募债券和融资担保等方式，为企业提供更为灵活和多样化的融资渠道，增强科技型初创企业信用，降低企业融资成本。同时，加强金融机构对创新型企业的信贷支持，提供定制化的金融产品和服务，帮助企业解决资金瓶颈问题。

（3）加大对科技服务和人才队伍建设的支持力度，包括建立更完善的人才培养和引进机制，鼓励企业建立科技人才培训基地、组织技术交流活动、创建专业人才数据库。同时，鼓励企业与高校合作，共同开发和优化课程内容，确保教育内容与行业需求紧密相连。加快建立高校和科研院所的产学研合作成效评价体系，积极调动科研人员参与产业技术研发的积极性，有效促进企业与高校之间的深度合作，共同培养适应新质生产力发展需要的科技型人才。

参考文献

[1] 杜传忠，李钰葳．强化科技创新能力加快形成新质生产力的机理研究．湖南科技大学学报（社会科学版），2024，27（1）：100-109．

[2] 张林,蒲清平. 新质生产力的内涵特征、理论创新与价值意蕴. 重庆大学学报(社会科学版),2023,29(6):137-148.

[3] 周文,许凌云. 论新质生产力:内涵特征与重要着力点. 改革,2023(10):1-13.

[4] 蒋永穆,乔张媛. 新质生产力:逻辑、内涵及路径. 社会科学研究,2024(1):10-18.

[5] Liu L, Jiang Z. Influence of Technological Innovation Capabilities on Product Competitiveness. Industrial Management & Data Systems, 2016, 116(5):883-902.

[6] Chudnovsky D, López A, Pupato G. Innovation and Productivity in Developing Countries: A Study of Argentine Manufacturing Firms' Behavior (1992—2001). Research Policy, 2006, 35(2):266-288.

[7] 蒲清平. 加快形成新质生产力的着力点. 人民论坛,2023(21):34-37.

[8] 李晓华. 新质生产力的主要特征与形成机制. 人民论坛,2023(21):15-17.

5. 强化高校科教赋能，夯实新质生产力知识根基

李 瑞①

科学技术是第一生产力。在新一轮科技革命和产业变革加速推进的背景下，新质生产力的提出，既是对当下历史发展大势的精准把握，更是对未来中国高质量发展、实现中国式现代化的前瞻思考和布局。2024年3月5日，习近平总书记在参加十四届全国人大二次会议江苏代表团审议时强调，要"深化科技体制、教育体制、人才体制等改革，打通束缚新质生产力发展的堵点卡点"。这一重要论述为高等教育高质量发展、更好赋能新质生产力指明了方向。推动新质生产力发展意味着更高素质的劳动者、劳动资料的革新、劳动对象的拓展，都迫切需要高等教育在高水平人才培养和科技创新方面发挥龙头作用，全面引领、推动国家经济社会高质量发展。

高校在人才培养、原始创新、科技产业等方面的优势使其在国家创新体系中发挥着日益重要的作用。2021年，习近平总书记在两院院士大会上强调，高水平研究型大学是国家战略科技力量的重要组成部分，要自觉履行高水平科技自立自强的使命担当。高水平研究型大学要把发展科技第一生产力、培养人才第一资源、增强创新第一动力更好结合起来，发挥基础研究深厚、学

---

① 李瑞，中国科学院科技战略咨询研究院助理研究员，研究方向为国家创新体系、科技治理。

科交叉融合的优势,成为基础研究的主力军和重大科技突破的生力军。党的二十大报告指出:"教育、科技、人才是全面建设社会主义现代化国家的基础性、战略性支撑。"2024年《政府工作报告》进一步指出,要实施高等教育综合改革试点,优化学科专业和资源结构布局,加快建设中国特色、世界一流的大学和优势学科。高校作为科技第一生产力、人才第一资源、创新第一动力的重要结合点,应当主动担当,在加快形成、发展新质生产力中展现更多作为。

一、发展新质生产力对高等教育提出了新任务、新要求

高等教育是国之大计、党之大计。高等教育是人才培养的主阵地、基础研究的主力军、重大原始创新的主战场和科技型产业的先头军,是整个教育体系的龙头,在加快发展新质生产力中肩负着特殊的责任与使命。习近平总书记强调,我们对高等教育的需要比以往任何时候都更加迫切,对科学知识和卓越人才的渴求比以往任何时候都更加强烈。在加快发展新质生产力、实现高水平科技自立自强的迫切需求下,高校应当主动担当、深化改革、积极作为,在拔尖创新人才培养、原始创新能力提升、科技型产业孕育方面贡献力量,以高等教育之力厚植新质生产力发展之基。

(一)发展新质生产力,要求高校成为科技创新人才摇篮

劳动者是生产力中能动的、起主导作用的要素,人才是形成新质生产力的活跃因素。习近平总书记在中共中央政治局第十一次集体学习时强调:"要按照发展新质生产力要求,畅通教育、科技、人才的良性循环,完善人才培养、引进、使用、合理流动

的工作机制。要根据科技发展新趋势，优化高等学校学科设置、人才培养模式，为发展新质生产力、推动高质量发展培养急需人才。"一方面，立足当下，面对发展新质生产力和高水平科技自立自强的迫切需求，战略紧缺人才是抢抓新一轮科技革命和产业变革历史机遇及赢取全球竞争优势的关键支点，也是适应乃至引领新质生产力的重要抓手。在新一代信息技术、人工智能、生物技术等前沿领域以及针对国家关键核心技术的"卡脖子"领域，高校要加快培养一批技术创新能力突出、善于解决复杂工程问题、凝聚工匠精神的复合型工程技术技能人才，提升关键领域的人才竞争力。另一方面，着眼长远，发展新质生产力需要大量拥有较高科技素养和人文素养，尤其是在基础学科、交叉学科和新兴学科方向上能够牵引原始创新的拔尖创新人才。为此，高校应该主动担当，集聚更多高层次人才，以最优秀的人培养更多优秀的人，为新质生产力发展形成基础性支撑。

（二）发展新质生产力，要求高校成为前沿交叉学科突破的源泉

学科是人类对自然界和社会的系统性认识的成果，是现代大学发展的永恒主题，是人才培养、创新发展和科技自立自强的重要载体，也是推动新质生产力加快发展、开辟新领域新赛道的潜在动力。当前，一些重要科学问题和关键核心技术已经呈现出革命性突破的先兆，科学研究范式正在发生深刻变革，新的学科分支和新增长点不断涌现，学科深度交叉融合势不可挡，科学技术和经济社会发展加速渗透融合。加快发展新质生产力必须依靠原始创新和新兴交叉学科的发展，而原始创新成果的诞生，一方面需要进一步强化数学、物理学、医学、计算机科学等基础学科的发展，为孕育更多前沿、颠覆性突破提供更多可能性；另一方面，需要高校下好学科体系布局"先手棋"，在人工智能、生命

科学等新兴交叉学科方向上加紧布局,为取得关键核心技术突破和原始创新研究成果奠定基础,为加快形成新质生产力提供不竭动力。

(三)发展新质生产力,要求高校成为原始创新、基础研究的主力军

推动新质生产力加快发展,要求高等教育加快推动原创性、颠覆性科技创新,助力实现高水平科技自立自强。2024年1月31日,习近平总书记在中共中央政治局第十一次集体学习时强调:"必须加强科技创新特别是原创性、颠覆性科技创新,加快实现高水平科技自立自强,打好关键核心技术攻坚战,使原创性、颠覆性科技创新成果竞相涌现,培育发展新质生产力的新动能。"2021年4月,习近平总书记到清华大学考察时深刻指出:"重大原始创新成果往往萌发于深厚的基础研究,产生于学科交叉领域,大学在这两方面具有天然的优势。"从历史上看,第二次工业革命以来的重大生产力跃升,基本上都是高度依赖科学技术的突破,而当下新质生产力所依托发展的战略性新兴产业和未来产业更是体现"以科学为基础"的特征,这要求高校必须把抢占前沿科技的制高点作为重点任务,抢抓新一轮科技革命和产业变革先机。一方面,高校要聚焦国家战略需求,明确主攻方向和战略重点,瞄准关键核心技术特别是"卡脖子"问题,加快关键核心技术攻关;另一方面,要求高校不断强化支撑经济社会发展的能力,加强基础学科、新兴学科、交叉学科建设,积聚力量进行原创性引领性科技创新。

(四)发展新质生产力,要求高校成为培育科技型产业的先头军

产业是生产力的载体,科技创新成果只有通过产业化才能转化为现实生产力。推动新质生产力加快发展,要求高等教育科技

创新成果能够落地应用,实现向先进生产力转化。2014 年 6 月 9 日,习近平总书记在中国科学院第十七次院士大会、中国工程院第十二次院士大会上指出:"科技成果只有同国家需要、人民要求、市场需求相结合,完成从科学研究、实验开发、推广应用的三级跳,才能真正实现创新价值、实现创新驱动发展。"一方面,发展新质生产力,需要及时将科技创新成果运用到具体产业和产业链上,改造提升传统产业,培育发展战略性新兴产业和未来产业,推动完善现代化产业体系。这要求高校发挥自身在创新全链条中的独特优势,加速知识、技术、资金、人才、政策等创新要素集聚,推动多主体互通互融,及时有效回应新质生产力对产业发展的集中迫切需求,增强人才培养和科学研究服务新质生产力发展的靶向性。另一方面,需要加强专业化技术转移机构和人才队伍建设,加快探索完善以新研发的科研成果作为"商品"推向市场的服务体系,提升科技成果转化效能,强化知识产权保护。

二、我国高校科技创新在发展新质生产力中的成就与不足

当前,高校已成为国家创新体系的重要组成部分。尤其是自党的十八大以来,我国高校加速汇聚创新资源,大力培养创新人才,不断强化创新平台体系建设,使科技创新综合实力实现跃升。然而,面对加快发展新质生产力的要求,我国高校科技创新在资源投入、有组织科研和成果转化方面尚存不足之处,亟待进一步完善。

(一)高校不仅是人才培养的主体,也是知识生产、知识应用的重要主体

我国高等教育体系随着国家创新体系的转型发展、高等院校

职能调整和管理体系的改革而发展变化,在科研活动中的重要性不断增强。我国高等教育体系的部署始于1979年高教界围绕高校应不应该增加科学研究这项职能展开的大讨论,在邓小平同志的重视和科技界有识之士的呼吁下,1978年10月修订颁布的《全国重点高等学校暂行工作条例(试行草案)》中明确提出:大学"既是教育中心,又是科学研究中心"。这标志着知识生产正式成为中国大学的职能。1985年,在《中共中央关于教育体制改革的决定》中,正式提出高校应承担教学、科研双重任务,重点大学应办成教育中心和科学研究中心。21世纪以来,我国高等院校在国家创新系统中日益占据重要地位。正如教育部在《面向21世纪振兴教育行动计划》中提出的,高等院校不仅要培育高质量的人才,而且要在国家科技创新系统中发挥重要作用。

党的十八大以来,习近平总书记多次强调高校在科技工作中的重要作用,指出"成为世界科技强国,成为世界主要科学中心和创新高地,必须拥有一批世界一流科研机构、研究型大学、创新型企业,能够持续涌现一批重大原创性科学成果"①。习近平总书记的重要讲话表明:当前,我国高校科技工作进入了新阶段,高校科技工作应紧密结合国家发展建设的关键需求,加大基础研究投入,优化学科结构,打造高水平学科队伍,产出更多重大基础性研究成果,为建设科技强国做出新的贡献。因此,现阶段中国高等院校在国家创新体系中不仅承担了教育职能,而且是知识生产、知识应用的重要主体。与此同时,大学与产业界之间的边界逐渐模糊:一方面,大学直接服务社会、服务经济建设,甚至以创办企业和建立科技园的方式,直接参与社会经济发展,成为中国高技术企业的重要发源地;另一方面,开始出现企业通过建立民办大学的方式介入高等教育领域(如浙江吉利汽车集团

---

① 习近平.为建设世界科技强国而奋斗——在全国科技创新大会、两院院士大会、中国科协第九次全国代表大会上的讲话,2016-05-30.

在北京创建了吉利大学)。与传统模式相比,政府不再是包办一切、不可或缺的枢纽,各个创新主体之间的关系如图 5-1 所示。

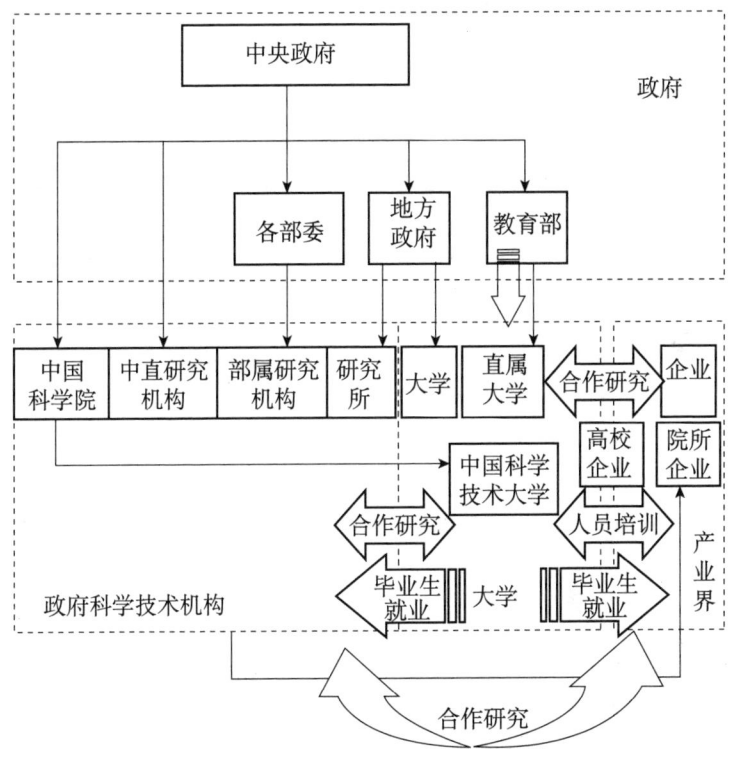

图 5-1 当前我国科技创新体系组织结构示意图

资料来源:薛澜,梁正. 中国之治:构建现代化中国科技创新体系. 广州:广东经济出版社,2021.

(二)高校科技创新资源加速汇聚,但实力与世界先进水平仍然存在差距

从 2012 年到 2021 年的十年间,高校研发投入经费从 2012 年的 768.7 亿元增长到 2021 年的 1592 亿元,十年累计拨入经费总额上万亿元。从投入来源上看,企事业单位委托经费由 2012

年的391.8亿元增至2021年的847.5亿元,增长了约116%。从经费结构上看,应用研究所占比重最高,历年来占比均在50%左右。基础研究的投入力度明显加大,近年来呈现稳步增长态势,所占比例由2012年的34.3%上升到2021年的39.4%。试验研究所占比重较小,并呈现轻微下降趋势。[1] 从总体上看,我国高校研发经费投入结构逐渐向激发原始创新方向发展,基础研究的投入力度不断加大,尤其是近年来政府不断加大对基础研究的资金投入,通过自然科学基金、国家重点实验室、重大科学工程以及各种专项基金等多种方式支持基础研究的发展。创新资源的汇聚为高校原始创新能力跃升和关键核心技术突破奠定了坚实基础。

高校基础研究经费持续增长在为基础研究提供广阔发展空间的同时,仍然面临众多问题和困难。例如,基础研究投入总量不足,资助模式与基础研究规律不相匹配,人才培养与基础研究分离,很多学科与世界先进水平的差距有拉大的趋势等。在世界科技重大成就方面,中国基本上没有相应研究,或者研究不够深入;在世界科技重大课题方面,中国相关研究成果的水平和质量有待提高,缺乏原始创新。[2] 尽管我国研发经费总量(世界第二)和比例(2023年研发占GDP的比重达到2.64%,超过欧盟国家的平均水平)不断上升,但基础研究投入总量不足和比例偏低(多年来一直徘徊在5%~6%,远低于发达国家15%~20%的水平),一直是制约我国原始创新的短板。

(三)高校"有组织科研"有力支撑了国家战略,但聚力协同仍需加强

近年来,我国高校围绕国家战略需求开展"有组织科研",

---

[1] 教育部.高等学校科技统计资料汇编,2013—2023.
[2] 苏竣,何晋秋,黄萃,等.投资于国家未来——大学基础研究的理论与实证研究.北京:中国人民大学出版社,2012.

面向世界前沿和国家战略急需进行学科建设、组织攻关团队，为创造领先世界的尖端科技、推进新质生产力发展奠定了重要基础。一方面，我国高校持续强化基础研究，开辟新学科领域和研究方向，引领新技术路线和技术领域。清华大学薛其坤院士团队从实验上首次观测到量子反常霍尔效应，是国际凝聚态物理领域近年来的重大原创突破。复旦大学赵东元团队革新功能介孔材料的合成方法和理论，他们创制的新型介孔催化剂可大幅提升原油资源利用率，为解决能源与环境问题提供了核心技术支撑。从2013年到2022年的十年间，高校获得了全部10项国家自然科学一等奖中的6项、全部自然科学奖中的67%，是名副其实的基础研究主力军。另一方面，我国高校坚持从国家紧急需要和长远需求出发，在多个战略高技术领域取得新跨越，一大批"国之重器"应运而生。在神舟飞天、北斗组网、羲和逐日、高速铁路、C919大飞机、港珠澳大桥等一系列大国工程中，我国高校在突破"卡脖子"的基础理论和核心技术方面做出了突出贡献。尤其是清华大学核能与新能源技术研究院（初始代号以"200号"）作为1960年自主建设的重要核设施，历经60载，在以老校长王大中院士为代表的战略科学家高瞻远瞩的技术预见的基础上，选择另辟蹊径的技术路线，组织大团队、综合大学科攻关，建立了完整的核科学与技术学科体系，在核能科学与工程、核环境、能源系统分析研究等领域取得了国内外瞩目的成就，同时培养出一大批科学研究、工程技术与管理人才。从2013年到2022年的十年间，高校获得了全部11项国家技术发明一等奖中的10项、全部技术发明奖中的72%，并获得了两项国家科技进步特等奖，成为重大科技突破的先头军。

有组织科研是系统工程，如何把精锐力量整合集结到原始创新和关键技术攻关上来，保证大平台、大团队高效运转并产出大成果，是高校开展有组织科研需要着力解决的难题。个别国家重点实验室等科研平台在有组织科研中尚未有效发挥作用，难以解决国家重大需求和支撑有组织科研及跨学科协同攻关问题。此外，加强有组织科研，人才队伍是关键，但现行的人才评价制度模式还需进一步改进，以激发人才创新活力。尤其是传统科研评价注重"人"的评价，即通过论文、项目、获奖等反映科研实绩，考核过程相对简单，不利于围绕重大任务组建团队。如何建立与有组织科研活动本质特征相符的针对"事"的评价体系，推进原创引领性科技攻关任务，应该成为人才评价制度进一步改革的努力方向之一。①

（四）高校科技成果"多而不精"，高质量成果产出能力不强

科研产出成果是衡量高校科研实力水平的重要标志，科研成果通过市场化与商业化对经济增长产生积极的影响。2021年，高校科技著作出版量为1.5万部，发表学术论文120.3万篇，申请专利36.8万项，授权专利30.9万项，高校科研成果产出颇丰。从2012年到2022年的十余年间，高校科研成果产出总量增幅较大，尤其是学术论文的发表数量从2012年的79.7万篇增加至2018年的120.3万篇；专利申请数自2012年的6.6万项攀升至2022年36.8万项，授权专利数自2012年的6.9万项到2022年的30.9万项，增加将近4倍，总体上处于上升趋势。

以专利为例，与国际知名高校相比，我国高校专利呈现基数大而质量低的情况，如2021年麻省理工学院授权专利仅335件，斯坦福大学、哈佛大学分别为181件、167件，而我国多家高校年度授权发明专利都超过千件。国家知识产权局的《2022年中国专利调查报告》显示，2022年共授权国内发明专利69.6万件，其中国内高校获发明专利授权17.2万件，占比24.7%。但我国高校专利转化情况较差，一方面，高校专利转化率较低。据

---

① 董鲁皖龙，焦以璇. 突破"卡脖子"技术问题，实现高水平科技自立自强——加强有组织科研高校何为. 中国教育报，2022-11-18.

国家知识产权局的《2022年中国专利调查报告》，2022年中国总体有效发明专利实施率为48.0%，而高校有效发明专利实施率仅为16.9%（见图5-2）。另一方面，高校专利的转化价值偏低。比如2021年高校以转让方式转化科技成果平均合同金额为37.2万元，而同年科研院所转让科技成果平均合同金额达到191.4万元。

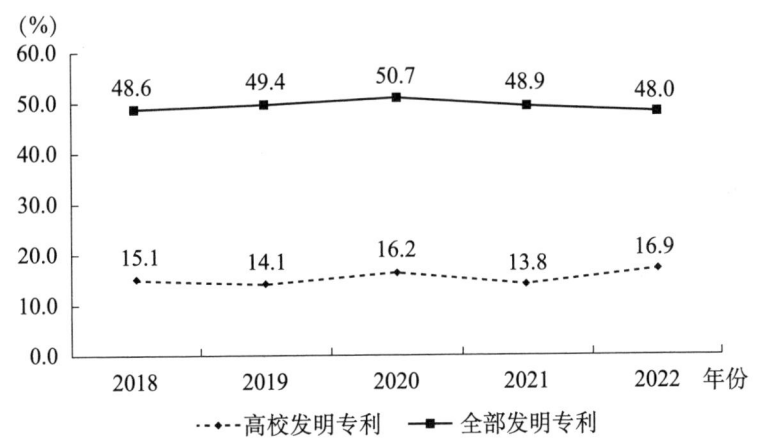

```
(%)
60.0
50.0    48.6    49.4    50.7    48.9    48.0
40.0
30.0
20.0    15.1    14.1    16.2    13.8    16.9
10.0
 0.0
       2018    2019    2020    2021    2022   年份
       ----◆---- 高校发明专利    ——■—— 全部发明专利
```

图5-2 2018—2022年我国高校及全部有效发明专利实施率

资料来源：国家知识产权局.2022年中国专利调查报告，2022-12-28.

通过对北京市近30所高等学校调研后发现，当前高校科技成果转化存在的突出问题在于：一是高素质、复合型科技成果转化人才缺口大。绝大多数高校建立了成果转化部门，并配备了专职人员，但多数专职人员是由科研管理、科研秘书转岗而来，缺乏懂技术、懂管理、懂市场、懂投资、懂法律、懂运营的复合型高素质专业人才。二是高价值、"硬核"科技成果较为缺乏。高校反映，当前有很多成果只是实验室技术，创新性有余，成熟度不足，距离市场化、产业化比较远，导致科技成果看起来很多，但可以被企业直接拿来转化的成果却很少。三是科技成果转移转化服务能力难以形成有效支撑。部分高校对科技成果转化工作重视不够，缺乏能够对外展示自身成果的平台，致使科技成果转化衔接不流畅，缺乏长期有效的对接机制，因而科技成果资源信息无法实现有效共享。多数科技服务平台成为"信息集散地"，只能提供简单的查询、"牵线"服务，难以形成有效的供需对接支撑。

三、提升高校科技创新能力，推动新质生产力发展的建议

新时期加快形成和发展新质生产力对高等教育变革提出了迫切需求。高校应主动担当作为，紧跟科技发展前沿趋势，优化人才培养模式、学科设置，畅通教育、科技、人才的良性循环，打造教育、科技、人才"三位一体"融合发展的创新高地，为推动新质生产力加快发展贡献新时代高等教育力量。

（一）以自主培育拔尖创新人才为牵引，对新质生产力形成基础性、战略性支撑

新一轮科技革命和产业变革正在加速演进，拔尖创新人才是提升国家核心竞争能力最重要的战略资源，也是满足新质生产力发展、实现中国式现代化对人才需求的破题之举和关键之策。发展新质生产力既需要牵引源头创新的基础学科、交叉学科和新兴学科的拔尖人才，也需要服务新型工业化的工程技术人才和大国工匠、能工巧匠；既需要科学家，也需要一流科技领军人才和创新团队，以及大批青年科技人才，更需要一大批全面发展的、投身中国式现代化的建设者和接班人。为此，在培养目标方向上，高校要不断推进高等教育分类改革，培养各领域、各专业、各层次、能够覆盖创新"全链条"的拔尖创新人才。在教育教学方法上，要顺应新科技革命和产业变革的历史趋势，加强科教融合与产教融合，打造问题导向、能力导向的实践创新教育体系，同时要着重培养学生的创新思维、科学素养和组织能力。在考核评价

上，要加大有助于推动新质生产力的要素权重系数，引导科研人员聚焦发展新质生产力的前沿问题，勇于探索未知领域。同时，要加大对青年人才长周期稳定支持力度，允许试错、宽容失败，让其敢坐"冷板凳"，敢闯"无人区"。

（二）以发展基础学科、新兴交叉学科为抓手，提升学科发展与新质生产力的匹配度

发展新质生产力对现代大学提出了以原始创新为动力、以基础研究为根基、以培养创新型人才为核心的新要求，需要在结合国家战略需求、学科发展规律和前沿趋势的基础上，积极面对国家重大战略需求，走出已有学科专业的"舒适区"，增强学科专业布局的基础性、前瞻性和引领性。第一，要持续加大对数学、物理、化学、生物等基础学科的支持力度，挖掘基础研究的创新点，深化拓展基础学科面向新质生产力的科研成果。第二，要瞄准新兴科技领域，尤其是"高精尖缺"学科的生长点，形成一批符合国家战略需要和未来科技发展趋势的新学科，引领生物制造、商业航天、低空经济等战略性新兴产业发展。第三，要打破学科壁垒，通过搭建多学科交叉平台、跨学科招生和联合培养等方式，将学科交叉优势转化为未来产业优势，在新领域新赛道上为加快发展新质生产力贡献强大力量。需要注意的是，对于跨学科专业布局，需要高校考虑自身的办学特色确定主干学科，有选择地发展新兴交叉学科。

（三）建设原始性创新策源高地，培育发展新质生产力原动力

加快发展新质生产力需要在世界科技前沿和国家重大战略需求领域开展科研攻关，推进战略导向的体系化基础研究、前沿导向的探索性基础研究、市场导向的应用性基础研究，不断强化基础理论对科技创新的支撑，坚决打赢关键核心技术攻坚战。尤其

是要强化、聚焦科学前沿，着力构建综合性大装置集群，布局与培育全国重点实验室，建设跨学科跨专业的交叉研究平台，推进重大基础研究设施建设与重大科学发现紧密结合，促进要素融合，提升创新效率。为此，在高校层面：一方面，要构建灵活的基础研究投入激励机制，以"选好人、选好问题"为导向，探索长周期的人才、团队和项目支持计划，持续稳定支持具有探索精神的人才和团队挑战重大前沿科学问题，探索前沿交叉领域；另一方面，要探索构建适应新质生产力发展的人才分类评价机制。对于探索性强的前沿基础研究领域，要进一步弱化竞争性和单一量化指标，采用更为灵活的长周期考核评价方式。对于重大技术任务攻关等目标导向类的基础研究，要以重大成果产出为评价导向，以实际贡献为核心，对做出突出贡献的团队和科研人员给予相应的地位、荣誉和物质等奖励。

（四）推动高校科技成果转化，为发展新质生产力提供全链条支撑

高校科技成果转化应用是推动高校服务经济社会高质量发展的重要举措。要充分发挥高校教育、科技、人才三位一体的优势，对制约产业发展的技术难题进行攻关，推动创新链、产业链、资金链、人才链融合互促，打造新质生产力。一方面，要突出转化应用导向，引导高校提升科技成果质量。科技成果质量的高低在一定程度上决定了其被转化的可能性，以及被转化后所能获得商业价值的高低。为此，要从源头上引导科研人员关注国家战略和市场需求，聚焦各领域的关键核心技术，从科研选题阶段就考虑到市场的应用前景和价值。另一方面，要加强科技创新的"前端"服务，为科研人员减负。科技成果转化工作不只是将已有的成果进行落地，还应当为科研人员的科学研究和技术开发提供外围助力及方向指引。换言之，科技成果转化工作应当加强科技创新的"前端"服务，包括为科技创新提供产业资讯、专利情

报、技术可行性分析、专利申请前评估,还应当为高质量科技成果的识别提供智力支持,从而让科研人员将更多的时间和精力投入高质量科技成果的开发中。

参考文献

[1] 董鲁皖龙,焦以璇.突破"卡脖子"技术问题,实现高水平科技自立自强——加强有组织科研高校何为.中国教育报,2022-11-17.

[2] 教育部科学技术与信息化司.十年攻坚克难 创新引领发展——党的十八大以来高校科技创新改革发展成效,2022-07-19.

[3] 教育部.高等学校科技统计资料汇编,2013—2023.

[4] 苏竣,何晋秋,黄萃,等.投资于国家未来——大学基础研究的理论与实证研究.北京:中国人民大学出版社,2012.

[5] 薛澜,梁正.中国之治:构建现代化中国科技创新体系.广州:广东经济出版社,2021.

6. 推动科研机构转型，搭建新质生产力创新桥梁

李振国　温珂①

一、科研机构是发展新质生产力的重要力量

新质生产力是创新发挥主导作用，以劳动者、劳动资料、劳动对象及其优化组合的跃升为基本内涵，由技术革命性突破、生产要素创新型配置、产业深度转型升级而催生。科研机构②作为国家创新体系的重要主体，既开展科学研究创造新的生产资料，也开展教育和培训来培养新型劳动者，并可在优化配置创新要素、促进创新主体协同、加快技术突破中发挥重要作用，是发展新质生产力的重要力量。

（一）科研机构创造新的生产资料

科技创新是发展新质生产力的核心要素。建制化科研机构自出现以来，始终将科技创新作为主要功能。科研机构往往在国家战略领域长期开展有组织科研，在推动科技发展和服务国家战略

---

① 李振国，中国科学院科技战略咨询研究院副研究员，主要研究方向为科技政策、创新政策。温珂，中国科学院科技战略咨询研究院创新发展政策研究所执行所长、研究员，中国科学院大学公共政策与管理学院岗位教授，主要研究方向为科技政策、创新战略与管理。

② 本章中的科研机构是指由政府资助建立的、建制化从事研究开发活动的专业组织。

需求方面发挥着重要作用。

(1) 推动前沿科技发展。科研机构的科研活动具有长期性、引领性特点，能够在前沿领域、方向持续积累，不断突破。例如，中国科学院物理研究所超导研究团队自 20 世纪 80 年代起就开始在超导领域开展前沿探索，并与中国科学技术大学研究团队在铁基超导方面取得重大突破，获 2013 年度国家自然科学奖一等奖；中国科学院高能物理研究所研制、建设了正负电子对撞机、中微子探测器等一系列大科学装置，并发挥多学科交叉优势，开展重大科学和前沿高技术探索，由他们牵头的国际合作研究团队在大亚湾反应堆中微子实验中发现了中微子振荡新模式，精确测得中微子混合角 θ_{13}，该成果入选美国《科学》2012 年十大科学突破，获得 2016 年度国家自然科学奖一等奖、2016 年度基础物理学突破奖等。截至 2023 年，中国科学院已经连续十一年位列自然指数排行榜全球首位。

(2) 开展关键技术攻关。科研机构以解决制约国家发展的重大科技问题为己任，能够组织多学科、跨领域的科研人员开展持续攻关，借以突破关键核心技术。例如，中国科学院大连化学物理研究所从 20 世纪 80 年代起开始探索研究煤制烯烃技术，经过几代科研人员的接续攻关，成功开发了甲醇制烯烃（DMTO）成套工业化技术，开辟了非石油资源生产烯烃的新路线并实现产业化。截至 2023 年，中国科学院大连化学物理研究所已签订 32 套装置的技术实施许可合同，烯烃产能达 2 160 万吨/年（约占全国当前产能的 1/3），已投产的 17 套工业装置，烯烃产能超过 1 000 万吨/年，有力推动了我国化工产业的创新发展。①

（二）科研机构培养新型劳动者

人才是新质生产力发展的关键。科研机构充分发挥科研资源

---

① 吴月辉. 煤制烯烃技术这样攻克. 人民日报, 2023-10-09.

丰富的优势，形成了独特的人才培养模式。

（1）依托重大科技任务和平台培养战略科学家和领军人才。科研机构在实施重大科技任务、建设大科学平台的过程中，鼓励科学家在独创独有上下功夫，勇闯"无人区"，通过跨学科、跨机构的大规模科研组织培养、造就了战略科学家和领军人才。例如，中国科学院在承担国家重大科技任务的过程中，大胆选拔使用德才兼备、视野开阔、科学素养深厚、作风学风优良的优秀科技人才，支持他们领衔组织开展协同攻关和大兵团作战，在科学实践中培养锻炼了许多战略科学家和科技领军人才，构建了大亚湾反应堆中微子振荡实验团队、铁基高温超导体研究团队、暗物质粒子空间探测团队、量子信息技术研发团队、500米口径球面射电望远镜（FAST）团队等一批高水平的创新团队，取得了众多令人瞩目的重大科技成果。

（2）在高水平科研团队建设中培养青年科技人才。科研机构在一线实践中，通过组建高水平科研团队，把优秀青年人才放到重大科技攻坚和重要岗位上去历练，发现、培养、使用、激励青年人才快速成长为科研骨干。例如，为承担北斗导航卫星的研制工作，中国科学院组建了科研团队，团队中"80后"占60%，"90后"占23%，在总设计师的带领下，一批青年科技人才大胆探索、敢于突破，成长为团队的中坚力量；中国科学院北斗导航卫星研制团队仅用了通常卫星1/3研发周期的时间，就完成165项关键技术的攻关和应用，实现了大量技术创新和微小卫星100%的国产化；2016年2月1日，该团队成功发射了我国第五颗新一代北斗导航卫星，全面验证了北斗全球系统卫星技术状态，为北斗系统提前完成全球组网贡献了力量。[①]

（3）通过科教融合、产学研结合培养创新创业人才。科研机

[①] 黄辛，高雅丽，刘碧如. 用激情和创新赋予卫星灵魂. 中国科学报，2018-02-12.

构的学生教育、培养不同于大学，许多学生很早就在导师的指导下参与国家重大项目或是产研合作研究。学生借助"干中学"，在科研实践中通过理实结合，深化了知识理解、强化了实践能力，并成长为科学素养高、充满创新活力的创新创业人才。例如，中国科学院整合直属研究所的力量建设中国科学院大学（以下简称"国科大"），每个学院都由该学科方向的研究所共同建设，学生的知识学习和科研实践紧密结合，为后续职业生涯打下了坚实基础。截至2022年12月，国科大已经培养了超过20万名研究生，很多都已成为国内外的知名专家或学者。[①] 中国科学院探索实践的科教融合模式已经成为典范。

（三）科研机构优化创新要素配置

要想让科学技术成为新质生产力，需要创新系统中各个主体的协同合作。科研机构通过与大学、企业建立紧密合作关系，成为创新系统的关键节点，推动创新要素的优化配置。

（1）推动知识创造和应用的重要中介。在创新环节上，大部分科研机构主要开展应用研究和试验研发，与行业或部门的关联更紧密。Giannopoulou et al. (2019) 对于将科研机构和大学作为企业创新合作伙伴，在目标、服务内容、知识类型、资金来源、组织模式、战略和利益、地理邻近性和认识邻近性等方面存在的差异进行了系统梳理，见表6-1。正是由于上述差异，科研机构在创新系统中发挥着重要的中介作用：一方面，科研机构解释企业的技术需求并将其需求传递给大学，在大学和企业之间承担中介功能，同时帮助企业更轻松、容易地转移和吸收来自大学的新技术；另一方面，科研机构承担着解决创新系统失灵的中介功能，在长期、复杂的经济系统转型中连接转型需求和可能的选择，同时联合相关行动者，并支持学习过程。因为技术选择风险越来越大、创新

---

① 根据中国科学院大学概况整理。

不确定性越来越强，所以科研机构的知识中介行为愈发受到重视。例如，德国的弗朗霍夫协会、日本的产业技术综合研究所等都在解决系统失灵方面发挥着重要作用。

表6-1 科研机构与大学作为产业合作伙伴的差异

差异	大学	科研机构
目标	创造新知识和教育	提高企业竞争力
服务内容	培训、提供设备、研发项目	咨询、技术服务、诊断
知识类型	基础知识	技术和管理
资金来源	公共资助或公私混合资助	公私混合资助或产业资助
组织模式	官僚形式	团队形式
战略和利益	长期导向	短期导向
地理邻近性	较少考虑本地产业需求	对本地合作的频率和影响十分重要
认知邻近性	对产业缺乏理解	与产业之间容易沟通与理解

资料来源：Giannopoulou E, Barlatier P J, Penin J. Same but Different? Research and Technology Organizations, Universities and the Innovation Activities of Firms. Research Policy, 2019, 48 (1): 223-233.

（2）加快科技人才交流的重要节点。科研机构与大学和企业建立了密切的人才交流关系。科研机构鼓励研究人员到大学任教、到企业任职，与大学、企业联合培养研究生，并接受博士后和访问学者、客座研究人员等到科研机构学习、交流。例如，德国的马普学会支持研究人员去大学担任兼职教授，其80%的所长和室主任都在大学任兼职教授，2020年共有344名马普学会的科学家在德国大学担任名誉教授和其他教授职位；同时，马普学会也接收了大量短期交流、学习的流动人员（国内外客座科学家、访问学者、博士后和博士生等），年流动量基本保持在11%以上。马普学会的人才双向流动为各机构之间的密切合作做出了重大贡献。

二、科研机构在发展新质生产力中面临的挑战

当前,新一轮科技革命和产业变革持续深化,国际竞争日趋激烈,保护主义、单边主义逐渐显现,我国发展新质生产力的战略机遇和风险挑战并存。在此背景下,我国科研机构既要承担国家战略需求赋予的新使命任务,也面临着新技术、新知识生产模式带来的挑战,因而运行管理模式亟须调整、完善,以更好地推动新质生产力发展。

(一)现代科研院所制度亟须健全

现代科研院所制度是指职责明确、评价科学、开放有序、管理规范的科研机构管理制度,是确保科研机构有效运转、充分发挥功能及作用的重要制度。1985年前,在计划经济体制下,我国政府直接管理科研机构,对科研机构实行全额拨款,对科研人员采取行政化管理。自1985年科技体制改革以来,我国科研机构沿着"政事分开、管办分离"的思路不断推进改革,对科研机构的管理由直接控制为主转变为间接管理,出台了《关于深化科技体制改革加快国家创新体系建设的意见》《深化科技体制改革实施方案》《关于扩大高校和科研院所科研相关自主权的若干意见》等一系列政策文件,逐渐勾勒出我国现代科研院所制度的基本轮廓。"十四五"规划《纲要》名词解释①之43首次对科研机构现代院所制度做出阐释,指出制度建设重点是厘清政府与科研机构的关系,建设内容主要包括"支持科研机构按照章程规定的职能定位和业务范围开展科研活动""推动不同类型的科研机构

---

① 由全国人大财政经济委员会与国家发展和改革委员会编写的《〈中华人民共和国国民经济和社会发展第十四个五年规划和2035年远景目标纲要〉释义》一书的第七部分。

建立多种形式的法人治理结构""坚持党管干部原则，完善院（所）长任用制度和院（所）长负责制"三个方面。这是我国历经几十年的改革探索，就现代科研院所制度形成的重要共识。

当前，我国很多科研机构已经满足了按照章程管理、建立法人治理结构、完善院（所）长任用制度和院（所）长负责制的三大构成要件，但从扩大科研机构自主权改革落实现状来看，针对科研机构编制和绩效工资总量管理的改革尚未突破事业单位管理制度；一些主管部门尚未将内设机构管理、职称评审、岗位聘用等方面的自主权下放至科研机构；科技成果转化奖励等一些改革举措存在风险且没有容错纠错机制，科研单位不敢接权。这些问题反映出我国政府与科研机构的关系仍未理顺，科研机构的法人治理结构不健全，按照章程管理并没有真正实现"政事分开、管办分离"的改革目标。因此，我国亟须探索建立中国特色现代科研院所制度：一方面，完善管办分离、契约管理的政府与科研机构关系，政府依据签订的组织目标合同或项目目标合同资助与监管科研机构；另一方面，健全目标导向下的科研自治体系，科研机构通过章程管理和理事会制度实现科学自治，进一步提高科研机构的灵活性和运行效率。

（二）使命导向管理体制亟须完善

新中国成立之初，我国科研机构的建设发展与国家任务紧密相关。例如，在"两弹一星"研制过程中，中国科学院按照中央要求主要承担了原子弹和导弹研制中一系列关键科学和技术任务、人造卫星整个系统的技术抓总和卫星本体研制等，参加"两弹一星"研制任务的科研人员占中国科学院全院科研人员的 2/3。20 世纪 80 年代，随着战略重点向经济建设方向转移，我国提出"经济建设必须依靠科学技术，科学技术工作必须面向经济建设"的战略指导方针，推动科技与经济的结合。此后 30 多年，我国改革拨款制度、建立科技计划体系、推动开发类科研机构的企业化转制、施行公益类科研机构分类管理改革等举措均是沿着这一方向推进。

当前,我国正面临百年未有之大变局,党中央、国务院明确提出要健全新型举国体制,强化国家战略科技力量,实现高水平科技自立自强,更加强调科研机构要在国家重大战略中发挥作用。习近平总书记对国家科研机构的功能及作用做出了明确阐述,指出"国家科研机构要以国家战略需求为导向,着力解决影响制约国家发展全局和长远利益的重大科技问题,加快建设原始创新策源地,加快突破关键核心技术"[①]。目前,我国重大科技项目实施与科研机构布局建设缺乏协同,重大科技项目重视产品或技术产出目标,但其立项过程缺少对重点培育哪些队伍、主体的充分研讨和规划;组织实施方式单一,研究任务逐层分包,难以高效组织科研机构力量服务国家战略目标。面对新时期的使命任务,我国需要健全使命导向的管理体系,完善科研机构的管理方式,明确目标导向;探索新的资源配置模式,强化重大科技任务部署与科研机构布局、建设的协同,更好发挥科研机构建制化、体系化的优势;健全考核评价体系,更好地激励科研机构服务国家战略。

(三)柔性科研组织模式亟须探索

当前,以智能、绿色和健康为特征的新一轮科技革命孕育兴起的进程,加速了知识生产从基于学科的模式 1 向基于应用场景的模式 2 的转变。知识生产问题的提出是以特定应用为导向的,强调与社会需求的紧密结合;该知识生产过程体现了异质性和组织的多样性,需要信息技术、生命科学、纳米科技和认知科学等跨学科交叉汇聚,由来自大学、科研机构和企业的不同领域专家组成团队,在应用的场景或环境中协同工作。为顺应新的知识生

---

① 习近平. 加快建设科技强国 实现高水平科技自立自强. 求是, 2022(9).

产方式，发达国家的科研机构纷纷探索柔性科研组织模式，它们通过合作机制与高校、企业等其他主体形成交叉融合的关系，然后根据国家需求进行灵活调整，从而在更大开放程度上促进信息、资源和知识的交流，以便保持在科研前沿。例如，德国宇航中心（DLR）新建的21个研究所均是依托高校、科研机构或工业企业运行的没有独立法人地位的机构，它们的设立和退出较为灵活。

近些年，我国科研机构不断加强与大学、企业的合作，并建设了一些科研单元，但在合作的广度和深度方面都有待提高。一方面，这种合作缺乏系统布局，很多合作都是自下而上发起，缺少从国家使命任务、科研机构发展战略层面的系统谋划；另一方面，有些合作有名无实，不同主体之间的合作只是为了申请"牌子"，但在实际运行中"各干各的"，没有实现资源的整合和科研协作。因此，我国科研机构需要进一步探索构建柔性科研组织模式，也就是从国家需求出发，采取治理思维，强化多方参与，及时拓展研究内容和吸纳新资源，在技术发展的关键方向和环节开展分散分布式研究，保证技术创新的灵活性和自主性，并通过柔性科研组织模式构建包括科研机构、大学和企业等在内的科研生态圈，影响、干预大学和企业的科研活动，整合科技资源，推动跨学科集中开展科研攻关，成为驱动国家创新发展的核心力量。

三、深化科研机构改革，加快发展新质生产力

发展新质生产力必须进一步全面深化改革，形成与之相适应的新型生产关系。长期以来，科研机构改革都是科技体制改革的重点和国家科技政策的前沿，面对新时期的使命和挑战，我国仍需进一步深化改革、提升科技创新活动效率、加快发展新质生产力。

6. 推动科研机构转型,搭建新质生产力创新桥梁

(一)健全科研机构的基本制度

科研机构的基本制度是在发展过程中形成的平衡目标导向和科学自治、确保以符合科学活动规律的方式更好地承担国家使命任务的制度保障。基于主要国家科研机构的发展经验,我国科研机构改革需要在以下两方面完善制度保障。

(1)健全法律保障体系。发达国家主要通过立法方式明确科研机构的职能,实现政事分开、管办分离。我国推行的章程管理并没有真正实现改革的目标,主要是由于章程管理适用于私法人性质的科研机构,体现的是"法无禁止即可为"的自主权,而我国科研机构按事业单位登记管理,由中央和地方政府的编办部门定岗定编定责,设置行政级别,属于公法人主体。公法人主体的权力遵循"法无授权不可为"的原则,发达国家通常由政府向国会或议会提交专门议案,经国会或议会通过后成为机构法,如美国的《国家卫生研究院改革法》和《国家标准与技术研究院法》、法国的《国家科研中心法》、日本的《国立研究开发法人理化学研究所法》和《国立研究开发法人产业技术综合研究所法》等。因此,章程管理并不能保障我国政府和科研机构之间合理的权利划分,我国仍需通过专门立法方式明确科研机构的权利和义务,确立科研机构的特殊事业单位法律性质,赋予其自主开展科研活动、配置科技资源的权利,为保障科研机构自治、厘清政府与科研机构的关系提供法律依据。

(2)完善法人治理结构。理事会制度是科研机构治理方式的重要内容,许多科研机构都在章程中将理事会制度确定为科学决策制度。理事会通常由科研机构的内、外部利益相关方代表共同组成,既体现政府目标导向,也体现科学自治,在促成共识和推进执行方面发挥着重要作用。发达国家的科研机构大多采用理事会制度,通过分离监督权与执行权,避免不当控制或过度干预,将外部监管内化为科研机构的自治行为。例如,日本理化学研究

所实行理事会制度，理事长由首相任命；德国马普学会的评议会①为最高决策和执行机构，由联邦或州政府、科技界、经济界的代表担任。我国早在 2011 年 7 月就出台了《关于建立和完善事业单位法人治理结构的意见》，细化了决策监督机构暨理事会构成、管理层权责、章程制定等主要内容，并于 2012 年印发的《中共中央、国务院关于深化科技体制改革加快国家创新体系建设的意见》中，再次要求完善治理结构，进一步落实法人自主权，探索实行由主要利益相关方代表构成的理事会制度。此后，部分新成立的科研机构率先建立了理事会制度，并做出有益探索。但从整体情况来看，大部分科研机构仍采用院（所）长负责制，理事会在科研机构治理中的作用没有得到充分发挥。我国需要进一步完善科研机构法人治理结构，遵循科研活动规律，健全理事会决策下的院（所）长负责制。

（二）完善使命导向的政策体系

科研机构承担着国家的使命任务，政府需要通过一系列政策举措将国家战略目标和公共利益具象化、支持科研机构的科研活动，并对组织实施情况进行监督管理。面对新使命、新挑战，我国亟须加快以下三方面的改革，完善使命导向的政策体系。

（1）建立目标管理方式。目标管理是各国政府引导科研机构履行其使命定位的重要方式。目标管理包括两种形式：一是组织目标管理，即通过合同约定科研机构的战略目标和当前任务。美国、法国、日本等发达国家的政府都与本国科研机构订立组织目标合同，如法国国家科学研究中心与法国教研部每 4 年签订一次目标合同，约定机构的战略目标、定性定量监测指标、政策和经费支持等。二是项目目标管理，即通过具有延续性的科技计划，引导科研机构的活动。例如，德国亥姆霍兹联合会自 2001 年起

---

① 德国科研机构评议会的构成方式和作用与理事会基本一致。

由组织目标管理改为项目目标管理，聚焦能源、健康、航空航天、物质等六大领域部署科技项目，与下属 18 个中心签订科技项目合同，引导各个中心围绕项目目标开展科研活动，并促进了跨中心合作。目前，虽然我国明确了科研机构的使命，但没有具体的目标指引，亟须建立目标管理方式。政府通过签订契约的方式，将科研机构的使命定位具象化，确立政府与科研机构双方各自的权益，引导和支持科研机构的领域布局及相关活动，并为政府评价和监管科研活动提供依据。

（2）完善资源配置方式。根据使命定位和科研活动特征，分类资助科研机构，提供必要的稳定支持。这是发达国家的重要经验，因为政府预算拨款是科研机构经费的主要来源。例如，德国对于以基础研究为主的马普学会，主要根据各研究所的人员规模确定预算拨款；对于负责运行大科学装置、开展跨学科前瞻性研究的德国亥姆霍兹联合会，则以布局科研任务、配套任务经费的形式进行资助；对于以应用研究为主的弗朗霍夫协会，则按照上一年度所获竞争性经费的 50% 左右提供下一年度的预算拨款。我国科研机构的稳定性支持和竞争性支持份额约为 50：50，从而使科研活动的长期性、稳定性受到一定影响。面对新时期的使命任务，我国需要基于科研机构的领域特征和活动类型，完善预算拨款的分类资助机制，加大稳定性支持力度。尤其是要健全科研任务部署与科研机构布局的协同机制，一方面统筹协调科研任务部署与科研机构布局和发展目标，另一方面完善科研项目分类部署和分类管理的制度设计，建立健全政府将科研任务定向委托科研机构管理制度，强化使命导向的科研组织。

（3）健全科研机构评价制度。发达国家大多构建了与本国宏观科技管理体系相适应的科研机构绩效评价体系，并将评价结果用于调整科研机构的布局和资助规模等。例如，美国能源部定期对其所属国家实验室进行评估，并根据评估结果调整年度奖励经费以及后续经费支持。党的十八大以来，我国着重构建以科技创新质量、绩效、贡献为核心的科技评价体系,着力发挥绩效评价结果对科技预算拨款、薪酬激励等方面的支撑作用。2017 年,我国发布了《中央级科研事业单位绩效评价暂行办法》,旨在敦促各主管部门对下属科研事业单位开展绩效评价,并从 2018 年起组织开展了多轮调研及绩效评价试点工作。但绩效评价对科研机构的激励作用依然有限,我国仍需从两方面进一步健全科研机构评价制度:一是完善科研机构评价体系,基于使命任务建立战略评价和绩效评价相结合的科研机构评价制度;二是强化评价结果应用,加强科研机构评价与激励机制的衔接。

(三)引导建立柔性科研组织模式

面向新知识生产模式,我国需要完善相关举措,引导科研机构探索柔性科研组织模式,推动科研机构与大学、企业的融合发展。

(1)强化战略目标的引导作用。发达国家政府往往根据国家或部门战略需求自上而下地推动科研机构与大学、企业共建科研单元,强化合作的目标导向和布局的体系化。例如,为响应德国联邦政府出台的"高科技战略 2025",德国航空航天中心于 2017 年制定了《DLR 2030 战略》,明确提出为引领德国数字化转型,将重点借助人工智能、大数据等现代信息技术来促进传统科研领域的升级发展,并在德国不同的城市布局选点,与大学和企业合作成立了侧重于以人工智能和数字化技术推进能源、材料等跨领域交叉研究的 20 余个研究所。我国科研机构的主管部门需要加强战略目标的引导作用,自上而下地系统布局科研机构与大学、企业的合作,并根据国家战略、需求的变化,动态调整科研单元布局。

(2)健全多主体合作的利益共享机制。发达国家政府往往引导科研机构与大学、企业等合作主体建立适宜的利益共享机制,以确保合作的有效性和持续性。例如,美国围绕特定的能源主题，由阿贡国家实验室、劳伦斯伯克利国家实验室、艾姆斯国家实验室、橡树岭国家实验室和加州理工学院等牵头，联合大学、企业共同组建了5个能源创新中心，开展从基础研究到应用研究、从产品工程到市场交付的全方位研发活动。除政府投入以外，美国能源部要求参与中心建设的成员需要签订具有约束力的合作协议，该协议明确了能源创新中心的治理架构、建设举措、资金投入等内容。我国需要根据不同战略目标和科研活动特征引导建立多种利益共享机制：对于科学前沿研究，以政府投入为主，加强考核评估并引导各方合作；对于面向产业的研究，强化多主体共同出资，以构建稳定的合作机制。

参考文献

[1] 白春礼. 国家科研机构是国家的战略科技力量. 光明日报，2012-12-09.

[2] 樊春良，李哲. 国家科研机构在国家战略科技力量中的定位和作用. 中国科学院院刊，2022，37（5）：642-651.

[3] 侯建国. 建设高水平科技人才队伍. 求是，2021-12-16.

[4] 霍竹，刘华仑，孙雁，等. 扩大科研单位自主权改革落实现状及建议——《关于扩大高校和科研院所科研相关自主权的若干意见》实施情况调研. 中国科技人才，2022（3）：50-62.

[5] 路风，王晨，何鹏宇，等. 重振增长的关键：以伟大复兴"世界观"破除对经济发展的自我设限. 观察者，2024-03-01.

[6] 温珂，霍竹，等. 科研机构管理：组织视角下的政府与科学. 北京：科学出版社，2023.

[7] 习近平经济思想研究中心. 新质生产力的内涵特征和发展重点. 人民日报，2024-03-01.

[8] 张劲夫. 请历史记住他们——关于中科院与"两弹一星"的回忆. 人民日报，1999-05-06.

三、产业篇

7. 发展战略性新兴产业，巩固新质生产力主阵地

洪志生　洪陆凡①

在新时代背景下，全球正经历着新一轮科技革命和产业变革，以人工智能、量子信息、生物科技等为代表的前沿科技迅速崛起，创新驱动发展战略成为各国经济高质量发展的核心引擎。中国作为全球第二大经济体，在实现经济社会全面绿色转型、推进高质量发展的道路上，面临着产业结构调整升级的重大任务。基于以上背景，2023年9月习近平总书记在黑龙江考察调研期间首创性地提出"新质生产力"这一概念，并强调要因地制宜地整合科技创新资源，引领战略性新兴产业和未来产业发展，加快形成新质生产力。这一新理念为战略性新兴产业的发展提供了理论指导，战略性新兴产业的发展本身又是新质生产力的重要内容和重要支撑，形成了一种螺旋上升的发展格局（见图7-1）。

在新质生产力视角下，战略性新兴产业的培育与发展是中国实现经济高质量增长和社会现代化转型的关键环节。通过深化改革和创新驱动发展战略，我国已在科技创新、产业规模、产业链协同、政策环境优化等方面取得了显著成效，但同时也暴露出诸如产业低端、创新转化效率低下、市场需求对接不畅以及政策合成谬误等问题。针对这些问题，本章深度挖掘了新质生产力与战略性新兴产业之间的有机联系，并提出了提升劳动者素质、依托

---

① 洪志生，中国科学院科技战略咨询研究院副研究员，研究方向为科技创新与新兴产业政策；洪陆凡，中国农业大学公共事业管理专业学生。

图 7-1　新质生产力与战略性新兴产业之间螺旋上升的发展格局

资源优势培育战略性新兴产业、加强关键核心技术攻关、释放数据要素的增长动能、加强政策协同和推进产学研协同等政策思路，助力做大战略性新兴产业，巩固新质生产力主阵地。

一、新质生产力指导战略性新兴产业发展

习近平总书记在参加十四届全国人大二次会议江苏代表团审议时强调："要牢牢把握高质量发展这个首要任务，因地制宜发展新质生产力。面对新一轮科技革命和产业变革，我们必须抢抓机遇，加大创新力度，培育壮大新兴产业，超前布局建设未来产业，完善现代化产业体系。"总书记对于发展新质生产力的要求深刻地指导了战略性新兴产业的发展方向：新质生产力以劳动者、劳动资料、劳动对象及其优化组合的跃升为基本内涵，这三大要素是构成生产力系统的基础，它们的跃升或质变直接决定了生产力水平的提升与生产方式的革新。

首先，新质生产力强调劳动者的素质提升。这意味着战略性新兴产业的培育，必须重视劳动者能力优化，尤其是提高劳动者的教育水平、专业技能、创新能力以及跨学科、跨领域的团队协作能力。通过着眼于提高劳动者的素质、提升劳动者的创新能力，劳动者发展新质生产力的效能被迅速提升，进而使新质生产

力助力战略性新兴产业的快速发展和壮大（文丰安，2024）。

其次，新质生产力对劳动资料提出了更高的技术和智能化要求。这意味着在培育战略性新兴产业时，要积极推动工业化和信息化的深度融合，广泛应用自动化生产线、机器人、智能传感器、工业互联网平台等先进生产工具，以提升生产过程的数字化、网络化和智能化水平。通过技术创新、改进生产资料、优化生产关系，不仅可以大幅提高生产效率和精准度，还能将科技创新成果迅速转化为现实生产力，助力战略性新兴产业形成竞争优势。

最后，新质生产力关注劳动对象的革新，提倡采用更高级、环保、高效的材料与能源。因此，战略性新兴产业的发展在新质生产力引导下紧跟新材料、新能源等科技发展趋势，通过研发和推广节能环保的产品及技术，确保生产过程符合可持续发展的要求，并积极应对信息化、数字化时代的挑战，将数据要素等新型劳动对象纳入生产体系，促进产业的绿色发展和质量升级。

此外，新质生产力的核心标志是全要素生产率（TFP）的大幅提升。这要求在发展战略性新兴产业时，要坚持以科技创新为核心动力，通过深化改革和优化资源配置，不断提高产业全要素生产率，实现生产效率和质量的飞跃。这就意味着要制定相应的政策鼓励和支持产业技术进步、管理创新及资源配置优化，以此来保障战略性新兴产业能在经济增长中发挥重要的引擎作用。

综上所述，在新质生产力的全新视角下探讨产业发展政策，能有效推动战略性新兴产业创新发展，促使传统产业转型升级，并不断孕育和扶持未来产业。

二、战略性新兴产业是新质生产力发展的重要支撑

新质生产力源于技术革命所带来的颠覆性突破、生产要素的创新性配置以及产业结构的深度转型升级。而战略性新兴产业被

定义为关系到国民经济社会发展和产业结构优化升级，具有战略性、长远性、导向性和动态性特征的新兴产业（李叶飞，2011）。两者在概念上的交织使其具有多维的关联性，战略性新兴产业作为新质生产力的重要载体，其发展依托于新技术革命带来的生产力革新；同时，战略性新兴产业也通过自身成长为基石产业、推动传统产业转型升级、孵化并支撑未来产业发展等方式助力新质生产力的发展。

（一）自身作为战略基石产业

战略性新兴产业是以重大技术突破和重大发展需求为基础的新兴产业，代表着新兴科技和新兴产业的深度融合，承担着培育壮大新动能、形成未来竞争新优势的重大使命，对经济社会整体与长远发展有着巨大的引领带动作用，也是在高质量发展新格局下优化产业结构、构建产业体系的新支柱（方炜，2022）。战略性新兴产业在国民经济中具有重要战略地位，对经济社会发展与国家安全具有重大和长远影响——因其高增长潜力，能够成为拉动经济增长的新引擎，创造高质量就业的新基石，是新质生产力发展的重要表现和组成内容。

（二）为传统产业转型升级赋能

战略性新兴产业与传统产业之间存在着密切的知识耦合关系，战略性新兴产业可以通过嫁接新兴技术来促进传统产业升级（眭纪刚，2016）。两类产业之间的知识耦合进一步推动了传统产业的优化升级和战略性新兴产业的发展壮大（吴晓波，2005）。有学者将这种耦合关系定义为"双轮驱动、良性互动"的发展思路（熊勇清，2011），它有助于优化资源配置，提升产业附加值，形成更加高效、环保、可持续的新质生产模式。战略性新兴产业依托于前沿科技，其创新成果能够通过技术溢出效应，为传统产业引入新的应用需求、生产方式、工艺流程和生产材料，促进其数字化、智能化升级，从而提升整体生产效率和产品质量（见表7-1）。例如，工业机器人产业作为战略性新兴产业，其对提高生产率、优化资源配置、推动产业升级的促进作用已获得学界普遍认可。同时，战略性新兴产业的发展推动了产业链上下游的深度融合与协同创新，使得传统产业能够在新的产业链、供应链体系中完成价值链的重构，并参与具有更高附加值的环节，以实现从传统生产力向新质生产力的转变。

表7-1 战略性新兴产业赋能案例

战略性新兴产业	传统产业	赋能方式	赋能案例
智能网联汽车	传统汽车制造	产品需求	智能化零部件
生物技术	传统农业	技术支撑	种子改良与精准农业
人工智能技术	传统工厂	工艺改造	智能工厂自动化生产
新材料技术	传统制造与建筑业	材料供给	航空高性能复合材料

（三）孵化并扶持未来产业

战略性新兴产业具有高成长性、高创新性和高带动性的特点，它们往往是新一轮科技革命和产业变革的前沿领域。战略性新兴产业在技术研发和市场化过程中取得的进展，如相对成熟的产业链条、商业模式、技术标准和新兴需求，是孕育未来产业的重要基础。近年来，商业化进展迅速的专用量子计算机，其原理就是基于量子人工智能独特的量子隧穿效应（quantum tunneling effect）（王潮，2016），其背后是人工智能的快速发展产生了巨大的算力需求，刺激了高性能计算、云计算和数据中心等相关产业的壮大。战略性新兴产业通过技术积累、市场需求驱动和产业链整合，为未来产业创造孵化环境，提供技术储备、市场验证和应用场景，进而促使未来产业从理论探索走向实际应用，创造新的经济增长点。战略性新兴产业为未来产业从理论走向实践提供了必要的孵化环境和技术支撑。

三、战略性新兴产业的发展历程与成就

从"十二五"的起步与规划,到"十三五"的深化与突破,再到"十四五"的前瞻布局,我国战略性新兴产业经历了从无到有、由弱变强的发展历程,已成为推动经济高质量发展、构建新发展格局的重要力量(见表7-2和图7-2)。而我国战略性新兴产业的发展历程,正是新质生产力不断孕育、壮大与释放效能的过程,新质生产力在科技创新的驱动下不断被孕育、在产业规模的壮大中持续成长、在产业链协同的强化中不断提升效能、在创新驱动的释放中实现价值、在政策环境的优化中获得赋能,这一过程不仅推动了我国产业结构的优化升级,更为经济高质量发展注入了强大动力。

表7-2 战略性新兴产业发展概述

规划文本	重点方向	占比*	发展亮点
"十二五"规划 (2011—2015年)	节能环保、新一代信息技术、生物、高端装备制造等产业	8%	迅速成为国民经济和社会发展的重要推动力量
"十三五"规划 (2016—2020年)	新一代信息技术、高端装备、新能源、新材料、生物医药、新能源汽车等产业	11.5%	成为新旧动能转换的重要动力源,产业结构持续优化
"十四五"规划 (2021—2025年)	新一代信息技术、生物技术、新能源、新材料、高端装备、新能源汽车、绿色环保等产业,并强调融合化、集群化、生态化发展	17% (预估)	构建先导性和支柱性产业,提升产业链供应链现代化水平,培育新增长引擎

资料来源:根据各规划文本及国民经济与社会发展统计公报的相关数据整理得到。

注:*指我国战略性新兴产业增加值占国内生产总值(GDP)的比重。

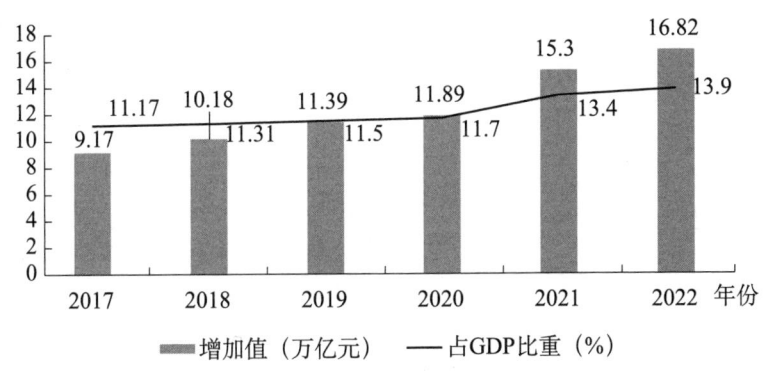

7. 发展战略性新兴产业，巩固新质生产力主阵地

图 7－2　2017—2022 年全国战略性新兴产业增加值占 GDP 的比重
资料来源：根据国民经济与社会发展统计公报的相关数据整理。

四、战略性新兴产业发展存在的问题

在十多年的规划与发展下，我国战略性新兴产业的发展为新质生产力的产生作出了重大贡献，知识系统的持续积累不断推进技术革命性突破；产业系统的持续优化为要素创新和产业深度转型升级提供了良好的基础；政策系统的优化革新在新质生产力及与其匹配的生产关系构建中不断探索并取得了阶段性成果。但与此同时，知识系统、产业系统、政策系统仍存在一些堵点亟待解决。

（一）知识系统不断累积却面临转化瓶颈

知识积累主要是指战略性新兴产业在技术研发、专利布局、人才培养等方面的智力资本积累。被引文章的数量与质量可以很好地反映知识积累，汤森路透 Web of Science 数据显示，中国的科研产出近年来增长迅速。2005 年，中国科研发表排名仅为第五，位列美、英、德、日之后。到 2010 年，中国已位列第二，紧随美国。在国际发表引用率方面，《中国国家中长期科技发展规划》中提出的科学论文引用次数到 2020 年上升至世界前五的目标,已经在 2012 年提前实现。随着我国科研发表质量和影响力日益提升,我国的标准化引用在某些领域已经达到或接近世界科研影响力的平均水平(唐莉,2016)。

然而,我国战略性新兴产业发展仍存在创新资源配置效率偏低、创新主体互动程度不高、对外技术依存度高和自主创新能力不强等诸多问题(高月姣,2017)。如图 7-3 所示,尽管我国高技术产业科技成果转化效率呈波动上升趋势,各产业的发展态势良好,但我国高技术产业科技成果转化效率的整体水平不高,具有巨大的改善空间。在 4 个产业中,科技成果转化效率均值高于 1 的仅有计算机及办公设备制造,其效率均值为 1.131;其余 3 个产业的科技成果转化效率均值都低于 1,科技成果转化无效率的产业占比为 75%(卢明湘和石小燕,2024)。

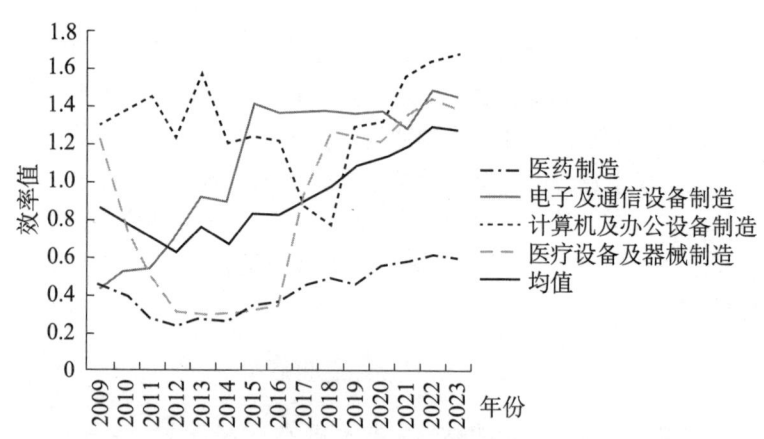

图 7-3 2009—2023 年我国高技术产业科技成果转化效率发展趋势
资料来源:据国民经济与社会发展统计公报的相关数据整理。

(二)产业积累迅速发展但存在低端化陷阱

产业积累是指战略性新兴产业在产业链构建、企业集聚、市场结构等方面所形成的基础和规模。自"十二五"规划以来,我国迎来从"制造大国"向"制造强国"的历史性跨越,制造业综合实力迈向新台阶。我国制造业增加值从2012年的16.98万亿元增长到2023年的39.9万亿元,年均增长6.31%,12年来均保持着世界第一的绝对优势(王桂军,2023)。同时,我国形成了全球产业门类最齐全、产业体系最完整、产业链配套能力全球领先的制造业生产体系。在世界500种主要制造业产品中,我国以超过40%的产品产量位居世界第一。我国制造业已然具备大而全的规模优势,且极具韧性和潜力。在最新发布的世界500强企业名单中,我国制造业企业有73家入围,较2012年增加了28家。在全球产业链、供应链和价值链中的位势也持续攀升,我国制造业中间品贸易在全球的占比高达20%,通信设备、高铁、卫星等先进制造业产品走出国门。

但与此同时,完善的产业体系在一定程度上导致产业结构趋于固化,对新兴技术、市场需求变化的适应性不足,难以快速响应新兴产业变革,使得部分产业陷入"轻技术创新,重规模扩张"的低端化陷阱,致使战略性新兴产业政策在现实中被扭曲。近年来,国家和地方政府层面制定了很多战略性新兴产业发展政策,但战略性新兴产业全要素生产效率不升反降,有研究表明是因战略性新兴产业技术进步率和纯技术效率的大幅下降造成的(方芳,2014)。这说明我国存在只追求规模而不注重附加值提升的政策偏差,这在一定程度上导致我国战略性新兴产业低端产业链出现产能过剩。

(三)政策系统不断完善但存在合成谬误

政策积累涉及政府对战略性新兴产业的支持政策、法规环境、监管框架等方面的建设。自"十二五"规划以来,我国在推进战略性新兴产业发展过程中,采取了兼顾供给侧和需求侧的综合性政策措施(见表7-3),旨在通过创新、结构优化、市场培育和环境营造等方面共同推动产业升级及经济转型,为产业发展打下坚实基础,有效平衡供给和需求,推动战略性新兴产业的健康发展。

表7-3 我国在供给侧和需求侧的政策积累

政策类型	供给侧政策	需求侧政策	政策对接
金融支持与市场准入	提供多元化融资渠道、简化行政审批程序、优化市场准入环境	扩大内需、促进消费升级	供给侧的金融优惠政策和市场准入改革能降低战略性新兴产业参与门槛,扩大市场供应,进而刺激消费需求,引导消费升级
产业集聚与基地建设	规划和支持战略性新兴产业集聚区、高新技术开发区	创造有利于战略性新兴产业发展的市场环境	通过集聚和培育战略性新兴产业集群,提升产业链协同效应,为市场需求提供高品质的产品和服务
人才培养与引进	实施人才强国战略,吸引和培养高层次人才	促进新技术与新产品的示范性应用	供给侧的人才政策对接需求侧的市场应用需求,高素质人才推动技术创新和产品研发,满足市场需求
技术创新与研发投入	实施国家科技重大专项,研发费用加计扣除及税收优惠	标准制定与质量提升	鼓励技术创新和研发投入,形成高质量产品和服务,满足市场需求,同时制定高标准来促进产业升级
国际合作与市场开拓	利用"一带一路"等国际交流平台,推动产业国际化发展	政府采购与示范应用	在开拓国际市场的同时,政府通过采购和示范应用战略性新兴产业产品,推动国内市场需求与国际接轨,为产业提供发展空间

然而,对于战略性新兴产业培育政策的实施来说,在政策的制定及其向基层传导过程中的合成谬误和地方保护主义问题仍未得到妥善解决,这也成为战略性新兴产业高质量发展的桎梏。

7. 发展战略性新兴产业，巩固新质生产力主阵地

1. 政策制定中的合成谬误

我国产业政策在经历长期实践后暴露出目标多元、主体博弈及政策碎片化等问题。合成谬误是指从各个部门孤立地看，其政策都是正确的，但当这些政策集中实施时，可能会产生负面的总体效果，比如政策时点选择不当（陈彦斌，2024）、目标冲突难以兼顾、政策叠加导致的过犹不及（刘尚希，2024）等。非经济部门往往分别制定各类产业政策，这种多目标冲突、多主体参与的特点容易导致政策工具的滥用和叠加，从而形成合成谬误，对战略性新兴产业的发展造成非预期的副作用。

2. 地方保护主义

地方政府之间的竞争引发了地方保护。地方政府在实施产业政策时，倾向于将更多补贴给予能够成为其稳定税源的企业和项目。例如，在新能源汽车推广初期，各地政府为扶持本地新能源汽车产业的发展，往往会制定有利于本地企业的政策，如购车补贴、上牌优惠等。部分地方甚至对外地品牌车企进入本地市场设置障碍，造成市场扭曲。例如，某市曾被报道只对购买本地生产新能源汽车的消费者提供最高额度的补贴，对非本地生产的新能源汽车补贴力度明显较小。地方保护也同样体现在环保设施建设项目招标中，部分地方政府倾向于选择本地企业作为中标单位，甚至在招标文件中明确提出投标人需具备本地注册等条件，从而排除外地优秀企业的公平竞争机会，并禁止本地区的资源、技术、人才流向外地，通过设置关卡等不合理手段阻碍外地商品进入本地，或抬高外地商品进入本地的门槛。地方保护主义在不同行政区划之间设置了无形的市场壁垒，阻碍了全国统一市场的形成，成为公平竞争的巨大障碍（刘志成，2022）。这导致战略性新兴产业不能在一个公平、开放的环境中竞争，抑制了市场机制在资源配置中的决定性作用，降低了整体产业的创新能力和竞争力。

五、新质生产力视角下战略性新兴产业发展举措

在新质生产力视角下,战略性新兴产业的发展应当着重于通过科技创新驱动,全面提升劳动者、劳动资料与劳动对象的质量及其生产效率,以实现生产力系统的全面跃升。这种更高效的生产力质态也为上述战略性新兴产业发展问题的解决提供了思路,并为实现战略性新兴产业高质量发展提供了政策启示。

(一)强化劳动者素质在知识转化率提升中的重要性

技术革命所带来的颠覆性突破作为新质生产力的重要来源,一方面,要求劳动者素质与技术变革同步提升;另一方面,高素质劳动者也作为实现知识转化、推动新质生产力发展的重要主体,在两者之间形成了相互依存、相互促进的关系。因此,提升劳动者素质不仅是衔接技术革命与知识转化效率提升的有效途径,更是战略性新兴产业培育政策中不可或缺的一环。

1. 提升劳动者素质以对接前沿产业发展

第四次工业革命带来了大量的高科技、高附加值的知识成果,如人工智能、量子信息、生物科技等前沿科技。这些先进技术的出现和广泛应用,对劳动者素质提出了更高的要求。技术技能人才在技术创新和生产实践之间承担着桥梁的作用,是打通技术突破和创造发明"最后一公里"重要任务的承担者(郭轶锋和高珂,2024)。劳动者不仅需要掌握传统技能,而且需要具备理解、应用甚至创新这些新技术的能力,这样才能高效地将技术研究成果转化为现实生产力,从而提高知识转化效率。

2. 以劳动者为内生动力驱动产业发展

在新质生产力视角下,劳动者素质的提升是一个关键的内生动力。培养具有跨学科、跨领域团队协作能力和全球化视野的技术技能人才,使其能够充分运用新技术工具,发挥创新能力,方

能将技术革命的成果真正转化为经济效益和社会效益。此外，需重视企业家才能在战略性新兴产业培育中的特殊作用。战略性新兴产业发展的一个重要特征是新技术应用和新需求满足，其过程是风险和机会相伴随。企业家一般具有一定冒险倾向，他们善于捕捉机会，能够利用基础优势资源，培育动态创新能力，能够有效激活市场潜在需求，推进新业态新模式创新和新兴产业培育，能够促进知识传播与技术扩散，助力战略性新兴产业的高质量发展。

（二）优化劳动资料配置以推动产业升级

产业结构的深度转型升级是新质生产力发展的核心诉求，而优化劳动资料配置是产业结构深度转型升级过程中的关键环节之一。在产业结构转型升级过程中，通过淘汰落后产能、引入和更新先进设备、搭建智能制造和数字化生产线，可以有效提升产业技术水平和生产效率，从而避免产业长期处于低附加值、低技术含量的低端锁定状态。同时，随着对要素结构的调整与对要素质量的追求逐步替代了要素总量的扩张，高端要素会进一步被市场所选择，进入能够形成并使用新劳动资料的高成长性企业，促使优质生产要素向新质生产力方向顺畅流动（林春，2024）。

1. 利用优势资源培育战略性新兴产业

优化劳动资料配置的核心是要摒弃低效、过时的传统生产方式，而产业转型引导政策作为一种较全面、弹性较强的经济稳定性政策，其对产业发展具有前瞻性的规划和引导作用（王红建、熊鑫和吴鼎纹，2022）。因此，各级地方政府应在遵循市场规律的基础上，充分发挥自身组织效能，结合当地的独特自然禀赋与既有产业基础优势，实施针对性强的战略性新兴产业规划。通过差异化、特色化的发展路径，确保各地战略性新兴产业既能与当地资源禀赋和产业环境高度契合，又能形成错位竞争、互补发展的良性格局，从而实现全国范围内战略性新兴产业的协同发展和整体提升。

2. 强化关键核心技术攻关

强化关键核心技术攻关是推动国家创新体系建设、保障产业链安全与可持续发展的核心要务。运用新质生产力理论指导核心技术攻关，即通过整合优化劳动者素质、劳动资料智能化和劳动对象创新应用，形成全要素联动和产业链协同创新。首先，应聚焦关键核心技术领域，打造由龙头企业、研发机构、产业联盟等构成的创新联合体，实现从基础研究到产业化应用的全过程攻关；同时，应当发挥企业在关键核心技术创新中的作用，鼓励企业根据市场化需求，在新的技术路径上另辟蹊径。

（三）释放新型劳动对象潜能

随着新一代信息技术和数字平台的发展，数字要素成为新型劳动对象。在新质生产力视角下，与数字相关的要素或技术（如数据、信息、算力、算法等）已经不再是传统意义上纯粹的辅助工具，而是直接参与到生产过程中，与劳动力、资本、技术等传统生产要素紧密结合，共同创造价值。数据要素的提出和应用，极大地扩展了生产要素的范畴，提升了生产力的层次和效率，使其转化为新质生产力。

1. 将数据要素作为新型劳动对象

在新质生产力视角下，劳动对象已不仅仅局限于传统的自然资源和原材料，数字技术与传统生产力三要素的深度融合产生了数字新质生产力，其发展又推动了国民经济各产业的转型升级（王琴梅，2023）。因此，应当充分利用大数据、云计算、人工智能等新一代信息技术，加强数据要素的开放共享、确权交易、资产回报、安全治理等，充分释放数据要素的内生增长价值，使其在制造效率提高、产业链协同创新、新产品研发、科技创新突破等方面发挥新价值，推动战略性新兴产业的发展。

2. 发挥数字平台优化组合多元要素的优势

数字平台打破了传统生产组织形式，促进了生产要素的多元组合与更广泛地参与分配。多要素优化组合通过数字技术的有效赋能，不仅促进了各生产要素之间的协同效应，还在价值创造、量化评估和分配机制等方面带来了显著改进，进而全面提升了整个社会生产的效率和活力。以网络平台服务为例：网约车司机、骑手等凭借自身的劳动技能和轻资产，兼以平台数据资源，实现了个性化和精准化的服务提供，从而获得组合报酬。平台用户的行为数据也成为一种新的生产要素，参与价值创造与分配过程。因此，在战略性新兴产业发展中，可充分利用数字技术的整合优势，将多维度、多层次的资源整合优化，提升资金、技术、人才、管理等要素的价值贡献率。

（四）基于新型生产关系疏通政策堵点

新质生产力与新型生产关系这两个"新"，从某种意义上讲同等重要，它提出了下一阶段如何进一步深化改革，为新的生产力打开前进通道的重大问题。只有让新型生产关系和新质生产力互相配套、互相促进，才能跑得愉快、跑得有积极性（陈颖，2024）。战略性新兴产业发展中涉及的新型生产关系，以政策协同和产学研深度融合为典型。

1. 加强顶层设计以克服合成谬误及地方保护

为确保全国战略性新兴产业培育政策的一致性和协调性，应在中央层面制定基础性和方向性政策，地方则根据自身条件制定实施细则，实现上下联动，避免政策碎片化、建设重复化和市场分割化。加强协同发展理念的顶层设计，通过综合性规划或整体性设计，将碎片化的政策整合形成体系性政策，发挥政策协同效应，形成目标明确、上下联动、部门协调、区域协同的新型产业政策体系。

2. 推动产学研深度融合以响应市场需求

新质生产力强调的是技术创新和产业升级过程中不同主体间的深度互动与融合创新。首先，服务型政府应积极营造有利于产学研各方协同创新的良好环境。例如，政府可以通过对科技成果转化相关机制的改革，激发创新链和产业链相关主体的创新活力。同时，政府还需要紧密把握市场需求和技术发展趋势，制定具有前瞻性和市场导向的研发政策，促使产学研协同具有明确的战略导向和需求导向。最后，加强企业为主体的产学研深度融合。企业离市场需求最近，是最好的出题者，部分龙头企业拥有先进的试验设备，也是重要的解题者。发挥企业创新的主体地位，围绕产业链部署创新链，加强企业主导下的高校和科研机构协同创新，有利于市场的需求信号贯穿整个研发过程，形成一种从源头创新到最终市场应用的无缝对接机制。

参考文献

[1] 文丰安，肖华健. 新质生产力推动经济社会高质量发展探析. 烟台大学学报（哲学社会科学版），2024，37（2）：13-23.

[2] 李叶飞. 后改革时代与战略性新兴产业发展战略. 学术论坛，2011，34（5）：110-115.

[3] 方炜，刘洁. 战略性新兴产业与高质量发展耦合协调的时空特征——基于2010—2019年省际面板数据的分析. 科技管理研究，2022，42（23）：189-198.

[4] 眭纪刚，陈芳. 新兴产业技术与制度的协同演化. 科学学研究，2016，34（2）：186-193.

[5] 吴晓波，曹体杰. 高技术产业与传统产业协同发展机理及其影响因素分析. 科技进步与对策，2005，22（3）：7-9.

[6] 熊勇清，李世才. 战略性新兴产业与传统产业的良性互动发展——基于我国产业发展现状的分析与思考. 科技进步与对策，2011，28（5）：54-58.

[7] 王潮,王云江,胡风. 量子计算机的商业化进展及对信息安全的挑战.网络与信息安全学报,2016,2(3):17-27.

[8] 唐莉,Philip Shapira,Jan Youtie. 中国科研成果的引用增长是否存在"俱乐部效应"?.财经研究,2016,42(10):94-107.

[9] 高月姣. 区域创新主体及其交互作用产出效应研究.南京:南京航空航天大学,2017.

[10] 卢明湘,石小燕. 中国高技术产业科技成果转化效率和投入产出结构分析.科技管理研究,2024,44(3):77-84.

[11] 王桂军,张辉. 新时代建设现代化产业体系:成就、问题与路径选择.教学与研究,2023(6):12-30.

[12] 方芳. 我国战略性新兴产业效率的测算.统计与决策,2014(24):124-126.

[13] 陈彦斌. 增强宏观政策取向一致性的重大意义.新理财(政府理财),2024(1):17-20.

[14] 刘尚希. 宏观政策发力须解决好四个重要问题.财政科学,2024(1):5-8.

[15] 刘志成. 加快建设全国统一大市场的基本思路与重点举措.改革,2022(9):54-65.

[16] 郭轶锋,高珂. 新质生产力条件下技术技能人才能力培养的挑战与对策分析.中国职业技术教育,2024年4月10日网络首发.

[17] 林春,文小鸥. 资本市场赋能新质生产力形成:理论逻辑、现实问题与升级路径.深圳大学学报(人文社会科学版),2024(2):66-75.

[18] 王红建,熊鑫,吴鼎纹. 政府引导与实体投资稳定:基于产业政策视角.财政研究,2022(7):81-96.

[19] 王琴梅,杨军鸽. 数字新质生产力与我国农业的高质量发展研究.陕西师范大学学报(哲学社会科学版),2023,52(6):61-72.

[20] 陈颖,陈希琳. 新质生产力和新型生产关系同等重要——访中央党校(国家行政学院)中国式现代化研究中心主任、国家社会科学基金经济学评审组专家张占斌.经济,2024(4):12-16.

8. 前瞻布局未来产业，抢占新质生产力制高点[1]

郭京京　眭纪刚　马双[2]

习近平总书记在2023年9月考察黑龙江期间，首次提出"新质生产力"概念。新质生产力的核心是创新，载体是产业。习近平总书记在黑龙江两次提及"新质生产力"时都将其与"战略性新兴产业"和"未来产业"紧密联系。其中，未来产业是当前尚处于孕育孵化阶段的具有高成长性、战略性、先导性的产业。未来产业以各类颠覆性技术和前沿技术创新为驱动力，需要全新的劳动者、劳动资料、劳动对象及其优化组合，从而不断形成新的产业形态，因此具有新质生产力的特征，是新质生产力的重要载体。

当前，世界主要国家为了抢占科技与经济发展的制高点，纷纷加快部署未来产业，围绕未来产业的竞争日益激烈。我国也在相关政策文件中提出加快发展未来产业，但由于未来产业具有高度不确定性和技术风险性，因此需要加强未来产业创新体系建设，推进未来产业和新质生产力快速发展。这是我国把握创新主动权、构建全球竞争新优势的必然选择。

---

[1] 本文主体部分最初以"中国未来产业发展与创新体系建设"为题发表于《新经济导刊》(2021年第3期)，收入本书时有改动。

[2] 郭京京为中国科学院科技战略咨询研究院研究员，研究方向为产业创新政策；马双为中国科学学与科技政策研究会国际合作与科技外交专业委员会副秘书长，研究方向为国际科技合作。

8. 前瞻布局未来产业，抢占新质生产力制高点

一、我国发展未来产业面临的形势

未来产业的前瞻布局关系到我国中长期竞争力和国家安全。对此，需深刻研判我国发展未来产业面临的形势，立足于我国产业创新发展现状，力争在全球产业格局深刻变革中赢得主动权。

（一）新科技革命和产业变革为未来产业发展提供动力

以量子信息、人工智能、先进无线、先进制造和生物技术为代表的新一轮科技革命正在兴起，不断加速学科交叉融合、引领新一轮产业变革，为未来产业发展提供动力，加速经济社会发展方式转变。纵观全球历史，不乏因把握前沿技术发展先机而成就一个国家，甚至改变世界的典型案例。英国、德国、美国、日本抓住了几次科技革命和产业变革机遇，大力发展纺织、铁路、化工、电气、汽车、半导体等产业，成为全球科技强国与工业强国（弗里曼和苏特，2004）。当前，新一轮科技革命正催化产业发展范式变革，助力新产业部门和新业态的培育壮大，为未来产业的培育和发展带来了契机。例如，人工智能技术正在呈现指数级迭代发展新趋势，从而推动部分技术与产品研发周期快速缩短（高芳和赵志耘，2018），并催生了未来产业的新发展方向。生物技术的重大突破，将彻底改变癌症、传染病、阿尔茨海默症等疾病的预防和治疗（National Institutes of Health，2021），推动未来生物产业的革命性发展。

（二）主要发达国家和地区着力推进未来产业规划布局

新科技革命和产业变革正在重塑全球竞争格局，主要国家和地区都意识到未来产业在国际竞争中的重要作用，纷纷加强战略部署和规划。美国发布的《美国将主导未来产业》（2019

年发布)①、《关于加强美国未来产业领导地位的建议》(2020 年发布)②、《未来产业研究院：美国科学与技术领导力的新模式》(2021 年发布)③、《未来产业法案》(2021 年生效)④ 等系列措施，形成了美国强化未来产业领导地位的总体战略。《欧洲工业的未来》(2017 年发布)⑤、《促进繁荣的未来技术》(2019 年发布)⑥、《加强面向未来欧盟产业战略价值链报告》(2019 年发布)⑦、《欧洲新工业战略》(2020 年发布，并于 2021 年更新)⑧ 等战略，显示了欧盟提升欧洲全球工业领导地位的系统布局。日本发布的《第五期科学技术基本计划（2016—2020)》(2016 年发布)⑨、《未来投资战略 2018——迈向社会 5.0 和数据驱动型社会的变革》(2018 年发布)⑩、《第六期科技创新基本计划》(2021 年发布)⑪ 等战略规划，描绘了日本未来产业发展蓝图。因此，我

---

① The White House. America will Dominate the Industries of the Future，2021 - 08 - 08.

② The President's Council of Advisors on Science and Technology. Recommendations for Strengthening American Leadership in Industries of the Future，2020 - 07 - 10.

③ The President's Council of Advisors on Science and Technology. Industries of the Future Institutes：A New Model for American Science and Technology Leadership，2021 - 05 - 22.

④ The 116th Congress. William M. （Mac）Thornberry National Defense Authorization Act for Fiscal Year 2021，2021 - 08 - 08.

⑤ Alessandrini M，Celotti P，Gramillano A，Lilla M. The Future of Industry in Europe，2021 - 08 - 08.

⑥ Müller J，Potters L. Future Technology for Prosperity，2021 - 08 - 08.

⑦ The Strategic Forum for Important Projects of Common European Interest. Strengthening Strategic Value Chains for a Future-ready EU Industry-report of the Strategic Forum for Important Projects of Common European Interest，2021 - 08 - 08.

⑧ The European Commission. European Industrial Strategy，2021 - 08 - 08.

⑨ 内閣府. 第 5 期科学技術基本計画，2021 - 08 - 08.

⑩ 内閣府. 未来投資戦略 2018 概要―「Society 5.0」「データ駆動型社会」への変革，2021 - 08 - 08.

⑪ 内閣府. 科学技術・イノベーション基本計画，2021 - 08 - 08.

国亟待加快未来产业发展,以便在全球竞争格局中占据有利位置。

(三)布局未来产业是加快发展新质生产力的关键支撑

大力发展未来产业,是引领科技进步、带动产业升级、推动绿色发展的战略选择,是加快发展新质生产力的关键支撑。当前,我国处在经济由高速增长阶段转向创新驱动高质量发展阶段,工业化从高速度向高质量转变,部分先进产业发展迈入了"无人区"。围绕国家发展的重大需求,加强前瞻部署和发展未来产业,不仅关乎我国在国际竞争格局中的地位,而且关系到我国第二个百年奋斗目标的实现。一方面,我国应积极培育未来产业,加强科技创新特别是原创性、颠覆性科技创新,推动新技术、新产品、新业态的不断涌现,为新质生产力的发展提供源源不断的动力。另一方面,我国应以未来产业为引领,引导生产要素创新性配置,持续推进产业向网络化、智能化、绿色化和数字化方向转型,提升高科技、高效能、高质量的先进生产力质态。与此同时,可持续发展已经成为经济社会发展的主要趋势,未来产业将更好地发挥前沿技术增量器作用,推动清洁生产和循环经济发展,提升制造业国际化绿色生态协同发展水平与国际竞争力,为新质生产力的可持续发展提供有力支撑。

二、未来产业创新发展的内涵与特征

虽然未来产业有着巨大的潜在优势和广阔的市场前景,但由于未来产业仍处于技术向产业的过渡阶段,支撑产业发展的新兴技术对外界环境极为敏感,离不开制度保障与政策扶持,需要一个特殊的产业创新体系来促进未来产业创新发展。

(一)未来产业创新发展的内涵

未来产业创新体系也属于一种产业创新体系,是直接影响未来产业培育和发展的各种要素的集合，通常是由知识和技术、制度和政策、文化和组织等要素构成的复杂系统，因此属于生产关系的范畴。未来产业创新发展的核心要素主要包括以下几部分内容：

（1）创新主体。产业创新体系中的主体包括企业、高校、科研机构、政府机构等，各个主体具有不同的学习过程、行为、能力和结构。对一般产业来说，企业是产业技术创新最重要的主体，是创新投入和产出的受益者，是整个产业创新体系的核心。但对于未来产业而言，由于产业技术还处于生命周期的起步期，远未达到成熟应用地步，很多企业处于观望阶段，因此高校和科研院所在未来产业的基础研究及技术开发中发挥了重要作用。未来产业创新体系的形成依赖于各创新主体所形成的网络关系。

（2）制度环境。未来产业中的市场主体还未成熟，产业发展存在各种市场失灵，因此未来产业发展离不开制度环境的支持，并且在不同的发展时期需要不同的政策支持，如政府的研发资金支持、投融资制度、知识产权保护制度、收益分配制度等。如果没有相关制度规范创新主体之间的行为，主体之间的合作交流就会受到影响。只有建立法律制度和行为规范才能降低主体之间的交流障碍，促进创新主体间的交流合作（凌和良，2017）。未来产业创新体系在运行过程中需要创新主体不断和制度环境相适应，构建起良好的创新机制。

（3）创新生态。创新生态是未来产业创新发展的外部条件，主要是为产业创新体系中各组成部分的正常运行提供必要的物质、精神及制度保障，既包括社会制度、法律体系、文化习俗、社会网络、营商环境、创业氛围等软性因素，也包括基础设施、金融资本、人力资源、技术与经济存量等硬性因素。这些因素会直接或间接影响创新活动的进行，对创新主体功能发挥至关重要（胡曙虹等，2016）。未来产业创新生态的建设和完善，不是单靠市场或单靠政府就能实现的,而是取决于市场机制、市场精神基础上的政府的能动作用,市场与政府之间需要形成互补。

(二)未来产业创新发展的特征

未来产业创新发展的一个重要功能是解决产业中知识、技术、人才等创新要素的合理流动问题。未来产业创新发展既有产业的一般特征,又有未来产业的特殊性。

(1)创新性特征。产业的发展离不开科学技术的支撑,科学技术通过对工具的改进,延伸了人类的智力和体力,扩大了人类的生产活动空间,使更多的物质、能量进入到生产系统,提升了产业发展空间和产品种类。历史经验表明,新兴产业的发展无不依赖于技术创新的驱动、扩散与产业化。因此,Malerba(2002)将知识和技术看作产业创新体系的核心驱动要素,对未来产业更是如此。支撑和驱动未来产业发展的核心技术属于具有突破性和颠覆性的前沿技术,这是未来产业区别于其他产业的核心特征。因此,未来产业创新发展应对科学技术给予充分的关注,并预期其应用前景,推动产业不断发展。

(2)网络性特征。创新网络是产业中不同创新参与者的协同群体,它们通过相互交流和学习,共同参与产业技术和新产品的开发、生产及销售全过程。创新网络通常能够在成员之间建立某种信任,降低组织学习成本。在探索新知识的过程中,需要广泛联系网络中的人员、组织等,有助于保持组织和技术的多样性。未来产业创新发展需要同一产业或者相关产业领域内企业、高校、科研机构、政府等主体之间的合作关系,不同主体之间形成了一个密切合作的网络。这个网络是一种介于市场和企业内部等级制度之间的产业组织形式,它比企业内部组织形式灵活,又比市场组织形式稳定,有利于应对技术创新的不确定性(法格博格、莫利和纳尔逊,2009)。

(3)开放性特征。由于未来产业技术的复杂性,未来产业的创新不能依靠单个主体。企业要保持创新和竞争力，就要突破现有的学习机制，与其他创新主体建立稳定、长期的合作关系。那些具有不同知识基础的外部参与者能够提出补充性或启发性方法，突破现存知识基础的限制。产业创新体系能有效降低创新活动中市场和技术的风险，克服复杂技术创新过程中单个企业创新能力的局限。因此，未来产业创新发展必须是开放的组织形式，只有这样才能更好地适应外部环境的变化，更好地组织成员共同学习，更好地搜寻外界的信息资源，增加组织的知识存量，不断促进产业技术创新。

（4）动态性特征。由于未来产业处于产业生命周期的孕育期，特别是在科技革命背景下，技术和产业发展充满高度的不确定性，而且在创新主体之间、主体与环境之间会发生协同演化，导致未来产业创新体系会随技术进步而动态变化。在产业发展的初始阶段，不同创新主体没有清晰的选择标准，各成员之间的关系比较松散。随着技术的发展，新成员不断进入，参与者群体不断扩大，目标更加明确，各成员之间形成新的网络关系（于焱和李庆东，2009）。在此过程中，一些曾被认为具有产业化前景的前沿技术可能被市场证明没有经济价值，从而退出未来产业的行列；或者是通过竞争不断优化改进，使其功能得到更新，可以满足系统实现新功能的需要。

（5）干预性特征。与战略性新兴产业和成熟产业相比，未来产业在资源配置和市场竞争中处于弱势地位，但它在推动未来经济社会变迁中起到关键性、支撑性和引领性作用，因此未来产业的培育和发展需要政府干预，引导社会资源向未来产业合理流动。发达国家在未来产业的发展上，都制定和实施了系列举措，在研发投入、创新体制、优惠政策、产业化、政府采购和投融资等方面都对未来产业进行了扶持。例如，美国在许多现有高科技产业大规模商业化之前的很多年就开始提前布局：针对无人驾驶技术，美国国防高级研究计划局（DARPA）早在1983年就开始实施"陆地自动巡航"计划；美国国立卫生研究院（NIH）数十年高额研发资助生物技术等（李晓华和王怡帆，2021）。

三、我国未来产业发展现状与挑战

鉴于未来产业的重要作用，我国对未来产业的发展高度重视，《中华人民共和国国民经济和社会发展第十四个五年规划和2035年远景目标纲要》提出，要着眼于抢占未来产业发展先机，"谋划布局一批未来产业"和"加速形成若干未来产业"，但仍然存在一些挑战。

（一）我国未来产业发展现状

第一，我国在未来产业前沿领域建立了一定的创新基础。未来产业是基于未来技术突破和场景应用而培育的新兴产业，突破性技术和颠覆性创新是未来产业发展的重要基础（沈华和王晓明，2021）。以量子信息和氢能为例，在量子信息领域，我国相关科技项目的布局和投入逐步增加，在科研团队、专利数量、知识产权布局和标准体系建设等方面建立了较好的实践基础及发展条件。科技部和中国科学院通过国家自然科学基金、国家重点研发计划和战略性先导科技专项等科技项目，支持量子信息基础研究（中国信通院，2020）。我国在量子通信专利储备方面位列世界前列，成为专利申请受理最多的国家。据统计，全球47%的量子通信技术专利申请来自中国，24%来自美国，12%来自日本（张倩和李文宇，2020）。2016年8月，我国完全自主研制的世界首颗空间量子科学实验卫星"墨子号"发射升空，通过卫星和地面站之间的量子密钥分发，实现星地量子保密通信，为我国未来构建天地一体化量子保密通信网络提供了可靠的技术支撑（吴涛，2016）。在氢能领域，制储运等环节技术进步显著，我国碱性电解槽技术处于国际先进水平；质子交换膜电解槽技术实现了

"从无到有",单槽功率达到兆瓦级(符冠云等,2021)。

第二,国家和地方政府加快未来产业布局。自2020年4月以来,习近平总书记多次提到要"抓紧布局""培育发展"未来产业。《中华人民共和国国民经济和社会发展第十四个五年规划和2035年远景目标纲要》着重指出:"在类脑智能、量子信息、基因技术、未来网络、深海空天开发、氢能与储能等前沿科技和产业变革领域,组织实施未来产业孵化与加速计划,谋划布局一批未来产业。"2024年1月,工业和信息化部等七部门发布《关于推动未来产业创新发展的实施意见》,指出"鼓励有条件的地区先行先试,结合国家自主创新示范区、国家高新技术产业开发区、新型工业化产业示范基地等,创建未来产业先导区,推动产业特色化集聚发展"。

未来产业也成为地方政府在"十四五"时期重点布局的领域。多个省份的"十四五"规划都提出加快布局未来产业。例如,《安徽省未来产业先导区建设方案(试行)》提出"构建'源头创新-技术转化-产品开发-场景应用-产业化-产业集群'的未来产业培育链条,推动生产力和生产关系深刻变革,加快形成新质生产力,增强发展新动能"。《深圳市培育发展未来产业行动计划》提出"围绕合成生物、区块链、细胞与基因、空天技术等四个未来产业,强化前沿技术研究和技术应用""围绕脑科学与类脑智能、深地深海、可见光通信与光计算、量子信息等四个未来产业,加强基础研究和应用基础研究"。《长三角G60科创走廊建设方案》提出,"加快培育布局量子信息、类脑芯片、第三代半导体、基因编辑等一批未来产业"。

第三,我国未来产业进入产业化初期阶段。一方面,未来产业重大项目相继落地。2017年8月,由国家发展改革委牵头组织的国家量子保密通信"京沪干线"项目通过总技术验收,该项目搭建了全长2 000余公里的量子保密通信骨干线路,完成了金融、政务领域的远程或同城数据灾备系统、金融机构数据采集系统等应用示范。① 2020年,国际顶级制氢储能项目在宁夏开工,预计建成后合计年产氢气1.6亿标方,每年可减少煤炭资源消耗25.4万吨,减少二氧化碳排放约44.5万吨(周小苑,2020)。2021年4月,国家重大科技基础设施"未来网络试验设施"项目的重要组成部分——未来互联网试验设施高性能主干网正式开通,致力于对互联网核心关键技术的探索和实践(赵婀娜和刘诗瑶,2021)。

此外,领先企业加速推进未来产业领域布局。以量子信息为例,在量子计算领域,阿里巴巴、腾讯、百度和华为等企业纷纷成立量子实验室,布局量子处理器硬件、量子计算云平台、量子软件及应用开发等领域。在量子通信领域,三大运营商积极推动量子通信的应用落地,不断提升行业安全标准。在量子测量领域,成都天奥从事时间频率产品的研发,中电科、航天科技、航天科工和中船重工集团下属的部分研究机构正逐步开展相关研究(中国信通院,2020)。就氢能而言,我国已初步布局了涵盖制氢、储运、加注、应用等环节的氢能产业链。领先企业积极开展氢能战略合作,引领氢能产业发展。例如,2019年10月阳光电源与中国科学院大连化学物理研究所共同成立"PEM电解制氢技术联合实验室",以大功率PEM电解制氢装备的研发为核心深入合作。2020年,宝武集团与重塑科技等民营企业开展氢能战略合作。截至2024年4月,中国已累计建成加氢站428座,居世界第一。② 据预测,2060年我国氢能消费规模将接近8 600万吨,产业规模4.6万亿元,届时氢能产业对我国实现"双碳"目

---

① 中国科学技术大学量子信息与量子科技创新研究院. 国家量子保密通信"京沪干线"项目通过总技术验收,2021-08-08.
② 我国氢燃料电池汽车产销量高速增长 加氢站网络不断完善. 央视网,2024-04-21.

标的贡献度将达到 10%。①

(二)未来产业发展面临的挑战

(1)产业基础能力有待提升。在未来产业领域,我国的核心技术、装备、原材料与国际先进水平尚存差距。以量子信息和氢能为例,我国量子计算领域的前沿研究、样机研制和应用推广与欧美存在较大差距,阿里巴巴、华为、百度等企业在软硬件研发、生态建设等方面仍落后于全球先进水平。就氢能而言,我国在氢能自主技术研发、装备制造、基础设施建设等方面仍有待提升。国外针对碳捕获、利用与封存(CCUS)技术进行了新工艺开发和广泛的项目示范,积累了百万吨级捕集利用封存经验,但我国在 CCUS 技术集成、海底封存和工业应用上仍较为落后,且 CCUS 大规模示范项目的整体规模远低于发达国家。

(2)产业创新生态有待完善。未来产业尚处于发展初期,因而产业规模小、技术发展具有高度不确定性。与成熟产业相比,未来产业的创新生态体系尚不完善。未来产业的基础设施、技术标准、检测认证和监管体系不健全,缺少统一战略规划和顶层设计。以氢能产业为例,全国性的氢能发展战略规划尚未出台;作为重要基础设施的加氢站建站标准法规、政策体系均不健全,没有明确的管理部门。

(3)未来产业发展缺乏人才基础。创新人才是技术和产业发展的关键,对未来产业发展至关重要,而我国基础研究和应用研究人才的比例较低,尤其缺少跨界型、复合型人才。2022 年,我国研发人员全时当量为 635.4 万人年,其中基础研究和应用研究研发人员全时当量分别为 50.9 万人年和 74.1 万人年,占比分

---

① 中国石化首次发布氢能展望报告预计 2060 年氢能产业规模 4.6 万亿元. 中国石化报,2024-04-21.

别仅为 8.01% 和 11.66%。① 智能制造代表了先进制造与新一代信息技术的深度融合，根据人力资源和社会保障部数据分析，2025 年智能制造领域人才需求为 900 万人，人才缺口预计达到 450 万人。② 因此，我国亟须加强未来产业相关的人才培养。

四、大力发展未来产业，加快形成新质生产力

加快发展未来产业，需要在顶层设计、基础研究、关键核心技术突破、创新创业生态、人才培养等方面加强支持，进而为发展新质生产力提供强有力支撑。

（1）加强未来产业前瞻部署和研发支持。在类脑智能、量子信息、基因技术、未来网络、深海空天开发、氢能与储能等前沿领域，研判产业发展和技术演进趋势，制定整体发展战略规划。发挥高校和科研机构的基础研究优势，加强国家科技重大专项、国家重点研发计划等国家科技计划对未来产业相关基础研究的支持。设立未来产业发展专项资金，引导企业增加基础研究投入，推动未来产业发展。

（2）推进未来产业关键核心技术突破。布局建设国家未来产业技术研究院，联合国家制造业创新中心、国家产业创新中心、国家工程研究中心等产业创新平台，集聚产学研优势力量，加强前沿技术多路径探索和交叉融合，突破一批对未来产业发展具有全局性影响的关键共性技术，增加颠覆性技术供给。

（3）营造良好创新创业生态。实施未来产业孵化与加速计划，构建完整的创新孵化体系、科技公共服务体系、知识产权保护体系、科技投融资体系，催生新业态新模式。加快实施未来产

---

① 国家统计局. 2023 中国统计年鉴. 北京：中国统计出版社，2023.
② 商汤智能产业研究院，上海市人工智能技术协会. 数字化转型白皮书：数智技术驱动智能制造. 商汤科技，2021-06-23.

业跨界融合示范工程,促进应用场景创新和新型基础设施建设,推动前沿技术迭代完善。

(4) 加强未来产业创新人才引进和培养。推进面向未来产业的教育体系建设,加快新兴和基础学科布局,促进基础教育和高等教育的衔接。通过国家科技重大专项和国家未来产业技术研究院培养创新人才与团队。建设未来产业专业人才培养和实训基地,建立产教融合、科教融合的人才培养体系。推进全球高层次人才合作计划,加强人才引进培养。

参考文献

[1] 克利斯·弗里曼,罗克·苏特. 工业创新经济学. 北京:北京大学出版社,2004.

[2] National Institutes of Health. Proposed Advanced Research Projects Agency for Health (ARPA-H),2021 - 08 - 08.

[3] Malerba F. Sectoral Systems of Innovation and Production. Research Policy,2002,31 (2):247 - 264.

[4] 凌和良. 产业创新系统运行的机理研究——以高技术产业为例. 南昌:江西财经大学,2017 (6):123.

[5] 胡曙虹,黄丽,杜德斌. 全球科技创新中心建构的实践——基于三螺旋和创新生态系统视角的分析:以硅谷为例. 上海经济研究,2016 (3):21 - 28.

[6] 詹·法格博格,戴维·莫利,理查德·纳尔逊. 牛津创新手册. 北京:知识产权出版社,2009.

[7] 于焱,李庆东. 产业创新系统中的协同演化理论研究. 现代经济探讨,2009 (12):35 - 39.

[8] 李晓华,王怡帆. 未来产业的演化机制与产业政策选择. 改革,2021 (2):54 - 68.

[9] 张倩,李文宇. 全球量子信息技术创新发展研究. 信息通信技术与政策,2020 (12):81 - 85.

[10] 符冠云,龚娟,赵吉诗,等. 2020 年国内外氢能发展回顾与 2021

展望. 中国能源, 2021, 43（3）: 45-48.

[11] 吴涛. 我国成功发射世界首颗量子科学实验卫星"墨子号". 新长征, 2016（10）: 63.

[12] 周小苑. 太阳能电解水制氢储能项目开建让能源更清洁更绿色. 人民日报, 2020-07-17.

[13] 中国信通院. 量子信息技术发展与应用研究报告（2020年）, 2020-12.

[14] 沈华, 王晓明. 构建"四位一体"格局促进未来产业大步向前. 科技日报, 2021-03-25.

[15] 赵婀娜, 刘诗瑶. 未来互联网试验设施高性能主干网开通. 人民日报, 2021-04-21.

[16] 高芳, 赵志耘. 人工智能赋能未来产业发展探析. 全球科技经济瞭望, 2018, 33（11）: 1-6.

9. 加快产业绿色转型，培育新质生产力原动力

邹秀萍①

本章在对新质生产力的时代内涵与本质特征分析的基础上，重点探究了绿色转型如何塑造及发展绿色新质生产力的内在逻辑，探讨了当下我国发展绿色新质生产力的基础条件与挑战，提出了促进绿色新质生产力发展的实践路径。

一、绿色发展是新质生产力的重要内涵与特征

"新质生产力"概念的提出，具有鲜明的时代内涵和特征。马克思指出："任何生产力都是一种既得的力量，是以往的活动的产物。"（马克思和恩格斯，2009：43）新质生产力是立足于既有生产力的现实条件与发展需求基础上的质的飞跃。新质生产力是在实现中国式现代化的新征程中，结合中国实际国情提出的新概念，符合时代发展潮流，体现了创新、协调、绿色、开放、共享的新发展理念。

（一）新质生产力的绿色内涵

人类进入 20 世纪以后，对于环境破坏的程度大大超过了以往的任何世代。从人类文明演进的视角来看，人类经历了原始社

---

① 邹秀萍，中国科学院科技战略咨询研究院副研究员，研究方向为生态文明与绿色转型发展战略与政策。

会文明、农业文明、工业社会文明，并走向生态文明。在工业社会文明时期，人类社会的生产力得到了空前发展，但也出现了对自然无节制开发而引起的生态环境破坏和人与自然关系的失衡，进而引发了全球性危机等问题。环境污染、气候变化和生物多样性减少已成为人类可持续发展面临的三大全球性危机，严重地威胁着人类的生存和人类文明的发展。危机产生的根源是人与自然的"利益"冲突，是人类行为的结果（余谋昌，2000）。

改革开放以来，我国经济迅速发展，为社会的进步提供了持续动力，在国际市场上的竞争力得到了显著提升。但同时也出现了由于"高投入、高消耗、高污染、低产出、低效益、低质量"的粗放式经济增长方式带来的生态环境问题（陈少红，2006）。究其原因，主要源于传统生产力低、生态环境保护手段不足及绿色发展能力弱。生态兴则文明兴，生态衰则文明衰。消解人与自然的冲突及对立，实现人与自然的和谐共生，是破解人类生态危机的根本之策。习近平总书记从"正确处理好经济发展同生态环境保护的关系"的高度，提出"牢固树立保护生态环境就是保护生产力、改善生态环境就是发展生产力"[①]。

（二）新质生产力的绿色特征

习近平总书记概括指出："新质生产力是创新起主导作用，摆脱传统经济增长方式、生产力发展路径，具有高科技、高效能、高质量特征，符合新发展理念的先进生产力质态。"[②]

1. 新质生产力以人与自然和谐共生为根本旨归

习近平总书记指出："人与自然是生命共同体，人类必须尊

[①] 2013年5月24日，习近平总书记在十八届中央政治局第六次集体学习时的讲话。

[②] 习近平在中共中央政治局第十一次集体学习时强调 加快发展新质生产力 扎实推进高质量发展．人民日报，2024-02-02．

重自然、顺应自然、保护自然。人类只有遵循自然规律才能有效防止在开发利用自然上走弯路，人类对大自然的伤害最终会伤及人类自身，这是无法抗拒的规律。"人与自然是生命共同体，人类在利用自然、改造自然的同时，应坚持节约优先、保护优先、自然恢复为主的方针，做到取之有适、用之有度，防止对自然资源的过度消耗，减少对自然环境的破坏，实现绿色可持续发展。新质生产力着眼于传统生产力带来的资源消耗、废物排放、生态破坏等环境问题，通过向资源节约、环境友好的生产、生活方式转变，使新质生产力成为推进人与自然和谐共生的积极力量。

2. 新质生产力以绿色可持续创新为核心驱动力

新质生产力以创新为核心驱动力，引领产业结构的转型升级，推动产业绿色化、数字化、智能化发展，为经济增长注入新动能。可持续创新通过技术、工艺和产品设计的创新，提高资源生产率，降低生产成本，创造新市场机会，促进经济转型，从而实现生产力水平的提升。绿色可持续创新有助于推动经济结构的转型升级，促进绿色产业和绿色经济的发展，实现当前利益与长远利益相协调，经济效益、社会效益和生态效益相统一的高质量发展。

3. 新质生产力以新要素的涌现及协同演进为主要引擎

新质生产力以新要素、新业态、新模式的不断涌现及协同演进为主要引擎。将新生产要素融于各产业、各领域，以促进未来生产力的跳跃式发展。在绿色化、数字化、智能化时代，生产力三要素（劳动者、劳动对象和劳动资料）的优化组合产生了质的飞跃：一是具备新劳动理念和劳动技能的高素质劳动者，他们深厚的专业知识和实践能力，能够在科学研究、工程设计和应用开发等领域推动新技术、新产品和新工艺的应用，成为发展新质生产力的主要推动力量。二是新技术革命拓展了劳动资料的范畴，从传统提供生产基础的物质资料到将劳动者技能传导至劳动对象的中介资料（如新能源及新型储能系统、数字基础设施等），体现了新技术的巨大创造潜力。三是随着劳动者、劳动资料的飞跃发展，对于劳动对象的认识和作用方式也产生了质的跃迁，走人与自然和谐共生的现代化成为发展的必由之路。

二、绿色转型塑造新质生产力的内在逻辑

绿色转型代表着颠覆性和系统性的变化，涉及经济、技术、能源、社会、政策等多个领域。绿色转型通过绿色技术创新、资源高效利用、市场机会创新、管理模式和制度体系创新等方式，塑造了新质生产力，推动了经济的可持续发展和新型生产力的提升。2024年1月31日，习近平总书记在中共中央政治局第十一次集体学习时指出："绿色发展是高质量发展的底色，新质生产力本身就是绿色生产力。必须加快发展方式绿色转型。"

（一）绿色转型通过绿色技术创新推动绿色新质生产力发展

绿色技术创新是发展绿色新质生产力的关键。绿色技术是指降低消耗、减少污染、改善生态，促进生态文明建设、实现人与自然和谐共生的新兴技术。绿色技术创新将技术创新与其对生态环境的正向影响结合起来，颠覆了传统技术创新单纯以经济效益、生产效率和市场竞争力为目标，注重技术的可行性和经济性的发展范式，继之以减少资源消耗、降低环境污染，实现经济-环境-社会的平衡为终极目标的发展范式，成为实现绿色可持续发展的核心驱动力。世界知识产权组织（WIPO）于2010年制定了"国际专利分类绿色清单"（IPC Green Inventory），将绿色技术分为可替代能源、交通运输、能源节约、废弃物处理、农林业、行政监管与设计、核能发电七个类型，涉及约200个与环境友好技术直接相关的类别。中国国家知识产权局于2023年印发了《绿色技术专利分类体系》，将绿色技术分为化石能源降碳、清洁能源、储能、节能节水、温室气体捕集利用封存、循环利

用、环保材料、污染控制与治理、绿色交通、绿色农业林业、绿色建筑、绿色管理和设计12个分支，共涉及国际专利分类中的202个技术小类。向绿色技术的转变可以通过渐进式创新或颠覆性创新来实现。

清洁低碳能源技术创新，能够大幅减少经济增长对化石能源的依赖，可以减缓气候变化；环保技术以及循环再利用技术创新，能够提高资源使用效率和循环利用率，降低资源消耗和污染排放，同时可为其他行业的绿色发展提供关键技术支撑（Chen et al., 2023）。金融科技是将金融和技术纳入金融服务的一种技术形式，通常利用移动支付、数字货币、区块链技术、物联网、人工智能、大数据分析等科技手段改进金融服务、提高金融效率和降低金融成本。例如，区块链技术是一种创新的数据共享方法，可以通过增加信息交流来降低制造成本和识别企业流程中的低效率，从而加强绿色投资（Yeoh，2017）；物联网技术可用于促进环境保护的商业实践的一种方式是实时密切关注组织的能源使用情况（Fernando et al.，2021）；云计算通过消除对物理资源的需求和减少企业交通成本，在促进生态可持续供应链的发展方面发挥着重要作用（Marston et al.，2011）。

（二）绿色转型通过生产及消费模式创新塑造新质生产力

绿色转型通过鼓励企业采用负责任的创新，最大限度地降低运营成本和碳排放量，形成高效可持续的生产模式，并创造了新的市场需求和消费模式，从而推动新质生产力要素的涌现和融合发展。例如，将数字技术纳入企业流程可以增强利益相关者之间的互动、更准确的数据分析、更高效的生产流程以及各种流程改进计划（Yadav et al.，2023）。此外，数字技术的应用，大大降低了企业的搜索成本、复制成本、运输成本、跟踪成本和验证成本，突破了传统生产要素的价值，催生了新型业务，并在国家、区域、企业和消费者多个层面起到了积极效应（Goldfarb and

Tucker，2019）。绿色工艺和产品创新通过最大限度地减少成本和浪费，减少不利的生态影响，提高了生产效率和可持续的财务绩效（Zailani et al.，2015）。环保产品、可再生能源等市场的兴起，不仅创造了新的商业市场，还满足了消费者对环保产品和可持续发展的需求。绿色转型在一定程度上取决于关键行业向绿色技术生产转型的能力。影响整个行业的颠覆性创新能够促进制造流程、供应渠道和管理的系统变革，是涉及整个产业生态系统的重大变革。数字产业和新能源汽车产业的兴起及发展都是颠覆性创新的典范，数字产业的发展不仅带动了生产资料的数字化转型，还促进了生产关系的变革。

此外，具有环保意识的消费者数量正在增加，他们更喜欢使用环保产品（Chang and Chen，2013）。他们渴望创新和绿色产品，并决心为绿色产品付出更大的代价（Chen，2008）。当客户对环境保护表示担忧时，绿色创新可以帮助公司从客户的角度寻求解决方案，使它们能够识别新兴客户（特别是具有生态保护意识的消费者）的需求，并通过绿色创新提供快速的市场响应（Song et al. 2023）。新能源汽车产业是我国卓越的绿色创新产业，该产业的自身技术含量高，而且持续的研发投入和更新迭代的产品形成了满足公众需求的高附加值产品（王璐和段秋爽，2024）。据统计，2015—2022年我国新能源汽车保有量年均增幅达到63.5%，该技术产品得到了终端消费市场的充分认可。

（三）绿色转型通过产业结构优化升级促进新质生产力发展

推动绿色转型，挖掘绿色增长潜能，培育绿色产业竞争力，已成为衡量国家产业竞争力的重要因素。绿色转型需要改变传统的生产和管理模式，倡导绿色、清洁的生产方式和管理模式，并通过数字化、智能化等先进技术手段对生产过程进行优化，借以提高管理效率和生产效率，有助于形成科技含量高、资源消耗低、环境污染少的产业结构，从而实现清洁化生产、循环化资源利用、低碳化能源消费、绿色化产业结构，最终形成新质生产力。

产业绿色转型可以推进数字化、智能化、绿色化生产的深度融合，这已成为培育和发展新质生产力、实现高质量发展的核心策略。数字经济以数据为关键要素，依托现代信息网络和信息技术，通过优化资源配置和降低交易成本，进一步赋能传统产业转型升级。精益生产是以客户为中心，消除不必要的浪费，改进价值流过程，实现大规模定制化产品和服务的有效途径（周娜和张雯，2024）。精益生产与绿色生产相融合，能够降低生产过程中的污染物排放并提高资源使用效率（Zhang et al.，2022）。当数字技术与精益生产、绿色生产整合在一起时，污染控制的边际成本、危险物质的传播以及能源和资源的使用都会降低（Belkhir et al.，2018）。通过智能化将精益生产管理思想与物联网技术相融合，同时借助信息技术实现实时共享，再通过自我学习、自我优化、自我验证、自我调整等数学模型方法，可以实现决策和生产的最优化方案（岳志春和李玉茜，2023）。数字化与精益生产、绿色生产整合起来，有助于减少环境破坏，并为更精准地测量这种损害提供了技术方案。

三、中国产业绿色发展的现状与问题

产业绿色转型发展既是经济绿色发展的重要途径，也是培育新质生产力、实现绿色低碳可持续发展的产业基础。在生态文明建设和绿色发展理念的引领下，中国在产业绿色化和绿色产业化发展方面均取得了举世瞩目的成就，但同时也存在一些亟待解决的问题。

（一）中国产业绿色转型发展的现状

在绿色产业化发展方面，中国的绿色产业起步于20世纪末，

9. 加快产业绿色转型，培育新质生产力原动力

在经历了21世纪前十年的逐步发展，到党的十八大以后进入了高速发展阶段。从产业的国际竞争力来看，中国的新能源产业发展迅猛，部分技术领域已经成为全球的"绿色技术中心"，并且在几乎所有低碳技术中均占据领先地位。目前，中国占全球净零技术制造设施投资的90%，全球60%的电池用钴在中国提炼，用于永磁体的稀土100%在中国精炼（陈晓径，2024）。与此同时，中国的绿色产业规模也在不断壮大，现在已是全球最大的太阳能设备出口国，中国的风力发电、光伏发电、水力发电等清洁能源装机总量以及能源设备的生产规模和产值均位居全球第一，清洁能源生产过程中的关键组件产量占全球总量的70%以上（张献萍，2023）。中国在能源设备、节水设备、污染治理、环境监测等领域的技术水平和装备制造水平居于世界先进水平。截至2021年，我国节能环保产业的产值超8万亿元，太阳能电池组件在全球市场份额的占比达到71%。

在产业绿色化发展方面，自改革开放以来，中国始终践行能源与资源的节约，走新型工业化道路的绿色发展方向。中国在能效方面采取了强有力的政策措施，成为世界上所有国家中能源消耗强度下降最快的国家，并使能源与资源利用效率显著提升：工业领域规模以上工业单位增加值能耗降低约16%，单位工业增加值用水量降低约40%，重点大中型企业吨钢综合能耗水耗、原铝综合交流电耗等已达到世界先进水平。2020年，十种主要品种再生资源回收利用量达到3.8亿吨，工业固废综合利用量约20亿吨。绿色制造体系建设已成为绿色转型的重要支撑。目前，国家累计培育绿色工厂5095家、绿色工业园区371家、绿色供应链管理企业605家、绿色产品近3.5万个，工业绿色发展取得显著成效。①

---

① 工业和信息化部.工业和信息化部关于印发《"十四五"工业绿色发展规划》的通知.中国政府网，2021-11-15.

中国产业绿色化发展取得的巨大成就主要得益于严格的环境法规、企业的社会责任以及公众对环境保护的需求。

(二) 中国产业绿色转型发展存在的问题

尽管我国产业绿色转型发展成就斐然，但未来仍面临着以下问题与不足：

(1) 绿色产业的规模较小，尚未成为经济增长的主导力量。绿色产业的市场主体主要以中小型企业居多，缺乏大型企业作为支撑。2020年，中国生态环保产业收入约1.95万亿元，同比增长7.3%，产业收入仅占中国全年国内生产总值（GDP）的1.9%。

(2) 产业政策体系的完备性与协调性不足。在产业政策的制定和实施过程中偏向于推动目标产业或技术的发展，而对配套行业或技术的协调发展关注不足。例如，针对新能源产业、节能环保产业、新能源汽车产业等绿色产业实施了一系列财政补贴和税收优惠等政策措施，但政策支持的重点在于推动这些产业的技术创新，而对其配套支撑行业的协调推进考虑不足（李晓萍、张亿军和江飞涛，2019）。

(3) 普遍面临资金不足压力。一方面，绿色产业在绿色技术研发、清洁生产设备升级、环保工程建设等方面需要大量资金；另一方面，由于绿色产业的前期投资规模大、市场不确定性高等因素，导致投资意愿低，中小型企业均面临资金不足的压力。

(4) 绿色转型技术储备不足。由于绿色产业的技术门槛较高，同时缺乏长期投入和积累，难以快速实现技术突破，从而制约了产业绿色发展。

(5) 研发投入不足。目前，中国节能环保企业中仅有11%左右有研发活动，这些企业的研发资金占销售收入的比重不到4%，也远远低于欧美15%~20%的水平（史丹，2018）。

四、加快产业绿色转型，促进绿色新质生产力发展的建议

绿色转型推动生产力绿色转型，进而促进绿色新质生产力的发展。发展绿色新质生产力应以绿色技术创新为核心，通过升级绿色创新生态系统，强化绿色科技创新的引领和带动作用，整合新质生产力要素，优化绿色产业生态，培育绿色市场主体，建设现代化绿色产业体系，提升绿色治理能力和绿色高质量发展水平。

（一）整合绿色创新要素，升级绿色创新生态系统

新质生产力表现为颠覆性创新而引发的新技术、新业态、新模式，其本质是由经济、技术、组织、文化制度所构成的创新生态系统的产物，因而有效的创新体系和良好的创新生态是新质生产力发展的基础（徐政和张姣玉，2024）。资源要素是绿色创新的基础，要素市场扭曲将影响绿色技术创新与产业结构升级的关系（徐盈之、张瑞婕和孙文远，2021）。深化要素市场化改革，应以建设统一大市场作为突破口，推动资本、劳动力、技术等资源在全国范围内流动整合，真正实现资源要素的市场定价机制。同时，加强区域间要素流动与创新交流，引导资源要素的跨界整合与高效配置。升级绿色创新生态系统的服务功能，促进各类新质生产要素和新质创新要素向关键领域聚集。充分利用好国内国际两个市场、两种资源，不断扩大要素型开放和制度型开放，在互联网、大数据、云计算、人工智能等领域聚合全球先进资源和要素，参与全球产业分工与合作（张新宁，2024）。推进数字基础设施建设，引入数字技术、高端制造、万物互联等新技术，不断开创新模式和新业态，加快数字新技术的商业化应用。培养绿色创新人才，推动科研人才资源绿色化转型，培育发展新质生产

力的"人才红利"。

(二)加大绿色创新投入,培育绿色新质生产力

加大技术研发投入,加强绿色技术创新。加快先进绿色技术推广应用,研发应用清洁能源、能源储存、清洁生产、循环经济、智能交通、碳捕获与碳储存等绿色低碳新技术。加快对大数据、航空航天和6G关键技术的突破,开辟战略性新兴产业、未来产业新赛道,形成新质竞争力。建立绿色创新平台,提供实验室、孵化器、技术交流等服务,为企业和机构提供创新资源和支持。发挥绿色科技在发展新质生产力中的引领和带动作用,在资源节约、污染治理、生态修复等关键领域加强与大数据、物联网、人工智能、区块链等新兴数字技术融合创新,全面提升绿色科技创新能力。

合理配置绿色研发资源,针对企业作为创新主体开展研发内生动力不强的问题,需要制定政策加以引导,增强创新系统各主体推动绿色技术研发和应用的主体责任,在绿色技术创新链各环节,设立"绿色通道"或"便利机制",加大社会资源投入,降低新技术应用成本,缩短产业化进程(席芙蓉和刘佳丽,2024)。

(三)优化绿色产业生态,塑造绿色新型生产关系

培育壮大绿色市场主体,完善绿色创业生态系统,创造优质高效的绿色创业环境。从创业生态系统的整体性和系统内部的复杂关系出发,优化调控创业生态系统多要素间的作用机制,充分发挥经济、社会和生态等要素之间的协同互促效应。在项目发掘、企业孵化、科技成果转化等环节,发挥绿色创业政策的引导和统筹功能。政策的制定导向应从"局部优化"转向"整体协调"。推进产业体系绿色化、低碳化、数字化、智能化转型,为新质生产力发展提供落地载体。利用数字融合升级传统产业,应用物联网、大数据分析和人工智能等技术,实现传统产业生产过

程的数字化管理和自动化、智能化控制,推动传统产业向智能制造转变。同时,我国还需关注数字产业的绿色化,对区块链、大模型、算力等数字基础设施的高耗能与生产流程进行优化,促进数字产业的绿色低碳发展。

绿色创业具有社会和经济双重优势,是实现绿色可持续发展的重要途径。新企业不仅要考虑其产品和服务对环境的影响,还要考虑其生产活动产生的环境影响,采用资源节约型和气候中和的工艺,以防止新企业在经济活动过程中产生的环境损害抵消预期的环境效益。我国应通过对绿色创业者的经济援助、商业培训和交流机会来支持培养绿色企业家,创造更多新的绿色创业机会,倡导所有参与者的创业精神。通过商业学习,增加初创公司与金融支持网络之间的联系。

(四)增强绿色治理能力,提升绿色高质量发展水平

研究制定绿色新质生产力中长期发展战略规划,提出中长期发展目标和行动计划,为高质量绿色低碳产业发展提供制度保障。加强法律政策和外部监督等手段,完善绿色低碳产业政策体系,修订和完善节约能源法、循环经济促进法等相关法律建设,统筹协调相关经济法规,强化绿色发展的法律法规政策保障,不断增强法律约束,加强污染惩处力度,同时制定有利于绿色转型发展的促进政策,引导产业朝着环保方向发展。

完善绿色金融发展政策框架,建立绿色融资机制,将金融活水源源不断地引入绿色产业发展政策框架中。绿色转型面临着回报周期长、不确定性大等风险,因而需要制定政策进行财政补贴以及各种形式的金融支持,提高金融资源绿色配置效率。全球绿色金融成为国际行为主体争夺标准和规则话语权的关键领域。未来应完善绿色金融机制,建立多层次绿色金融市场体系,为绿色转型提供更完善的金融支持。

参考文献

[1] Belkhir L, Elmeligi A. Assessing ICT Global Emissions Footprint: Trends to 2040 & Recommendations. Journal of Cleaner Production, 2018 (177): 448–463.

[2] Chang C H, Chen Y S. Green Organizational Identity and Green Innovation. Management Decision, 2013, 51 (5): 1056–1070.

[3] Chen C, Ye F, Xiao H, et al. The Digital Economy, Spatial Spillovers and Forestry Green Total Factor Productivity. Journal of Cleaner Production, 2023, 405: 136890.

[4] Chen Y S. The Driver of Green Innovation and Green Image-Green Core Competence. Journal of Business Ethics, 2008 (81): 531–543.

[5] Fernando Y, Rozuar N H M, Mergeresa F. The Blockchain-enabled Technology and Carbon Performance: Insights from Early Adopters. Technology in Society, 2021, 64: 101507.

[6] Goldfarb A, Tucker C. Digital Economics. Journal of Economic Literature, 2019, 57 (1): 3–43.

[7] Marston S, Li Z, Bandyopadhyay S, et al. Cloud Computing—The Business Perspective. Decision Support Systems, 2011, 51 (1): 176–189.

[8] Song Y, Zhang Z, Sahut J M, et al. Incentivizing Green Technology Innovation to Confront Sustainable Development. Technovation, 2023, 126: 102788.

[9] Yadav S, Samadhiya A, Kumar A, et al. Achieving the Sustainable Development Goals Through Net Zero Emissions: Innovation-driven Strategies for Transitioning from Incremental to Radical Lean, Green and Digital Technologies. Resources, Conservation and Recycling, 2023, 197: 107094.

[10] Yeoh P. Regulatory Issues in Blockchain Technology. Journal of Financial Regulation and Compliance, 2017, 25 (2): 196–208.

[11] Zailani S, Govindan K, Iranmanesh M, et al. Green Innovation Adoption in Automotive Supply Chain: The Malaysian Case. Journal of Cleaner Production, 2015, 108: 1115–1122.

[12] Zhang X, Guo W, Bashir M B. Inclusive Green Growth and Development of the High-quality Tourism Industry in China: The Dependence on Imports. Sustainable

Production and Consumption, 2022(29): 57-78.

[13] 陈少红. 解读环境法的"立法悖论"——以经济利益与环境利益的冲突为视角. 云南大学学报(法学版), 2006(6): 19-23.

[14] 陈晓径. 欧盟绿色转型的新阶段: 动因、影响与政策建议. 阅江学刊, 2024, 16(2): 63-79+172-173.

[15] 李晓萍, 张亿军, 江飞涛. 绿色产业政策: 理论演进与中国实践. 财经研究, 2019, 45(8): 4-27.

[16] 马克思, 恩格斯. 马克思恩格斯文集: 第十卷. 北京: 人民出版社, 2009.

[17] 史丹. 绿色发展与全球工业化的新阶段: 中国的进展与比较. 中国工业经济, 2018(10): 5-18.

[18] 王璐, 段秋爽. 新时期新型工业化绿色发展道路及其意义研究. 新型工业化, 2024, 14(3): 72-80.

[19] 习近平. 决胜全面建成小康社会 夺取新时代中国特色社会主义伟大胜利——在中国共产党第十九次全国代表大会上的报告. 北京: 人民出版社, 2017.

[20] 习近平在中共中央政治局第十一次集体学习时强调 加快发展新质生产力 扎实推进高质量发展. 人民日报, 2024-02-02.

[21] 席芙蓉, 刘佳丽. 从欧盟"绿色协议工业计划"看绿色技术竞争. 低碳世界, 2024, 14(2): 190-192.

[22] 徐盈之, 张瑞婕, 孙文远. 绿色技术创新、要素市场扭曲与产业结构升级. 研究与发展管理, 2021, 33(6): 75-86.

[23] 徐政, 张姣玉. 新质生产力促进制造业转型升级: 价值旨向、逻辑机理与重要举措. 湖南师范大学社会科学学报, 2024, 53(2): 104-113.

[24] 余谋昌. 生态哲学. 西安: 陕西人民教育出版社, 2000.

[25] 岳志春, 李玉茜. 智能制造背景下精益生产管理模式变革. 合作经济与科技, 2023(18): 126-127.

[26] 张献萍. 我国绿色产业发展问题及对策研究——评《我国绿色产业的发展与实证》. 生态经济, 2023, 39(12): 230-231.

[27] 张新宁. 科技创新是发展新质生产力的核心要素论析. 思想理论教育, 2024(4): 20-26.

[28] 周娜, 张雯. 精益思想文献综述. 现代商业, 2024(5): 47-50.

四、区域篇

10. 建设科创中心，
汇聚新质生产力之核

郭雯　胡贝贝①

科技资源的分布具有集聚效应，无论是全球还是全国，在一些创新基础和环境良好的城市或地区会形成科技创新中心，如美国的硅谷、波士顿、纽约，英国的伦敦，日本的东京湾区等。为了加快科技创新中心建设，发挥这些区域对全国科技创新的引领作用，自2016年以来，我国做出将北京、上海、粤港澳大湾区建设成具有全球影响力的科技创新中心，将成渝、武汉、西安等地建设成具有全国影响力的科技创新中心的战略部署。党的二十大报告进一步强调要"统筹推进国际科技创新中心、区域科技创新中心建设"。

2024年3月5日，习近平总书记在参加十四届全国人大二次会议江苏代表团审议时强调，要牢牢把握高质量发展这个首要任务，因地制宜发展新质生产力。科技创新中心既是新质生产力的创新策源地，也是新质生产力的重要承载区，更是新质生产力发展的前沿探索先行先试地。积极推动科技创新中心建设已成为我国深入实施创新驱动发展战略，紧抓科技创新驱动内核，培育发展新质生产力的重大战略举措。

---

① 郭雯，中国科学院科技战略咨询研究院研究员，研究方向为创新发展政策；胡贝贝，中国科学院科技战略咨询研究院副研究员，研究方向为创新创业、区域创新发展。

一、 科技创新高地演化与科技创新中心的历史使命

区域科创高地通常是指科创要素集聚、科创成果及成果转化密度高、高科技产业发展集群化的区域，其在一国或一个地区破解"中等技术陷阱"难题、实现技术跃升以及促进产业升级中发挥着不可替代的作用（何冬妮和易达，2023）。

纵观中国科技创新发展在区域层面的布局演化过程，自20世纪80年代起，我国聚焦于国家级经济技术开发区建设，主要以外来投资拉动和发展制造加工业，旨在增加区域经济总量。从90年代开始，我国建立的国家高新技术产业开发区则以"发展高科技、实现产业化"为主攻方向，建成国家创新驱动发展示范区和高质量发展先行区是其首要目标。党的十八大后，我国加快实施创新驱动发展战略，科技创新在国家发展战略中的地位日益凸显，区域科创高地建设成为重要发展方向，科技创新对提高区域经济发展、产业结构优化升级和区域创新能力的作用日益增强（赵青霞、夏传信和施建军，2019）。2015年后，随着创新驱动发展战略的实施，我国加速部署重大战略性区域创新，初步形成了具有国际影响力的科技创新中心、具有全国影响力的科技创新中心和区域性科技创新中心的系统部署。我国的区域科创高地建设也经历了从强调经济导向、科技导向，向强调科学、技术、产业、城市等多维度协同发展转变。

2016年，中共中央、国务院发布的《国家创新驱动发展战略纲要》提出，要"推动北京、上海等优势地区建成具有全球影响力的科技创新中心"，2021年发布的《中华人民共和国国民经济和社会发展第十四个五年规划和2035年远景目标纲要》进一步明确要"支持北京、上海、粤港澳大湾区形成国际科技创新中心"，并要"支持有条件的地方建设区域科技创新中心"。党的十八大以来，我国先后布局建设北京、上海、粤港澳大湾区3

个国际科技创新中心，以及成渝、武汉、西安3个全国科技创新中心，初步形成了"3+3"不同层级的科技创新中心空间分布格局。当前，科技创新中心充分体现了集科学研究、技术突破、产业创新、城市转型为一体的融合发展路径。

二、科技创新中心促进新质生产力发展的作用机理

新质生产力具有高科技、高效能、高质量特征，并以科技创新推动全要素生产率大幅提升为核心标志，是符合新发展理念的先进生产力质态。科技创新是发展新质生产力的核心要素，以科技创新转换经济发展方式、推动区域高质量发展也是我国科技创新中心建设的核心指导思想。科技创新中心建设将为我国新质生产力培育新引擎、新动能、新赛道、新生态。

（一）以科学研究新发现提供新质生产力发展新引擎

从我国科技创新中心的发展实践来看，无论是国际科技创新中心还是具有全国影响力的科技创新中心都以综合性国家科学中心建设为核心，为将科技创新中心塑造成重要的原始创新高地、世界主要科学中心、区域人才发展"能量核"和"增长极"提供重要支撑。而新质生产力以科技创新为核心要素，持续涌现的新知识、新发现和创新人才集聚是科技创新得以实现的重要引擎。根据国家战略部署，北京、上海、粤港澳大湾区等科技创新中心都以强化国家战略科技力量布局，在基础研究领域实现突破为重要任务，它们聚焦优势学科领域，集聚国家实验室、"双一流"大学等战略科技力量，加快重大科技基础设施建设，在重点布局领域取得了一批原始创新成果并培育出大量科技创新人才，引领区域率先实现创新驱动转型，推动区域因地制宜培养新质生产力。

(二) 以关键技术新突破培育新质生产力发展新动能

聚焦"卡脖子"技术环节与战略前沿技术领域,加快关键核心技术攻关是我国科技创新中心建设的重要任务,也是支撑培育新质生产力的重要环节。面向未来产业培育,科技创新中心集聚国家战略科技力量,通过有组织的科研、"揭榜挂帅"等新型科研组织模式进行原创性、引领性科技攻关,如上海前瞻布局脑机接口、类脑光子芯片等一批战略前沿技术;深圳面向8大未来产业,强化前沿技术研究与基础应用研究。针对当前重点产业领域的"卡脖子"技术环节和产业基础技术短板,科技创新中心通过产业创新联合体、新型研发机构等协同开展关键核心技术突破。比如北京科技创新中心提出要推动人工智能、量子信息、区块链、生物技术四个重点领域前沿技术引领,加快集成电路、新材料、通用设备等重点领域关键核心技术突破。

(三) 以产业创新发展塑造新质生产力发展新赛道

聚焦现代化产业体系建设,加快布局战略性新兴产业与未来产业是我国科技创新中心建设的新方向和新目标。2023年底召开的中央经济工作会议强调,"以颠覆性技术和前沿技术催生新产业、新模式、新动能,发展新质生产力",要求"开辟量子、生命科学等未来产业新赛道"。科技创新中心是以科技创新引领产业创新的核心区域,是做强战略性新兴产业和培育未来产业的实验场与示范区。"十四五"期间,北京提出构建"2441"高精尖产业体系,重点布局2个国际引领支柱产业、4个特色优势产业、4个创新链接产业和1批未来产业。上海在原来3大先导产业与6大重点产业的基础上,又提出了4个产业新赛道与5个未来产业方向。① 北京、上海、粤港澳大湾区等科技创新中心紧密

---

① 建设国际科技创新中心:京沪深科技创新战略布局与发展设想. 上海规划资源, 2024-04-17. 纵览, 2024年1月 vol.1 (总第6期)。

10. 建设科创中心，汇聚新质生产力之核

围绕新质生产力布局产业链，强化企业科技创新主体地位，打造相互协同的创新型企业梯队；以加速中试验证和成果转化平台建设完善全链条孵化育成体系；以科技、教育、人才三位一体推动"四链"深度融合，切实提高区域内科技成果转化效率和比重；聚焦重点领域，强化产业链延伸布局、协同配套与区域间创新协同，打造一批前沿科技专业园区和高水平科技服务业专业园区，形成一批产业创新集群，带动辐射周边区域一体化发展，成为塑造新质生产力发展新赛道的重要举措。

（四）以城市更新升级营造新质生产力发展新生态

科、产、城、人文交融已成为国际科技创新中心建设的新趋势，打造国际化、数字化、绿色化的宜研宜业宜居环境已成为科技创新中心建设的重要目标。一方面，科技创新中心建设对创新资源的虹吸效应日益明显，未来人口会越来越向大城市集中，科技创新人才越来越向区域科创高地集中，科技创新中心将成为"人才红利"的最大受益者，为形成新质生产力提供充足的智力支撑。另一方面，科技创新中心与城市的融合发展实现了应用场景多元化，成为形成新质生产力最适宜的空间。北京、上海、深圳、武汉、西安等地的居民收入高、文化程度高、整体需求大，人工智能、生物医药、自动驾驶等新业态、新模式、新产业在科技创新区都能找到丰富的应用场景落地。同时，发展新质生产力的本质在于形成产业创新发展的活跃生态。通过国际化、数字化、绿色化科技创新中心的打造，可以推动城市更新、集聚创新要素，形成产业与城市融合共生、科技与人文交相辉映、生态与创新相得益彰的公共空间体系，并接轨国际都市新型基础设施硬件标准，提升城市治理软实力，实施符合产业创新发展的体制机制创新，积累在科技创新区探索新质生产力培育的先行经验。

三、我国科技创新中心促进新质生产力发展的现状与问题

鉴于科技创新中心在发展新质生产力中的重要作用和价值，在中央层面的大力引导下，我国在有条件的城市或地区开始积极谋划和建设科技创新中心，旨在构建以科学研究支撑技术创新，进而牵动产业创新发展、人口积聚和城市建设，形成科技、产业、城市融合发展的经济体。

（一）科技创新中心促进新质生产力发展的现状

总体来看，我国科技创新中心建设成效显著。2023年，北京、粤港澳大湾区、上海三个国际科技创新中心在清华大学联合施普林格·自然集团发布的《国际科技创新中心指数2022》综合排名中，分别位列第三位、第六位和第十位。

（1）科学研究。科学研究是科技创新中心发展新质生产力的核心支撑。为此，各科技创新中心着力推进科学研究机构和平台建设、加大科学研究人才的引进和激励等，为新质生产力的生成奠定基础。首先，布局建设了一批高水平的科学研究机构和平台。比如北京市在怀柔已布局建设29个大科学装置、重大科技基础设施和交叉研究平台[①]；全国重点实验室总数达77个，数量占全国总量的28.1%[②]。上海市布局建设了17个国家重大科技基础设施，覆盖光子科学、生命科学、海洋科学、能源科学等领域，数量约占全国的1/4[③]；有15所高校的64个学科纳入新

[①] 北京怀柔综合性国家科学中心29个重大科技项目"十四五"时期全部投入运行. 北京市怀柔区人民政府网站，2021-09-26.

[②] 张璐. 建设国际科创中心，北京取得了哪些成效？今年将有哪些动作？. 新京报，2024-04-07.

[③] 创新驱动一座城，青年勇当生力军. 中国青年报，2023-05-16.

10. 建设科创中心，汇聚新质生产力之核

一轮"双一流"建设范围。粤港澳大湾区布局建设了散裂中子源等重大科技基础设施，建成 10 个省级实验室、30 个国家重点实验室、20 个粤港澳联合实验室以及 4 个"一带一路"联合实验室，逐步实现了高水平、多层次实验室平台的体系化发展。上海市瞄准科技前沿并抢先落子：李政道研究所、上海期智研究院、上海量子科学研究中心、上海脑科学与类脑研究中心等一大批研究机构集聚，为前沿领域的科学研究赋能。其次，培育和引进了一批具有影响力的科学家。比如上海市在科学家人才培养方面通过实施"基础研究特区计划"，营造有利于科学家和团队潜心开展基础研究的环境。在海外人才引进方面，仅 2022 年就引进世界名校留学人员 9 000 余人。北京市着力打造高水平人才高地，出台《"十四五"北京国际科技创新中心建设人才支撑保障行动计划》，系统布局科技人才发展工作，并依托国家实验室、新型研发机构等平台，引进和培育了一批战略科学家、科技领军人才。例如，拥有美国科学院、美国工程院、中国科学院等"七院"院士头衔的固体力学家高华健、人工智能领域顶级学者朱松纯、"AI 蛋白质折叠技术奠基人"许锦波、菲尔兹奖得主考切尔·比尔卡尔等。2023 年，北京"高被引科学家"共 411 人次，首次位居全球城市首位，连续多年蝉联全球科研城市第一。[1] 最后，产出了一批具有影响力的原创性基础研究成果。截至 2023 年末，北京市高被引论文 1 292 篇，居全国首位；科技部发布的 2012—2022 年"中国科学十大进展"中，有 56 项由北京地区单位牵头的项目入选，占全部获奖项目总数的 51%。[2] 2010—2022 年上海科学家在《科学》《自然》《细胞》发表的论文量从年度 6

---

[1] 北京教育工委书记答海报新闻：北京 411 人次入选"高被引科学家"居全球首位. 海报新闻，2024-04-17.
[2] 北京国际科技创新中心十年跃迁. 中国高新技术产业导报，2024-04-15.

篇增至120篇，全国占比从15.8%持续上升至28.8%[①]，并在脑科学、量子科技、纳米材料等领域取得多项具有国际影响力的成果。

（2）技术创新。技术创新是以科学研究积淀为基础、以产业化应用为导向的活动，也是形成和发展新质生产力的重要环节。我国各科技创新中心结合当地情形，积极引导和支持各类创新主体开展技术创新活动，并取得了显著成效。例如，北京市发挥在京高校和科研院所作用，建设了7家国家技术创新中心、3家国家制造业创新中心、78家国家工程研究中心[②]；推动集成电路、人工智能、生物技术等领域的前沿技术研发，涌现出全球首颗忆阻器存算一体芯片、新一代量子计算云平台"夸父"、超大规模智能模型"悟道3.0"、马约拉纳任意子、新型基因编辑技术等一批世界级重大创新成果；截至2023年末，北京市有效发明专利量为57.4万件，同比增长20.2%，万人发明专利拥有量为262.9件，同比增长20.4%[③]。上海市面向前沿赛道和共性技术，前瞻布局了张江复旦国际创新中心、长三角国家技术创新中心、上海树图区块链研究院等一批新型研发机构，与400余家企业技术中心、公共技术服务平台一起，成为科技创新的新引擎。成渝地区布局建设了316个科技创新平台，成都高新区以"岷山行动"计划推进落实科技攻关"揭榜挂帅"，计划5年将投入300亿元建设50个新型研发机构，根据产业发展需求和国家重大发展战略，形成具有原创性、突破性、对行业发展有重大影响力的高水平研究成果和产业项目。西安高新区作为西安科技创新中心的核心承载区，在2023全球硬科技创新大会上，发布了"领航者"深海光学智能导引系统、微电无人系统领域核心芯片

[①] 超4600项！上海去年获国家自然科学基金超34亿元. 澎湃新闻，2023-07-21.
[②] 2023年科技创新之城探索回顾. 中国城市建设网，2024-01-16.
[③] 2023年度北京市专利数据. 北京市知识产权局网站，2024-01-25.

技术、阿秒光脉冲测量技术、铯/铷原子钟以及"启明930"芯片等30项"硬科技重大突破",展示出强大的创新策源力和引领力。

（3）产业发展。科学研究和技术创新的成果最终要实现转化和应用,以形成具有竞争力的企业和产业,实现新质生产力发展。从目前科技创新中心的建设情况看,科技创新支撑产业发展的效果显著。例如,北京市2023年技术合同成交额突破8500亿元①,日均诞生337家科技型企业；截至2023年末,北京培育和认定专精特新企业7180家,拥有国家级专精特新"小巨人"企业795家,拥有独角兽企业114家②。北京形成了新一代信息技术、科技服务业2个万亿级产业集群,医药健康、集成电路、智能网联、智能制造与装备、绿色能源与节能环保、智慧城市、信息内容消费、新材料8个千亿级产业集群③。人工智能产业的综合实力位居全球前列,大模型创新主体数量居全国首位,大数据、信息安全市场占有率全国第一,集成电路设计营收规模居全国第二。原创新药和高端医疗器械研发持续领跑全国,进入创新通道获批上市的创新医疗器械、三类器械数量均居全国第一。成渝地区轨道交通产业突飞猛进,2023年全产业链生产总值突破4000亿元④,成都市还成为轨道交通领域唯一一个进入国家未来产业园试点的城市。上海市涌现出一批诸如壁仞科技、长江存储的优秀企业。截至2023年底,上海市累计培育国家级专精特新"小巨人"企业710家,处于有效期内的高新技术企业超过2.4万家,集成电路、生物医药、人工智能三大先导产业的规模达到1.6万亿元,工业战略性新兴产业的总产值占规模以上工业

---

① 2023年北京技术合同成交额突破8500亿元人民币. 光明网,2024-03-19.
② 北京国际科技创新中心建设稳步推进 2023年新设科技型企业12.3万家. 北京市人民政府网站,2024-01-23.
③ 勇立潮头建设国际科创中心. 北京日报,2024-02-26.
④ 新质生产力在中国. 央视网,2024-03-13.

总产值的比重达到43.9%。2023年，广东省高起点培育了20个战略性产业集群，形成了8个万亿元级产业集群，高新技术企业成为粤港澳大湾区打造战略性产业集群的骨干力量。

（4）城市发展。从科学研究到技术创新，再到产业发展路径的形成和发展，进而促进了人口集聚与就业，并随着产业发展实现了居民更新。人口的发展产生对城市居住环境和公共基础设施建设的需求，同时人口发展尤其是高素质人才和年轻消费群体的积聚也会带来新消费需求，从而与产业发展形成互动。由此，科技创新中心的科学研究、技术创新、产业发展、人口积聚和城市发展就会形成多元交互的协同发展关系，使科技创新中心成为具有可持续发展能力的创新经济体。因此，我国在科技创新中心建设中十分重视城市建设和城市治理，北京市在建设国际科技创新中心的同时提出要建设国际消费中心城市，并注重城市建设与产业发展的互动，提出通过建设全球数字经济标杆城市，提升产业链、供应链的现代化水平等举措。上海市通过实施城市数字化转型、绿色低碳转型、城市精细化管理等，实现了城市品质的稳步发展，并使城市影响力不断提升。

（二）科技创新中心促进新质生产力发展的主要问题

（1）科技与产业的融通机制需要进一步探索。目前，各科技创新中心在科学研究、技术创新、产业发展方面进行了统筹布局，也通过融通平台和组织建设、完善科技成果转化机制等方式促进科技与产业的有效融通，并取得了成绩。但总体来看，科技与经济"两张皮"现象仍然存在。需求导向的科技创新如何有效开展，科技创新成果如何快速转化为应用，仍是当下科技创新建设中面临的突出问题。科技创新的主力军仍是高校和科研机构，企业的技术创新主体地位相对偏低，产学研协同机制不畅，造成创新链与产业链的结构性脱节。

（2）科技创新中心的辐射带动作用不足。辐射和带动作用是科技创新的重要价值所在。然而,目前我国科技创新中心普遍存在创新次中心和节点城市发育不完善,科技创新资源分布极化与向周边区域辐射不足并存,个别区域极化现象仍在进一步加剧,创新溢出具有明显的"富人俱乐部"效应等问题。我国尚未形成以科技创新中心为核心,创新网络和产业网络紧密合作的城市群,也就是研发活动与产业融合发展的作用尚未充分发挥。

(3)恶性竞争造成同质化发展。国际科技创新中心和区域科技创新中心的布局建设应统筹考虑国家需要及区域实际,不能成为地方抢帽子、抢资源的恶性竞争。当下,不少地区都提出要争创科技创新中心,罔顾本地条件、忽视本地特色,造成同质发展乃至恶性竞争,既造成资源的极大浪费,又偏离了区域创新的目标。

(4)科技人才结构性缺口突出。由于中美科技脱钩与国际人才竞争等原因,近年来,北京、上海等各科技创新中心在建设中都存在科技人才结构性缺口问题,国际科技人才合作困难的态势开始显现。尤其在关键核心领域的人才缺口依然较大,特别是在人工智能、生物医药、量子信息等诸多新兴技术领域的顶尖科技人才较为缺乏。

(5)营商环境有待提升。良好的营商环境是科技创新发展的重要保障,稳居世界最佳营商环境城市第一梯队的纽约、伦敦、东京、巴黎、旧金山和新加坡等城市,它们在商业活力、创新潜力、居民幸福感和行政治理等各方面具有综合优势,我国科技创新中心所在城市在政府服务、市场发展、宜居品质、基础设施方面稳步提升,但在产业配套、要素供给和法律保障方面仍有进一步提升空间。因此,可以促进我国科技创新中心发展的营商环境建设仍然任重道远。

四、发挥科技创新中心在新质生产力发展中的引领作用

科技创新中心建设是形成区域科创高地,带动辐射周边区

域高质量、一体化发展的核心力量,而加大改革创新力度、加强顶层设计与统筹规划、构建符合新质生产力发展需求的政策制度体系,是推动科技创新中心引领新质生产力发展的重要举措。

(一) 统筹推进"四链"融合,加速推进新质生产力发展

围绕科技创新中心战略性新兴产业关键技术突破与未来产业前瞻技术部署:一是充分发挥政府对科技创新资源的配置能力,面向应用开展有组织的科研,加强高水平研究型大学、科研机构、科技领军企业、产业技术研究院、产业创新中心等联合开展前沿性、颠覆性、原创性的科学技术研发。深入推进科技项目评价改革,探索构建重大原创性、颠覆性、交叉学科创新项目的非常规评审机制和支持机制。二是以市场力量推动产业链与创新链深度融合,面向企业广泛征集需求,支持国内外高校、科研机构、科技领军企业及产学研联盟、创新联合体等"揭榜挂帅",并以"揭榜挂帅"科技攻关项目带动资金链、人才链、产业链、创新链的深度融合。三是充分发挥科技创新中心建设的先行先试作用,争创国家科技创新金融试点,建设知识产权金融创新先行区,创新科技金融政策工具等,有效促进科技-产业-金融的良性循环。

(二) 加强科技创新中心错位协同发展,因地制宜培育新质生产力

结合各科技创新中心的优势产业基础和重点未来产业布局,差异化支持重点产业领域,引导区域错位发展、优势互补、整体协同。结合北京国家战略科技力量集聚优势,应更加注重创新策源功能的系统布局,强化基础研究能力,用好留住全球科技创新创业人才,同时深化原创性、引领性科技攻关,积极培育市场力量,加快原始创新成果转化与未来产业布局,打造京津冀及全国新质生产力的重要原始创新策源地。结合上海较好的科研基础和

开放创新的良好生态，聚焦集成电路、人工智能、生物医药等重点领域的交叉融合，继续加大面向未来产业需求的前沿基础研究与关键技术攻关，增强金融对科技创新的支撑作用，形成科技-产业-金融良性循环的经验示范与推广。结合深圳独特的制度优势、地理区位和开放创新的桥头堡优势，整合全球科技创新资源，进一步加大国家战略科技力量的培育与引进，探索广州、香港与澳门形成"科技创新＋产业＋人才"协同创新模式，建立技术需求联合发布机制和科技成果共享利用机制，吸引和推动全球科技成果在粤港澳协同转化。

（三）坚持以人为本，打造适宜新质生产力发展的创新创业生态环境

（1）营造崇尚科学、开放包容的创新文化氛围。弘扬勇于探索、敢为人先的科学家精神，建立开放包容的创新文化氛围；完善公众参与科技创新机制，加强科技界与科学公众的互动互信；培育企业家精神与创新文化，重视科研试错探索，保护科研人员创新的积极性和创造性，消除对创新风险的顾虑。

（2）加快建设具有全球吸引力的科技创新创业人才环境。充分发挥国际科技创新中心人才吸引与集聚优势，精准招引战略科学家和科技领军人才，着力培养青年科技人才，大力培养卓越工程师和高技能人才，引育科技管理与科技服务人才。着力打造STEM青年基础研究人才培养平台，建设产业工程师协同创新中心和卓越工程师实践基地，支持企业在职技术员工攻读专业学位研究生，设立科技管理人才专项培养计划，通过推动科技中介服务机构市场化、专业化、国际化发展等举措构建国际化创新创业人才梯队。

（3）加大改革创新力度与加快政策落地实施。鼓励市级政府在便利国际人才出入境、开放国际人才任职岗位、重大科研项目与平台建设、科技成果转化处置权等方面探索改革创新与先行先

试举措。创新市级财政支持方式,确保对引进的短缺高端人才给予所得税减免支持等政策落地实施。

参考文献

[1] 何冬妮,易达.跨越"中等技术陷阱":区域科创高地的角色与作用.中国科学院院刊,2023,38(11):1685-1697.

[2] 赵青霞,夏传信,施建军.科技人才集聚、产业集聚和区域创新能力——基于京津冀、长三角、珠三角地区的实证分析.科技管理研究,2019,39(24):54-62.

11. 创立科学中心，
筑梦新质生产力未来

蔺洁 王婷①

2023年9月，习近平总书记在黑龙江考察调研期间首次提出"新质生产力"概念。此后，中央会议多次提出加快发展新质生产力。2024年1月，习近平总书记在中共中央政治局第十一次集体学习时进一步阐述了新质生产力的内涵，提出新质生产力是创新起主导作用，摆脱传统经济增长方式、生产力发展路径，具有高科技、高效能、高质量特征，符合新发展理念的先进生产力质态。② 可以发现，新质生产力的本质是通过科学技术的革命性突破和产业深度转型升级催生的先进生产力。历史上，两次重大科学革命和三次重大技术革命催生了浪潮迭起的产业革命，导致生产力的跨越式提升（潘教峰，2017）。综合性科学中心作为科学知识的集聚地，对于发展新质生产力具有重要推动作用。

一、科技创新与新质生产力的关系

（一）原创性基础研究突破

原创性基础研究突破是新质生产力的萌芽。科学革命的发生

---

① 蔺洁，中国科学院科技战略咨询研究院副研究员，研究方向为区域科技政策、区域创新评价；王婷，中国科学院科技战略咨询研究院副研究员，研究方向为重大科技基础设施与创新能力建设。

② 习近平在中共中央政治局第十一次集体学习时强调 加快发展新质生产力 扎实推进高质量发展. 人民日报, 2024-02-02.

意味着将发生生产力的重大跃迁和生产关系的重大变革。科学史学家认为，科学革命一词最早出现在哥白尼所著的《天体运行论》中，是指由科学的新发现和崭新的科学基本概念与理论的确立而导致的科学知识体系发生的根本变革（王荣江，2013）。库恩（Kuhn）在对科学革命的研究过程中将科学研究分为渐进性研究和变革性研究（Kuhn，1962）。其中，引发科学革命的变革性研究对科学发展至关重要，而海量的渐进性研究也是孕育变革性突破不可或缺的土壤，两者交替转换，推动科学不断向前发展演化（鲍锦涛等，2022）。有鉴于此，原创性基础研究与科学革命有着重要关联。原创性基础研究通过在已有的知识系统中引入前所未有的、全新的、根本性的概念，彻底改变了原本的认知结构，进而引发重大变革（Andersen et al.，2006），实现了对原有科学研究路线的根本性颠覆。

（二）前沿引领技术创新

技术革命是催生新质生产力的关键。历史经验表明，生产力的跃迁与技术的革命性突破相伴相生。技术革命是人类生产发展手段的变革，表现为集群式发现和科学的创造性应用，并且总是与工业革命相伴发生（张柏春，2022）。Perez（2007），Schot and Kanger（2018）认为：自1780年工业化以来，人类社会经历了五次技术革命，主要指以机械化、水力驱动为标志的第一次技术革命，以煤、蒸汽动力、铁和铁路的发展为基础的第二次技术革命，以钢铁和重工业工程为基础的第三次技术革命，以汽车、高速公路、石油和电力的广泛应用推动的第四次技术革命，以及第五次信息技术革命。每一次技术革命都不限于技术变革本身，还会引发一系列相互联系的创新并产生新的生产部门和基础设施（孙彦红，2019），导致"技术-经济范式"转型，从而促进生产力的极大发展。

（三）产业升级与变革

产业变革是科技转化为新质生产力的关键环节。工业革命（产业变革）指的是工业化范式发生变化的过程，包括工业生产方式、组织管理模式的变化等。任何一次产业变革都依托于技术革命，都有赖于一批突破性技术创新的集中涌现。21世纪之前的人类社会经历了三次工业革命，分别是18世纪60年代—19世纪40年代由蒸汽机的发明和应用驱动的第一次工业革命、19世纪70年代后期由电力的使用和流水线生产普及引发的第二次工业革命以及20世纪四五十年代由半导体、计算机和互联网应用催生的第三次工业革命。当前，我们正在经历由信息化和智能化推动的第四次工业革命。一般认为，一次工业革命包含两次技术革命（胡志坚，2021），技术革命引发的产业变革都有力地驱动了新质生产力的形成和发展，提高了要素的生产率（杜传忠和李钰葳，2024）。

科学革命是技术革命的理论基础，科学革命中诞生的新发现、新思想等为技术革命中的新技术、新发明提供了科学基础；技术革命是产业革命的先导，产业革命是技术革命的结果。但是，与以往科学革命和产业变革所带来的生产力跃迁不同，新一轮科学革命、技术革命和产业变革交汇在一起，彼此相互依存、相互渗透、相互转化、相互推动。第一，科学和技术的结合愈加紧密。由于科学研究沿原有路径继续延伸越来越难以取得进展，更多的科学家将科学研究的重心向下游转移，促使应用科学研究活跃（胡志坚，2019）。研究表明，21世纪以来物理学领域诺奖成果有一半属于技术科学的性质，化学领域、生理学或医学领域的诺奖成果大多数属于技术科学（杨中楷、刘则渊和梁永霞，2016）。科学与技术的相互渗透使"科学-技术-生产"已形成一个有机的整体过程，并使许多科技创新成果转换为产业应用的周期大大缩短，技术变革正在加速转换为现实生产力。第二，技术革命和产业变革不再以某一项或几项技术占主导，而是表现为新兴技术的群体涌现和协同融合。技术革命会加速新技术以"族群"方式大规模涌现，并以革命性的速度向各个产业渗透扩散，从而使原有技术升级甚至形成新的技术体系，这些新兴技术的广泛应用会催生一大批新型产业，塑造新的主导产业群并重构工业体系，导致整个国家经济结构的调整，从而提升经济体系的整体效能，促进新质生产力的形成。第三，技术革命和产业变革会产生成本低廉、近乎无限供给、具有广泛用途的关键生产要素，新技术族群与低成本生产要素的结合将引发生产方式、组织模式、商业模式的巨大变化，形成新的技术-经济范式，进而推动生产力的发展。例如，数字技术的发展和广泛应用使数据成为重要的生产要素，通过与资金、人才、知识等生产要素的重组，催生了一批新产业、新业态和新模式，从而产生了高战略性、高创新性、高增值性、高渗透性的战略性新兴产业集群，并依托新兴产业和未来产业推进了生产方式的革新。

当前，世界正处于新一轮科技革命与产业变革的酝酿演变期，能否率先实现重大突破并引领新的科技革命，决定了我们在新的经济增长周期中能否取得领先地位。作为立足于我国经济发展时代特征提出的新经济概念（高帆，2023），新质生产力是以新兴技术和颠覆性技术为主要引领与支撑来推动高质量发展的生产力现代化形式，也是科学突破、技术变革驱动产业深度转型升级的实践结果（梁炜和朱承亮，2024）。因此，新质生产力可以解析为原创性基础研究突破、前沿引领技术创新、产业升级与变革所带来的生产力跃迁。

二、综合性科学中心的构成要素

综合性国家科学中心是经国家批复的创新体系建设基础平台，具有鲜明的中国特色（李媛，2022）。2016年3月，《中华人民共和国国民经济和社会发展第十三个五年规划》明确提出

"依托现有先进设施组建综合性国家科学中心",这是综合性国家科学中心这一名词首先出现在国家政策文件中,并且明确先进设施是综合性国家科学中心建设的必要条件。2021年3月,《中华人民共和国国民经济和社会发展第十四个五年规划和2035年远景目标纲要》支持建设北京怀柔、上海张江、大湾区、安徽合肥综合性国家科学中心。至此,我国四个综合性国家科学中心布局基本形成。为在全国范围内培育建设更多综合性国家科学中心,2021年和2022年,国家发展改革委、科技部批复建设成渝综合性科学中心和西安综合性科学中心,形成"国家+区域"综合性科学中心布局。

"综合性国家科学中心"并非学术界率先使用的概念。围绕"先进设施"这一必要条件,众多学者对综合性国家科学中心的概念和功能进行了探讨,一致认为综合性国家科学中心是以重大科技基础设施集群为支撑的大型开放科研基地(李国平和杨艺,2020)。2021年12月,国家发展改革委规划司在《〈中华人民共和国国民经济和社会发展第十四个五年规划和2035年远景目标纲要〉释义》的名词解释中进一步阐述了综合性国家科学中心的内涵,即综合性国家科学中心以高水平大学、科研院所和高新技术企业等深度融合为依托,布局建设一批重大科技基础设施、科教基础设施和前沿交叉研究平台,组织开展高水平交叉前沿性研究,产出重大原创科学成果和颠覆性产业技术(国家发展和改革委员会,2021)。可以发现,综合性国家科学中心具有两大核心要素,即科研条件(创新)平台和国家战略科技力量。

(一)科研条件(创新)平台

科研条件(创新)平台是国家创新体系的重要组成部分,是政府引导、多主体参与、面向科学技术前沿,根据国家战略需求及产业创新发展,整合创新资源与要素,在创新链前端发挥作用的载体与方式,主要包括重大科技基础设施、科教基础设施、前沿交叉研究平台及所形成的集群,是综合性国家科学中心的核心要素之一。

(1) 重大科技基础设施。重大科技基础设施是为探索未知世界、发现自然规律、实现技术变革提供极限研究手段的大型复杂科学研究系统,是突破科学前沿、解决经济社会发展和国家安全重大科学问题的物质技术基础。随着科学复杂性的日益提升,重大的科学研究已离不开先进、复杂的大规模技术手段(魏晨等,2020)。综合性国家科学中心通过布局光源等通用型大科学装置和专用型大科学装置,形成学科关联、空间集聚的重大科技基础设施集群,为开展科学研究和前沿引领技术研发提供研究手段。在研究领域上,综合性国家科学中心选择3~4个前沿领域作为科学研究和产业化的主要方向,形成重大科技基础设施集群、创新主体和产业集群在领域方向上的一致性。例如,北京怀柔综合性国家科学中心聚焦物质、信息与智能、空间、生命、地球系统等领域,集中建设高能同步辐射光源设施、地球系统数值模拟装置、综合极端条件实验装置、多模态跨尺度生物医学成像设施、空间环境地基综合检测网(子午工程二期)等重大科技基础设施。安徽合肥综合性国家科学中心聚焦信息、能源、健康、环境四个领域建设合肥同步辐射装置、全超导托卡马克核聚变实验装置和稳态强磁场实验装置等设施。

(2) 科教基础设施。科教基础设施是由仪器设备、环境条件、工艺条件、信息平台、物理空间等构成的设施系统,是重大科技基础设施的重要配套,是中国科学院开展重大科技装备自主研发、科技人才培养和科技创新活动的重要物质技术基础。通过科教基础设施建设,形成国家重大科技设施和中国科学院科教基础设施多层次、体系化协同布局的局面。"十三五"期间,中国科学院在北京、上海和合肥科教基础设施的投资超过总投资的50%以上,大幅提升了重点区域的自主创新能力。"十四五"期间,在考虑区域平衡发展的同时,中国科学院继续集中在北京怀柔、上海张江、安徽合肥等地区建设了一批科教基础设施，引领带动创新要素集聚发展，为综合性国家科学中心建设提供了有力支撑。例如，中国科学院在北京怀柔综合性国家科学中心建有空间天文应用与研发实验平台、太空实验室地面实验基地、深部资源探测技术装备研发平台、泛第三极环境综合探测平台、脑认知功能图谱与类脑智能交叉研究平台等 14 个科教基础设施。这些科教基础设施与重大科技基础设施相互配合联动，为开展科学研究活动提供了综合条件保障。

（3）前沿交叉研究平台。前沿交叉研究平台是依托重大科技基础设施（集群），以高校、科研院所、科技型企业等为主体搭建的科研条件平台。随着科学技术的加速演进，学科交叉融合呈现加速发展趋势，科技前沿的重大突破、重大原创性科研成果的产生无不具有学科交叉的性质，大多是产生于不同学科相互勾连渗透、深度交叉融合而形成的新的研究领域之中。因此，前沿交叉研究平台是以集成创新的方式解决跨学科、跨领域、多主体交叉的复杂前沿科学问题，是综合性国家科学中心的重要建设内容。例如，北京怀柔综合性国家科学中心不同的创新主体依托重大科技基础设施建有材料基因组研究平台、清洁能源材料测试诊断与研发平台、先进光源技术研发与测试平台、先进载运和策略技术综合实验平台、空间科学卫星系列及有效载荷研制测试保障平台等 14 个前沿交叉研究平台。

（二）国家战略科技力量

国家战略科技力量是构成综合性国家科学中心的核心要素之一，主要包括国家实验室、科研机构、高水平研究型大学和科技领军企业。综合性国家科学中心强调国家实验室、科研机构、高水平研究型大学、科技领军企业等国家战略科技力量的空间集聚、学科交叉和功能互补。这些高水平创新主体依托重大科技基础设施、科教基础设施、前沿交叉研究平台开展基础研究和前沿引领技术研究。

（1）国家实验室。国家实验室是体现国家意志、实现国家使命、代表国家最高水平的战略科技力量，是面向国际科技竞争的创新基础平台与保障国家安全的核心支撑载体。国家实验室聚焦空天海洋、信息网络、人工智能、能源资源、智能制造、卫生健康等事关国家安全和经济社会发展全局的重大科技创新领域，通常是率先在综合性国家科学中心挂牌组建。例如，北京怀柔综合性国家科学中心建有怀柔实验室，上海张江综合性国家科学中心建有张江实验室，安徽合肥综合性国家科学中心建有合肥国家实验室，大湾区综合性国家科学中心建有鹏城实验室。

（2）科研机构。科研机构特别是国立科研机构是国家战略科技力量的重要组成部分，肩负着解决事关国家发展全局和长远的重大科技问题，开展前瞻性基础研究和前沿引领技术开发的重要使命。由于国立科研机构在研究型人才、大科学装置、建制化梯队、工程科技创新、应用研究方面有优势和机制，更有利于开展有组织的科研任务，可以针对性地解决国家战略科技需求，因此科研机构在国家战略科技力量中起到骨干引领作用。综合性国家科学中心是高水平科研机构的集聚地。例如，北京怀柔综合性国家科学中心集聚了中国科学院 18 个科研院所及北京雁栖湖应用数学研究院等高水平新型研发机构。安徽合肥综合性国家科学中心集聚了中国科学院合肥物质科学研究院、中国电子科技集团公司第三十八研究所以及能源研究院、人工智能研究院、大健康研究院等一批新型研发机构。

（3）高水平研究型大学。高水平研究型大学是国家战略科技力量的重要组成部分，在人才培养、基础研究、源头创新、自由探索、学科交叉、科技文化交流方面有特色和优势，是国家战略科技力量的生力军。因此，高水平研究型大学不仅是基础研究策源地，也是培育基础研究人才的主力（杨卫和常若菲，2021）。综合性国家科学中心集聚了大量高水平研究型大学。根据 2023

年自然指数发布的中国百强科研机构名单（Nature，2023），排名前 10 的大学有 7 所大学位于综合性国家科学中心或有布局。例如，北京怀柔综合性国家科学中心拥有中国科学院大学。此外，北京大学、清华大学均有科研力量布局。上海张江综合性国家科学中心集聚了上海科技大学、复旦大学、上海交通大学等高水平研究型大学，并依托这些大学推动了一系列研究中心建设，如中国科学院上海高等研究院、上海交通大学李政道研究所、浙江大学上海高等研究院、中国科学技术大学上海研究院等。安徽合肥综合性国家科学中心集聚了中国科学技术大学、合肥工业大学、安徽大学等。

（4）科技领军企业。科技领军企业是国家战略科技力量的重要组成部分，主要是指科技活动规模大、投入高、产出多，能够对整个地区的科技创新活动起到一定辐射带动作用与技术溢出效应的企业，肩负着带动行业创新发展并参与全球竞争的重要使命。综合性国家科学中心最有可能产生颠覆性前沿技术的突破，进而带来产业变革，引领未来产业和战略性新兴产业的发展方向。科技领军企业通过承接国家实验室、高水平研究型大学和科研机构的重大科技创新成果，前瞻布局新赛道，通过内部创业、投资孵化等培育未来产业。《全国科技创新百强指数报告 2023》显示，包括华为、京东方、国家电网等在内的百强科技领军企业大多分布在北京（112 家）、上海（47 家）、大湾区（102 家）等综合性国家科学中心，占企业总数的 52%。

三、发挥综合性国家科学中心在发展新质生产力中的作用

综合性国家科学中心以重大科技基础设施集群等科研条件平台为核心，集聚国家实验室、科研机构、高水平研究型大学、科技领军企业等国家战略科技力量，不断开展前瞻性基础研究和前

沿引领技术开发，培育和发展未来产业及战略性新兴产业，与新质生产力科学-技术-产业的演化逻辑相一致。具体来讲，综合性科学中心以实现科学突破和颠覆性技术创新为目标，是新质生产力的"萌芽"；基础研究成果应用带来的技术变革和颠覆性科技应用可以促使技术集群式涌现并催生新兴产业，是催生新质生产力的关键环节，而战略性新兴产业和未来产业正是培育新质生产力的核心载体与主要阵地。因此，综合性国家科学中心要从以下四个方面驱动新质生产力的形成。

1. 强化综合性国家科学中心的体系化发展

统筹布局，支持有条件的地方建设综合性科学中心，形成"国家＋区域"综合性国家科学中心的体系化布局，推动我国取得更多战略型、引领型成果。

（1）加快综合性国家科学中心建设。面对世界科技前沿和国家重大需求，应加快推进北京怀柔、上海张江、安徽合肥、大湾区综合性国家科学中心建设，集聚国家战略科技力量，充分发挥重大科技基础设施集群效益，开展跨领域、跨学科的前沿科学研究和关键核心技术攻关，强化原始创新策源能力，率先在东部地区形成原始创新高地，引领科技和产业发展方向。

（2）布局建设区域性综合性科学中心。在杭州、南京、济南、青岛、大连等科教资源丰富、创新基础较好的地区建设区域性综合性科学中心，集聚更多的创新要素和创新资源，强化区域创新能力建设，在全国范围内形成几个有影响力的创新高地，为科技革命和技术的群体性突破创造条件。

2. 强化重大科技基础设施的平台支撑作用

建设一批空间集聚、学科关联的重大科技基础设施、科教基础设施和前沿科学交叉研究平台，吸引和鼓励国家实验室、科研机构、高水平研究型大学和科技领军企业利用重大科技基础设施开展科学技术研究活动，实现"大设施＋交叉平台＋国家战略科技力量"的集聚效应。

(1) 建设重大科技基础设施集群。支持综合性国家科学中心结合自身科技和产业发展需求,建立"谋划、预研、建设"重大科技基础设施工作机制,推进形成重大科技基础设施集群,为开展科学研究提供坚实的物质基础。

(2) 依托重大科技基础设施培育建制化科研能力。基于重大科技基础设施开展重大科学问题的遴选和研究,开展有组织的科研,促进跨学科、跨领域、跨部门的协同创新,适应新时期大数据、大平台、大协同、大团队、大科学的科学活动特点,培育建制化科研能力。

(3) 鼓励企业依托重大科技基础设施开展产学研合作。充分发挥企业和行业联盟的作用,引导企业全过程参与核心关键技术和零部件的设计研发,形成体系化、任务型、问题导向的关键核心技术联合攻关共同体,从而带动我国相关产业技术能力的整体提升。

3. 强化国家战略科技力量的骨干引领作用

统筹国家战略科技力量布局,形成以国家实验室为核心,以世界一流大学、科研院所和科技领军企业为支撑的国家战略科技力量布局,将综合性国家科学中心打造成国家战略高技术原始创新与系统集成平台。

(1) 扩大基础科学和前沿引领技术的有效供给。支持国家实验室、科研机构、高等院校依托重大科技基础设施集群布局建设一批前沿交叉研究平台,开展前沿基础科学研究和关键核心技术研发,促进高层次学科交叉融合创新和颠覆性创新,有效增加新兴产业和主导产业关键核心技术供给。

(2) 完善产业技术系统布局。强化科技领军企业的创新引领能力,引导企业加强技术创新体系组织建设和创新能力建设投入力度,大力提升核心技术攻关能力和集成创新能力,加强产业技术系统布局,把握和引领新兴产业创新发展方向。

4. 强化未来产业和战略性新兴产业的载体作用

畅通基础研究、应用研究、成果转化和产业发展链式循环，实现创新链和产业链的深度融合，通过培育未来产业和战略性新兴产业，引领新质生产力的发展方向。

（1）开展关键核心技术攻关和前沿技术研发。强化企业技术创新体系和科技创新基地建设，鼓励企业联合优势科研力量加强新一代信息技术、新材料、新能源、高端装备制造等领域的关键核心技术攻关，不断增强产业链与供应链关键环节和重点领域的技术创新能力。

（2）超前谋划布局一批未来产业。面对新一轮科技革命和产业变革发展趋势，为承接综合性国家科学中心原创成果外溢创造条件，支持科技领军企业、高校院所、政府共建未来产业技术研究院，组建一批未来技术学院，不断完善未来产业的创新生态，加快未来产业的孵化和培育。

（3）培育发展战略性新兴产业集群。以培育壮大产业集群为核心，强化资源、技术、装备支撑，布局建设以科研经济为主导的新型产业园，吸引国内外知名科研院校和龙头企业设立研究机构，孵化以知识产权输出为主的高附加值科技企业，打造以"龙头"企业为核心，产业链上中下游的大中小企业协同创新的战略性新兴产业发展集聚区。

参考文献

[1] Andersen H, Barker P, Chen X. The Cognitive Structure of Scientific Revolutions. Cambridge: Cambridge University Press, 2006.

[2] Kuhn T S. The Structure of Scientific Revolutions. Original Edition. Chicago: University of Chicago Press, 1962.

[3] Nature. Nature Index 2023 Annual Tables, 2023–06–15.

[4] Schot J, Kanger L. Deep Transitions: Emergence, Acceleration,

Stabilization and Directionality. Research Policy, 2018（47）：1045-1059.

［5］鲍锦涛, 郑毅, 彭一杰, 等. 原创性基础研究的内涵分析及对原创探索计划项目的启示. 中国科学院院刊, 2022, 37（3）：384-394.

［6］杜传忠, 李钰葳. 强化科技创新能力加快形成新质生产力的机理研究. 湖南科技大学学报（社会科学版）, 2024, 27（1）：100-109.

［7］高帆. "新质生产力"的提出逻辑、多维内涵及时代意义. 政治经济学评论, 2023, 14（6）：127-145.

［8］国家发展和改革委员会. "十四五"规划《纲要》名词解释之22|综合性国家科学中心. 中华人民共和国国家发展和改革委员会官网, 2021-12-24.

［9］胡志坚. 世界科学、技术、工业革命趋势分析. 中国科技人才, 2021（6）：2-3.

［10］胡志坚. 世界科学革命的趋势. 科技中国, 2019（12）：1-3.

［11］李国平, 杨艺. 打造世界级综合性国家科学中心. 前线, 2020（9）：69-71.

［12］李媛. 综合性国家科学中心差异化协同发展研究. 北京：经济科学出版社, 2022.

［13］梁炜, 朱承亮. 颠覆性创新生态系统视角下新质生产力的逻辑内涵及监测框架. 西北大学学报（哲学社会科学版）, 2024年3月21日网络首发.

［14］潘教峰. 新科技革命与三元融合社会——关于雄安新区建设的宏观思考. 中国科学院院刊, 2017, 32（11）：1177-1184.

［15］卡萝塔·佩蕾丝. 技术革命与金融资本. 北京：中国人民大学出版社, 2007.

［16］孙彦红. 新产业革命与欧盟新产业战略. 北京：社会科学文献出版社, 2019.

［17］王荣江. 从科学革命中的哲学思维看哲学与科学的关系——纪念库恩《科学革命的结构》发表50周年. 南京师大学报（社会科学版）, 2013（2）：5-12.

［18］魏晨, 西桂权, 张婧, 等. 当代科技革命的内涵及对未来发展的预判. 中国科技论坛, 2020（6）：37-43.

[19] 杨卫,常若菲.将高水平研究型大学塑造为国家战略科技力量的方面军.科教发展研究,2021,1(1):24-43.

[20] 杨中楷,刘则渊,梁永霞.21世纪以来诺贝尔科学奖成果性质的技术科学趋向.科学学研究,2016,34(1):4-12.

[21] 张柏春.科技革命与"革命者".科学,2022,74(2):7-13+4.

12. 打造高新之区，培育新质生产力沃土

杨 斌[①]

目前，我国国家高新技术产业开发区（以下简称"国家高新区"）实现了省级行政单元全覆盖，其中东部70家、中部49家、西部43家、东北16家，共178家。30多年来，国家高新区始终秉持"发展高科技，实现产业化"的初心使命，聚焦国家战略需求，促进科技创新和产业创新深度融合，以新技术培育新产业、引领产业升级，培育发展新动能，在实践中形成了生产力发展的新质态，展现出对高质量发展的强劲推动力、支撑力。党的十八大以来，中央高度重视国家高新区创新发展，习近平总书记先后41次考察指导国家高新区工作，为国家高新区发展指明了前进方向。2024年1月，习近平总书记在主持中共中央政治局第十一次集体学习时，强调"必须牢记高质量发展是新时代的硬道理"，并指出"发展新质生产力是推动高质量发展的内在要求和重要着力点，必须继续做好创新这篇大文章，推动新质生产力加快发展"。国家高新区的创新发展实践已经在一定程度上证明了新质生产力对高质量发展的强大推动力。在新时代，必须按照习近平总书记的要求，"从理论上进行总结、概括，用以指导新的发展实践"。

[①] 杨斌，中国科学院科技战略咨询研究院副研究员，研究方向为创新管理学、科学技术与社会。

一、国家高新区具有促进新质生产力发展的基因

建立国家高新区是我国发展高新技术产业的重要战略部署，其目的是为了促进高技术成果尽快转化为直接生产力，加快高技术产业的形成，加速传统产业的改造，提高国内商品在世界上的地位和竞争力，从而推动中国经济、社会和科技的发展。国家高新区在形成新质生产力方面具有良好的资源禀赋和先天优势。

（一）从历史逻辑看，国家高新区是迎接新技术革命的产物

习近平总书记强调新质生产力是由技术革命性突破、生产要素创新性配置、产业深度转型升级而催生的当代先进生产力。国家高新区的建立正是为了迎合当时在世界范围内形成的新的技术浪潮，追踪前沿新兴技术，参照发达国家科技园区而设立的。自20世纪70年代以来，世界范围内建立在微电子技术基础上的信息、生物、材料、能源等高技术蓬勃发展，并出现了一系列相应的高技术、新技术产业。1982年，党和政府明确地把科学技术列为国家经济发展的战略重点，并提出了"经济建设必须依靠科学技术，科学技术工作必须面向经济建设"的战略指导方针。这一方针的核心思想就是促进科技与经济相结合，促进科学技术的生产力功能的发挥。发展高新技术及其产业作为宏观科技政策的一个重要方面在具体政策层面上主要体现为国家高技术研究发展计划（即"863计划"）的开展和"火炬计划"的实施，国家高新区的组建正是"火炬计划"实施的一项重要内容。"火炬计划"的宗旨是贯彻执行改革开放的总方针，发挥我国科技力量的优势，促进高新技术成果商品化、高新技术商品产业化和高新技术产业国际化，在实践中优先选择了微电子与计算机、信息与通信、生物工程、新材料、机电一体化、激光、新能源及高效节能等领域作为发展方向。

12. 打造高新之区，培育新质生产力沃土

我国第一个国家级高新技术产业开发区是 1988 年 5 月经国务院批准建立的北京市新技术产业开发区，其最早的雏形是"中关村电子一条街"。从 20 世纪 80 年代开始，北京市海淀区中关村电子一条街就开始孕育成长。1988 年初，中央办公厅组织了联合调查组，依据党的十三大提出的生产力标准，在政策上对中关村电子一条街进行了调研，肯定了其发展方向，并提出了兴办中关村新技术产业开发试验区的建议。地方政府在改革开放初期对发展高技术、新技术产业的积极性也很高。时值 20 世纪 80 年代中美关系改善，美欧技术市场对中国管控放松，地方政府通过大力引进国外成套技术装备，促进了当地经济和社会发展。除早期的"深圳科技工业园"和北京的"中关村电子一条街"外，北京、上海、武汉、南京、天津、广州、兰州、西安、沈阳、长沙和桂林等市都在着手制定高新技术产业开发区的总体规划和优惠政策，并积极筹集资金，选定具备自己特色的高新技术产品项目作为发展高新技术产业的起点。

（二）从理论逻辑看，国家高新区构造了新型生产力和生产关系

2024 年 1 月 31 日，在主持中央政治局第十一次集体学习时，习近平总书记强调："生产关系必须与生产力发展要求相适应。发展新质生产力，必须进一步全面深化改革，形成与之相适应的新型生产关系。"国家高新区的发展充分体现了有为政府和有效市场的结合，构造了新型生产关系，体现了新质生产力的基本内涵，即"新质生产力不是传统生产力的局部优化与简单迭代，而是劳动者、劳动资料、劳动对象及其优化组合的质变，其涉及领域新、技术含量高，是创新起主导作用，摆脱传统经济增长方式、生产力发展路径，具有高科技、高效能、高质量特征，符合新发展理念的先进生产力质态"[①]。国家高新区被赋予"发

---

① 新质生产力赋能高质量发展. 中国纪检监察报，2024-02-08.

展高科技,实现产业化"的历史使命,这就需要政府职能与市场需求有效结合,围绕技术创新的产业化价值链,管委会作为政府派出机构,既是创新环境的参与者,也是创新环境的构建者,具有双重的特殊作用。在治理结构上,国家高新区普遍推行"管委会+平台公司"模式,政府职能不仅是传统行政学中宏观调控、社会管理、收支平衡等行政性职能的简单延伸,而且还包括市场经济体制下的土地开发、资产管理、招商引资、人才培养等非政府职能。

从理论上看,高技术产业的特点和规律决定了实行技术创新机制与市场经济机制相结合、促进科技经济一体化是其发展的必要前提。通过建立高新技术产业开发区,把高科技优势和市场机制结合起来,推动高技术产业的形成和发展,是在借鉴国外发展高技术产业经验的基础上,具有我国特色的创造性实践(国家科学技术委员会,1995)。在国家高新区创立初期,我国尚未实行市场经济,其组建与中国市场经济的建立和完善基本上是同步的,这就要求国家高新区把科技体制、经济体制以及行政管理体制诸方面的改革在深层次结合起来,以改革开放为契机,在开发区建立新的体制、机制和环境条件。1993年11月,《中共中央关于建立社会主义市场经济体制若干问题的决定》指出:"办好高新技术产业开发区,促进高新技术成果商品化和产业化",从而确立了高新技术产业开发区的建设在建立社会主义市场经济体制过程中的地位。正是拥有这种创新基因和保障机制,国家高新区生产力的三要素在发展中有了新内容和新变化:劳动者集中体现为科技工作者和新一代技术产业工人群体;劳动资料方面,生产的全流程向自动化、网络化、精细化、数字化、智能化等方向发展;劳动对象方面,品种、范围、类别等方面都有极大丰富,并向更高(外层空间)、更深(深海)、更远(极地)及数字方向拓展。

12. 打造高新之区，培育新质生产力沃土

（三）从实践逻辑看，国家高新区促进了高科技产业和区域创新发展

习近平总书记指出："科技创新能够催生新产业、新模式、新动能，是发展新质生产力的核心要素"，"要及时将科技创新成果应用到具体产业和产业链上，改造提升传统产业，培育壮大新兴产业，布局建设未来产业，完善现代化产业体系"。30多年来，国家高新区其实就是按照这条道路创新发展，从总体上已经实现了"示范、引领、带动和辐射"的功能定位，"示范"是科技融入经济的体制、机制示范；"引领"是对我国高技术产业发展的引领；"带动"是对区域和地方经济发展的带动；"辐射"是对传统产业技术升级和经济结构调整的作用（王胜光和杨跃承，2009）。

在实践中，2022年177家国家高新区实现全口径增加值（相当于GDP）17.3万亿元，创造了全国14.3%的GDP，贡献了全国13.6%的税收，成为我国经济稳定增长的重要引擎。国家高新区内高新技术企业在2022年实现营业收入、工业总产值、净利润、实际上缴税费、出口总额占国家高新区企业的总体比重均超过49%，成为引领我国高技术产业发展的一面旗帜。五大重点战略区域[①]集聚了全国70%的国家高新区，高新区全口径增加值（相当于GDP）占其所在城市GDP的比重达到18.4%，高新区园区生产总值占所在城市GDP的比重达到30%以上的达38家，有力地带动了地方经济发展。国家高新区产业持续向集群化、集约化、高端化发展，截至2022年，国家高新区支撑建设了38个国家先进制造业集群，集聚了全国1/3的高新技术企业、2/3的科创板上市企业，中关村新一代信息技术、武汉东

---

① 五大重点战略区域指京津冀、长三角、粤港澳大湾区、长江经济带、黄河流域。

湖光电子、张江集成电路产业的规模分别占到了全国的17％、50％和35％，对传统产业技术升级和经济结构调整发挥了重要作用。

二、国家高新区在促进新质生产力发展方面的表现

进入新时代，我国经济发展进入了新阶段。国家高新区持续做好"高"和"新"两篇大文章，聚焦科技创新，丰富要素供给和基础能力提升，开辟更多新领域新赛道，助推形成新质生产力，塑造发展新动能。现代化产业体系是新质生产力发展的载体，国家高新区围绕产业创新，不断改造升级传统产业、巩固提升优势产业、培育壮大新兴产业和布局建设未来产业。

（一）聚焦科技创新，助推形成新质生产力

（1）加强创新策源和技术突破。从基地平台看，国家高新区聚集了近80％的全国重点实验室、70％的国家制造业创新中心、78％的国家技术创新中心。2022年，国家高新区拥有新型产业技术研发机构3 255家，国家认定的企业技术中心1 085家，各类研究院所4 804家（其中，国家或行业归口的研究院所1 137家）。从研发投入看，2022年国家高新区企业研发经费内部支出超万亿元，达到11 213.2亿元，占全国企业研发经费投入近一半；研发全时人员数达到249.9万人，同比增长15.3％。从成果产出看，2022年国家高新区专利申请数114.3万项，授权发明专利28.1万项，形成国际标准708项，形成国家或行业标准12 113项，技术收入达到73 954.7亿元，新产品销售收入达到10.8万亿元，高新技术产品收入达到21.6万亿元。

（2）强化企业科技创新主体地位。国家高新区进一步发挥企业作为出题人、答题人和阅卷人的作用，构建以企业为主体、市场为导向、产学研用深度融合的技术创新体系。很多高新区通过

"揭榜挂帅",支持企业联合高校、科研院所、产业链上中下游企业组建体系化、任务型的创新联合体,建设高水平新型研发机构等方式,让更多的企业牵头开展基础研究、技术创新、成果转化和产业化。苏州工业园首发核酸药物需求榜单,吸引169家国内知名高校、科研院所、医院的创新团队揭榜。杭州高新区积极推动海康威视等链主企业联合产业链上下游优势企业、高校院所组建创新联合体,聚焦"卡脖子"问题进行联合攻关。

(3) 着力提高科技成果产业化水平。国家高新区促进科技成果高效转移转化,企业家与科学家深度合作,2022年完成技术合同成交额达到14 523.9亿元。国家高新区围绕重点产业链,建设了一批科技成果产业化基地、中试熟化基地等;引进和培育一批市场化、专业化科技服务机构,完善成果转化和产业化服务体系;推动更多科技成果从"实验室"走向"生产线",完善创业孵化体系,打造高能级孵化载体,以高水平科技创业带动更多科技成果产业化。众创空间已经成为国家高新区发展新经济、培育新动能、紧密对接实体经济的重要力量。截至2022年底,国家高新区内纳入统计的众创空间共计4 322家,为国家高新区内3万家企业和团队提供了技术支持服务。众创空间已经成为国家高新区发展新经济、培育新动能、紧密对接实体经济的重要力量。

(4) 推动数字技术和实体经济深度融合。国家高新区数字化园区建设持续推进,总体上呈现出"5678"的特征,即约50%的国家高新区部署数字园区、智慧城市建设,设立数字产业促进机构等推动数字经济发展,超过60%的国家高新区已经建成城市级数据中心,近70%的国家高新区建设了大数据平台和政务信息共享平台,超过80%的国家高新区建设了城市级云计算平台。2022年,国家高新区数字化相关产业营业收入超过13万亿元,占国家高新区总营业收入的比重超过四分之一,占全国数字经济总量近三成;其中,电子及通信设备制造等电子信息类产业营业收入占全国的比重超过40%。

（二）围绕产业创新，打造现代化产业体系

（1）加快改造升级传统产业。国家高新区大力推进企业设备更新和技术改造，利用新质生产力要素助力传统优势产业转型升级，推动钢铁、能源等重点行业加快兼并重组，提高产业集中度，提升传统产业在全球分工中的地位和竞争力。国家高新区聚焦特色优势产业，深入推进强链延链补链，提升全产业链竞争优势。比如中关村国家自主创新示范区着力构建现代化产业体系，不断提升高精尖产业发展能级，持续打造新一代信息技术和医药健康产业"双引擎"；杭州高新区已形成一条完整的数字经济产业链。2022年，国家高新区高技术产业中属于高技术制造业的企业为25 600家，占国家高新区企业总数的12.4%；属于高技术服务业的企业共计90 953家，占国家高新区企业总数的44.2%，高技术服务业企业数量为高技术制造业企业数量的3倍多。

（2）发展壮大战略性新兴产业。国家高新区聚焦新一代信息技术、新能源、新材料等重点领域，加快实施一批应用示范工程、引领型重大项目、新兴产业配套设施，引导战略性新兴产业有序发展，加快新技术、新产品、新业态的规模化发展，丰富了生产力要素配置。虽然各个国家高新区对战略性新兴产业的具体发展方向和重点布局并不完全一样，但都符合信息化、数字化、智能化、绿色化等总体要求。2022年深圳高新区战略性新兴产业增加值达到4 758.54亿元，占全市的比重约36%，其中半导体与集成电路、智能传感器、软件与信息服务、精密仪器设备、高端医疗器械、生物医药等战略新兴产业增加值占全市的比重超过50%。

（3）超前布局未来产业。未来产业的技术路径往往不是特别明确，因而风险较大，如量子信息、基因技术等，所以发展未来

12. 打造高新之区，培育新质生产力沃土

产业需要针对不同的产业创造有针对性的机制。国家高新区面向前沿科技和产业变革领域，具有丰富完善的应用场景，可以培育未来产业生态，同时用好新型生产工具，赋能发展未来产业，着力推动人工智能、大数据、云计算、区块链和元宇宙等产业蓬勃发展；开放一批重大应用场景，以场景为牵引促进新技术迭代应用，加速培育孵化未来产业。中关村国家自主创新示范区聚焦未来信息、未来健康、未来制造、未来能源、未来材料、未来空间等领域，前瞻布局细胞与基因治疗、人形机器人、6G、商业航天等领域，加快形成新质生产力。上海张江高新区重点打造张江、闵行、临港等未来产业先导区，着力构筑未来芯片战略支撑、未来健康前瞻引领、未来智能融合赋能的未来产业发展格局。杭州高新区未来网络产业入选首批浙江省级未来产业先导区。此外，以瞪羚企业、独角兽为代表的高成长企业逐渐成为推动国家高新区未来产业发展的重要引擎，2022年有2 283家高成长企业入选国家高新区瞪羚企业；国家高新区培育独角兽企业178家，占全国的56.3%（全国共316家）。①

（4）坚持绿色发展生态优先。2024年4月11日，习近平总书记在主持二十届中共中央政治局第十一次集体学习时指出："绿色发展是高质量发展的底色，新质生产力本身就是绿色生产力。"国家高新区绿色发展成效突出，工业企业万元增加值综合能耗为0.423吨标准煤，优于全国平均水平，有60家国家高新区创建了国家级绿色工业园区，26家获批国家绿色低碳示范园区，4家获批碳达峰试点园区，9家获批循环化改造示范试点园区，14家获批建设国家生态工业示范园。2022年，177家国家高新区平均绿化覆盖率达到40.8%，有74.0%的园区在绿色低碳等重点领域开展应用示范和场景创新情况，有80.2%的园区

---

① 胡润研究院，海南自由贸易港生态软件园. 2023胡润全球未来独角兽，2023-04-27.

出台了环境保护和绿色发展政策，有 69.4% 的园区采用数字技术赋能产业绿色低碳转型，有 57 家国家高新区建立了碳排放数据收集和核算系统。

（三）国家高新区在促进新质生产力发展中的不足

新质生产力的功能体现为新型生产要素和现代化产业体系发展带来的生产能力提升和效率改善，体现了新发展理念和高质量发展的要求。尽管国家高新区在促进新质生产力发展方面取得了一定的成绩，但还存在一些不足。

（1）科技创新发展能级还不高。从创新能力和对我国高水平科技自立自强的支撑来看，高科技园区引聚的全球顶尖创新人才占比偏低，2022 年国家高新区企业从业人员中留学归国人员和外籍常驻人员所占比重为历年最好，也才 1.32%。一些关键核心技术受制于人，产出的引领性原创成果和参与制定的国际标准较少，关键共性技术、前沿引领技术、颠覆性技术创新还不够强。

（2）现代化产业体系建设尚未完成。产业存在"大而不强""全而不优"的问题，国家高新区在区域和地方之间，乃至同一地区不同类型园区之间都存在同质化竞争问题。不同类型园区的功能定位模糊；同类型园区在产业布局和政策设计上趋于雷同。此外，部分后起科技园区通过招商引资，追求机械式、外延式增长，新型工业化、现代化产业体系建设较为滞后。

（3）区域差异较大。习近平总书记指出，我国幅员辽阔、人口众多，各地区自然资源禀赋差别之大在世界上是少有的，统筹区域发展从来都是一个重大问题。目前，东部地区国家高新区在创新创业方面有明显优势，集聚了 65.9% 的研发人员、56.3% 的研发机构、63.7% 的当年新认定高企、57.5% 的创新服务机构、83.6% 的风险投资和 57.9% 的在孵企业，而中西部地区则较弱。国家高新区的建设主体是地方，各地要因地制宜发展新质生产力,当前不同区域园区之间缺乏协调机制,随着外部竞争环境的加剧,就个体园区而言,创新发展成本和风险都在增大。

(4) 全球创新生态不佳。从开放创新和构建双循环大格局来看,在国家高新区中从事国际化发展的企业占比不高,吸引全球资本的能力有待提升。所有国家高新区 2021 年风投总额合计 3 619.2 亿元,尚不及美国硅谷和旧金山地区的 60%。2022 年,国家高新区平均薪酬仅为美国硅谷从业人员的 20% 左右。此外,国家高新区在全球技术市场、服务市场、产品市场的占有率和话语权还有待进一步增强。

三、国家高新区要成为新质生产力发展的核心载体

进入新时代以来,党中央做出一系列重大决策部署,推动高质量发展成为全党全社会的共识和自觉行动,成为经济社会发展的主旋律。国家高新区要从进一步加强科技创新、打造现代化产业体系、加快发展方式转型、探索体制机制创新和构建人才创新高地等方面不断为新质生产力发展创造条件,加快创新驱动发展和高质量建设,推进中国式现代化建设,为实现第二个百年奋斗目标做出更大贡献。

(一) 进一步加强科技创新

新质生产力的发展强调基础创新、原始创新和颠覆性创新,尤其是要加强基础性研究,能够"从 0 到 1"产生质的飞跃。国家高新区作为创新资源较为丰富、创新能力较强的区域,需要进一步提升创新策源能力,强化对高水平科技自立自强的引领示范作用;进一步加强科技创新特别是原创性、颠覆性科技创新,加快实现高水平科技自立自强,打好关键核心技术攻坚战,培育发展新质生产力的新动能。

建议国家高新区要以攻克关键核心技术、开展世界前沿技术

创新和建设世界创新高地为重点，在高科技园区加强国家科技计划项目、国家实验室、大科学装置等资源的配置，建立园区与国家高端创新资源之间的协同创新机制。通过规划、财政政策和直接投入等措施，促进国内外大学和科研机构以及本地大学和科研机构在国家高新区设立大学科技园、产业化中心、研发中心等新型研发机构和转移转化机构，吸引产业研发机构或技术平台落户国家高新区。通过国家高新区与科研机构合资、合作、共建等方式，引导科研机构建立创新导向型的体制机制，包括推动科研机构加强创新导向的科研成果评价，在知识产权入股、职务成果比例、有关资产交易方面建立创新激励，促进科研院所与企业在国家高新区合作设立经营性科研机构等。通过税收优惠、项目补贴、资金配套、政府采购等多种措施激励国家高新区内的企业设立研发机构和增加科技创新投入，通过配套资助和加强政府服务等方式鼓励企业积极争取国家和省市各级各类科技计划项目资金。

（二）打造现代化产业体系

产业是生产力的载体，科技成果只有产业化才能成为社会生产力。国家高新区要加大现代化产业体系建设力度，坚持把发展经济的着力点放在实体经济上，推进新型工业化，围绕发展新质生产力布局产业链，提升产业链、供应链的韧性和安全水平，保证产业体系自主可控、安全可靠。以构筑现代化产业体系为目标，围绕战略性新兴产业、未来产业、数字经济核心产业的产业链和供应链建设，在国家高新区加强国家重大产业项目、国家产业投资基金的优先规划布局和投入，打造世界级创新性产业集群。

建议国家高新区进一步培育战略性新兴产业，前瞻布局未来产业，开辟发展新领域新赛道，塑造发展新动能新优势。依托高校优势学科和学科交叉融合优势，探索"学科＋产业""孵化＋

投资"等模式，校企共建一批未来产业科技园和未来产业技术研究院，面向类脑智能、量子信息、基因技术、氢能与储能等前沿科技和产业变革领域，前瞻部署一批未来产业。在当前复杂多变的内外形势下，要充分发挥企业在科技创新和产业创新中的主体作用，使之成为创新要素集成、创新成果转化的生力军，打造科技、产业、金融等紧密结合的创新体系。

（三）加快发展方式转型

绿色发展是高质量发展的底色，新质生产力本身就是绿色生产力。绿色发展体现科技创新促进可持续发展的作用和程度，是实现资源节约和环境友好的重要理念。党的二十大报告提出推动绿色发展，促进人与自然和谐共生，推进生态优先、节约集约、绿色低碳发展，广泛形成绿色生产生活方式。国家高新区要牢固树立绿色发展理念，以生态环境营造发展优势，以经济发展促进环境保护，加快构筑环境友好、资源节约的绿色生态。

建议在国家层面设立国家高新区绿色转型发展专项基金，用以支持基层园区向高端化、数字化、绿色化转型。建立园区节能低碳科技示范，提高科技经费对节能低碳技术的支持力度，支持碳中和研发机构与园区合作，提高园区碳排放效率；建设新型基础设施，促进大数据、云计算、人工智能、物联网等数字技术在重点用能领域的利用。此外，推动区域大数据平台整合园区数据，逐步接入政务服务、产业平台、感知监控和外部合作等多源数据，形成园区数字底座，构建高效可持续的国家高新区数据资源体系，涵盖新质生产力要素。

（四）探索体制机制创新

生产关系必须与生产力的发展要求相适应。发展新质生产力，必须进一步全面深化改革，形成与之相适应的新型生产关系。国家高新区建设涉及众多领域和部门，只有通过政府的集体行为，加强各部门之间的协调才能更好地解决创新中遇到的问题。在改革方面，国家高新区要进一步优化创新治理体系，提升现代治理能力。在原有政策先行先试改革的基础上，扩大经验推广复制范围，鼓励各类主体参与园区产业发展、创新创业、社会治理等，建立多元共治模式。

建议国家高新区快速适应工信部的要求，向产业体系现代化所需的体制机制方向改革，优化内部管理架构，积极参与创新试点和相关工作，探索自身独特的发展模式。要继续深化"放管服"改革，深化商事制度改革，建立健全法治体系，优化市场化、法制化、国际化营商环境；要发挥中关村新一轮先行先试政策，构建先行先试-逐步推广-再先行先试-螺旋式上升的政策优化机制；要加强国家实验室与大型科技企业、产业集群等组织与机制创新，探索金融与基础研发的混合式创新机制，持续提升国家高新区现代治理能力和水平。此外，国家高新区应扩大高水平对外开放，为发展新质生产力营造良好的国际环境。

（五）构建人才创新高地

人才是第一资源，创新驱动的实质是人才驱动。习近平总书记强调，要按照发展新质生产力要求，畅通教育、科技、人才的良性循环，完善人才培养、引进、使用、合理流动的工作机制。发展新质生产力，归根结底要靠创新人才。国家高新区要按照发展新质生产力要求，壮大新质生产力中适应时代发展要求的新型劳动者规模，健全要素参与收入分配机制，营造鼓励创新、宽容失败的良好氛围。

建议从建设创新人才服务平台、鼓励创新人才培养发展、完善创新人才生活服务体系等方面建立国家高新区完整的创新人才工作体系。支持国家高新区人才市场和服务机构快速发展，并根据产业发展需要，大力引进教育培训机构，提升企业家的经营管理能力，提升各类人才的专业技能水平。对接国家和省市各种人才引进计划，出台优惠政策措施，在全球范围内吸引高端人才。以建设"人才特区"为战略目标，积极探索人才管理创新模式，创新人才工作机制，优化人才环境，聚集海内外优秀人才，保证招得来、留得住、用得好。

参考文献

[1] 王胜光，杨跃承. 高新区：战略和政策的新命题. 中国高新区，2009（3）：74-77.

[2] 国家科学技术委员会. 中国科学技术政策指南：科学技术白皮书第6号. 北京：科学技术文献出版社，1995.

[3] 工业和信息化部火炬高技术产业开发中心，中国科学院科技咨询研究院. 国家高新区创新能力评价报告（2023），2024-04-26.

五、政策篇

13. 构建创新体系，
引领新质生产力飞跃

眭纪刚　魏莹　张一民[①]

发展新质生产力需要建立与之相适应的生产关系。科技创新体系是一国为了促进科技创新活动而设定的一系列机构和制度，因此属于生产关系的范畴。狭义的科技创新体系主要是指企业、大学和科研机构等创新主体；广义的科技创新体系不仅包括创新主体，还包括影响一个国家创新能力的一系列制度和体制，如科技体制、市场制度、专利制度、教育制度、政府政策等。当前，我国科技创新面临的国内外环境发生了很大变化，原有的科技创新体系已经不能适应新时代国家科技创新和新质生产力发展的需求。在新的发展阶段，亟须建立与发展新质生产力相适应的国家科技创新体系。

一、我国科技创新体系的演进历程

按照重大历史事件的节点，可将我国科技创新体系的演化过程划分为几个阶段，通过回顾和总结新中国成立以来我国科技创新体系的演进历程和每个阶段的主要特征，可发现我国科技体制改革和创新体系建设的一个重要主线是促进科技与经济相结合，将科技成果转化为现实生产力。

[①] 魏莹，中国科学院科技战略咨询研究院博士生，研究方向为创新发展政策；张一民，中国科学院科技战略咨询研究院硕士生，研究方向为创新发展政策。

(一)新中国成立初期的科技创新体系(1949—1978年)

新中国成立后,为迅速摆脱落后局面,我国主要采用行政命令方式在全国范围内统一配置各类资源。20世纪50年代中期制定的《1956—1967年科学技术发展远景规划纲要》(以下简称"十二年规划")奠定了中国早期的科技体制和创新体系。在这个创新体系中,各类科研和创新主体分工明确、各司其职:①以中国科学院为主体的科研院所承担大部分的基础理论研究;②部委和地方所属的研究机构主要承担与行业相关的各类应用研究;③高等院校负责各类科技人才的培养工作;④企业内部的研究部门则负责产品开发。在上述分工基础上,国家科委、国家计委等部门对科技工作进行统一的领导和组织,并会同教育部、各工业部门对各类科研创新主体的工作进行协调和对接。在赶超战略下形成的国家创新体系,充分发挥了计划体制在资源动员方面的优势,通过行政手段加速了科学研究工作和科技成果转化的进程。这种科技体制虽然在此后三十年有过若干变化,但总体上保持了最初确立时的形态。

这一时期的大量科研活动用举国体制方式来开展,即国家通过各种计划,将稀缺资源集中到战略目标领域进行"科技攻关"或"科技会战",这样可实现组织的协同作用,提高资源的使用率,发挥局部规模效应,并取得重大科技突破。这种组织制度和运行机制适应了我国建设初期资源匮乏、资金短缺、工业基础薄弱、优秀人力资本短缺的初始条件,充分发挥了国家的资源动员优势和集中力量办大事的制度优势。因此,举国体制既是一种工作机制,更是一种政治实力。从中国重大科技项目发展状况来看,每一次重大科技项目的突破都离不开举国体制的作用,以至于经济合作与发展组织(OECD,2011)在对中国创新体系进行评价的报告中也指出:中国擅长调动各种资源,推动科技以前所未有的规模和超常规的速度发展。

13. 构建创新体系，引领新质生产力飞跃

传统举国体制和科技创新体系在取得显著成效的同时，也存在一些不足，主要是过于依靠政府力量调配资源，其主要目标是把产品造出来，实现从无到有的突破，而不考虑市场盈利能力和市场竞争力。这种体制安排在产品层面的创新容易成功，但也导致在一些领域形成组织严密、管理僵硬、链条分割的封闭系统，对市场需求和变化不够敏感，不能为商业创新提供一套有效的激励机制，从而加剧了科技与经济的脱节。

（二）转轨时期的科技创新体系（1978—1992 年）

十一届三中全会以后，改革开放成为基本国策，经济建设成为国家工作重心，提高人民生活水平成为经济社会发展的首要目标。随着改革的深入推进，我国经济运行机制和科技创新动力机制已经发生了深刻变化，开始进入以改变激励机制、激发微观活力为主要特征的经济与科技体制改革和转型时期。在体制转型时期，计划体制的因素虽然没有完全消除，但商品经济与市场机制已经逐步被接纳和认可。技术和产品处于开放的竞争市场，消费者和企业更关注商品的价值，而不仅仅是产品本身。在赶超战略下形成的科技体制和创新体系，各主体、各环节之间的协调配合都是依靠行政手段和计划调配来实现的，特别是在科技成果转化方面，缺乏市场激励机制，很难适应经济社会转型的要求，也难以充分发挥科技对经济建设的支撑作用，因而对科技体制的改革也逐渐提上议事日程。

为配合经济建设和体制改革转型的需要，1985 年 3 月出台的《中共中央关于科学技术体制改革的决定》（以下简称《决定》）标志着我国科技体制改革进入全面展开的新阶段，同时也对国家创新体系的架构进行了重大调整。《决定》指出，科技体制改革的根本目的是"使科学技术成果迅速地广泛地应用于生产，使科学技术人员的作用得到充分发挥，大大解放科学技术生产力，促进科技和社会的发展"，并明确提出全国主要科技力量

要面向国民经济主战场，为经济建设发展服务。这一阶段的重点是放松对科研机构的管制，改革拨款制度，指导思想是落实"经济建设必须依靠科学技术，科学技术工作必须面向经济建设"的方针，主要政策措施是"放活科研机构、放活科技人员"，政策供给集中在技术市场、拨款制度、组织结构及人事制度等方面。

此后，我国又颁布了一系列深化科技体制改革的政策文件。1987年1月，国务院发布《关于进一步推进科技体制改革的若干规定》，在进一步放活科研机构、放宽放活科研人员管理政策、促进科技与经济结合方面提出了更具体的措施，主要内容有：一是简政放权，实行政研职责分开，国家对科研机构的管理由直接控制为主转变为间接管理。二是两权分离，科研机构全面实行所长负责制，逐步实行所有权与经营管理权的分离。1988年5月，国务院颁布了《关于深化科技体制改革若干问题的决定》，主要内容为：一是引进竞争机制，积极推行各种形式的承包经营责任制。二是鼓励和支持科研机构以多种形式长入经济，发展成新型的科研生产经营实体，积极开发和组织生产新产品、高技术产品。也就是说，在智力密集地区兴办新技术产业开发区，发展新技术产业；大力推动企业和农村科技进步，支持集体、个体等不同所有制形式科技机构的发展。三是鼓励科研机构及科技人员通过为社会创造财富和对科技进步做出贡献，改善自身的工作条件和物质待遇。这是科技体制改革在认识和实践上的又一次飞跃，为建立市场经济条件下的科技创新体系奠定了重要基础。

（三）市场经济的科技创新体系（1992—2011年）

以1992年邓小平南方谈话为标志，中国开始迈入社会主义市场经济发展阶段，同时科技体制改革的方向调整为"面向、依靠、攀高峰"。我国的科技发展从三个层面进行布局，即面向经济主战场，发展高科技及产业和加强基础研究；主要政策走向是

13. 构建创新体系，引领新质生产力飞跃

按照"稳住一头，放开一片"的要求，分流人才，调整结构，推进科技经济一体化发展。"稳住一头"是指国家稳定支持基础性研究，开展高技术研究以及事关经济建设、社会进步和国防事业长远发展的重大研究开发，形成优势力量，力争重大突破，提高国家整体科技实力和发展后劲，保持一支能在国际前沿进行拼搏的精干科研队伍。"放开一片"是指放开各类直接为经济建设和社会发展服务的研究开发机构，开展科技成果商品化、产业化活动，使之以市场需求为导向运行，对国家经济建设做出贡献。

20世纪90年代后期，我国在评估科技体制改革成效时引入国家创新体系理论。1997年12月，中国科学院向党和国家提交了《迎接知识经济时代，建设国家创新体系》的报告。1998年，中国科学院开始实施知识创新工程，标志着中国开始试点建设国家创新体系。2002年，党的十六大报告把加强国家创新体系建设与经济发展并列，从而使其具有了更为明确的经济政策内涵。此后，加强国家创新体系建设、加速科技成果产业化成为这一时期的主要政策目标。例如，为了鼓励企业建立自己的应用类研究机构，使之真正成为技术创新的主体，1998年以后，国家部委所属376个技术开发型研究院所分两批进行整体企业化转制，成为独立的科技型企业、科技中介服务机构或者进入企业。1999年8月，《中共中央、国务院关于加强技术创新、发展高科技、实现产业化的决定》的发布，显示出加速科技成果产业化，加强国家创新体系建设，重点提高企业创新能力，构建以企业为核心、产学研互动的技术创新体系等方面成为这一时期的主要政策走向。

加入WTO以后，中国进一步融入全球经济，传统科技体制的问题更加突显。面对国内外发展形势的变化，2006年出台的《国家中长期科学和技术发展规划纲要（2006—2020年）》明确提出建设具有中国特色的国家创新体系，即建设以企业为主体、产学研结合的技术创新体系；建设科学研究与高等教育有机结合

的知识创新体系；建设军民结合、寓军于民的国防科技创新体系；建设各具特色和优势的区域创新体系；建设社会化、网络化的科技中介服务体系。总体来看，随着中国建立起社会主义市场经济，国家创新体系在科技与经济相结合、发挥市场机制作用等方面不断完善。我国以促进科技与经济结合、加快成果转化为目标的科技政策体系逐步形成，市场机制和经济激励成为调节各主体相互关系的重要手段；政府、企业、科研院所、高校等不同主体的定位及分工逐步明晰，企业在科技创新中的主体作用也逐步被认同，科研机构的功能定位有所调整，科技与经济之间的联系更加紧密（李平和蔡跃洲，2014）。

（四）新发展阶段的科技创新体系（2012年至今）

进入新发展阶段后，我国经济增长由高速增长转向中高速增长，迫切需要摆脱对传统增长方式的依赖。2012年11月，党的十八大正式提出实施创新驱动发展战略。我国开启了全面推动创新驱动发展的科技体制改革新阶段，从营造激励创新的公平竞争环境、建立技术创新市场导向机制、完善成果转化激励政策、构建更加高效的科研体系、加强创新政策统筹协调等方面深化改革，不断完善国家科技创新体系。党的十九届四中全会决议就完善科技创新体制机制做了专门阐述，在党的文件中首次提出强化国家战略科技力量，健全国家实验室体系，构建社会主义市场经济条件下关键核心技术攻关新型举国体制。在中央的总体部署和全社会共同努力下，我国创新体系建设取得巨大进步，形成多元化的创新主体，创新环境不断改善，创新能力大幅提升，创新驱动发展效果显著，已初步建立起与创新驱动发展战略相适应的国家创新体系（眭纪刚，2024）。

（1）创新主体功能结构优化。我国形成了企业、高校、科研机构等各具优势及特色的多元化创新主体格局。企业已成为研发投入和技术创新的主体；高校是以人才培养和基础研究为主要使命的创新主体；科研机构是以国家战略使命和行业发展需求为导向的创新主体。各类新型研发机构不断涌现，兼具科学研究、技术开发和产业发展职能，成为传统创新主体的有益补充。

（2）创新政策体系日益健全。目前，我国已经形成了涵盖创新宏观管理体制、创新资源配置机制、产学研合作机制、成果转化机制、人才培养机制、科研管理机制、激励评价机制等领域的政策体系；进一步完善了财政、税收、金融、人才、对外合作、产业发展等多方面政策举措；《中华人民共和国科学技术进步法》《中华人民共和国专利法》《中华人民共和国促进科技成果转化法》等法规相继出台或修订，标志着我国科技创新法律法规框架的基本形成。

（3）科技创新能力大幅提升。随着创新体系的不断完善，我国创新能力不断提升。全社会研发经费支出从2012年的1.03万亿元增长到2022年的3.09万亿元，研发投入强度从1.91％增至2.55％，超过欧盟平均水平；科研人员数量、科学论文产出、专利申请量和授权量位居世界第一。世界知识产权组织发布的《全球创新指数》显示，中国的创新指数排名从2012年的全球第34位跃居2022年的第11位，已经进入创新领导者行列。总体来看，中国科技创新已进入世界主要国家中游水平，部分重点和关键领域已接近或达到国际先进水平。

（4）创新驱动发展成效显著。自创新驱动发展战略实施以来，科技创新为经济社会发展和民生改善提供了有力保障。我国涌现出一批国际知名创新型企业，掌握了一批具有自主知识产权的技术，装备制造能力和技术创新能力快速提升，促进了一批高新技术产业迅速崛起。例如，我国的高铁、核电、卫星导航、5G移动通信、特高压输变电等产业技术都逐渐成熟，战略性新兴产业增加值占经济总量的比例不断提升，有力支撑了发展方式和发展动力的转变。

二、我国科技创新体系存在的问题与挑战

尽管我国创新体系建设取得了巨大成就，并使科技创新实现快速跨越，但我们也要清醒地认识到，不论是与建设世界科技强国的目标和新一轮科技革命的要求相比，还是与新质生产力发展的需求相比，我国科技创新体系还存在不合理之处。

（一）当前科技创新体系存在的问题

习近平总书记在2018年两院院士大会上明确指出，我国科技在视野格局、创新能力、资源配置、体制政策等方面存在诸多不适应的地方。例如，我国基础科学研究短板依然突出，企业对基础研究重视不够，重大原创性成果缺乏，底层基础技术、基础工艺能力不足，工业母机、高端芯片、基础软硬件、开发平台、基本算法、基础元器件、基础材料等瓶颈仍然突出，关键核心技术受制于人的局面没有得到根本性改变。我国技术研发聚焦产业发展瓶颈和需求不够，以全球视野谋划科技开放合作还不够，科技成果转化能力不强。我国人才发展体制机制还不完善，激发人才创新创造活力的激励机制还不健全，顶尖人才和团队比较缺乏。我国科技管理体制还不能完全适应建设世界科技强国的需要，科技体制改革中许多重大决策的落实还没有形成合力，科技创新政策与经济政策、产业政策的统筹衔接还不够，全社会鼓励创新、包容创新的机制和环境有待优化。从创新体系视角来看，我国科技创新还存在以下突出问题（眭纪刚，2024）：

第一，战略科技力量缺失导致创新主体能力不强。多年的市场化改革导致我国创新主体的导向发生异化，很多高校和科研机构过度追求与经济相结合，甚至直接创办企业，偏离了主责主业；一些科研机构的实验室内部形成多个小团队，以争取经费和发表论文为主要目标，忽视了国家战略目标。这种创新布局造成

战略科技力量缺失，在许多关键领域无法形成协同攻关的组织模式和能力，无法有效保障科技、经济、信息、生命等领域的国家安全，使我国在日趋激烈的国际竞争中陷入被动境地。

第二，企业的科技创新主体地位有待强化。虽然我国企业已成为技术创新的主体，但仍有很多企业缺乏基本的吸收能力和创新能力，没有认识到创新对于企业发展的重要性，没有将科技创新作为企业发展的内驱动力。例如，2020年全国规模以上工业企业中，60%以上没有研发活动，70%以上没有研发机构，企业研发支出占主营业务收入的比例仅1.4%，而主要发达国家则普遍在2%以上。从企业参与研发的类型和环节来看，企业的创新活动主要集中在试验开发，基础研究仅占企业研发投入的0.5%①，影响企业原始创新能力提升。

第三，创新主体间的合作有待进一步加强。在创新体系中，不同主体的使命定位和创新动机各不相同，导致主体间高效协同的合作不足。例如，高校是基础研究的主体，其科研活动主要是为了科学发现和人才培养，成果产出以学术论文为主，很少考虑科技成果的实用性；而企业是技术开发的主体，其创新活动是为了在市场竞争中获取超额利润，需要开发出能被市场接受的产品，而不用探究技术背后的基础理论。由于缺乏共同的知识基础和价值追求，导致产学研合作效果有限。

第四，不同地区之间创新资源分布严重不均。北京、上海、粤港澳大湾区已进入全球科技创新集群前列，国际科技创新中心地位凸显。但中西部地区除武汉、合肥、成渝、西安之外，缺少表现突出的区域科技创新中心。此外，发达地区产生了强大的虹吸现象，周边地区的创新人才、资金等创新要素正在加速向科技创新中心集聚，但这些中心的辐射效应还没有充分发挥出来。地

---

① 国家统计局社会科技和文化产业统计司，科学技术部战略规划司. 中国科技统计年鉴2021. 北京：中国统计出版社，2021.

方政府为发展绩效之间的竞争,致使地方服务于国家重大战略和长远发展的目标相对弱化。创新资源在区域间分布不平衡,严重影响国家创新体系的整体效能。

第五,创新制度环境有待进一步完善。这主要表现为:一是政府和市场的关系没有完全理顺,还存在市场激励不足、资源配置效率不高、微观经济活力不强等问题,激励创新的市场环境和社会氛围仍需进一步培育及优化。二是科技体制改革中许多重大决策的落实还没有形成合力,科技创新政策与产业政策、贸易政策、教育政策的统筹衔接不畅,导致政策分散、重复、低效、协同性较差,甚至在政府部门之间存在目标冲突,进而影响创新系统整体目标的实现和整体效能的提高。三是缺乏支持全面创新的基础制度,无法为各类创新主体提供稳定预期。

(二) 我国科技创新体系建设面临的挑战

当前,国际发展环境和我国的社会主要矛盾都发生了重大变化,中国特色社会主义进入新时代。发展新质生产力对科技创新提出了更高要求,也对科技创新体系提出了重大挑战。目前,从我国科技创新面临的重大变化来看,每一项都对传统的科技创新体系造成了巨大挑战,三者叠加,我国科技创新体系暴露的问题更加突显,面临的挑战更加严峻,亟须改革(眭纪刚,2023)。

1. 国际竞争和国家安全对科技创新的需求

加入WTO以来,中国积极参与国际分工,不断学习和积累技术能力,我国的高科技产业不断壮大,正向国际价值链的中上游攀升。但是,自次贷危机以来,美国为了维护国内市场而采取各种保护主义措施,逆全球化潮流而行。2018年3月,美国总统特朗普宣布向中国对美出口商品征收惩罚性关税,揭开了中美贸易战的序幕。从美国公布的拟加税清单可以看出,很多商品并不是美国主要进口的部分,而是中国着力发展的高新技术产品。美国担心的不是中国传统产业对美国的巨大顺差,而是中国新兴

13. 构建创新体系，引领新质生产力飞跃

科技的快速崛起会对美国在高科技领域的传统优势构成挑战。因此，美国对中国的贸易制裁不断升级，从征收关税到禁止技术出口、制裁中国科技企业、收紧对中国留学生和学者的赴美签证、将中国大学列入"实体清单"等。日趋紧张的国际竞争和安全局势对我国科技创新能力提出了更高要求。

2. 新科技革命对传统创新体系提出了新挑战

当前，全球新一轮科技革命和产业变革蓬勃发展、深度演进，世界科技前沿不断拓展，科技创新正加速推进，并深度融合、广泛渗透到人类社会的各个方面，成为重塑世界竞争格局、创造人类未来的主导力量。新科技革命是对传统知识的颠覆，因此需要大量的基础研究和原始创新，这种属性对我国传统科技发展方式和创新体系提出了挑战。首先，我国的国家创新体系还不完善，仍是一种追赶型创新体系，无法引领新科技革命和产业变革。在追赶目标明确的前提下，政府经常选择性使用产业和科技政策，但在未来的科技革命与产业变革中，传统政策范式不利于突破性技术和新兴产业的成长。其次，传统工业时代的治理模式遵循自上而下的权威模式，而新产业革命更看重创造、互动、社会资本、开放共享以及融入全球网络。因此，传统的科技创新体系与政策不适应新产业革命趋势，亟须改革。

3. 国内经济社会发展对科技创新提出了要求

自改革开放以来，我国经济高速增长，取得了举世瞩目的成绩。但是，随着劳动力成本的上升、资源环境压力的增大，传统增长方式已不可持续。为此，党的十八大提出实施创新驱动发展战略，党的十九大报告进一步提出"创新是引领发展的第一动力"，并提出到2035年，我国经济实力、科技实力将大幅跃升，跻身创新型国家前列的目标。在发展方式和发展动力转型期，高质量发展和建设现代化经济体系都对科技创新提出了更强烈需求。无论是开辟新领域新赛道，还是传统产业的改造升级，都需要通过进一步的制度创新创造新的改革红利。因此，创造一系列

必要的、以往尚不具备的制度条件，然后通过合理机制推动创新，是这个发展阶段亟待探索的任务。但我国长期存在科技、经济"两张皮"问题，科技对经济发展的支撑作用还未充分发挥，亟须通过科技体制改革和创新体系变革，增强创新对发展的引领作用。

三、发达国家科技创新体系建设的启示

对于技术和生产率较落后的国家来说，有可能经过一段追赶期赶超发达国家。例如，英国在18世纪超过了荷兰；美国和德国在19世纪后半叶超过了英国；日本在20世纪末超过了除美国之外的所有国家（弗里曼和苏特，2004）。但历史上成功实现追赶的案例非常少，因为范式转换期只是赶超的必要条件，发展中国家由于缺乏必要的教育、管理、研发及设计能力，在国际竞争中可能处于更加不利的地位（多西等，1992）。发展中国家为了实现追赶而付出的努力和所需的能力，包括改善教育、增加基础投资以及更为普遍的提高技术能力。产业、技术和教育政策的持续与协调执行成为经济成功的重要原因，然而，并不是每个国家都有能力来实施这一策略（Fargberg，2009）。新兴国家要比原有领先国家做更大的社会和制度创新才有可能实现赶超。

发达国家创新体系建设的历程表明，每个国家的创新体系与经济发展模式都密切相关。美国从独立战争后走上工业化道路，由于人口稀少，因而劳动力成本高昂，为了提高生产效率，对技术的需求成为美国企业创新的天然动力。在第二次工业革命来临之际，美国没有照搬英国的经验，其企业积极从事研发活动并建立了工业实验室，为超越英国奠定了基础。所以在二战前，美国就已经出现众多的原创性创新。二战后，从欧洲移民而来的科学家、工程师只是助推了这一趋势，而非完全改变了美国的创新动力。但在冷战结束后，美国无论从价值观还是经济活力上，都失去了二战前奋进的精神状态，为社会动荡埋下了伏笔。例如，很

多企业（包括创新型企业）为了追求短期利益被资本控制，管理层为了维持股价宁愿回购股票也不愿投入基础研究和研发活动，导致生产力水平增长缓慢、国家实体经济脆弱、社会贫富差距加大。一些美国学者（拉让尼克、马祖卡托和斯蒂格利茨等）深刻反思了企业减少研发支出和空心化发展模式的问题。因此，近年来美国的一些做法并非我们要学习的"经验"，我们应结合我国自身发展面临的问题寻找答案。

四、加强面向新质生产力的科技创新体系建设

我国科技创新体系建设取得显著成效，但由于诸多方面的原因，我国科技创新体系依然不是高效运行的有机体。作为生产关系的重要组成部分，当前的科技创新体系无法为新质生产力提供强大的支撑。科技创新体系建设是个复杂的系统工程，涉及多元主体协同、各类要素整合、各种能力集成以及多重机制联动。我国必须站在经济社会发展全局的高度，加强科技创新的宏观部署，才能有效服务新质生产力的发展。

第一，形成支持全面创新的基础制度。首先，对科技创新体系的基本要求是建立有利于创新主体发挥作用的制度框架，包括各类创新组织制度、反垄断法、知识产权保护，营造公平竞争的创新环境，特别要重视制度对促进创新的基础性作用。其次，促进创新的各类制度和政策之间要形成合力，加强创新政策与教育政策、人才政策、产业政策、贸易政策、金融政策的紧密结合，从制度和政策层面消除创新壁垒。最后，在事关全局和长远利益的战略领域完善关键核心技术攻关的新型举国体制，通过科学统筹、集中力量、优化机制、协同攻关，建立能够提升我国综合竞争力、保障实现国家安全的创新制度安排。

第二，强化国家战略科技力量建设。在涉及国家安全和产业发展的战略领域，加快建设一批新的国家实验室，提升我国战略

安全领域的自主创新能力。推动建设世界一流的科研院所、高水平研究型大学、创新型领军企业，超前布局前瞻性基础研究和前沿引领技术研究开发任务。加快重大科技基础设施集群建设，优先发展对突破关键领域"卡脖子"技术和经济社会发展有重大影响的多学科共用平台型设施。系统整合国家研究中心、国家重点实验室、国家技术创新中心等创新平台。统筹推进国际科技创新中心、区域科技创新中心建设，发挥科技创新中心对周边地区的创新辐射作用。

第三，促进各类创新主体加强合作。各类创新主体在定位明确的基础上加强合作：充分发挥企业的技术创新主体作用，支持企业建立研发机构和产业技术联盟，切实提升企业创新能力；充分发挥国立科研机构在国家战略性科技领域的骨干作用，为保障国家安全、提升国家竞争力提供科学基础和技术支撑；大力支持研究型大学开展基础前沿探索，提升原始创新和人才培养能力。构建行业领军创新型企业主导，大学、科研院所有效参与的创新联合体，系统布局产业链创新链。建立融合创新机制和高效合作机制，促进技术、人才、资金等创新要素在不同主体之间的合理流动和优化配置，促进各类创新主体的交流和知识流动。

第四，完善科技创新的生态环境。在劳动力市场、知识技术、资本流动、产权保护、市场竞争等多个领域建立合理的市场环境，发挥市场对技术研发方向、路线选择、要素价格、创新资源配置的导向作用。充分发挥国内超大规模市场优势，创造有利于新技术快速大规模应用和迭代升级的场景，加速重大创新的市场选择。改善企业融资条件，完善风险投资机制，解决中小型企业融资难问题。构建开放合作的创新体系，加强与世界各国的创新交流，支持高校院所、企业与国际同行进行合作创新，构建全球创新网络，积极参与全球创新治理。

第五，建设高效协同的创新治理体系。建立和完善国家科技宏观决策机制，在科技决策中充分发挥中央科技委员会、科技创新咨询委员会、各类智库和社会各界的积极作用。深化行政体制改革,转变政府科技管理职能,政府部门从直接管理具体项目转为主要负责科技发展战略、规划、政策、布局、评估和监督,探索建立符合创新规律的政府管理制度。探索建立政府引导,多元主体共同参与,国家与企业、社会力量各司其职、密切合作的创新治理模式。鼓励多种技术方案之间的竞争,开辟新领域新赛道,创造新动能新优势。

参考文献

[1] 克里斯·弗里曼,弗朗西斯科·卢桑. 光阴似箭. 北京:中国人民大学出版社,2007.

[2] G.多西,C.弗里曼,R.纳尔逊,等. 技术进步与经济理论. 钟学义,沈利生,陈平,等译. 北京:经济科学出版社,1992.

[3] 詹·法格博格,戴维·莫利,理查德·纳尔逊. 牛津创新手册. 北京:知识产权出版社,2009.

[4] 威廉·拉让尼克. 创新魔咒:新经济能否带来持续繁荣?. 黄一义,冀书鹏译. 上海:上海远东出版社,2011.

[5] 迈克尔·雅各布斯,马丽安娜·马祖卡托. 重思资本主义:实现持续性包容性增长的经济与政策. 李磊,等译. 北京:中信出版社,2017.

[6] 约瑟夫·E.斯蒂格利茨. 美国真相. 刘斌,刘一鸣,刘嘉牧译. 北京:机械工业出版社,2020.

[7] OECD. 中国创新政策研究报告. 薛澜,柳卸林,穆荣平,等译. 北京:科学出版社,2011.

[8] 李平,蔡跃洲. 新中国历次重大科技规划与国家创新体系构建——创新体系理论视角的演化分析. 求是学刊,2014,41(5):45-55+4.

[9] 眭纪刚. 大国科技创新的重点与趋向. 人民论坛,2024(4):19-23.

[10] 眭纪刚. 建设面向科技自立自强的国家创新体系. 光明网,2023-12-21.

[11] 克利斯·弗里曼,罗克·苏特. 工业创新经济学. 华宏勋,华宏慈,等译. 北京:北京大学出版社,2004.

14. 保护创新成果，激发新质生产力活力

吕旭宁①

新质生产力是创新起主导作用，摆脱了传统经济增长方式、生产力发展路径，具有高科技、高效能、高质量特征，符合新发展理念的先进生产力质态。知识产权作为一种生产关系，是激励科技创新的催化剂、促进产业发展的加速器，对发展新质生产力发挥着重要的制度供给和技术供给双重作用。

一、知识产权与新质生产力的关系

知识产权制度是促进新质生产力发展的重要机制和手段，在激励科技创新、促进产业发展、推动绿色发展和改善创新环境等方面起到了不可替代的作用。同时，新质生产力的加快发展也对知识产权工作产生了推动和促进作用。

（一）知识产权有利于激励科技创新

科技创新是发展新质生产力的核心要素，习近平总书记强调"保护知识产权就是保护创新"，这一重要论断深刻揭示了知识产权与科技创新之间相互促进、融合共生的紧密关系。作为一种现代产权制度，知识产权制度将创新成果产权化，通过保护产权形

---

① 吕旭宁，中国科学院科技战略咨询研究院助理研究员，研究方向为知识产权、区域创新。

成激励机制，承认科技创新成果的有偿性，保护发明创造者的合法利益，禁止他人未经授权使用创新成果，为发明人和权利人提供持久的创新动力。知识产权制度旨在鼓励发明创造，通过赋予创新者在一定时间、一定地域的排他性权利，保护和激发科研人员的积极性和创造性。加强知识产权保护有利于鼓励原始创新，推动重大原创成果不断涌现，知识产权保护的力度和水平直接关系保护创新成果、激发创新活力的效果。

（二）知识产权有利于促进产业发展

知识产权制度是促进战略性新兴产业和未来产业发展的关键因素，知识产权制度明确体现了法律对科技创新成果推广应用和转移转化的鼓励、推动及保护。通过促进创新成果产业化，将科技创新转化为现实生产力，有效推动产业转型升级并催生新产业、新业态、新模式。战略性新兴产业和未来产业的稳定发展离不开拥有自主知识产权的核心技术和关键技术，知识产权保护作为创新成果产权化、产业化和市场化的重要因素，不仅可以有效提升产品的附加价值，而且能够推动产业链再造和价值链提升。知识产权作为发挥市场在创新资源配置中决定性作用的基础手段，通过知识产权的交易、许可、质押融资等活动促进创新要素的高效流动，提高创新资源的使用效率，推动产业结构优化升级。

（三）知识产权有利于推动绿色发展

习近平总书记指出，绿色发展是高质量发展的底色，新质生产力本身就是绿色生产力。知识产权制度对科技创新成果的知识产权归属、权利保护、权益分配、推广使用等进行了明确要求，为推动绿色创新和绿色发展提供了重要保障。全球主要的绿色技术创新都是通过专利保护的，解决环境问题和促进绿色产业发展无法回避专利制度对绿色技术的适应性调整（郑书前，2016）。为促进绿色技术的科技研发和推广使用，将绿色技术快速推向市场,取得绿色创新的利益回报,美国、英国、日本、韩国等主要创新国家都对绿色专利申请开设了优先通道,针对绿色技术的专利申请开展专门的加速审查政策。我国对于绿色技术实行了优先审查制度,根据国家知识产权局发布的《专利优先审查管理办法》,涉及节能环保等国家重点发展产业的专利申请或者专利复审案件,可以请求优先审查。

(四)知识产权有利于改善创新环境

习近平总书记强调,产权保护特别是知识产权保护是塑造良好营商环境的重要方面。公平、公正、充满活力的创新环境,为科技创新和产业发展创造了良好的外部条件。知识产权制度通过维护市场公平竞争、规制知识经济市场秩序、保护创新要素全球流动、形成保护创新创造浓厚氛围、促进在全社会形成尊重知识尊重人才共识、打造良好创新生态等,为新质生产力的培育和发展营造有利的知识产权保护环境,激发各类科技创新主体的活力和潜能。

(五)发展新质生产力,推动知识产权类型的丰富和扩展

新质生产力在受知识产权保障和促进的同时,也对知识产权本身产生影响。随着新产业、新模式、新动能的不断催生,原创性、颠覆性科技创新成果竞相涌现,以人工智能、大数据、基因编辑等为代表的新技术蓬勃发展,产业变革加速演进,推动知识产权创造速度随之加快、知识产权产出类型不断丰富和扩展。例如,利用人工智能产生的作品是否应该受到知识产权保护,在国内外已经引发热烈讨论。

二、我国知识产权促进新质生产力发展的现状和成就

党的十八大以来,我国把知识产权工作摆在更加突出的位

置，部署实施了一系列知识产权重大战略，健全完善了知识产权相关法律法规和政策制度，深化了知识产权体制机制改革，在激励科技创新、促进产业发展、推动绿色发展、改善创新环境等方面取得了显著成效，有力支撑了经济社会高质量发展。

(一) 科技创新能力显著增强

(1) 知识产权大国地位牢固确立。截至 2024 年 3 月底，我国发明专利有效量为 518.7 万件。其中，国内（不含港澳台）发明专利有效量为 420.6 万件，实用新型专利有效量为 1 220.8 万件，外观设计专利有效量为 327.5 万件；有效注册商标 4 717.4 万件；累计批准地理标志产品 2 510 个，累计核准地理标志作为集体商标、证明商标注册 7 342 件，核准使用地理标志专用标志经营主体 26 605 家。[①]

(2) 高质量知识产权创造储备加速。近年来，我国在关键核心技术攻关方面不断取得新进展，在载人航天、人工智能、生物医药等领域形成了一大批以专利为核心的高质量自主知识产权，成为提升和强化我国关键领域及重点产业核心竞争力的重要基础。截至 2023 年末，我国每万人口高价值发明专利拥有量达到 11.8 件，我国国内（不含港澳台）高价值发明专利拥有量达到 166.5 万件。

(3) 企业科技创新主体地位更加显著。企业作为科技创新和产业创新的重要力量，以及专利产出和转化的主体，创新活动保持活跃，加快塑造发展新优势。截至 2023 年底，我国国内拥有有效发明专利的企业达 42.7 万家，较 2022 年增加 7.2 万家。国内企业拥有有效发明专利 290.9 万件，占比增至 71.2%，所占比重首次超过七成，创新主体地位进一步凸显，成为推动创新创

---

① 国家知识产权局战略规划司. 知识产权统计简报. 2024 (5).

造的主要力量。①

(4) 数字经济领域创新强劲。按照世界知识产权组织划分的35个技术领域统计,截至2023年底,我国国内有效发明专利增速前三的技术领域分别为信息技术管理方法、计算机技术和基础通信程序,分别同比增长59.4%、39.3%和30.8%,远高于国内平均增长水平,表明我国在数字技术领域保持了较高的创新热度,为数字经济高质量发展持续赋能增效。②

(二) 产业发展活力持续提升

(1) 战略性新兴产业创新更加活跃。战略性新兴产业创新要素密集,投资风险大,需要更高质量的知识产权布局和更高水平的知识产权运用。截至2023年底,我国国内高价值发明专利拥有量中,属于战略性新兴产业的有效发明专利达到116.6万件,同比增长22.5%,所占比重为70.0%,为重点产业创新发展提供了有力支撑。③

(2) 专利产业化率及收益稳步提升。我国专利转化运用成效进一步提高,发明专利产业化收益稳步增长。2023年,我国发明专利产业化率为39.6%,较2022年提高2.9个百分点,连续五年稳步提高。实用新型专利产业化率为57.1%,较2022年提高12.2个百分点。外观设计专利产业化率为66.0%,较2022年提高7.3个百分点。2023年,我国企业发明专利产业化率为51.3%,较2022年提高3.2个百分点。按企业规模看,大型、中型、小型和微型企业发明专利产业化率分别为51.0%、57.9%、53.9%和33.8%。2023年,我国企业实现产业化的发明专利平均收益为829.6万元/件,较2022年增加3.8%。其中,用于自主品牌产品的发明专利产业化平均收益达1067.1万元/件,

---

①②③ 国务院新闻办公室. 国新办举行2023年知识产权工作新闻发布会. 国新网,2024-01-17.

是用于代加工产品的发明专利产业化平均收益的两倍多,专利与品牌综合运用效益更加突出。①

（3）产学研合作有效提升了专利转化成效。截至2022年底,我国国内（不含港澳台）共有12.6万件产学研发明专利,较2021年增长11.5%；其中,企业作为第一专利权人的产学研发明专利为7.9万件,较2021年增长9.4%。第一,产学研发明专利研发投入相对更大。从研发周期看,产学研发明专利中研发周期在1年以上的比例为75.5%,较其他发明专利（59.1%）高16.4个百分点。从研发经费支出看,产学研发明专利研发经费支出金额在100万元以上的比例为16.4%,较其他发明专利（12.4%）高4.0个百分点。第二,企业产学研合作创新聚焦关键核心技术攻关。开展基础研究的企业产学研合作的比例为65.2%,企业开展产学研合作用于关键技术或核心零部件攻关的比例最高（56.1%）,表明产学研合作在关键核心技术攻关上发挥了重要作用。第三,产学研合作发明专利为企业带来更高经济收益。2023年,我国产学研发明专利产业化率为39.7%,其中企业作为第一专利权人的产学研发明专利产业化率为47.8%,企业产学研发明专利产业化平均收益达到1 033.2万元/件。②

（4）专利密集型产业规模壮大。专利密集型产业是布局新赛道、培育新动能的重点领域,知识产权是企业参与市场竞争并取得竞争优势的重要手段。2022年,我国专利密集型产业增加值为15.3万亿元,占国内生产总值的比重达到12.7%,呈现良好的发展态势,对经济增长的贡献不断提高。我国专利密集型产业支撑创新发展的要素资源加快集聚,2022年我国专利密集型产业研发经费内部支出占全部企业研发经费内部支出的比重达到48.6%,2018—2022年我国专利密集型产业累计发明专利授权量达到165.1万件。2022年,我国专利密集型产业就业人员占

---

①② 国家知识产权局. 2023年中国专利调查报告,2024-03.

全社会就业人员的比重达到6.7%,为社会创造了更多高质量就业岗位。①

(三)绿色发展优势不断彰显

围绕促进绿色技术创新和运用,我国坚持以科技创新推动产业创新,在新产业新赛道领域的竞争优势不断彰显,风电、光伏、电动汽车、锂电池等绿色产业蓬勃发展,相关产品的全球市场占有率也在持续提升。这些产业快速发展的背后,都有很多专利技术做支撑。例如,在电动汽车方面,我国新能源汽车销量排名前十位的重点企业全球有效专利量已经超过10万件,并且呈逐年快速增长势头。在锂电池特别是固态电池领域,中国是全球主要的技术来源国之一。近5年,我国固态电池全球专利申请量年均增长20.8%,增速位列全球第一。②

我国已成为拉动全球绿色低碳技术创新的重要力量,2016—2022年由中国、日本、美国、韩国和德国申请人提交的首次申请并公开的绿色低碳专利数量排名前五,数量合计占全球总量的89.3%,其中中国申请人提交39.8万件,占比58.2%。全球绿色低碳专利授权量排名前50的专利权人中,中国有13家,排名全球第二。从技术领域看,中国在化石能源降碳技术专利增长方面贡献突出,2016—2022年中国专利权人在煤炭清洁高效利用、石油及天然气清洁化领域专利授权的年均增速分别为9.0%、4.6%,分别高于全球平均水平8.5个和6.5个百分点,在化石能源碳排放持续走高的背景下,为全球化石能源绿色发展增加了

---

① 国务院新闻办公室. 国新办举行2023年知识产权工作新闻发布会. 国新网, 2024-01-17.
② 国务院新闻办公室《中华人民共和国专利法实施细则》国务院政策例行吹风会. 国新网, 2023-12-26.

创新动能。①

（四）创新发展环境明显改善

通过全方位加强知识产权保护工作，我国科技创新和产业发展环境不断改善。"十四五"以来，我国专利权人维权能力进一步提升，知识产权保护状况持续改善：一是我国专利权人遭遇专利侵权比例处于较低水平，我国知识产权保护状况持续改善，专利侵权行为得到较为有效的遏制。二是企业遭遇专利侵权后积极维权应对。2023年，我国企业专利权人遭遇专利侵权后采取维权措施的比例为83.1%，它们选择通过自行与侵权方协商解决、发出要求停止侵权的律师函、向法院提起诉讼以及请求行政处理等方式进行维权。三是高赔偿金额专利侵权案件比例有所提升。2023年，我国专利侵权诉讼涉企案件中，法院判定赔偿、法院调解或庭外和解金额500万元以上的案件比例为8.4%。四是知识产权保护力度得到专利权人更多认可。2023年，29.9%的专利权人认为我国知识产权保护水平比较适当。②

三、知识产权促进新质生产力发展存在的问题和挑战

我国知识产权体系建设已见成效，在推动科技创新和产业发展方面取得了不少成绩，但与推动高质量发展的要求仍有差距，在适应和促进发展新质生产力方面还存在挑战。

（一）关键核心技术领域高质量知识产权创造不足

虽然我国的知识产权数量快速增长，但在知识产权质量、应

---

① 绿色低碳技术专利统计分析项目组. 2023全球绿色低碳技术专利统计分析报告, 2023-05.

② 国家知识产权局. 2023年中国专利调查报告, 2024-03.

用能力上仍与发达国家有较大差距，特别是关键核心技术领域高质量知识产权创造不足，知识产权结构布局不合理，对科技攻关支撑不够，严重制约相关产业发展和国际竞争力提升。在半导体、先进制造、先进材料等重要领域，关键核心技术"卡脖子"现象严重，技术进口依赖度较高。在核心技术上对国外的依赖会阻碍中国开展全面、综合的知识产权布局，影响重要产业的长久发展，无法为经济社会发展提供全面、充分的创新技术供给（刘银良和郑淑凤，2021）。

（二）知识产权转移转化成效有待提高

知识产权只有转化为现实生产力，才能有效支撑实体经济高质量发展，因而必须将科技创新成果应用到具体产业和产业链上，使创新成果商品化并产生经济效益，进而有效推动新质生产力发展。当前，我国知识产权运用制度体系还不够完善，知识产权转化效益尚待提高，发明专利产业化率同美国、日本等国还存在差距，大量的专利未能通过许可、转让等方式转变为现实生产力。特别是高校和科研院所作为创新成果重要创造者，存在重产权而轻应用、重科技研发而轻成果转化的现象，导致发明专利有效实施率较低，大量知识产权处于"沉睡"状态，从而影响了知识产权经济和社会价值的发挥。

（三）新领域新业态给知识产权工作带来了新挑战

在助推新质生产力发展的过程中，知识产权本身也面临着新的挑战。在新质生产力背景下，以新技术为基础和创新要素的新业态、新产业不断涌现，与知识产权创造相关的创新主体、创新模式、成果形式和收益方式更为复杂多变（姚建军，2020），颠覆性技术突破和前沿技术领域中的技术创新给授权审查带来了难度，对互联网、大数据、人工智能等新领域新业态中知识产权法律的适用规则、保护方式和客体认定等现有知识产权保护框架不断发起挑战。比如被纳入新质生产力要素之一的数据，其知识产权保护和利用成为一个具有复杂性和挑战性的问题。在数据的知识产权保护规则构建中，如何兼顾数据安全、公共利益和个人隐私？如何把握数据的特有属性和产权制度的客观规律？如何界定数据知识产权保护对象、保护主体、赋权方式、权益内容、运用模式？这些都需要结合新领域新业态的特点，构建响应及时、保护合理的新兴领域和特定领域知识产权规则体系，完善专利审查规则，健全知识产权保护制度。

四、加强面向新质生产力的知识产权政策体系建设

以知识产权源头保护为基础，以转化运用为牵引，全面强化知识产权创造、运用、保护、管理和服务工作链条，面向原创性、颠覆性科技创新，面向新兴产业、未来产业发展，面向科技成果转化，面向绿色发展，面向打造良好创新环境，完善我国的知识产权政策体系建设，更大力度加强知识产权保护工作，更好服务新质生产力发展。

（一）促进原创性、颠覆性科技创新的知识产权政策

完善知识产权支撑关键核心技术攻关工作体系，瞄准国家科技创新体系对知识产权的关键需求，促进知识产权高质量创造，加强人工智能、量子信息、集成电路等领域自主知识产权储备，构建重点领域关键核心技术"专利池"。加强科技创新与知识产权协同联动，推进知识产权同科技创新深度融合，以高水平、高质量、高价值的知识产权为牵引，进一步明确科技创新的战略重点和主攻方向，大力加强基础研究和前沿技术的前瞻布局，从源头上抢占知识产权高地。聚焦破解"卡脖子"技术难题，加强关键核心技术专利审查支撑、有效保护、转化运用和综合服务，服务原创性、颠覆性创新成果产出。

(二)促进新兴产业、未来产业发展的知识产权政策

做大做强专利密集型产业,改造提升传统产业,培育壮大新兴产业,布局建设未来产业,助力构建现代化产业体系。健全知识产权与产业协同发展机制,深入开展知识产权促进"强链""护链"行动,使知识产权贯穿科技研发、技术转化和产业发展全链条,围绕发展新质生产力布局产业链,围绕产业链布局专利链,助力提升产业链供应链韧性和安全水平。推进数据知识产权保护规则构建,助力数字经济发展,促进数字经济与实体经济深度融合。提升知识产权审查质量和审查效率,完善大数据、人工智能、基因技术等新领域新业态专利审查标准,扩大审查规模,更好地发挥知识产权在促进科技创新和新产业新赛道发展中的重要作用,支持战略性新兴产业和未来产业发展。

(三)促进科技成果转化的知识产权政策

从知识产权创造入手,建立完善以运用为导向来提升知识产权申请质量的激励政策和机制,推动科技创新与经济社会发展需求紧密衔接。深入实施专利转化运用专项行动,大力促进专利转化和产业化,全面梳理盘活高校和科研机构存量专利,推动高价值专利与企业精准对接、加速转化,切实解决专利转化渠道不畅、动力不足等问题。推动企业、高校、科研机构知识产权深度合作,引导开展订单式研发和投放式创新。深化科技成果使用权、处置权、收益权改革,扩大赋予科技人员职务科技成果所有权或长期使用权改革试点,建立健全职务科技成果转化收益分配机制。实行以增加知识价值为导向的分配政策,充分发挥收入分配政策的激励导向作用,激发广大科研人员的积极性、主动性和创造性,推动科技成果加快向现实生产力转化。更好发挥知识产权金融支持科技创新和实体经济发展的作用,优化知识产权质押融资体系,鼓励知识产权保险、信用担保等金融产品创新。优化

知识产权运营服务体系，推动在重点产业领域和产业集聚区建设知识产权运营中心，支持高校和科研院所加强市场化知识产权运营机构建设，创新服务模式，提升知识产权转化能力。完善考核管理机制，将知识产权保护和运用绩效作为重要指标，提高科研人员开展科技成果转化的积极性。扎实推进知识产权运营专业人才队伍建设，为科技成果转化提供人才保障。

（四）促进绿色发展的知识产权政策

聚焦绿色低碳领域关键核心技术，构建与专利衔接的分类体系，推动绿色低碳技术创新，支撑绿色低碳技术知识产权保护和转化。完善新领域新业态专利审查标准，优化绿色专利快速审查制度，综合运用多种审查模式，助力绿色低碳技术专利申请获权，使创新成果及时得到有效保护，为绿色低碳技术发展提供更加有力的技术供给，促进节能环保技术的研发和转化，激励绿色技术创新和保障绿色技术创新成果。做好绿色低碳技术专利布局，大力培育绿色低碳技术高价值专利，加快构建技术、专利、标准联动创新体系，支持建设运行相关产业"专利池"，做好海外知识产权保护，增强绿色低碳产业国际竞争力，构建产业竞争发展优势。鼓励探索开展专利开源，更好发挥我国超大规模市场优势，助力绿色产业做大做强。加大绿色知识产权金融支持力度，综合应用绿色信贷、绿色债券、绿色基金、绿色保险等，支持绿色技术创新。鼓励建设绿色低碳产业创新联合体，推进绿色技术主体协作融合，联合全产业链参与关键核心技术攻关，形成优势互补、利益共享、风险共担的"政产学研金服用"合作机制，推动绿色低碳专利产业化落地。

（五）促进良好创新环境的知识产权政策

以服务新质生产力发展为契机，全链条加大新领域新业态知识产权保护力度，不断完善大保护工作格局，健全行政保护与司法保护衔接机制。依法平等保护各类市场主体的知识产权，坚决惩处知识产权侵权违法行为，同时规制知识产权滥用，助力营造公平竞争、健康有序的市场环境。推动建设高标准市场体系，健全要素参与收入分配机制，激发劳动、知识、技术、管理、资本和数据等生产要素活力，助力打通束缚新质生产力发展的堵点卡点，促进先进优质生产要素向发展新质生产力顺畅流动。更好体现知识、技术、人才的市场价值，让创新创造者劳有所得，激发各类人才的创新活力。扩大知识产权领域高水平对外开放，推动完善全球知识产权生态系统，为发展新质生产力营造良好国际环境。

参考文献

[1] 刘银良，郑淑凤.面向创新型国家的知识产权体系建设.科技导报，2021，39（21）：65-71.

[2] 姚建军.加强知识产权保护 不断激励创新发展.人民法院报，2020-04-28.

[3] 郑书前.绿色专利审查快速通道制度的国际经验及政策建议.环境保护，2016，44（9）：68-70.

15. 加速成果转化，
释放新质生产力潜能

程燕林　孙禧洋①

新质生产力是由技术革命性突破、生产要素创新性配置、产业深度转型升级而催生的先进生产力（陈斌开，2024），是以科技创新为核心、以战略性新兴产业和未来产业为主要载体的高效能生产力（习近平经济思想研究中心，2024）。习近平总书记在中共中央政治局第十一次集体学习时强调，发展新质生产力，要及时将科技创新成果应用到具体产业和产业链上，改造提升传统产业，培育壮大新兴产业，布局建设未来产业，完善现代化产业体系。科技成果转化是将科技创新成果应用到产业发展的"转换器"，是培育和形成新质生产力的内在要求、重要环节和必然选择。

一、科技成果转化对新质生产力具有重要意义

科技成果转化是培育和发展新质生产力的内在要求。新质生产力是由技术革命性突破、生产要素创新性配置、产业深度转型升级而催生的先进生产力。2024年1月31日，习近平总书记在中共中央政治局第十一次集体学习时指出："科技创新能够催生

---

① 程燕林，中国科学院科技战略咨询研究院副研究员，研究领域为科技评估、科技成果转化；孙禧洋，中国科学院科技战略咨询研究院研究生，研究领域为创新发展政策。

新产业、新模式、新动能,是发展新质生产力的核心要素。"发展新质生产力,须发挥科技创新的主导作用,以高新技术应用为主要途径,以新产业新业态为主要支撑,改造提升传统产业,培育壮大新兴产业,布局建设未来产业,从而形成先进的新质生产力。科技成果转化作为科技创新链条的内置环节,将高校、科研院所、企业等创新主体连接起来,推进科学、技术、产业的双向交互影响,推动创新链、产业链、人才链等的深度融合发展,实现产业整体效能提升。

科技成果转化是培育和发展新质生产力的重要环节。科技成果的价值在于运用。习近平总书记指出:"科技成果只有同国家需要、人民要求、市场需求相结合,完成从科学研究、实验开发、推广应用的三级跳,才能真正实现创新价值、实现创新驱动发展。"[1] 如果说科技创新是新质生产力的源头活水,那么科技成果转化则是形成新质生产力的"转换器"。历史和现实反复证明,只有推动科技创新成果的转化和应用,才能实现科学技术作为第一生产力的价值。科技成果转化是实现从科学到技术、从技术到经济的关键环节,是有效衔接源头科技供给与终端市场需求的唯一通道,是推动高水平科技自立自强、实现高质量发展、发展新质生产力的必由之路。

科技成果转化是培育和发展新质生产力的必然选择。科学研究与技术创新成果并非天然与市场高效对接,实验室或学术论文中的科技成果无法直接产生经济效益或社会价值。习近平总书记指出:必须加强科技创新特别是原创性、颠覆性科技创新,加快实现高水平科技自立自强,打好关键核心技术攻坚战,使原创性、颠覆性科技创新成果竞相涌现,培育发展新质生产力的新动能。科技创新是新质生产力的内在动力和核心要素。我国应遵循

---

[1] 2014年6月9日,习近平总书记在中国科学院第十七次院士大会、中国工程院第十二次院士大会上的讲话。

科技创新规律，营造涵盖源头供给、成果转化、产业应用的良好生态，推动更多高质量科技成果"走出"高校院所和实验室，"走向"企业和生产线，加快转化和应用，从而推进新质生产力的形成与发展。

二、科技成果转化与新质生产力的关系

（一）从生产力变革的历史规律看，科技成果转化的目的是培育和发展新质生产力以及提高社会总体生产力水平

根据《中华人民共和国促进科技成果转化法》的定义，科技成果转化是指为提高生产力水平而对科技成果所进行的后续试验、开发、应用、推广直至形成新技术、新工艺、新材料、新产品，发展新产业等活动。可知，科技成果转化的目的是提高生产力水平，培育和发展新质生产力需要将科技创新成果开发成新技术、新工艺、新材料、新产品，并发展新产业。历次工业革命的事实表明，产业发展方式已经由生产制造主导转向技术创新主导（封凯栋，2012）。从19世纪70年代的第二次工业革命开始，科学、技术和创新便持续结合在一起。创新更多地依赖科学知识的系统应用，从而带来了报酬递增效应和自我维持的发展机制（罗斯托，2014）。创新不再仅仅依赖于工匠的技能，而是更多地依赖科学家的研究成果和技术知识的转化。在信息社会，大学、政府及企业中的大型基础研究实验基地成为创新的孵化器，许多科研成果走出校园并实施商业化。例如，1948年开始，美国科学家威廉·肖克利与约翰·巴丁、沃尔特·布拉顿合作，在著名的贝尔实验室发明了半导体晶体管。经过后续试验、改进、产品开发，晶体管顺利从实验室进入市场，从而推动了信息技术革命的浪潮。科技成果只有实施转化和应用，才能有效改进劳动工具、提升劳动者素质、提高劳动生产率、优化产业结构，才能实现科技创新作为先进生产力的使命。

（二）从产业发展的实践经验看，科技成果转化是产业转型升级和新质生产力的实现途径

当前，全球正处于深刻的科技革命与产业变革交互影响之中，科技创新是驱动产业结构升级与转型的新引擎，引领着经济发展的新方向。人工智能、大数据、量子信息、生物技术等前沿技术正以前所未有的速度发展，深度融入各行各业，成为变革行业的新型生产工具。2022 年，美国 Open AI 公司发布 ChatGPT，表明生成式人工智能在模型应用层面实现重要突破。全球多个国家及企业加大对生成式人工智能领域的研发投入，不断在技术、产品及应用等方面推出重要成果，持续推动人工智能的创新与商业化落地进程，也带动了产业链上下游的发展。例如，在人工智能的驱动下，全球数据规模持续增长，预计 2025 年全球数据规模将达到 175ZB，为 2018 年的 5 倍多；支持生成式 AI 模型训练的高性能 AI 芯片需求量激增，微软斥资数亿美元购买数万颗英伟达 A100 芯片以帮助 Open AI 打造 ChatGPT（中国互联网协会和中国软件行业协会，2023）。人工智能、新一代信息技术的加速普及应用，使得数字经济成为驱动创新和引领产业变革的重要力量。2022 年，我国数字经济规模达到 50.2 万亿元，同比名义增长 10.3%，已连续 11 年显著高于同期 GDP 名义增速（中国信息通信研究院，2023），数字经济是成功培育和发展新质生产力的重要引擎。

（三）从科技发展的内在规律看，科技成果转化有利于科技创新的可持续发展

"线性模型"理论认为，科学技术的发展遵循着从基础研究到应用研究、试验发展的模式，"科技成果转化"这一概念隐含了线性思维。然而，随着科技与产业、经济、社会发展的日益渗透融合，新的知识生产模式逐渐出现，学者们相继提出了"象限

模型""循环模型"等（万劲波，2023）。社会各界对基础研究与应用研究相互促进的认识不断深入，科技成果转化对原创性、颠覆性基础研究具有重要的反哺和推动作用。"发明-发现循环模型"认为，发现与发明可以双向跨越，发明并非总是发现的产物，重要发现也可能来自新的发明，这一观点的典型案例是基于双极晶体管发明而发现的晶体管效应，这些发明和发现为我们带来了从计算机到汽车上的各种处理器和芯片（那拉亚那穆提和欧度茂苏，2018）。当前，科学研究范式正在发生变革，科学和技术的边界越来越接近，科学转化为技术的时间越来越短。基础研究往往需要长期、大量的资金投入，科技成果转化通过将成果转化为产品或服务，实现了商业化运营，可以获得经济回报，并为原始创新提供资金支持；同时，科技成果转化是将基础研究成果与市场需求对接的过程，可以吸引更多社会资本的兴趣。科技成果转化是助力科技创新实现"从理论到应用、从应用中解析新的科学发现"这一过程可持续发展的重要因素。

三、 中国科技成果转化的成就

科技成果转化是我国科技体制改革乃至市场化改革进程中的重要议题。随着科技创新在经济社会发展中的作用日益突显，国家高度重视科技成果转化，特别是党的十八大以来，国家提出创新驱动发展战略，将科技创新摆在国家发展全局的核心位置，出台了一系列科技成果转化支持政策，形成了较为完善的科技成果转移转化法规政策体系，有效推动了科技成果转化与应用，支撑了经济高质量发展。

（一）科技成果转化制度日趋完善

通过关键词检索与统计，筛选出 2013—2022 年中央及部委层面出台的科技成果转移转化政策共有 125 份，包括 11 份国家层面的法律法规和 114 份部门规章条例，涵盖科技成果所有权、人才评价、转化收益分配、税收优惠等政策，如 2015 年修订的《中华人民共和国促进科技成果转化法》，2016 年出台的《实施〈中华人民共和国促进科技成果转化法〉若干规定》和《促进科技成果转移转化行动方案》。从政策作用于科技成果转化的不同阶段，可将现有政策分为供给类、需求类、环境类（见表 15-1）。供给类政策是指作用于高校、科研院所等成果产出部门及技术出让方的政策，内容包括专项资金、产权激励、奖励等政策；需求类政策是指作用于企业和技术受让方的政策，内容包括政府购买服务、税收减免、创业基金等政策；环境类政策是指作用于技术转移过程中各类主体的政策，如税收优惠、知识产权保护、技术转移市场等，内容包括对技术转移服务环节的支持，如公共服务平台搭建、技术转移服务专项资金、技术经理人认定与培训等。

表 15-1 科技成果转化政策分类

政策类型	数量（份）	占比（%）
供给类	26	20.8
需求类	13	10.4
环境类	86	68.8
其中：服务环节	5	4.0

分析显示，我国的科技成果转化政策体系和制度建设日趋完善，但政策方面仍然存在"供给端重、需求端轻、服务环节弱"的现象，反映出科技成果转化工作重点仍是高校院所等成果供给方，企业作为科技成果转化主体的地位得到进一步提升，而作为中介服务方的科技成果转移转化机构和专业人员的支持政策仍需加强。

（二）科技成果转化的传统格局发生转变

在相关政策的引导和支持下，我国科技成果转化的传统格局

15. 加速成果转化，释放新质生产力潜能

发生转变，由过去推动高校院所转化成果，转变为由企业需求牵引成果转化，企业已成为科技成果转化主体，高校在产学研合作方面发挥了重要作用。根据《中国科技成果转化2022年度报告（高等院校与科研院所篇）》，在报告期内，我国高校院所转化合同总金额约为1582亿元，同比增长约25%，2021年科技成果转化总合同金额超过1亿元的高校院所数量为314家。[①] 党的十八大以来，在职务科技成果所有权或长期使用权试点、科技成果转化人才评价改革以及科研人员兼职创新、离岗创办企业等政策支持下，我国高校院所的科研成果转化能力在稳步提升。《2022年中国专利调查报告》显示，2022年我国高校发明专利实施率为16.9%，同比增长了3.1个百分点。

企业作为科技成果转化和技术交易主体的地位进一步稳固和提升。党的十八大以来，全国技术合同成交额由2013年的0.75万亿元增长至2023年的6.15万亿元，增长了7倍多。其中，企业作为技术交易主体的成交额由2013年的0.64万亿元增长至2023年5.77万亿元，企业技术合同成交额占比由86.2%提升至93.8%，成为科技成果转化的主力军（见图15-1）。

（三）高技术产业为新质生产力注入新动能

党的十八大以来，我国高技术产业增长势头强劲。根据统计口径，高技术产业主要包括医药制造业，航空、航天器及设备制造业，电子及通信设备制造业，计算机及办公设备制造业，医疗仪器设备及仪器仪表制造业以及信息化学品制造业六大类别。2023年，高技术制造业和高技术服务业投资分别比2022年增长9.9%和11.4%，持续推动高技术产业转型升级。规模以上装备制造业增加值比2022年增长6.8%，规模以上高技术制造业中

---

① 该报告统计了全国3649家高校院所以转让、许可、作价投资和技术开发、咨询、服务方式转化的2021年合同总金额。

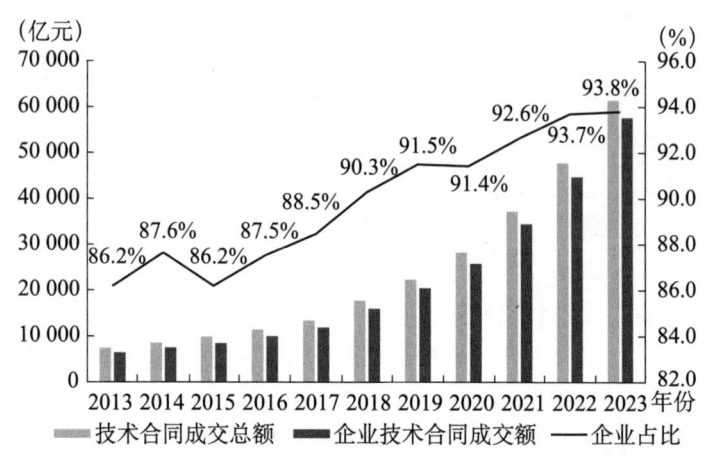

图 15-1　2013—2023 年全国技术合同成交额及企业占比情况

资料来源：科技部火炬中心的统计数据。

的航空、航天器及设备制造业增加值同比增长 17.7%。[①] 高技术产业以其资源、能量消耗少的特点，为新质生产力提供了绿色发展的动力。以新能源汽车为例，动力电池技术的突破与转化应用，不仅减少了对传统能源的依赖，还降低了能源消耗和环境污染，为新质生产力注入了绿色发展的新动能（见图 15-2）。中国汽车工业协会统计数据显示，2023 年我国新能源汽车产销分别完成 958.7 万辆和 949.5 万辆，同比分别增长 35.8% 和 37.9%，市场占有率达到 31.6%。

（四）科技成果转化有效支撑经济高质量发展

科技成果转化过程是科技供给与市场需求对接的过程，实质上也是高新技术向产业领域扩散渗透、推动产业转型升级和经济提质增效的过程。随着 5G、人工智能、量子信息、大数据等新

[①] 国家统计局. 中华人民共和国 2023 年国民经济和社会发展统计公报. 国家统计局网站，2024-02-29.

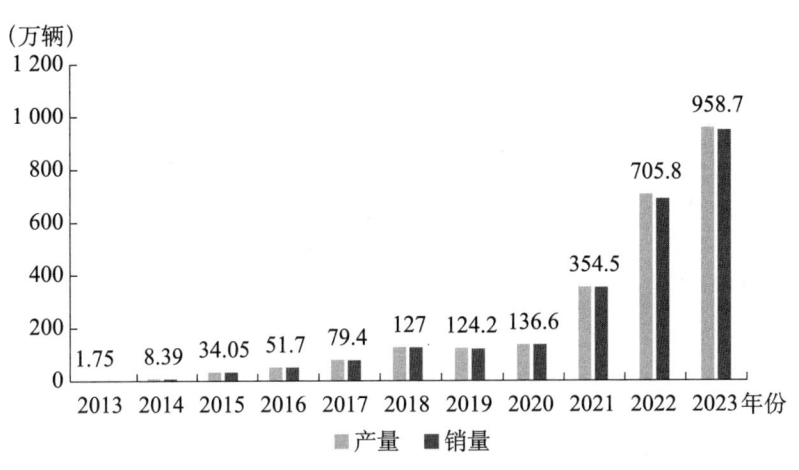

图 15-2 2013—2023 年中国新能源汽车产销量

兴技术的突破，新技术新产品在智能制造、医疗健康、能源、矿业、农业、教育、金融等行业实现落地推广。2023 年，上海市第一人民医院"免疫年龄诊断试剂盒技术"专利和技术秘密以 6 亿元成功转让，创下了我国科技成果转化纪录；中国科学院微电子研究所孵化的高端半导体质量控制设备公司——深圳中科飞测科技股份有限公司在上海证券交易所科创板正式挂牌上市，募资总额约为 18.88 亿元，上市首日总市值约为 219 亿元，是高校院所科技成果转化的典型案例。2023 年中关村论坛发布的《百项新技术新产品榜单》和《百项国际技术交易创新项目榜单》显示，我国主动参与全球技术交易生态网络建设，积极推进人工智能、新一代信息技术、生物技术等前沿领域科技成果在全球的落地转化，同时也推进了全球优质科技成果在我国的落地转化。

四、中国科技成果转化存在的问题

尽管我国在科技成果转化方面取得了积极成效，但在面向新质生产力的科技成果转化方面仍面临着市场需求、资金支持、运行机制、人才等方面的挑战和问题。

（1）计划理念下的管理体制与科技成果市场化的矛盾带来的供需不匹配和转化不通畅的问题。科技成果转化是在我国科技管理实践语境中的特定描述，是在计划思维中形成的固有现象。尽管企业已经成为科技成果转化主体，但高校院所作为成果供给的主体力量，在当前的考核评价体系中，其科学研究工作往往偏重于基础理论探索，缺乏对市场需求的深入了解，导致很多科技成果在转化后难以适应市场需求，甚至出现成果失效的情况。同时，一些高校和科研院所在科技成果转化方面缺乏商品化、产业化等经营思维和机制，难以建立市场化的运作机制，对市场动态、技术变革等缺少及时的反应和应对，导致一些支撑科技成果转化的具体操作落空。此外，国有资产管理与巡视、审计、纪检等非经济性政策的取向不一致，也在一定程度上阻碍了科技成果转化。当前，面向新质生产力的培育和发展，需要建立更加顺畅和高效的科技成果管理体制和科技成果转化机制。

（2）科技成果转化的高风险与高收益不确定性带来的资金支持难题。科技成果转化需要大量的资金支持，包括研发、试验、推广等各个环节。然而，目前我国科技成果转化的资金来源相对有限，无论是政府投入还是社会资金，均难以保障，导致很多科技成果不能得到持续的推广和发展。尤其是处于科技成果转化早期的初创企业，其规模相对较小，缺乏足够的固定资产积累，因而难以提供足够的抵押物来满足银行的贷款要求；而其拥有的专利技术具有极强的专用性，由于价值评估和回报周期往往较长，难以成为向银行贷款的有效抵押品。此外，银行在贷款审批过程中往往更加谨慎，对于信用等级较低、资信状况较差的中小企业的风险评估和信贷配额等方面存在限制，贷款利率往往较高，进一步增加了企业融资的难度。资金短缺成为企业转化科技成果并形成新质生产力的一大难题。

（3）科技成果转化服务人才的"高端"需求与"低端"供给

之间的矛盾。由于科技成果转移转化的复杂性、系统性，随着高科技创新技术的迅速发展和新质生产力的发展要求，需要具备较强创新能力和懂技术、懂管理、懂市场、懂投资、懂法律、懂运营的复合型高素质专业人才。然而，高校院所、中介服务机构的科技成果转化从业人员往往是由项目管理、科研秘书甚至公共事务管理等转岗而来，在判断技术发展趋势、对接产业链上下游、统筹运用社会资源等方面能力不足，而目前市场上的技术经纪人培训尚难以满足科技成果转化的实际需要。此外，现有的教育体系对于科技成果转化的复合型人才培养不足，缺乏针对性强的课程和培训体系；对于优秀人才的引进和激励政策也缺乏足够的吸引力，使得很多有潜力的人才流失或者未能充分发挥其潜力，导致科技成果转移转化专业人才缺口大。

（4）现有评价体系对科学研究的导向与科技成果转化要求之间的矛盾。高科技、高效能、高质量是新质生产力的重要特征。高科技体现为重视科技创新特别是原创性、颠覆性创新，并将科技创新成果融入生产的全过程。然而，现有评价体系往往强调短期成果、忽视长远价值。从指标上看，现有评价体系往往过于注重短期的、可量化的成果，如论文发表数量、被引次数、专利申请和授权数量等，导致科研人员更倾向于选择风险较小、研究周期较短、更容易出重大成果的研究方向，不利于开展原创性、颠覆性创新研究，不利于产生促进新质生产力形成的成果。从方法上看，现有评价体系过于依赖同行评议，而同行评议主要依靠专家经验，然而我国的大多数专家是在高校和科研院所，他们对于市场和新兴行业的了解有限，可能因为偏见、保守或知识缺陷而给出不恰当的评价，不利于具有转化应用前景的成果脱颖而出。

五、加快面向新质生产力的科技成果转化建议

加快推进科技成果转化是培育和发展新质生产力的内在要求及重要着力点，特别是原创性、颠覆性的创新成果和打破国外垄

断的关键核心技术，是促进产业转型和升级、提高生产效率、拓展产业链条以及创造新业态的新动能。因此，加快推进科技成果转化，是加快培育和发展新质生产力的重要途径。

首先，实施产学研一体化推进，加速科技成果从产出到应用的进程，缩短科技成果转化周期，提升科技成果转化效率。对于高校院所等成果供给端，探索和拓宽知识及技术向企业流动的渠道和机制，建立健全高校院所及其科研人员参与企业技术创新和产品研发的推进机制，通过共建技术创新中心、实验室、新型研发机构、创新联合体等多种形式，允许科研人员在企业兼职、向企业派遣研究生、与企业研发部门合作研究等，加强高校院所与企业和市场需求的对接。对于企业等成果需求端，应增强技术吸收和创新能力，通过提高科研经费投入、加强科研人员培养和高端人才引进等方式，加强技术创新能力建设；通过参加学术交流与研讨会、参与高校院所研究工作等方式，提升对前沿技术的吸纳能力。

其次，加快建设高标准技术交易市场，促进技术、人才、资本等资源的市场化和全球化配置，提升科技成果转化质量。构建线上与线下融合、全国互联互通的技术交易网络，引导和支持技术交易平台与其他科技服务平台开放联动，形成"招、拍、挂、转、投"联动一体的技术交易模式，推动技术交易机构探索技术交易与资本市场对接新机制，促使技术成果的扩散、流动、共享、应用。积极参与技术市场国际交易，培育形成类似英国技术集团、德国史太白的专业型技术服务商，充分发挥市场配置资源的决定性作用，通过供求机制、价格机制、竞争机制、风险机制等市场化方式，激活技术市场要素流动；同时，发挥政府对区域性与全国性技术交易市场的引导作用，通过建立信用体系、支付体系、评价体系等，持续优化技术市场生态，加强关键核心技术的全球对接与双向转移，以更大程度的开放合作推进跨国技术转移。

再次,深化科技体制改革,打通政策卡点、堵点、难点,激发各类主体积极性,提升科技成果转化能力。面向新质生产力的科技成果转化,涉及成果产出与价值评估、技术转移服务、生产工艺升级改造等诸多环节,需要人才、研发、产业等相关政策的合力助推。在产业布局上,优先布局代表新质生产力的战略性新兴产业和未来产业,主动与高校院所的前沿方向对齐,通过加大研发投入、加强基础设施建设等,推动新技术赋能产业,促进创新链与产业链的深度融合。在科技成果转化服务方面,加强中试平台、科技企业孵化器、众创空间等科技中介服务组织建设,利用人工智能大模型、大数据等新技术,针对电子信息、先进制造、新材料等代表新质生产力的产业领域开展专业化服务,提升服务的智能化与专业化水平。在政策保障方面,进一步探索研发经费配置使用、项目组织方式、科技成果权属、转化收益处置、绩效与人才评价等方面的改革,激发各类主体和科研人员开展面向新质生产力的科技成果转化。

最后,明确面向新质生产力的重点领域、研究方向和优先事项,发挥新型举国体制优势,优化科技成果转化生态。根据国家战略需求,结合科技发展趋势和国际科技竞争态势,研究制定面向新质生产力的产业领域和研究方向的遴选标准与方法,明确研究方向和优先事项,优化产业布局。聚焦关键核心技术和前沿技术方向,合理配置研究资源,充分发挥新型举国体制优势,有效整合信息、技术、人才等各类资源,提升科技成果转化成效,将技术优势转化为市场优势,及时推进科技创新成果应用到具体产业和产业链上,促进新质生产力的培育和发展。

参考文献

[1] 封凯栋.发展转型与自主创新:基于工业革命历史经验的讨论.经济社会体制比较,2012(6):24-35.

[2] W.W.罗斯托.这一切是怎么开始的：现代经济的起源.黄其祥,纪坚博译.北京：商务印书馆,2014.

[3] 万劲波.基础研究的内涵、模式与高质量发展路径.人民论坛·学术前沿,2023（11）：86-95.

[4] 文卡特希·那拉亚那穆提,图鲁瓦洛戈·欧度茂苏.发现与发明：反思无止境的前沿.黄萃,苏竣译.北京：清华大学出版社,2018.

[5] 中国互联网协会,中国软件行业协会.2023年全球生成式AI产业研究报告,2023-05-19.

[6] 中国信息通信研究院.中国数字经济发展研究报告（2023年）,2023-05-06.

[7] 陈斌开.深刻把握新质生产力的内涵及要求.光明日报,2024-02-22.

[8] 习近平经济思想研究中心.新质生产力的内涵特征和发展重点.人民日报,2024-03-01.

16. 提升教育质量，
筑牢新质生产力基石

康小明①

当前，新一轮科技革命和产业变革正在加速演进，我国也面临着培养和发展新质生产力的迫切需求。新质生产力是创新起主导作用，它摆脱了传统经济增长方式和生产力发展路径，必须依托于科学技术的革命性突破、生产要素的创新性配置以及产业深度转型升级，具有高科技、高效能、高质量特征。为了引领并支撑新质生产力的发展，一方面需要培养大量能够推动并引领源头创新的基础学科、交叉学科和新兴学科的拔尖科技创新人才，另一方面需要能够支撑新型工业化发展的高水平工程技术人才，从而为实现"从0到1"以及"从1到N"的同步发展提供强大支撑。但是，我国当前的教育体系还无法有效满足这一新时代需求。发展新质生产力，对我国的教育政策提出了更高要求，需要加快教育、科技、人才"三位一体"统筹推进，才能开辟发展新领域新赛道，不断塑造发展新动能新优势。

一、发展新质生产力对教育提出了新需求

进入21世纪以来，我国的普通高等教育和高等职业教育都取得了巨大的发展成就。早在2002年，我国的高等教育毛入学

---

① 康小明，中国科学院科技战略咨询研究院副研究员，研究方向为科技创新政策、教育政策和创新人才培养。

率就达到了15％的大众化高等教育阶段的临界值，2019年达到了50％的普及化高等教育阶段的临界值。2023年，我国的高等教育毛入学率已经达到了60.2％。2023年，我国共招收普通、职业本专科学生1 042.22万人，招收研究生130.17万人（其中，硕士生114.84万人，博士生15.33万人）。① 但是，反观新质生产力的未来发展，我国的教育系统还没有从根本上实现从原来工业化时代的人才培养模式向智能化时代的人才培养模式转型，在培养"高精尖缺"型科技创新人才以及能够熟练掌握新质生产资料的工程技术人才等方面还存在很大的提升空间，无法满足培育和发展新质生产力的新时代需求。

（一）创新驱动发展离不开高水平的科技创新人才

从18世纪第一次工业革命开始，人类社会先后经历了三次重大的产业及社会变革，当前正面临着以人工智能、虚拟现实、物联网和生命科学等为代表的第四次工业革命。第四次工业革命不仅将全面改变人类的生活和工作模式，还将对全球竞争格局产生长远而深刻的影响。为了应对全球竞争格局的新变化，我国提出了创新、协调、绿色、开放、共享的五大发展理念，同时正在大力推进以科技创新为核心的全面创新。顺利实施创新驱动发展战略，必然离不开大量高水平的科技创新人才。正如习近平总书记所说，我国要在科技创新方面走在世界前列，"必须大力培养造就规模宏大、结构合理、素质优良的创新型科技人才"②。要实现这一事关中华民族伟大复兴的科技创新人才培养目标，必须解决制约我国科技创新人才培养的诸多关键问题。

---

① 根据国家教育部发布的历年《全国教育事业发展统计公报》中的相关数据整理而得。

② 2014年6月9日，习近平总书记在中国科学院第十七次院士大会、中国工程院第十二次院士大会开幕会上的讲话。

16. 提升教育质量，筑牢新质生产力基石

（二）现代科技对创新人才培养的影响日益深远

伴随着现代信息技术的迅猛发展，以人工智能为核心的现代科学技术必将给包括教育行业在内的各个社会领域带来巨大的挑战。从击败国际象棋第一人的深蓝到具备深度学习能力而所向披靡的围棋王者 AlphaGo，再到无人驾驶、人形智能机器人以及文字生成视频的 Sora 系统等，无不昭示着人工智能正在从实验室走入现实社会的方方面面。反映在教育领域，无论你是否接受，人工智能都将对延续了几千年的教育形态以及形成于大工业时代的现代教育体系产生深刻的影响和冲击。如何认识并适应人工智能的未来发展趋势、改变根深蒂固的既有教育模式、培养适应智能化社会所需的各类科技创新人才已成为教育界无法回避的现实命题。

（三）立足本土，自主培养创新人才的重要性日益凸显

美国因其高水平的高等教育，吸引了全球大量留学生，也是我国学生出国留学的主要目标国家。但是，从 2018 年美国对中国发动贸易战以来，美国意图通过控制人才交流来达到遏制中国崛起的目的，一方面限制中国学生和学者去美国相关的科学和工程技术专业留学，另一方面以保护知识产权为由大量限制相关的高技术人才回中国工作，对我国引进外国高技术领域的高端科技创新人才造成了巨大冲击。2018 年 6 月，美国国会众议院通过了一项修正案，其中明确规定：如果学者参加中国的某些人才项目，将可能无法获得国防部的教育或学术培训以及研究经费。2018 年 8 月，美国国立卫生研究院（NIH）开始对下属的六家研究机构展开调查，调查部分研究人员接受他国政府的重大财政资助而没有披露的情况，矛头直指接受了中国政府资助的 NIH 科研人员。这将使海外优秀人才在申请人才项目时态度更加审慎，并使海外引智难度加大。多位华裔科学家在美国遭遇的一系

列"不公正待遇",再加上近年来美国对赴美中国留学生以及在美华裔人才回国等设置的诸多政策和非政策性障碍,对中国学生和学者出国留学以及海外人才归国工作产生了严重阻碍。海外留学环境的变化表明,为了保障高层次科技创新人才的供给,应该更多地立足本土,提升本国的教育水平和创新人才自主培养能力。

二、我国教育体系在创新人才培养中存在的问题

发展新质生产力必须依托大量高素质的科技创新人才。综观我国的教育体系,仍然存在着诸多与支撑新质生产力发展不相适应的教育瓶颈问题。一方面是支撑重大原创性科学成果的高端科学家队伍明显不足,另一方面是高等教育的整体培养质量有待提升。此外,支撑新质生产力发展的高水平技能型人才培养领域也存在着明显的政策优化空间。要突破这些教育瓶颈问题,必须从优化我国的社会文化环境以及全面提高人才培养质量入手。

(一)高端科学家队伍的规模明显不足

诺贝尔奖和菲尔兹奖获得者是一个国家最高层次的科学家群体。从诺贝尔自然科学奖的国别分布状况看,不同国家之间存在着巨大的区别。根据诺贝尔奖官方网站披露的数据以及公开发表的研究文章,截至2022年,诺贝尔奖总共授予了955人和27个组织,最突出的为美国(406人,占42.5%)、英国(138人,占14.5%)、德国(111人,占11.6%)、法国(73人,占7.6%)、瑞典(33人,占3.5%)、俄罗斯(33人,占3.5%)和日本(29人,占3%)。① 其中,最引人瞩目的就是日本,进入21世纪后日本已经累计获得了19人次的诺贝尔奖,非常接近

---

① 根据诺贝尔奖官方网站上的相关数据整理而得。

其 50 年 30 人的目标（2001 年 3 月，日本在第二个"科学技术基本计划"中提出要力争"在未来 50 年里使本国的诺贝尔奖获得者达到 30 人"），成为诺贝尔奖历史上唯一可以与欧美国家相抗衡的亚洲国家。

下面以年代为计量单元，研究各国获奖数量的历史和趋势可以发现，德国、法国、荷兰、英国等西方科技发达国家，在 20 世纪初—20 世纪 10 年代的优势十分明显；美国后来居上，逐渐显现出明显的科技优势，并在 20 世纪八九十年代达到顶峰。目前，美国在获奖数量上仍有较大优势，但随着世界科技的发展，诺贝尔自然科学奖获得者的国别分布逐渐趋于多元化，各国获得诺贝尔自然科学奖的机会趋于分散。即便如此，我国属于自然科学类的诺贝尔奖获得者仍然是凤毛麟角。要想取得从"0"到"1"的重大突破，必须在培养高端科学家队伍方面实现从量到质的突破。

（二）高等教育的科技创新人才培养质量亟待提升

我国高等教育的整体质量不仅影响到了我国的人才培养质量，而且影响到了国际学生来我国留学的意愿，还影响到了我国的科技创新能力。虽然我国已经在相关的高等教育政策工具中实现了从追求科技产出到创新创业人才培养（高金岭和刘婷，2023），但是离新质生产力对科技创新人才的需求尚有一定的差距。此外，我国的高等教育正处在从追求"量"和"质"的发展阶段转向追求"高质量发展"的关键时期，还存在着诸多重点难点问题（赵婷婷和李广平，2023）。从研究型大学的综合实力看，我国高等教育的整体质量亟待提高。根据美国《新闻周刊》2022 年的世界大学排名，中国高校能进入世界前 100 名的研究型大学有 4 所，即使是按照英国 QS2022 年的排名，能进入世界前 100 名的中国高校也只有 6 所，而排名第一的美国分别有 43 所和 28 所，说明我国高等教育与世界教育强国还有很大差距。为提升我国的高等教育质量、创建世界一流大学和一流学科群，我国从1995年开始启动"211工程"，1998年启动了"985工程"，2012年正式启动"2011计划"，2015年开始启动"世界一流大学和一流学科"计划，2017年9月首次公布了"世界一流大学和一流学科"名单。这些政策和举措大大提升了我国高等教育的整体质量，但是离世界高等教育强国仍有很长的路要走。

（三）职业教育的层次无法满足科技产业发展需要

我国是世界制造业大国，各类技能型人才是制造业发展的中坚力量。我国确定的发展目标是到2025年要迈入制造强国行列，到2035年中国制造业整体达到世界制造强国阵营中等水平，到新中国成立一百年时，综合实力进入世界制造强国前列。但是，目前的人才培养结构无法满足制造强国发展需求，也无法满足新质生产力的发展需要。

从高等职业教育的规模指标看，我国的高等职业教育已经取得了巨大的成绩，但是也存在一定的问题。2023年，我国的高等教育毛入学率达到了60.2%，远高于大众化高等教育的临界指标。从高等教育的在校生指标看，从2006年到2023年，我国的高等教育在校生数从1 738.8万人增长到了4 763.19万人，其中属于高等职业教育的在校生占据了半壁江山，但在职业教育学生的层次结构以及培养质量上都还存在着诸多问题。按照国务院于2014年发布的《关于加快发展现代职业教育的决定》中的规划，我国到2020年专科层次职业教育的在校生将达到1 480万人（2020年的实际在校生数为1 459.55万人），接受本科层次职业教育的学生达到一定规模。但从结构上看，我国每年招收的高职高专学生数比例仍然居高不下。以2023年为例，当年全国普通、职业本专科共招生1 042.22万人，比上年增长2.73%。其中，普通本科招生478.16万人，占比46.88%。高职（专科）招生555.07万人，占比53.26%，已经超过了半壁江山。职业本科招生 8.99 万人,占比仅为不到 1%（0.86%）。①

此外,未来十年即将出现的最具前途的若干新兴产业,包括云计算、大数据、虚拟现实、人工智能、智能制造、3D 技术、无人技术、机器人、新能源、新材料、医疗服务、生命技术与生命科学、互联网医疗等,这些新兴产业不仅需要大量的高端研发型人才,而且需要大量的高技能人才。按照 2016 年日本发布的《第五期科学技术基本计划（2016—2020 年）》,人类社会将在狩猎社会、农耕社会、工业社会和信息社会之后,进入超智能社会（即社会 5.0）,超智能社会对高技能人才的需求更趋智能化和高端化。综观我国的高等职业教育,以专科层次为主的高等职业教育很难培养出适应未来社会发展需求的高层次技能型人才。正是因为意识到了这个问题,从 2014 年开始,我国首次在国家规范性文件中提出"探索发展本科层次职业教育"（谢浩等,2024）,同时开始大力推动一批普通本科高等学校向应用技术类高等学校转型。但是,由于本科职业学校和应用型本科高校的培养目标非常接近,两者有可能出现新的同质化倾向（壮丹丽,2024）。另外,仅有高校类型的转换并不能解决我国未来的高技能人才需求问题,还必须以人才培养质量为核心,从理论和实践层面不断优化应用技术类本科高校的人才培养体系。

（四）中小学的科学教育体系亟待完善

根据第十一次中国公民科学素质抽样调查结果,2020 年我国公民具备科学素质的比例为 10.56%,这一水平仅相当于欧美发达国家近 20 年前的水平。即使到 2022 年,该比例也只能到 12.93%②,与美国等主要发达国家 20%~30% 的比例差距甚大。公民缺乏科学素质的源头要追溯到中小学的科学教育。从在校学

---

① 中华人民共和国教育部. 2023 年全国教育事业发展统计公报,2023-08-05.
② 中国科协公布的第十一次和第十二次"中国公民科学素质调查"数据。

生看，我国于 2009 年首次参加 PISA 测试①即获得了数学和科学成绩排名第一的可喜成绩（包括 2018 年的 PISA 测试，北京、上海、江苏、浙江四省市作为一个整体取得了阅读、数学和科学第一名的成绩），但随着参赛省份的不断增加，成绩却出现明显下滑，而且还存在着学生学习时间过长、重复训练过度等问题。虽然该指标只能在一定程度上反映参赛者的阅读、数学和科学水平，但仍然反映了我国中学整体的科学教育水平有待提升的现状。

从助力科技创新人才培养的角度看，我国的科学教育还乏善可陈。一方面，大量科学教育仍然停留在课程或学科阶段，缺乏课程之间的融合以及与实际问题的对接，虽然部分一流学校也在陆续开展 STEM 或 STEAM 教育，但受制于师资和教材，效果并不理想。另一方面，科学教育更多地让位于高考考试科目的教学和强化，狭隘的应试教育既忽视了科学思想和科学方法的培养，也占用了学生宝贵的时间，更割裂了基础教育和高等教育之间在科技创新人才培养方面的有机衔接，而重视中小学与大学教育的衔接是美国培养科技创新人才的一大成功经验，注重高中教育与未来教育的衔接则是美国教育改革的重要方向（李祖超和王甲旬，2016）。此外，在高考"指挥棒"没有实质性改变的情况下，老师和学生都以争"分"夺秒的精神过度强化题海战术和考试技巧，无暇顾及更为重要的创新精神和创新能力的培养，而这才是科技创新人才最需要的核心素养。

（五）支持创新人才培养的社会文化环境尚需优化

受中国五千多年来历史文化传统的影响，我国科技创新人才的培养环境还存在着诸多不尽如人意的地方。从我国传统文化的

---

① 国际学生评估项目（PISA）是经济合作与发展组织（OECD）进行的 15 岁学生阅读、数学、科学能力评价研究项目。从 2000 年开始，每 3 年进行一次测评。

特质看，长期以来形成的以"实用理性"为核心的社会文化心理结构，导致我国重技术发明，而轻科学发现，国人引以为傲的四大发明属于技术而非科学范畴。长期以来的"实用理性"文化传统导致社会公众对知识产权的保护意识淡漠。在这种社会环境下，科学研究的目标和内容往往定位于短期，对重大长期的科学问题重视不够，导致我国的原始性创新能力明显不足。此外，长期形成的"经世致用"的学术价值观进一步加剧了功利主义的价值观，使得科技的经济效益和社会功用职能进一步凸显，忽视了"为求真而求真""自由探索真理"等科学精神的培育。而从古至今大行其道的"中庸之道"的思维模式，更是力主"守一"和"齐一"的"求同思维"，不利于求异思维和批判思维模式的生长，遇事往往首选如何规避风险，言不敢离经叛道、行不敢越雷池一步。长此以往，便形成了深厚的墨守成规、害怕出头、害怕变革的社会心理氛围。由这种文化心理积淀而成的社会文化环境非常不利于学校培养教育出能够适应未来社会发展需求的创新型人才。

三、建立面向新质生产力发展的教育政策体系

要解决我国教育体系中影响和制约科技创新人才培养的诸多关键性问题，必须在坚持"顶层设计、系统谋划、统筹推进、分类施策"原则的基础上，打破现行的制度性障碍，打通阻碍科技创新人才培养的相关政策难点，推动相关教育政策的前瞻性和系统性设计，为培育并发展我国的新质生产力提供有效的人才支撑。

（一）强化科技创新人才的自主培养战略

依靠人才引进战略只能解决一时之需或者应急之需，很难解决国家和民族发展所需的根本性和长远性的科技创新人才需求。尤其是当我国面临着来自美国针对高技术人才流动的阻碍政策，

我国不得不从长远考虑如何应对渐露端倪的"修昔底德陷阱"时，强化我国科技创新人才的自主培养战略应成为面向未来和发展新质生产力的教育政策重点。其中，最重要的政策导向是以培养高水平的科技创新人才为主线，持续推动普通高等教育与科技创新的有机结合、实现高等职业教育与行业企业的有机结合、加速高等职业教育的提质升级。我国应优化和完善高考选拔制度的顶层设计，有效引领基础教育的优质发展、促进基础教育特别是中等教育和高等教育的有机衔接。

（二）资源投入和绩效评价并举，全面提升高等教育质量

高等教育质量的高低不仅关系到一国科技创新人才培养质量的高低，也影响到一国科研水平的优劣。虽然我国连续实施了大规模高等教育质量提升工程（如"211 工程"、"985 工程"以及"双一流工程"等），但由于缺乏科学系统、客观公正的大学绩效评价，从而使得这些工程的投入绩效很难得到准确评估。为此，我国可借鉴科技发达国家的成功经验，出台科学系统的人才培养和科学研究等方面的绩效评价体系，对高等教育机构的人才培养、科学研究和社会服务等绩效进行全面客观的评价，并通过稳定的制度设计将评价结果与后续的资源投入挂钩，进而达到全面提升高等教育质量的目标。

（三）持续优化并完善我国的科学教育体系

我国应注重科学课程之间以及科学课程与人文社会课程之间的有机融合。优化我国现有的课程或学科的科学教育模式，促进不同科学课程之间的有机结合，推动科学课程之间以及科学课程与实际问题之间的有机融合。此外，科技创新人才应具备完善的知识结构，除了科学课程外，还应注重人文社会课程的学习。我国可以借鉴美国 STEAM 教育模式的优点，在科学教育体系中融入工程、技术和艺术等课程。此外，应重点将创新意识的培养和

创新人格的完善贯穿科学教育的全过程。当学生对自然界以及人类现有的知识宝库充满强烈的好奇心和求知欲时，将为科学课程的学习提供强大的动力。无论是培养杰出的科学家，还是提升全面的科学素养，都应该在科学教育中注重以好奇心或求知欲为核心的创新意识培养。

（四）实施高端科技创新人才队伍培养工程

着眼于未来科技、产业和社会发展需要，实施中央政府引领、地方政府配合、企业主体跟进的高端科技创新人才队伍培养工程。在未来5~10年打造以提升重大原始创新能力为导向的高端科学家队伍培养工程，实施以提升重大技术创新能力为导向的高端工程师队伍培养工程，全面落实以提升高技能人才水平为导向的"大国工匠"系列人才培养计划。此外，应不断完善重大科技创新平台（包括国家实验室和重大科技基础设施等）和高技术领域龙头企业的人才培养功能。随着未来社会发展对创新人才的需求日益迫切，亟须对高等教育的人才培养模式进行变革，让本科生和研究生能够接受完善的科学方法教育以及科学研究实践训练。不仅应该在研究型大学中实施并推广"本科生科研计划"（经费可以来源于大学中用于自由探索型基础研究的各类自有或自筹经费），还应该让本科生、研究生有机会利用国家实验室和重大科技基础设施等从事科研工作，在科研实践中不断提升他们的科研和创新能力。

（五）稳步提升高等职业教育的办学层次

要顺利实现2035年进入创新型国家前列的目标，既要发展大量以高、精、尖技术为支撑的新兴产业集群，也必须推动我国从现在的制造大国迈向制造强国，这些都离不开数以千万计的高水平技能型人才的支撑。为此，推动我国的高等职业教育向本科层次和研究生层次升级发展将为本轮追赶提供必要的高技能人才支撑。为了适应我国未来科技进步、产业结构调整和优化升级的人才需求，可在借鉴美国、德国和日本发展本科层次高等职业教育的基础上，通过多元化途径大力推动我国本科层次高职院校发展。首先，支持符合条件的高等职业院校开设本科层次高职专业；其次，继续大力推动那些办学定位不明确、专业特色不鲜明的本科院校向应用型本科院校转型。另外，还可以在综合性大学中创办从本科到研究生一体化的高等职业学位教育体系。更重要的是，应鼓励各区域根据自己的产业发展状况和未来人才需求探索出更具创新性的本科层次高职院校的发展模式。

（六）建立并完善国家职业技能等级证书与学历证书等值转换机制

为打造高质量的职业教育系统，必须构建完善的联通职业教育与普通教育的"立交桥"。我国已经启动了以"1+X"为特征的职业技能等级证书制度试点工作，其中的职业技能等级证书由人力资源和社会保障部门以及教育行政部门分别负责。该政策导向具有积极意义，但从发达国家的成功经验看，该政策还应从如下两方面进一步完善：一是明确各类行业协会对于职业技能证书的功能和作用，充分发挥它们对于职业教育毕业生的作用；二是建立国家职业技能证书等级认证制度，建立职业技能等级证书与学历证书之间的衔接与等值转换机制，确保职业技能等级证书与普通教育学历证书之间在待遇和职务晋升上的一致性。

（七）全面提高基础教育阶段的人才培养质量

我国的基础教育改革明显滞后于中等职业教育和高等职业教育的发展，既难满足普通高中对优质生源的需求，更难满足中等职业教育和高等职业教育对优质生源的需求，从而导致我国的各级各类职业教育被社会大众公认为是精英教育淘汰和分流之后的产物，难以成为基础教育阶段毕业生选择的成才通道。进入中等职业教育和高等职业教育的学生绝大部分都是精英教育选拔之后的淘汰者，而经过多次淘汰后的职业教育学生的质量可想而知。因此，要真正实现职业教育和人才培养质量的现代化，全面提高基础教育的人才培养质量已经刻不容缓。

(八) 完善社会创新文化环境和科学精神

正如施一公教授所说的那样："环境与人才的关系好比是作物与土壤：种子的发育、作物的成长都依赖于土壤，贫瘠的土壤不可能培育出壮实的作物……人才的培养需要良好的环境，包括鼓励创新的科技体制、着重能力培养的教育体制以及正气理性的浓厚学术氛围……"从人才培养环节看，应将科学精神和科学方法的培养贯穿所有学科的学习过程。在现有的科学教育模式中，虽然一直强调在科学课程的学习中要注重科学精神和科学方法的培养，但在实践过程中，科学教育往往要让位于科学课程的中考和高考选拔。实际上，以求真求实、质疑批判、独立思想、自由人格以及合作探究等为代表的科学精神以及以分析、综合、演绎和归纳等为代表的科学方法将有助于其他文化课程的学习，但是这种辩证关系却很难在日常教育体系中得到体现和落实。因此，应在科学设计人才选拔制度总体框架的基础上，持续优化中高考的"指挥棒"功能，将科学精神和创造能力的培养融合到中高考的选拔体系中，真正实现科学精神、创新能力、学科素养、关键能力和中高考成绩的有机结合。此外，还应鼓励并支持中小学和大学的多样化、特色化发展，形成百家争鸣、百花齐放的良性竞争发展格局。

参考文献

[1] 高金岭，刘婷. 我国高等教育科技创新政策演进研究. 清华大学教育研究，2023，44（5）：56-68.

[2] 李祖超,王甲旬.美国研究型大学培养科技创新人才的经验与特色.清华大学教育研究,2016,37(2):35-43+50.

[3] 谢浩,赵昕,杨广俊,等.职业教育、高等教育、继续教育协同创新的内涵、历史演进及政策指向.中国职业技术教育,2024(6):21-27+37.

[4] 赵婷婷,李广平.从内涵式到高质量:我国高等教育发展政策的演进及转向.高等教育研究,2023,44(5):8-18.

[5] 壮丹丽.我国应用型高等教育发展的政策演进、基本范式与优化理路.扬州大学学报(高教研究版),2024,28(1):33-42.

17. 吸引人才聚集，打造新质生产力高地

周建中　江郁　有书涵[①]

2023年9月，习近平总书记在黑龙江考察调研期间首次提到"新质生产力"这个概念。在此期间召开的新时代推动东北全面振兴座谈会上，习近平总书记再次强调：积极培育新能源、新材料、先进制造、电子信息等战略性新兴产业，积极培育未来产业，加快形成新质生产力，增强发展新动能。[②] 这是在分析总结各国产业体系建设一般规律和我国现代化产业体系建设实践经验的基础上，根据我国发展阶段、发展环境、发展条件变化做出的具有根本性、全局性、长远性的重大战略判断，体现了党和国家对现阶段现代化产业体系发展的谋划及布局（柳学信、曹成梓和孔晓旭，2024）。

随着新一轮科技革命和产业变革的蓬勃发展，科技创新已成为推动社会进步的核心动力。谁在科技创新上先行一步，谁就能拥有引领发展的主动权。[③] 新质生产力以科技创新为要义，以高质量发展为目标，是技术颠覆性突破、生产要素创新性配置、产

[①] 周建中，中国科学院科技战略咨询研究院研究员，中国科学院大学公共政策与管理学院岗位教授，博士生导师，研究方向为科技人才政策、科技人力资源管理、科学教育、科学传播与普及等；江郁，中国科学院科技战略咨询研究院博士研究生，研究方向为科技人才政策；有书涵，中国科学院科技战略咨询研究院博士研究生，研究方向为科技人才政策。

[②] 习近平总书记首次提到"新质生产力". 新华社，2023-09-12.

[③] 加快形成新质生产力. 求是网，2023-11-09.

业飞跃性升级带来的新时代先进生产力。① 拔尖创新人才作为引领科技创新、驱动产业发展的关键要素，在新质生产力发展过程中发挥着至关重要的作用。因此，如何结合国家战略需求，同时遵循教育发展和人才成长规律，有效地培养一大批拔尖创新人才，是目前亟待研究和解决的重要课题。

一、拔尖创新人才的内涵与特征

（一）拔尖创新人才的内涵

党的十六大报告中提出要全面推进素质教育，造就数以亿计的高素质劳动者、数以千万计的专门人才和一大批拔尖创新人才。② 这是拔尖创新人才第一次出现在政策文件中。近年来，随着科技创新和高质量发展日益重要，拔尖创新人才培养成为政策文件中的高频词汇，引起了学者们的广泛关注。然而，尽管讨论热烈，但学界对于拔尖创新人才的概念仍缺乏统一标准，其特征也未能形成定论。张建林等人认为：拔尖创新人才作为科学、技术、管理等领域中的杰出者，在知识获取与知识应用方面表现出出类拔萃的能力（张建林等，2011）。聂长建认为：拔尖创新人才是能够在科技领域表现出巨大的创新潜力、超强的创新能力、顽强的创新精神，并创造出卓越的成果，成为研究领域"出乎其类拔乎其萃"、远远超过该领域一般同行研究者的顶级尖端人才（聂长建，2012）。陈权等人构建了一个拔尖创新人才素质的理论模型，提出拔尖创新人才应具备完善的人格个性、创新素养、情商素养、领导和管理素养以及科学素养五大方面的素质（陈权、温亚和施国洪，2015）。朱旭在其文章中提出，拔尖创新人才是

---

① 向新质生产力要增长新动能. 经济日报，2024-01-29.
② 江泽民在中国共产党第十六次全国代表大会上的报告. 中国政府网，2008-08-01.

指在各行各业中具有精深专业知识或专门技能，具备高尚理想、信念、道德等非智力因素品质，通过改进或创造新事物、方法等，在社会秩序、等级、成就、价值等方面居领先位置的劳动者（朱旭，2021）。这一概念继承并完善了过往的定义，并显性规定了"拔尖""创新""人才"的具体表现。综合以上研究，我们认为拔尖创新人才是具备卓越的知识或技能，在专业领域内取得重要成果、展现出非凡的创新能力及潜力，并拥有高尚道德品质的人才。

（二）拔尖创新人才的特征

作为创新人才中的佼佼者，拔尖创新人才具备创新人才的素质和特征，却又高于一般创新人才。大多数研究从知识、能力以及素质三方面来概括拔尖创新人才的特征。本章认为拔尖创新人才大多表现出以下特征：

（1）卓越的专业知识。拔尖创新人才在专业领域内拥有深厚的知识基础，能够熟练掌握和运用关键理论及实践技能。这种专业素养为他们进行创新活动提供了坚实的基础。

（2）创新思维和能力。拔尖创新人才不满足于传统的解决方案，而是勇于挑战现状，追求新的思维和方法。他们的创新思维有助于突破常规，为复杂问题提供独特的解决路径。

（3）交叉思维和跨学科知识。拔尖创新人才不仅在自己的专业领域表现出色，还常常涉猎其他学科，形成跨学科的知识体系。这种交叉思维使他们能够从多维度、多角度思考并解决问题。

二、拔尖创新人才支持新质生产力发展的逻辑关系

（一）新质生产力发展对拔尖创新人才有巨大需求

马克思认为，生产力决定生产关系，经济基础决定上层建筑。生产力是最革命、最活跃的因素，而掌握先进科技和管理方

式的人，对生产力起着核心作用。① 科学技术所发明、创造的现代化生产系统只是为新的生产力的实现提供了一个现实的物质基础，而这一生产力的真正实现只有通过人的现实活动才能真正地完成（隽鸿飞，2004）。在高技术条件下，社会生产的实现不仅依赖于先进的技术装备，更关键的是拥有高知识素质的人才。尤其是在新兴的生产领域（如信息产业和软件产业）中，从事生产活动的人员所具备的知识已成为决定性的生产要素。可以说，人自身的知识再生产成为社会发展的决定性力量，而拔尖创新人才的培养则是这一力量得以充分发挥的关键。只有拥有足够数量和质量的拔尖创新人才，我们才能更好地应对新质生产力发展的挑战，推动社会不断进步和发展。

习近平总书记在中共中央政治局第十一次集体学习时强调：要按照发展新质生产力要求，畅通教育、科技、人才的良性循环，完善人才培养、引进、使用、合理流动的工作机制。② 这一部署充分彰显了人才在发展新质生产力中的重要性，也为以高质量人才工作服务支撑新质生产力发展指明了前进方向，提供了根本遵循。准确把握新质生产力与拔尖创新人才之间的关系，需要从新质生产力的"新"和"质"两方面出发。

所谓"新"，是指新质生产力是实现关键性颠覆性技术突破而产生的生产力，是以新技术、新经济和新业态为主要内涵的生产力（周文和许凌云，2023）。这种"关键性颠覆性技术"的突破，对我国自主创新能力的提升有着极高的要求。为了解决现代化产业体系中关键核心技术被"卡脖子"的困境，以及打破西方国家的科技封锁，我们必须依托拔尖创新人才这一科技攻关的重要力量。他们是推动一系列具有战略意义、关乎全局、富有前瞻性的重大科技项目成功的关键。通过这些科技攻关，我们可以持

---

①② 进一步丰富和发展马克思主义关于生产力和生产关系的思想. 人民网，2018-05-10.

续提升自主创新能力,并以科技创新为动力,实质性地推动生产力发展,从而加速新质生产力的形成。

同时,"新技术、新经济、新业态"构成了新质生产力的三大支柱——技术、经济和产业。这三个维度共同要求我们在技术上取得新突破、在经济上实现新发展、在产业上完成新升级。而拔尖创新人才作为最宝贵的资源,将在这三个维度的进步中发挥举足轻重的作用。他们不仅是技术突破的先锋,也是经济发展和产业升级的推动者。

所谓"质",是强调在坚持创新驱动本质的基础上,通过关键性技术和颠覆性技术的突破为生产力发展提供更强劲的创新驱动力(周文和许凌云,2023)。新质生产力的核心在于创新驱动,进一步地说,人才是创新的源泉,创新驱动的根基在于人才。人才队伍的量变过程催生生产力的质变,发展新质生产力归根结底要依靠国家的人才力量(徐军海,2024)。

在这个新征程中,科技革命、产业变革和社会数字化进程加快,经济发展的主导要素加快从土地、劳动和资本向知识、数据和人才转变,只有在人才质量、结构与竞争力上实现根本性提升,才能适应高质量发展要求。因此,新质生产力要实现长足发展,就离不开大量拔尖创新人才的支持和推动。我国是一个人力资源大国,具备培育"人才红利"的良好条件,只有充分强化人才在科技创新过程中的引领驱动作用,厚植人才成长的沃土,为发展新质生产力提供强有力的人才支撑,才能促进关键技术和颠覆性技术的重大突破,从而实现生产力从量变到质变的飞跃。

(二)拔尖创新人才支持新质生产力发展的机制

拔尖创新人才具备创新思维,能够持续不断地探索新领域、提出新观点,从而展现出强大的创新持久力;同时,拔尖创新人才的前瞻思维让他们能够成为认知拓展或技术革新的先驱者,并且赋予了他们在专业领域内引领和推动变革的能力,即行业引领力；拔尖创新人才的交叉思维使其能够从多角度、多层次思考问题，可以加强不同的理论观点和经验观点之间的联系，从而促成新观点的产生以及不同学科、不同领域之间的合作，塑造富有生态活力的创新环境，即生态塑造力。正是这些独到的思维方式，使得拔尖创新人才完美契合了新质生产力的需求，进而在中国式现代化的进程中，不断开拓和引领新的发展赛道。

首先，拔尖创新人才具有的创新思维使其具有创新持久力。在新质生产力的驱动下，科技创新成为推动社会进步的核心动力。拔尖创新人才具备敏锐的洞察力和前瞻性思维，能够不断突破传统框架，提出并实施创新性的解决方案。这种创新持久力使得他们能够在快速变化的环境中保持持续的创造力，推动新质生产力的不断发展和升级。另外，具有成长心态的拔尖创新人才，愿意通过调动自身更高阶的意识层级，对外部世界加以认识与改造，形成应对技术持续变革所需具备的特定心智结构，用以解决新质生产力中战略性新兴产业、未来产业带来的新的未知问题，实现高意识生成式学习，进而具备面向未来的"新质学习力"（祝智庭等，2024）。

其次，拔尖创新人才的前瞻思维赋予了他们行业引领力。随着大数据、物联网、人工智能等技术的快速发展，知识更新和技术变革的速度正在以惊人的态势加快。新的知识和技术不断涌现，迅速替代旧有的认知和实践，推动社会快速进步。拔尖创新人才的前瞻思维使他们能够洞察知识和技术变更的趋势，准确预见其发展方向，从而拥有强大的行业引领力。通过不断的探索和创新，他们引领着行业朝着更高效、更智能、更绿色的方向发展，从而推动新质生产力的快速进步。

最后，拔尖创新人才的交叉思维赋予了他们生态塑造力。在数字经济时代，技术的快速发展和跨界融合成为常态，单一的知识和技能已无法满足新质生产力的需求。拔尖创新人才具备跨学科、跨领域的综合素养，能够整合不同领域的知识和资源，构建生态化的创新体系。同时，擅长团队协作和跨界合作的拔尖创新人才，能够协调各方资源，共同推动项目实施和落地。这种生态塑造力使得拔尖创新人才能够在复杂的创新生态系统中发挥关键作用，促进新质生产力的协同发展。

图17-1为拔尖创新人才支持新质生产力发展的逻辑关系图。

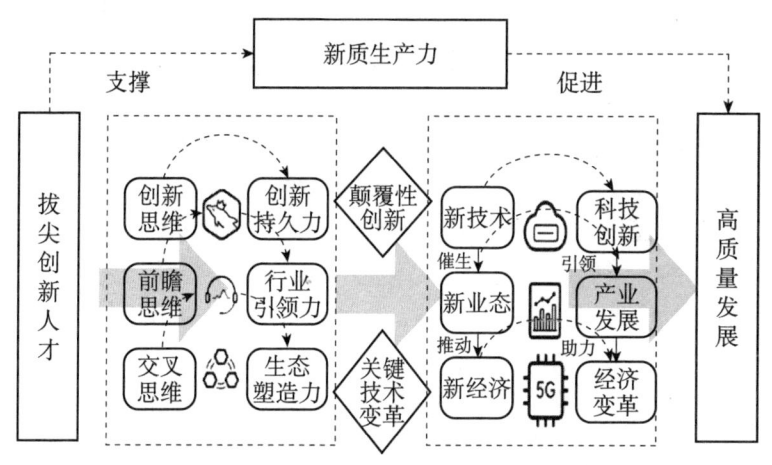

图17-1 拔尖创新人才支持新质生产力发展的逻辑关系图

三、我国拔尖创新人才培养政策体系的现状与不足

近年来，我国不断完善科技人才队伍建设，科技人才数量和质量持续提升。全国人才资源总量从2010年的1.2亿人增长到2019年的2.2亿人，其中专业技术人才从5550.4万人增长到7839.8万人。[①] 根据《中国科技人才发展报告（2022）》，我国研发人员全时当量由2012年的324.7万人年提高到2022年的635.4万人年，稳居世界首位。我国在科技人才规模不断扩大的

---

① 习近平：深入实施新时代人才强国战略 加快建设世界重要人才中心和创新高地. 中国政府网，2021-12-15.

同时，注重优化科技人才队伍结构，理工农医类毕业生已超 250 万人；顶尖科技人才国际学术影响力持续提升，入选世界高被引科学家数量从 2014 年的 111 人次增至 2022 年的 1 169 人次，排名世界第二；更多优秀青年科技人才在国家重大科技任务中挑大梁、当主角，国家重点研发计划参研人员中 45 岁以下科研人员占比超过 80%。① 这些数据说明，我国已经拥有一支规模宏大、素质优良的人才队伍。尽管我国在科技人才队伍建设上取得了显著成就，但仍存在一些不足之处。首先，高端人才特别是拔尖创新人才的缺口依然较大。与发达国家相比，我国在关键核心技术领域的高端人才储备仍然不足，难以支撑一些重大科技项目的研发和创新。其次，人才队伍的地域和行业分布不均衡。一些地区和行业的人才资源相对匮乏，制约了当地的经济社会发展。此外，人才流失问题也不容忽视，一些优秀人才选择到海外发展，对我国人才队伍的稳定性和竞争力构成挑战。

健全、合理的政策体系能够为拔尖创新人才的培养提供有力的保障和支持，促进人才的成长和发展。拔尖创新人才培养政策体系主要是指针对具有创新潜力和创新能力的人才实施的综合性培养机制。从人才成长和能力发展角度来说，拔尖创新人才培养政策体系涵盖了教育、培养、评价与激励、流动等关键环节。面向新质生产力发展的拔尖创新人才培养政策体系，我们认为还存在以下问题和不足：

从人才教育方面来看，我国拔尖创新人才选拔机制僵化。高考制度是最公平、最科学、效率最高的人才选拔方式，但作为一种普世化、大众化的选拔制度，很难满足拔尖创新人才选拔灵活性、多样性、个性化的要求（王新凤，2023）。高考以纸笔测试为主、注重综合考量的选拔方式不利于某些领域的拔尖学生脱颖

---

① 中华人民共和国科学技术部. 中国科技人才发展报告（2022）. 北京：科学技术文献出版社，2023.

而出，甚至还因为长期重复性训练抹杀学生的批判性思维和创造性能力。相当一部分具备创新潜质的学生因高考成绩的限制未能获得有效的选拔和甄别，难以进入适合其发展的高水平大学，这极大地影响了拔尖创新人才的选拔视野（郑永和等，2022）。

从人才培养方面来看，拔尖创新人才培养的跨学科融合存在困难。面对新一轮科技革命和产业变革的挑战，跨学科融合成为创新的重要驱动力。我国在拔尖创新人才政策中多次强调学科融合的重要性。2018年发布的《关于高等学校加快"双一流"建设的指导意见》明确"促进基础学科、应用学科交叉融合，在前沿和交叉学科领域培植新的学科生长点"；2020年的"强基计划"中强调"本科阶段培养要夯实基础学科能力素养，硕博阶段既可在本学科深造，也可探索学科交叉培养"。2021年，教育部办公厅发布《关于建设2021年度基础学科拔尖学生培养基地的通知》，强调"探索书院制、导师制、学分制'三制'交叉融通的创新育人模式"。从实践层面来看，高校在推动交叉学科培养拔尖创新人才方面已经进行了一系列有益的探索，具体包括设立交叉学科专业、开设跨学科课程、组织综合性科研创新活动、实施辅修制度、引入书院制管理模式以及加强国际交流与合作等（贺祖斌和蓝磊斌，2023）。然而，现行教育体制和科研体系在促进学科交叉融合方面存在障碍，导致拔尖创新人才难以在多个领域间进行深度交流和合作，单学科人才培养的"惯性"依然强大，交叉学科对拔尖创新人才培养的贡献度较低。

从人才评价与激励方面来看，拔尖创新人才评价与激励政策有待优化。首先，当前的人才评价体系过于注重学术成果的数量，而忽视了研究的质量和实际影响及贡献。这种评价方式可能导致科研人员追求短期效益，忽视深入研究和长期价值的创造。其次，当前的评价体系僵化，不能充分反映拔尖创新人才在各自领域的特殊贡献和创新能力。在人才激励方面，目前的激励手段主要集中在物质奖励上，而忽视了精神激励、职业发展机会等多方面的需求，这在一定程度上限制了拔尖创新人才的积极性和创造力。

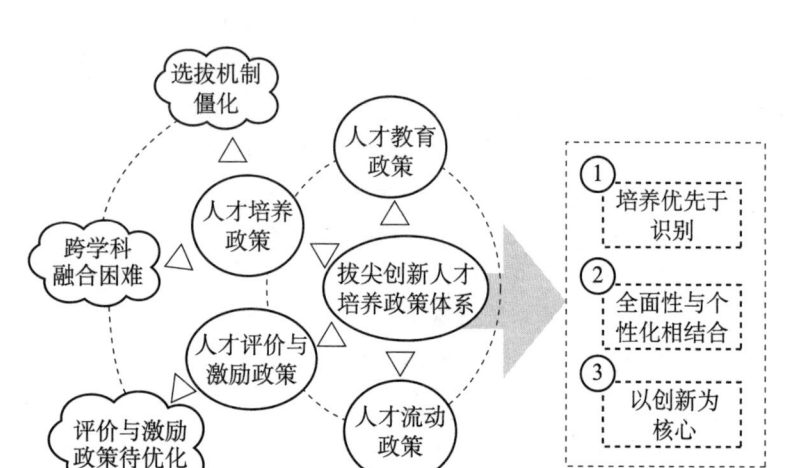

图 17-2 为拔尖创新人才培养政策体系。

图 17-2　拔尖创新人才培养政策体系

四、面向新质生产力发展的拔尖创新人才培养路径

(一) 拔尖创新人才培养政策体系的原则

1. 培养优先于识别

传统的人才培养模式往往侧重于识别已经展现出才华或技能的个体，而忽视了尚未展现潜力的人才。这种模式无法充分挖掘和培养出真正具有创新精神及能力的人才。一个人的创新潜能是不断发展的，并且在发展过程中还会不断遇到新的挑战，因而它也只能在发展中被发现和印证（戴耘，2024）。因此，我们必须转变观念，将"培养"置于"识别"之上，构建一个全面、深入且系统的培养机制，确保每一个有潜力的个体都能获得成长的机会和资源。培养优先于识别的培养原则要求我们重视人才的潜力和发展过程，去关注那些有潜力但尚未完全展现才华的个体，为他们提供必要的支持和引导，帮助他们实现自身的成长和发展。

2. 全面性与个性化相结合

全面性与个性化相结合的培养原则要求我们在确保人才全面发展的同时，也要尊重和发挥每个人的独特性。每个人都有自己的知识结构、认知格局和思维方式，这些都是他们在创新过程中的独特优势（戴耘，2024）。因此，我们的培养政策应该尽可能地提供个性化的教育路径，让每个人都能根据自己的特长和兴趣发展。同时，建立更加完善的评价体系，更加注重过程性评价和个性化评价。不仅仅依靠考试成绩来评价学生能力，而应该从多个角度、多个层面来评价学生的综合发展能力。只有这样，才能真正实现个性化的教育，让每个学生都能发挥自己的潜力，成为具有创新精神和实践能力的人才。

3. 以创新为核心

拔尖指的是一种模范带头能力、引领能力，而创新是一种求异思维的创造性活动，能为社会创造物质和精神财富（蔡小雄，2024）。以创新为核心是拔尖创新人才培养的关键。我们的培养政策应该鼓励人才勇于探索新的领域，敢于挑战传统观念，不断进行创新实践。这需要我们提供一个开放和自由的学习环境，让人才有足够的空间去尝试、失败、再尝试。同时，我们也需要培养人才的批判性思维和问题解决能力，让他们能够在面对复杂问题时，提出创新的解决方案。

（二）完善拔尖创新人才培养政策体系的建议

1. 改进拔尖创新人才选拔机制，鼓励多元化培养人才

在保障选拔过程公平性的前提下，对于在某一特定领域表现出创新潜力的学生，可以通过设立特殊的选拔通道来识别和培养。例如，通过学术竞赛、科研项目参与以及社会实践活动等多样化的途径，为这些具有创新潜力的学生提供直接进入高校学习的机会。

同时，人才培养不应采取单一模式。针对不同领域、不同层次和具有不同特点的人才，应制定差异化和个性化的培养方案，

包括：为学生提供定制化的课程设置，以满足他们独特的学习需求和兴趣；提供进行实践检验的机会；配备专业的导师进行个性化指导等。这样可以确保每位学生都能在最适合自己的环境中得到有效的成长和发展。

2. 加强跨学科融合培养，促进产学研融合

鼓励高校打破传统学科的界限，建立跨学科的研究中心和实验室，为学生提供跨学科的学习和研究机会。同时，完善课程体系，增加跨学科课程，鼓励学生选修涉及不同学科的课程，以此培养学生的多元化思维和跨学科知识体系。此外，对教师进行专门的跨学科知识和教学方法培训，以提升教师的跨学科教学和研究能力。加强高校、科研机构与产业界的合作，让人才在实践中深入了解产业需求和技术发展趋势，提升实际应用能力，同时也能促进学术研究成果转化为实际应用，为相关产业的发展注入新的活力和创新动力。

3. 优化人才评价与激励机制

建立多元化的评价体系对于全面评价拔尖创新人才的贡献至关重要。人才评价标准不应仅仅局限于学术成果的数量，还应包括研究的质量、实际影响力以及创新思维等多个维度。在激励机制方面，除了提供物质奖励，还应增加精神激励和职业发展的机会。例如，为人才提供参与国内外学术交流的机会，以及更多的科研自主权和稳定的资源支持，有效地激发他们的创新潜力和研究热情。同时，鼓励创新人才进行尝试和冒险，对于科研过程中遇到的失败和挫折，应给予一定的包容和支持，营造敢于探索、勇于创新、容忍失败的研究环境。

参考文献

[1] 王新凤. 我国高校拔尖创新人才选拔政策变迁与机制优化. 北京师范大学学报（社会科学版），2023（4）：29-39.

[2] 朱旭. "拔尖创新人才"概念审思. 科教导刊, 2021 (27): 1-3.

[3] 李嘉曾. 拔尖人才基本特征与培养途径探讨. 东南大学学报 (哲学社会科学版), 2002 (3): 138-142.

[4] 张秀萍. 拔尖创新人才的培养与大学教育创新. 大连理工大学学报 (社会科学版), 2005 (1): 9-15.

[5] 张建林, 廖文武, 樊智强, 等. 大众化时期拔尖创新人才的高校培养之道. 现代教育科学, 2011 (9): 98-103.

[6] 陈权, 温亚, 施国洪. 拔尖创新人才内涵、特征及其测度: 一个理论模型. 科学管理研究, 2015, 33 (4): 106-109.

[7] 周文, 许凌云. 论新质生产力: 内涵特征与重要着力点. 改革, 2023 (10): 1-13.

[8] 郑永和, 杨宣洋, 谢涌, 等. 我国拔尖创新人才的选拔与培养——基于教育实践的多案例循证研究. 中国科学院院刊, 2022, 37 (9): 1311-1319.

[9] 柳学信, 曹成梓, 孔晓旭. 大国竞争背景下新质生产力形成的理论逻辑与实现路径. 重庆大学学报 (社会科学版), 2024, 30 (1): 145-155.

[10] 祝智庭, 戴岭, 赵晓伟, 等. 新质人才培养: 数智时代教育的新使命. 电化教育研究, 2024, 45 (1): 52-60.

[11] 贺祖斌, 蓝磊斌. 拔尖创新人才培养的政策、困境与对策——以交叉学科为视角. 社会科学家, 2023 (11): 138-143.

[12] 聂长建. 浅论拔尖创新人才的培养. 中国大学生就业, 2012 (2): 7-10.

[13] 隽鸿飞. 马克思的两种生产理论及其当代意义. 哲学研究, 2004 (8): 11-15.

[14] 徐军海. 人才驱动新质生产力的路径选择. 中国人才, 2024 (2): 20-22.

[15] 蔡小雄. 拔尖创新人才培养不能只"拔尖"不"创新". 中小学管理, 2024 (2): 62.

[16] 戴耘. 拔尖创新人才培养的理论基础和实践思路. 华东师范大学学报 (教育科学版), 2024, 42 (1): 1-23.

图书在版编目（CIP）数据

科技创新与新质生产力/眭纪刚等编著．--北京：中国人民大学出版社，2024.6
ISBN 978-7-300-32848-5

Ⅰ.①科… Ⅱ.①眭… Ⅲ.①技术革新-研究-中国 ②生产力-发展-研究-中国 Ⅳ.①F124.3②F120.2

中国国家版本馆 CIP 数据核字（2024）第 101876 号

科技创新与新质生产力
眭纪刚 等 编著
Keji Chuangxin yu Xinzhi Shengchanli

出版发行	中国人民大学出版社
社　　址	北京中关村大街 31 号　　邮政编码　100080
电　　话	010-62511242（总编室）　　010-62511770（质管部）
	010-82501766（邮购部）　　010-62514148（门市部）
	010-62511173（发行公司）　　010-62515275（盗版举报）
网　　址	http://www.crup.com.cn
经　　销	新华书店
印　　刷	天津中印联印务有限公司
开　　本	890 mm×1240 mm　1/32　　版　次　2024 年 6 月第 1 版
印　　张	8.5 插页 1　　　　　　　　　印　次　2025 年 7 月第 3 次印刷
字　　数	218 000　　　　　　　　　　 定　价　69.00 元

版权所有　　侵权必究　　印装差错　　负责调换

流动之城 | 一位社会学家的地下纽约观察记

FLOATING CITY

A Rogue Sociologist
Lost and Found in New York's
Underground Economy

［美］素德·文卡特斯（Sudhir Venkatesh） 著
李 斌 译

中国人民大学出版社
·北京·

献给我永远的爱人阿曼达

For Amanda, a forever love

第一章
两个世界的碰撞

第一章　两个世界的碰撞

我提早来到画廊，心情紧张又兴奋。就是在这里，夏恩（Shine）走进了我的世界。

1997年我来到纽约，在这之后的五年里，我的工作就是试图去理解这个城市的地下经济。这个隐晦的世界鲜为人知，生活在其中的人们隐匿收入、违法乱纪，发现了无数个挣钱的创意点子。我这个职业的专业名称叫"民族志学者"，这是用来形容我这样一个花大把时间去观察别人的日常生活，或者精确地说，与别人"厮混"的社会学家的花哨的名字。我不像记者那样通过调查或者问问题来了解真相。我一直坚信时间会改变很多事情：它会让我们看到人们通常会隐藏的东西；它会让我们听到人们通常羞于开口的事情；它会给予人们安全感，让他们去透露自己恐惧的事物；它会帮助人们建立信任关系。我跟芝加哥贩毒黑帮混迹十年，才收集到了我前一本书《黑帮老大的一天》（*Gang Leader for a Day*）中的主要素材。

现在，挑战是一样的，我需要一个靠近他们的方法。

夏恩就是那个突破口。我们第一次见面的时候，他已经是哈林区（Harlem）小有名气的毒品掮客，那个时候快克（crack）①生

---

①　快克，即英文"crack"的汉译，是一种高纯度的可卡因毒品。它由于加热时会发出特殊的噼啪响声，故被命名为"crack"（噼啪响）。——译者注

流动之城：一位社会学家的地下纽约观察记

意正在走下坡路，所以他正在想方设法扩大市场。这意味着他要进入纽约的中城区（Midtown）、华尔街（Wall Street）、格林尼治村（the Village）和上东区（the Upper East Side）。当我跟随他的冒险活动在这些区域之间流动时，我看到了形形色色游离于法治社会边界之外的群体，如妓女、皮条客、老鸨、成人电影的制片人、移民贩子，以及成百上千以此为生的中间人。当我得到一笔资助款在哈林区研究街头市场，或者跟城市正义中心（urban justice center）①合作访谈了超过150名妓女时，我是在从事正式的研究。但当我有时候看不清那些事件中盘根错节的隐秘关联时，我也会少了一些兴奋的感觉。但是最令人着迷和兴奋的进展，来自夏恩开始接触一些我日常生活中的熟人，这时我所经历的边界跨越已经从"有趣的话题"变成痛苦的现实。

那天，当我到达画廊的时候，聚会早就已经开始了。在这间空旷的白色大阁楼里，木料、废弃的金属料、巨大的铁球杂乱无章地陈放着。这里看上去有点像个废弃的建筑工地，没有一点艺术气息。或者也有可能是因为十年来我一直专心研究犯罪和贫困问题，也早已没有心思去发现艺术之美了。

穿过房间，我看到了夏恩的表妹伊夫林娜（Evalina）。我们已经是老相识了。在我对非法经济的研究过程中，她总是会在一些出人意料的地方冒出来。伊夫林娜个子不高但身材性感，而且总是充满激情和活力。在高中时她一直给夏恩做事，后来她去了西海岸，想

---
① 城市正义中心是致力于通过为贫困人口提供便利的法律服务以实现社会公正、消除歧视压迫、捍卫个人权利的组织。它的工作方式包括立法宣传、社区教育、司法援助等。该组织运营中的项目包括性工作者项目、社区发展项目、国际难民援助项目等。——译者注

目录

第一章　两个世界的碰撞　1

第二章　纽约，纽约　33

第三章　变革之中的社区　79

第四章　继续向前　119

第五章　性是本护照　181

第六章　角色扮演中的冒险　213

第七章　边界问题　253

第八章　退出策略　299

致　谢　335

作者后记　339

索　引　343

第一章　两个世界的碰撞

自谋生路。在经历过偷车和入店行窃被捕后，她最终还是回到了纽约，在重新回到学校学习的同时重操旧业，帮夏恩卖起了可卡因。在学校，她学会了摄影，然后又学会了雕塑。今天晚上的画展中就有一幅是她的作品。我暗自思忖，或许记录她的冒险经历也会是个不错的主意。

"有趣吗？"她边说边朝我走过来，"你不喜欢这些疯狂的作品吗？"

"嗯，有趣。也恭喜你的作品被选中展览。"我回答她。

她微微一笑，显得非常开心，但我不禁觉得她笑得有些勉强。和我一样，她站在一群白人的周围。我从夏恩那里得知，伊夫林娜深深迷上了纽约苏荷区（Soho）和切尔西区（Chelsea）的艺术气氛，并且希望有一天能够在那里开一家属于她自己的画廊。在纽约，夏恩把卖可卡因收入的30%留给了她。伊夫林娜喜欢与她的那些充满传奇色彩的新朋友们相处，但她有些时候显得不那么精明，以致她没能从这些朋友处先要回预付款。这也是夏恩今晚来画廊的原因，他告诉我，他要想在这个新区域生存下去，就必须找到法子让这些讨厌的艺术家们把欠款给付了。

夏恩终于来了，上身穿着连帽衫，下身穿着牛仔裤，脚上穿着一双白色高帮运动鞋，矗立在大门口。他停下来，就像任何一个销售员都会做的那样，先扫视整个屋子。他看上去充满自信，高大且英俊，和这个地方格格不入。

三个有色人种在同一个房间里相遇，这可是我在纽约苏荷区从没见过的最像官方样板的"种族聚会"。

夏恩犹豫了一会儿。有可能那只是短暂的疑惑，我不能肯定。

他悠闲地走向一堆被透明细线悬挂在半空中的铁球。这些铁球被涂上了浓重的墨绿色,大到足以在后面躲藏一个成人。

我靠近夏恩。"这是些奇怪的东西。"我说。

"真的?你是这么认为的?"

我眨巴了下眼睛。

他凝视着这些巨大的悬浮铁球,沉思了一会儿,说:"我觉得它们很酷。"

在过去的五年内,我看过他护理自己因被袭击而受伤的膝盖,照顾处于困境的亲戚,说服年轻人冒着风险去贩毒,以及其他类似的事情。他做的事情很少能让我感到震惊,但这次是个例外。他是在耍我吗?"真的?你觉得*那些*东西很酷?"

他点了点头。"这可能是一种疾病,或者只是一些肥皂泡,你知道的,就像你小时候经常吹破的那种。"

夏恩微微笑着,对自己的观点也越来越有兴趣。"这东西既可能让你开心,也可能杀死你。是的,这些东西的确很酷。这里的家伙也明白这个道理。"

我感到有一点点恼火。这个哈林区的大毒贩也想在这个异乡当老大?但我控制住了自己的情绪。从他跨出哈林区,第一次进入华尔街和苏荷区的酒吧开拓市场时,我就跟随在侧。我知道这需要多少勇气,多少谨慎的决策分析,以及多少*远见*。我认识很多毒贩,但没有人像夏恩这样急切地渴望跨越边界。如果你换个角度看,则夏恩是一个有雄心壮志的美国青年,他追逐梦想,努力克服一系列的艰难险阻。这样看来,我不应该有愤怒之心,恰恰相反,我应该

第一章 两个世界的碰撞

为这位有超强适应力的天才做好记录。

不过,夏恩并不是我所观察和记录的唯一的城市探险者。从地下经济的不同栖居点到富裕的年轻人中,我能够看到全球化和城市发展的力量正在改变纽约的每一个街区。在地狱厨房(Hell's Kitchen)①,纽约市市长鲁迪·朱利安尼(Rudy Giuliani)大力扫荡犯罪行为带来的是旅游收入增加和快速发展的城市中产阶级化(gentrification)。在中城区,跨国公司们正在那里建设新的总部基地。在华尔街,金融服务部门正势如破竹般疯狂发展。在整个城市,中产阶级和上层阶级正开始从郊区进行历史性的大回迁。这些都在我们的观察范围内,也被媒体盛赞着。与此同时,"地下"的城民也在迁移,但这种规模同样浩大的变革却悄无声息地进行着,没有只言片语的记录和评论。中产阶级化的风潮正让数以千计的底层奋斗者重新寻找新的市场和新的位置去工作。从成人碟片商店的南亚裔经理,到地狱厨房的尼日利亚裔出租车司机,以及下东区(Lower East Side)那些充满野心的拉丁裔站街女,甚至上东区那些高级应召女郎,席卷这个城市的急遽变迁正在创造举目所见的新的赢家和失败者。

喧嚣动荡预示着即将到来的经济泡沫和经济崩溃,但我们却无能为力。庞大且无形的美国地下经济正在按某种运作方式进行调整,而这预示着更大的变迁,并且结果是我们每个人都能预料到的。

在这样的情况下,夏恩与现代艺术的相遇就像是一种象征。我

---

① 地狱厨房(Hell's Kitchen),其正式行政区名为克林顿(Clinton),又被称为西中城(Midtown West),是美国纽约市曼哈顿岛西岸的一个地区。该区人员主要由移民和劳工阶层组成,犯罪率高,居民生活水平低,存在严重的种族冲突,是著名的贫民窟。——译者注

流动之城：一位社会学家的地下纽约观察记

不再生活在一个美国的中西部城市——在那里，不同社会群体和不同街区之间的界限和边界是如此顽固，以至于不管受到何种力量的威胁都难以改变。芝加哥自诩为一个"多元街区之城"，这也就意味着这是一个存在系统性的社会和种族隔离的城市，这有好也有坏。每个人都有自己的居住区域，他们以保护自己的领地为荣，并乐在其中。即使是地下交易也是本地化的。不管是看管小孩、贩卖毒品还是贷款，大多数芝加哥人只跟自己的街坊从事这些桌面下的交易。我很难想象我的一位贫民窟好友会跟我的海德公园区（Hyde Park）或芝加哥大学的中产阶级朋友产生交集。就像当地一句非常流行的谚语所说："敢于弄潮，不做输家（Don't make no waves, don't back no losers）。"我曾经设想这就是所有城市的运作方式，但是当美国所有城市的稳定性都开始动摇的时候，芝加哥这一个城市的稳定性已经被我置于脑后。或许纽约才指向了美国的未来。

但精确一点，纽约究竟指向了哪里？

一个可穿越边界的新世界正在召唤我们。一个关于*拼凑*（bricolage）的观念在我头脑里萦绕，这是一种把现存世界碎片整合为新秩序的艺术。或许我现在开始形成一个关于新的模式的框架，这是一个关于非法地下世界如何与主流世界互动从而创建未来世界的新观点。

当夏恩和我仍然站在那些巨大的墨绿色铁球前时，我听到从屋子中央传来了一个女人的声音："嗨，素德！"

第一章　两个世界的碰撞

来的人叫安娜丽丝（Analise），是我在纽约富二代青年亚文化团体中认识的一个女子。这个团体中的很多成员刚刚从哈佛大学或者耶鲁大学毕业，并接管了父母的慈善基金会。她的肤色今晚看上去有些暗黑，符合富家女身份的随兴但优雅的穿着让她看上去身材苗条、娇小可爱。

有那么一会儿，我的脑子一片空白。就像曾经有一次，当我正在地狱厨房的一个破旧酒吧里访谈一名站街女时，我的几个学生突然晃荡到酒吧门口。我还来不及避开他们并继续访谈，就听到了一声尴尬的打招呼声。还有一次，正当我在一个脱衣舞酒吧访谈性工作者的时候，我遇到了我以前的几个学生，其中有一个是脱衣舞女，还有一个是酒吧侍应生。对于我来说，这些相遇并没有什么尴尬之处。出没于酒吧和脱衣舞俱乐部是我的工作。

但这次是安娜丽丝呀，她是美国的女儿。

在这里我应该先做个解释。每个人在工作时都会有自己的特定视角，就像我的视角来自作为一个印度裔美国人在加利福尼亚长大的经历。我被美国的一切深深吸引，从如今生活在芝加哥公租房里的南方黑奴子孙，到步意大利人和爱尔兰人后尘在纽约开出租车谋生的南亚移民。安娜丽丝的先辈可以追溯到早先移居美国的清教徒时期，所以她一出生就是个地道的美国人。她是一个被财富眷顾的幸运儿，她的家庭有自己的私人基金会，她可以参加慈善舞会，训练马术，进私立学校学习，夏天在迈阿密避暑，冬天去瑞士滑雪。每次我们相遇，我总感觉见到的是一个全新的她，充满着疯狂的冒险欲和激动的情绪。即使假设她也有那种把侍应生和出租车司机当成

流动之城：一位社会学家的地下纽约观察记

仆人对待的不好习惯，这也很难成为一个我不喜欢她的理由——她的优渥感是与生俱来的，她完全没有恶意。这也是她吸引我的地方。

现在我有点担心。在过去的六个月里，我和安娜丽丝曾在一次宴会和一次画廊开幕式上碰过面，每一次她都把我拉到一边跟我聊天，她那亢奋的热情和频繁的吸鼻动作，让我情不自禁地联想到重度可卡因吸食者。情况很糟糕，我可不希望长久地待下去。但是今晚我正陪同一个哈林区大毒枭，我真的不希望为这位美国的女儿和毒品产生关联承担责任。

我快速地环顾一周，并没有看到夏恩在周围，所以稍微放松了一下。安娜丽丝朝我走过来，脸上挂着微笑，手中的饮料都洒出来了。

"哇，真没有想到会在这里碰到你。你认识卡特一号吗？"她说。

"谁？"

她们是双胞胎，卡特一号和卡特二号，她回复。卡特一号是她的朋友明迪（Mindy）。"我们现在待的地方就是她家的房产，"她的手在空中比划了几下并问，"酷吧？"

就在那一刻，夏恩绕过一件艺术品走了过来。"对不起，伙计，我没看到你。"他说。

我站在那里，感觉像过了一个小时。我心里在想，*我要不要去介绍他们彼此认识。*

安娜丽丝在我缓过来之前就已经明白，她伸出了自己的手，并说："你是素德的朋友？我是安娜丽丝。"

"夏恩。"他说。

他们彼此咧嘴而笑，就像刚刚发生了什么有趣的事。夏恩以

第一章　两个世界的碰撞

前听我说过我对那些优等的白人小孩的世界感兴趣；尽管我从来没有专门提起过夏恩，安娜丽丝却知道我对那些正在适应快克可卡因市场的变化的高级毒贩的生活感兴趣。尽管我仍然没有决心要做一项正式的研究，但我的确想尝试将那些在芝加哥贩毒的社区黑帮和像夏恩那样的正往纽约转移的自由毒贩们做个比较。此刻，安娜丽丝正饶有兴致地注视着夏恩，跟随着他的眼睛望向了一张怀旧感十足的有着房舍和院落的巨幅照片。我真怕她会让夏恩谈谈黑人的生活或者作为一个帮派分子成长的感想。安娜丽丝虽然不是一个不敏感的人——恰恰相反，她有着一种让我非常受触动的天生的善良——但看着她那睁大的双眼和爆炸般的热情，我恐怕最坏的情况要出现了。

"这张照片看上去有些糟糕，你不觉得吗？"安娜丽丝转过头，朝向夏恩说道。

"他应该从里往外拍才对。"夏恩说。

她看上去很惊讶，并问："为什么你会这么说？"

"因为它的标题是：《我看到的》。"

她咯咯地笑起来："是的，但它还是很糟糕。"

"我也没说这是幅好作品。"

他们开始一起观看画廊的作品，然后在一个巨大的毛绒玩具前停了下来。"这个很迷人。"

"我要把它买下来。"夏恩附和道。我看到的是一堆廉价的毛皮粘在沙包布袋上，但我不知道他们看到了什么。

他们已经组成了秘密二人组，我感觉自己就像被放到墙角的盆栽一样无用。

安娜丽丝把她的注意力转移到出自同一个艺术家的一些由粉红色马勃菌构成的作品，然后哈哈大笑起来，并说："这个女艺术家有一段时间没有性生活了。"

"我认为她只是不开心。"夏恩说道。

我觉得我必须站出来反对。究竟是什么支持他们在这么短的时间内得出这个艺术家是个女性的结论呢？依我之见，估计除了那个关于粉红色的陈词滥调的假设以外，就没有其他的了。"你们怎么知道这个艺术家是个女性呢？"我问他们。

"当然是个女性了。"安娜丽丝回答。

"肯定不是个男人。"夏恩附和着。

我被他们的肯定给弄懵了。他们怎么这么快就结成了联盟？他们是在表演给我看吗？

在他们转向另一幅作品前，伊夫林娜出现了。"你们来啦！"她走近夏恩，给了他一个大大的吻，然后紧紧拉了拉我的手，之后她转向安娜丽丝，"哦，你好！我们刚刚在走廊里见过。"

安娜丽丝礼节性地点了点头，然后像突然记起来什么似的，猛地一惊，并说："啊，是的，你是泰勒的朋友。"

当她俩的眼神相遇的刹那，一些东西在她们之间传递。伊夫林娜默默地点了点头，给了安娜丽丝眼中的疑问一个肯定的回答：是的，她就是*那个*朋友。好的，一个新的连接形成了。

但是安娜丽丝可能想的是找到源头。现在唯一的问题是，安娜丽丝还需要多久才可以分辨出是谁在给伊夫林娜提供货源。

第一章　两个世界的碰撞

我说了声抱歉后径直走向吧台,留他们三个人在那里闲逛。我越来越感到不自在。我并没有主动协助夏恩兜售他的毒品,而且老天也可以作证我是没有办法控制安娜丽丝的思维的。但是当我看到夏恩和安娜丽丝带着那种突然的亲密感在一件件雕塑作品间穿梭聊天时,我努力在自己的记忆中搜寻起来。我有没有跟安娜丽丝说过一些可能会让夏恩觉得我背叛了他的信任的话?有没有什么场合会让安娜丽丝觉得她不知不觉地成了我的研究对象?更糟糕的是,我有没有去插手干预,歪曲事实?又或者这样的机会是否达到了我需要记录下来的标准?毕竟,我们身处一个用上东区贵族们的信托投资基金买下的画廊(它得到了城市新兴艺术发展基金的数千美元的资助),这里展示了来自不同艺术教育背景和社会背景的黑白潮人们的创意艺术作品,光顾这里的除了华尔街金融新手、泡夜店的年轻人、信托拉斯塔法里教徒(trustafarians)外,还有一些刚刚到哈林区的充满抱负的黑人嬉皮士。这里已经成为那些有意前往第九十六大街南端寻找新生意的毒贩们的新的完美市场。这不正是我要找的地方吗?

半个小时后,夏恩朝吧台走来。他说,安娜丽丝邀请我们去参加她明晚的派对。

"是有新的生意,还是找到了新的客户?"我问道。

虽然我试图让我的询问听起来像一个置身事外的社会学家的超然提问,但就连我自己也从这个询问中感受到了一种批判的味道。

夏恩看着我,然后慢慢摇了摇头以示对我可能表现出的焦虑不安或者嫉妒之心完全不在意。他是个商人,在商言商。他也不会为此而道歉。"兄弟，去吧，你懂的。"

我们握手道别。他心不在焉地拍了拍我的后背，然后径直走向大门。夏恩身材高大，但一些需要坚忍和自我控制的事情让他看上去变得矮了许多。

就在夏恩快到门口的时候，他在人群中发现了伊夫林娜，他朝她点了点头。在我研究毒品交易的十年中，类似的动作我看过不下两百次。夏恩从来不会在身上携带毒品，所以那个点头的意思就是说他很快就会让人把毒品送过来。

我扫视了整个屋子，发现了人群中的安娜丽丝，此刻，她也正盯着夏恩。

第二天我回到了自己的大学。通常我会花大把时间在我的桌子前阅读杂志或者为课程准备讲义，但有时候我也会走进剪辑室为我新的尝试——纪录片电影再加把劲。我刚完成了一部关于芝加哥住宅区（housing project）在被拆毁前的最后日子的纪录片。

我即使在我的办公室和剪辑室里工作，也还在因为前一天傍晚发生的事情分心。我不知道怎么去看待整件事情。在某个层面上，我应该为夏恩和安娜丽丝跨越了种族的界限而开心。要是能把它拍成纪录片那该多好。或者，我可以从现在开始为一个不寻常的、有挑战性的主题收集数据。但我与安娜丽丝的认识过程不曾像一位社会学家访谈研究对象那样。我们是在哈佛大学的一次品酒会上认识的，正当我发现自己在现场手足无措时，是安娜丽丝向我伸出了援

第一章 两个世界的碰撞

手并让我感觉轻松了许多。我很犹豫要不要把她放到"显微镜"下去研究剖析。我觉得我应该扮演保护她的角色。如果我和夏恩明晚一起参加她的派对，那么至少我可以监视夏恩和她的互动，增加一点点可控预期。在我在场的情况下，她应该不太可能直接问夏恩有没有可卡因。

但夏恩在最后时刻给我来电话说他要晚去一会儿，所以我们只能在那里碰头了。

我到那里时大约是 11 点。安娜丽丝在切尔西区租下了一间画廊，在这间屋子的靠墙位置树立了几块高约六英尺①的镜子作为装饰，白色的桌布上点缀着淡淡的紫罗兰刺绣，还有一些古董椅子、几个镶有金叶的酒杯，以及有着 20 世纪 30 年代装饰艺术风格的香槟杯。这里的女士们穿着时尚精致，男士们则是一种颓废时尚的风格。每个人都在尖叫，每个人的手里都握着酒杯。

透过人群，我瞥了一眼伊夫林娜，她凹凸有致的身材被包裹在黑色女装里。在她身边站着的是布兰特妮（Brittany），她和安娜丽丝在大学的时候是同班同学，而且也是一个绝色美女。布兰特妮最近决定利用自己的美色让一些有钱男人带她去纽约的一些著名餐厅吃饭，这算是一种富有魅力的沉沦，但她说至少她可以吃得好一点。不过越接近这条看不见的线，她应该越会决心要去工作吧。最近一次我在上东区的派对中遇到她的时候，她俏皮地问了我一些关于男人欲望的问题：你们喜欢香水吗？内衣呢？喜欢什么类型的内衣？角色扮演呢？什么类型的角色扮演？我该学习如何谈论运动吗？

拜托千万不要去学习如何谈论运动，我告诉布兰特妮。

---

① 1 英尺约等于 0.304 8 米。——译者注

现在她正对着我挥舞着一根香烟,并且指了指后门。我穿过人群,走下一小段金属制的楼梯,然后发现伊夫林娜和布兰特妮正和一些吸烟者站在一个小的露台上。布兰特妮拿出一小瓶可卡因,但不小心把一些白色粉末撒在了自己的金色鞋子上面。"我真是个笨蛋。"她嚷嚷。

安娜丽丝走下楼梯,脚下的高跟鞋让她走得有些跌跌撞撞。"哦,天哪,我像个神经病似的跑来跑去。"她边说边从自己的夜店手提包里抽出一根香烟。

布兰特妮悄无声息地就把那瓶可卡因递给了安娜丽丝。

"谢谢你,我的主。"

对于我来说,这是一个极为尴尬的时刻。虽然过去安娜丽丝从来没有特别对我隐瞒吸毒史,但我俩都选择假装若无其事。这要么是她觉得我太正直,要么是她想让我们的关系维持在一个正常的范畴内。

安娜丽丝把瓶子还给了布兰特妮。"我们明天晚上要聚聚吗?"她问道。

"不好意思,我去不了。我要去趟波士顿。别忘了,你要给宾馆打个电话。"

"该死。差点忘了这回事。这个派对忙得我脑子一团糟。"

抽着新的香烟,她们谈起一些社会活动的后勤保障:火车、出租车、时间表。我的思维游离到夏恩身上。对于我来说,今晚应该是来工作的,而不是来参加社交活动的,对吧?夏恩在哪里呢?他来了吗?还是他把今晚的交易任务委派给了伊夫林娜,但忘记告诉我了?

有一种概率很低但真实的可能就是昨晚夏恩把安娜丽丝带回了

第一章　两个世界的碰撞

家，并且给了她今晚需要的毒品。我都能想到明天报纸的大标题："哥伦比亚大学教授与富人区贩毒团伙勾结"。

我不想再想下去了。

当我的注意力回到她们的对话中时，我发现我错过了不少。

"他多大年纪？"布兰特妮问。

"没有多老啦。"安娜丽丝回答。

"饭局吗？还是只有——？"

"没有。就只是饭局。"

"我厌倦了饭局。"

"那你就只喝些饮料。这应该有帮助。"

她们在谈论什么？看上去有些不对劲。安娜丽丝看出我的好奇，然后把手中的瓶子递给我，问："要来点吗？"

"不。"我大声拒绝，声音大得有点惊人。

安娜丽丝惊奇地看着我，我只是摇着头，开始往外走。现在这里已经超出我的控制范围了。我可以给夏恩打个电话，让他不要把毒品卖给安娜丽丝，但我非常肯定他会说："她已经 21 岁了。"这是他对于这种情境的固有说辞。所以说了声再见后我就走出了屋子。屋外有点寒风瑟瑟，真有了点初冬的感觉。路上没有出租车，最近的地铁站还需要走 15 分钟才能到。

没办法，我只好走过去。

当时我所见到的都是非常尴尬的场景。不管当时我有多希望记

流动之城：一位社会学家的地下纽约观察记

录这两个世界的碰撞，这一想法都在那场寒冷的秋风中开始消散。我需要重新寻找方法去描述这个全球化城市如何将不同的社会类型连接起来。

隔天晚上，我和安娜丽丝又见面了，这是我们见面的连续第三个晚上。安娜丽丝给我打电话，说她正遭遇麻烦，不想回家，因为她的男朋友打了她一顿。她问我可不可以到我家的空余客房住一晚上。

我毫不犹豫地答应了。但接着我很好奇她为什么不找布兰特妮或其他女性朋友。

半个小时之后，她就拎着她的旅行包出现在了我家门口的楼梯上。这一次，她没有化妆，甚至没有涂口红，除了手上戴着几只宽松的手镯外，也没有戴其他饰品。她走进我家的前门，脚踩在我家的地板上发出咯吱咯吱的声音。被雨水打湿的她，显得娇小而脆弱。

我们隔着几步相对而立。我意识到，这是我们第一次在非公共社交场合见面。虽然我们经常会在公共社交场合找一个安静的角落聊天，但我们还真没有单独相处过。我们甚至不知道该如何彼此问候。

没有想太多，我走上前去，给了她一个拥抱。我感觉我能听到她在竭力控制不流出眼泪。

"谢谢你！"她说。

我建议我们去一趟医院。

"我没事，他只是用力抓住我而已。"

"要不要报警？"

"*绝对*不要。"

第一章　两个世界的碰撞

她说她现在只想喝杯酒。她以前是不喝酒的，但是现在她就是想喝酒。

也许这不是一个好主意，我脑子里这么想，但我没有说出来。我兑了几杯伏特加汤力，把一杯放在她的手里。她抿了一口，然后开始滔滔不绝地讲起来。

"J.B. 偷了我的钱！我从来没有想过他会做这样的事情。我可以相信任何事情，但这件事情除外。"

J.B. 是 Junebug（"六月虫"）的简称，这个有着贵族血统的年轻人因为继承了家族的大量遗产而被安娜丽丝起了这个绰号，他和安娜丽丝在大学期间就开始约会。就我所知道的信息，他是一个和蔼可亲但也有自己独特个性的年轻人。他喜欢炫富。他曾经把钱塞进厚的三明治里扔向酒吧的侍应生，或者是把厚厚一摞 20 美元纸币通过出租车窗户扔出去。有一次他租了一个画廊开派对，把成百上千张 20 美元或者 50 美元纸币粘在墙上。我记得我曾经想过，对于一个世袭精英来说，这种行为是非常粗鲁和不恰当的。不过我出生在印度婆罗门教一个种姓族群（阿拉底，the "Alladi"）中，这个族群有自己独特的地方话语，他们倾向于把世间万物都看成是粗鲁的。

"但是这个年轻人是个百万富翁，"我说，"是有*好几百万*的百万富翁。他偷了你多少钱？"

"大概 3 万美元，不过只是这次。我想在这之前，他大概还偷了我 5 万美元。也有可能更多，但我不能肯定。"

她曾经把钱藏在自己的公寓里，所以在这之前她并没有意识到钱被偷了，安娜丽丝说。当她去质询他时，他说她把这么多钱放在家里不用是很蠢的行为，所以他拿走一部分去投资以获得更高回报。

这立即让我想到了以下问题：

（a）她是从哪里得到那么多钱的？

（b）为什么她不把钱存在银行？

（c）为什么她不清点这些钱？

（d）这些钱现在在哪里？

但我不想去问。现在喝杯伏特加汤力倒是个不错的主意。

六个月前，安娜丽丝曾经向我透露，她因为拒绝做一名好的社交名媛，拒绝结婚然后采取一种时尚和慈善的生活方式而惹怒了自己的父母。她宁愿去印度旅行，去观赏艺术。她甚至告诉他们她在考虑做一些属于自己的生意，这对于一个享有富贵的年轻女性来说确实是不恰当的行为。他们威胁说要断绝她的经济来源。那天晚上，在喝下第三杯伏特加汤力后，她说出了自己对被剥夺继承权的深深恐惧，因为这可能会伤害她跟 J.B. 之间的关系。或者如她自己所言："谁想和一个穷鬼结婚！"

在那个时候，我还是很难理解把没办法继承遗产等同于无法结婚。但是那天晚上在我的公寓里，她哭得越厉害，我就越觉得自己找不到一个合适的标准来判断了。

我提了一个技术性的问题："什么样的投资？"

"他说他要花些精力去做一些新项目。"

这个是 J.B. 的弱点。他以发现新的天才自豪。他会从刚刚毕业的纽约大学的学生中寻找导演，然后告诉他们他会给他们的天才

第一章　两个世界的碰撞

电影方案提供资金支持。他们会花好几个星期的时间去起草关于演员、剧组和媒体发布平台的详细计划。唉，只可惜他的信托基金永远匹配不了他的需求。当他的父母拒绝去填补这个差额时，J.B.与他父母的司机策划了一起假车祸，以骗取赔偿金。当这个计划失败后，他从安娜丽丝那里偷了钱。

当安娜丽丝告诉我这个故事的时候，我所能想到的就是作为富家子的J.B.真的只不过是一个在地下经济中欺诈行骗的黑心商人罢了，他跟那些向游客推销非法娱乐活动的西非裔酒店服务员，以及在中城区街边的拉丁裔站街女是没有什么区别的。他的整个拍电影计划都是地下勾当，通过游走在法律边缘的见不得人的方法从他的信托基金中套出资金。如果对J.B.的拍摄事业和夏恩的贩毒生意做一个学术对比研究，应该是很有趣味的一件事吧？我的思绪回到了我在芝加哥大学跟我同事的一次对话，那时我的学术生涯刚刚开始。"我想研究郊区人。"我说。他像看臭虫一样看着我。"他们都是一些白人和中产阶级，你有什么好研究的？"他问。

但是安娜丽丝应该是听不懂这个笑话的。"我知道他从一开始就在耍我，但我总以为他会跟我坦白，你知道吗？就像是到了谷底，然后一定会变好。但结果是他吸食更多的可卡因，喝更多的酒，连打架的次数也越来越多。"

我说我很抱歉，并且我是认真的。

"从现在开始，我将一个人过日子。"她说。

她伸手去拿桌上的纸巾。"素德，我想告诉你一些事情。关于这些事情，我没有告诉过几个人。"

流动之城：一位社会学家的地下纽约观察记

在那一刻，我感觉我的脖子被刺了一下。安娜丽丝想跟我坦白、分享，让我彻底地了解她，知道她不为人知的一面。以前我也经常会经历这样的关键时刻。基本上，等待这样的时刻就是我的工作。它们是一个人给予另一个人信任的最好礼物。我所要做的就是像以前那样，冷静、超然、专业地去接收她的信息。但是即使有了在芝加哥地下世界十年的倾听经历以及在纽约的差不多五年经历，我仍然觉得聆听这些坦白并不简单，这次就更加特别了。我从来没有想过我会去聆听一位成功的、无须涉足地下世界的人士的坦承分享，更何况我们还是认识的。

她好像一点儿也没有注意到我的惊愕。"他偷走的是很多人的钱，我希望他只偷了我的，但他连其他人的钱也偷走了。"她说道。

这把我的思维引到了另一个方向。其他人的钱？这虽然回答了前面的问题（a），但引出了更多的问题。

（e）其他人是谁？

（f）为什么她会拿着其他人的钱？

（g）这些人如果发现自己的钱不见了会有什么举动？

我担心更多的问题会不断地冒出来。

安娜丽丝低下头，那一刻看上去有些羞愧。"你还记得我跟你讲过的关于布兰特妮的事情吗？"

我以为她讲的是布兰特妮跟有钱人约会的事情，或者是关于毒品的一些事情——后者对于我来说更有意义。至少我还不太能接受布兰特妮是应召女郎。

"是的，当然，"我说，"我希望她更成功了，但有可能她并

第一章　两个世界的碰撞

没有。"

"好吧，我想我应该告诉你更多关于她的故事。"

"我说过，你不需要特意去……"

"我在给她当家。"

我没有说话，我在考虑"当家"（manage）这个词可能有的含义。我脑子里回想起了昨晚关于波士顿的讨论，而且我还记得布兰特妮说她厌倦了饭局的事情，以及安娜丽丝是怎么回应的。

"还有其他女孩子。"安娜丽丝补充了一句。

"哦，好的。"我说。我感觉到了一种想立刻起身逃离这个房间的疯狂冲动，直到我意识到我是在自己的房间里。"那很好呀！"

虽然想尽力表现得随意些，但我几乎是大喊出了这句话。

"这一点儿都不好，请不要把我当傻瓜。"安娜丽丝说。

"不是的，我的意思是——不是*太好*，但是，你知道，对你来说是件好事，你知道的——"

她强硬地打断了我的胡言乱语。"我自己*好好*赚的钱，结果却被 J.B. 偷走了。我也替她们保管一些现金，因为她们觉得放在自己家里不安全。结果那些钱也被 J.B. 偷走了。"

这样，整个故事就很清楚了。她说，她并不是从一开始就有计划或者有野心要去给布兰特妮这样的女性当家的。只是因为她觉得这些女性都有点太无能了。布兰特妮打算自己支付在酒店的费用，那可是高档的瑞吉酒店（St.Regis）。她的那些朋友就更厉害了，她们有的要自己去付打车费，有的要支付晚餐费，甚至有的会提供免费的可卡因给男友。她们的男人们完全是在占她们的便宜。没用多少时间，她就帮这些女人把她们的收入翻了一倍。这跟其他事情一样，也是一种组织能力。安排行程，让男人买单，其实就是这么简单。在一炮打响后，她吸引了更多的客户，以至于某天早上安娜丽丝醒来后突然发现，她自己其实在经营一种生意，就像她曾经跟她的父母说过的那样。而且这是一个大生意。"我很擅长这个，"她耸耸肩说，"我能怎么说呢？"

我不知道该如何回应她。我还沉浸在震惊中。

"我感觉我是在帮助别人。"她补充道。

像这样的话我以前听过多次。犯罪分子总是尝试从高尚的角度来描述自己的行为。性工作者告诉我她们是能提供类似于医疗的服务的"治疗师"。毒贩们说他们从社区的坏分子身上获得资金。虽然我所受到的训练和我个人的倾向都是不做判断，但当我从安娜丽丝嘴里听到同样的话语——同样精确的合理化论调时，我没有办法控制自己脱口而出："你们都这么说。"

对于我这么直接的反驳，她似乎有些震惊。她考虑了一会儿，然后耸耸肩。"我猜我喜欢这种刺激感。"她坦承道。

最后，我觉得我专业的一面开始发挥作用。如果我们继续这样谈下去，那么她对我的态度应该会更加严肃一些。我用我最动听的大学教授的语调开始了长篇大论："听着，你知道我是研究这些东西的。我不评判别人，我也不会评判你。"

她点了点头。

"但你是一个——"

我不想说出"皮条客"或者"老鸨"这两个词。我停了下来，

第一章　两个世界的碰撞

重新整理了一下思路。

"你是一个"*中介*"。那是不一样的。"

"你是用一种评判的口吻说出'不一样的'这个词的。你刚刚才说过你不会评判我。"

"我说的不一样其实是更危险的意思。我不清楚你对自己在做的事情了解多少，或者你知不知道自己有多脆弱。"我知道我有些闪烁其词，但暗含批判。大部分时间，对于别人告诉我的关于他们的生活的事，再疯狂的我都能理解。但我也曾见过这个世界上那些骇人之事。我一再看过那些本性善良的人，以金钱、恐惧或者尊重的名义而粗暴行事。我一直在回想我跟安娜丽丝之间的关系有什么不同。也许我跟安娜丽丝离真朋友还差一点，但她也不是我的研究对象。我是不是应该把笔记本拿出来，然后对她做个访谈？我不知道。

"我正在做的事情跟布兰特妮在做的是不一样的，"她说，"如果我做了那些事情，我的朋友、我的名声、我的全部世界都会完蛋。但是做这个是不一样的，我只是个经纪人。"

我很好奇，这是一种什么样的心理机制，会让一个聪明世故的人去相信超级英雄的隐身和无敌的能力。我既着迷又很愤怒："这个*世界*处处充满危险，你认为你能保守住这个秘密？你真的认为布兰特妮没有把它告诉其他人？"

她想了一会儿，然后难为情地耸耸肩："好吧，可能吧。但我会否认、否认再否认。"

难道她真是没头脑地误打误撞走上了这条路？我还要继续听这些愚蠢的辩解之词吗？或者我应该成为她的好朋友，给她当头棒喝，让她重新认识现实？毕竟，我还只是这个世界的学习者。对于这个世界，我所了解到的苦难和悲剧，比我想了解的还要多。最起码我可以让她知道她即将陷入的麻烦。

"你知道'中介'们最忧虑的事情是什么吗？不是警察。"

她耸了耸肩，表示不知道。

"是形象。利用毒品和暴力来控制那些有可能被叔叔或父亲性侵的无知少女，单是这件事情就可以让他们在监狱里关很久。我的意思是，你昨晚跟布兰特妮分享可卡因了吗？你想象一下这在法庭上意味着什么！"

"你这想法太疯狂了！"安娜丽丝冲我喊道，然后重重地坐到沙发上，杯里的伏特加汤力差点儿洒出来。"你也见过布兰特妮！她像那种我可以通过毒品控制让她乖乖听话的人吗？"

我现在冷静了很多，开始进入我的专业社会学家的模式。我要用专门的分析框架来分析安娜丽丝的行为。"你为多少个女性当家？"

如果你只是听我的声音，你可能会以为我手里有个带夹子的写字板和一支2号铅笔。

安娜丽丝的眼睛瞪得很大。她没有想到我会问这么具体的问题。但是我发现那些明确的，甚至细节清晰的问题会让人放轻松，可以让他们的坦白有一定的科学客观性。

"五个，有的时候是六个或者七个，但通常是五个。"她回答说。

"好的，五个。"我说。我开始琢磨那些我所认识的在她手下工作的人，以及在过去这些年里我记录进微型图表里的所有活动。我

第一章　两个世界的碰撞

开始在头脑里盘算数字。"所以，你每周至少进账 5 000 美元。是至少！但是每年你大约有五个星期因为度假或别的原因没有收入。这样算下来，你每年大约从这项工作中收入 10 万美元。而且你很有可能通过麦克斯（Max）洗了这些钱，对吧？"

麦克斯是她的家庭律师。我是通过一些基金会工作认识他的。看她的表情，我知道我完全猜中了。

"所以你无视了货币法和税法，把银行存款变成了六位数。然后你现在告诉我你从来没有逼迫你这五个年轻女性雇员中的任何一个去多接活，或者一直接活或者——你昨天晚上跟布兰特妮说了什么？'那你就只喝些饮料'？"

"你这样说让我好难堪。"安娜丽丝说。

"不好意思，但你是个'中介'啊。这些就是'中介'们做的事情。"

"这样说真伤人，素德。"

"安娜丽丝，你好好想想。你有没有进行过这样的谈话，她们中的某个人跟你说她不想干了。因为少一个人，你一年可能要损失 2 万美元，所以你确定你不会让她坚持做或者只是再干一段时间，甚至是'再一次就好'？假如 J.B. 说如果你不给他钱让他去买他看中的好剧本他就要离开你，你会怎样做？"

伏特加汤力让我变得咄咄逼人。她低下头，而我还在继续。

"我*知道*这些，安娜丽丝。某天晚上，在某个破旧宾馆里发生了意外状况，于是她们跑过来跟你哭诉，然后你极力劝说她们，让她们冷静。你甚至会给那个坏事的家伙打电话，让他也保持冷静，你不想让他成为你的威胁。你是一个完美的中介兼经纪人兼心理医生,一切都在你的掌控中。你感觉良好,因为你做到了,你通过了考验。她们需要你,因为你把事情摆平了。然后你拿到了报酬。你甚至可以从客户那里拿到额外的小费,好让事情不要被捅到媒体那里。因为,好吧,这就是你的*擅长*之处吧。"

这个时候,安娜丽丝哭了起来。等我注意到的时候,我感到有些糟糕。这个倒霉的姑娘刚被自己的男朋友打了一顿,我却在这里高谈阔论。"对不起,你就把这些当成废话。"我说。

"你是对的,"她说,"我就是个皮条客。"

"不!是我扯远了。你让我感到很诧异。"

"但是,我*喜欢*这份工作。我喜欢帮助这些女孩,我*是在*帮助她们。"

她突然把头抬得高高的,笑了起来:"好吧,不,我不是特蕾莎修女。我就是喜欢这种刺激感。真的,我喜欢*犯罪*的感觉。"

事实上,安娜丽丝可能的确在帮助她们。据我所知,在纽约高回报的红灯区市场,大部分的"中介"从业者是一些芳华已逝的女性,她们从出卖肉体转为帮助干这一行的其他女性或为她们当家。而且我遇到的大部分"中介",像安娜丽丝,是受过良好教育的白人女性。她们扮演着多个角色,有的时候是参谋,有的时候又是闺蜜。好点儿的"中介"还会帮那些女性找医生、找律师,甚至会通过洗钱或者建立合法银行账户的方法来帮她们经营财富,当然这些都是要收费的。在她们遇到困难的时候,"中介"给她们提供咨询,给那些友好的警察打电话,当她们陷入牢狱之灾时帮助她们摆脱困

第一章 两个世界的碰撞

境。最终，有些"中介"还会帮助离开性产业的小姐们建立家庭，或者让她们享受到体面的退休生活。虽然我可以坐在这里大段大段地描述这种地下姐妹会的不是，但我更希望安娜丽丝能够看到它的黑暗面。

但现在是停下来的最好时机。我建议她去睡一觉。

她用一种害羞的表情看着我。"你可以继续和我探讨这个话题吗？不是今晚，而是换个时间。和你谈论这个的感觉很好，别的人就不懂。"

这让我感觉很奇怪。再说了，倾听私密的自白就是我的工作。信任也是我将终身学习去鼓励的情感。但是在今天晚上，有些东西却消失了。在我授课和写作的过程中，我经常自信地重复的一个陈述，现在却硬生生地把我击倒：*穷人和你我一样生活在这个世界上，而社会学家的责任就是去揭示这些关系*。现在安娜丽丝正在让我认清一个令人不那么舒服的事实。在现实生活里，我的确对研究经济水平和教育水平低下的人群感到更舒服。我不想承认这一点，这有点儿伤人。但这却是事实。我一直被训练把不同人放进不同的"盒子"里，在毒贩、性工作者、富家子弟和社会名流之间画出分界线。事实上，社会学学术研究的大前提就是每一个个体都有自己的小世界和经济方式，它们可以被研究和描述。所以记录社会角色的最聪明的方法就是找到稳定而*没有*变动的人。

我的个人背景也是一种障碍。不管喜不喜欢，作为一名"芝加哥社会学家"，我已经内化了这样一个观点，那就是芝加哥的城市生活方式已经无所不在：人们生活在被种族和阶层分隔的社区中，黑人与黑人在一起，白人与白人在一起，穷人与富人分开居住，并且这样的居住模式代代相传，所以他们的孩子也是在这样的环境中成长的。现在这就是为社会学家手工打造的一种情境。一个急切的、充满激情的年轻民族志学者需要去做的就是和当地街区的人混得更熟，以让他们接纳你进入他们的生活。当我与夏恩第一次见面后，夏恩就告诉我要弄辆车，然后绕着城市转，自己去体会城市的广阔——它包括非常多样化的社区、街坊以及生活于其中的居民——但我以为这只是给城市观光客的一个样板建议而没有照着做。事实上，抛开我对从芝加哥迁居纽约，以及对进入纽约丰富多样的世界的试探性步骤的忧心，浮光掠影式的观察并不是我的研究风格，我更相信的是融入社区：找一个街区，随便闲逛，认识一些当地人，然后经常过去走走。但是夏恩还是经常提醒我："你应该多出去转转，你懂吗？我经常这样跟你说，但你却听不进去。"现在我才意识到夏恩和安娜丽丝（还有其他我所遇到或研究过的纽约人）告诉我的是同一个道理。他们都告诉我要将生活是静止、一成不变的这一观点转变为生活是运动和改变的。他们不是画地自居，而是不断跨越界限。他们不是找个地方然后找个安稳工作，而是不断起航，在看到新的机会时才会靠岸停泊。我面临的挑战和他们差不多。纽约不一样，这座城市需要自己的社会学。它需要除"街坊社区"之外的新概念，以及一种新的不再固着于某处的介入方法。这些人在不停移动。这就是关于他们的关键事实，他们的真实社区就是他们所经营的人际关系的总和，就是他们跨越城市区域边界所形成的众多社会连接。所以我要做的第一步就是抛开把地理区域作

第一章　两个世界的碰撞

为社会化的原始城市单位的观念。

但是把"社区"定义为网络有何意义呢？尤其是在从定义上来看很危险的地下经济体中，人的生命模式是既脆弱又难以捉摸的。而且这些纽约客并不是只在物理空间上移动，他们也在跨越先天注定的命运疆域。要理解这些，可能要把一些行之有效的社会学原则抛到一边，比如"*我们来自哪里决定我们是谁*"或者"*教育是成功最关键的预测指标*"。这些陈旧的道理无法解释为什么一个毒贩要去看画展，或者为什么一个有钱的金融家的女儿要去兼职做老鸨。通过这些，我看到了所谓的企业家精神的最真实和最充分的含义，那是一种敢于为物质财富和个人转变而冒险的精神。既然纽约的地下经济给了当地居民跨越边界重塑自我的机会——正是跨越这种可预料的边界后的邂逅让像夏恩和安娜丽丝这样的人获得了巨额的财富或更好的形象——那么我也需要一种不是建基于社区而是更多地着重于网络连接的社会学，这种网络被人类学家克利福德·格尔茨（Clifford Geertz）称为"意义网络"（webs of significance）。通过观察地下经济中的那些隐藏的努力奋斗的拼搏者，我观察到一种与学历水平或者公司董事会里的人际互动无关的社会流动模式。尽管地下经济所孜孜以求的正是纽约永恒不变的本质——财富和成功，但这也显示出了这座城市在 21 世纪正在经历的变化：全球化的感受，愈演愈烈的快速度，纽约人在他们所熟悉的社会情境和种族界限间穿梭不停的同时，也在编织新模式。这就是正在生成的未来，而我正在把它们记录下来。

我感到越来越兴奋。

流动之城：一位社会学家的地下纽约观察记

与此同时，一种不自在的情绪相伴而生。在这些想法中，没有任何一个能够可靠地、确定地或可量化地体现在统计表格中。这让我呼吸加快，就像当初安娜丽丝告诉我她的新职业时我的那种感觉。我没有进入正式的研究模式，当然也就无法以一种能够让我的大部分同事理解的方式去解释这些概念。到现在为止，我还没有去履行一个好的研究者应该做的那些事：仔细地设计研究框架、保持怀疑、寻找更多的数据、不断追问直到某些可能的真相出现。仅仅是这种感觉本身就已经引发了一些基本的问题，比如我如何开展工作、怎样做更好。刹那间，毫无预期地，我被迫开始质疑那些曾赋予我的生活多种意义的框架，以及我给自己设的界限。我不能再坐着等待，我需要动起来，我得跟着事情带给我的灵感走。

我让安娜丽丝独自坐在客厅的地板上，她显得有些孤独，也有些醉意，一个漂亮迷失的女孩变成了一个狂热的罪犯。我走回走廊的尽头，站在通往客厅的过道上。伏特加汤力的酒杯还搁在桌上，我也有些犯迷糊了，比我自己认为的要醉得多。一种飘飘然的感觉穿透我的身体，也许这是我所知道的最经久的感觉了：对于游离、脱节和迷失的恐惧。我不知道我下一步要做什么。

这种不确定的怀疑犹如一道闪电，最终点燃了过去五年来我所经历的十分混乱的模式。五年来，我见过很多妓女、毒贩、老鸨、嫖客、色情片职员和警察，这些经历最终都有其价值，或者至少能为创造价值提供线索。这本书的第一章就写到这里，我现在要做的就是去解读它们——去理解这些故事，还有我自己的故事。

第二章
纽约,纽约

第二章 纽约，纽约

现在我们把时光轴拨回到最初的尝试性阶段。一个新的世纪正朦胧浮现，光明和闪耀的未来伴随着各种可能性。我那个时候刚到纽约，作为哥伦比亚大学的一位年轻教授，我初出茅庐，兴奋地开展我的新工作。我迫不及待地去租新公寓，认识新同事和新学生，并且探讨新的研究项目。

一些警告信息也开始出现。我的妻子对于离开芝加哥与我有不同意见，以至于对于离开我们在中西部亲手创造的舒适小窝，我产生了一些罪恶感。

对于开始我的职业生涯，哥伦比亚大学虽然绝对不是一个最轻松的地方，但却是一个最好的地方。这个学校因不那么友好地对待年轻教师而闻名，它很少会给教师终身教职，即使真给了，资历较浅的教授仍然会被视为冗余的劳动力。我绝大多数的朋友和意见提供者们都劝我不要接受这份教职。但是我拒绝了其他工作邀请——甚至包括来自同在市中心的哥伦比亚大学的竞争对手纽约大学的邀请，因为我很渴望，同时也觉得我需要来自常青藤学校的地位和挑战。芝加哥大学里高压的工作环境让我认识到，我需要一个高风险的环境来激发积极性。

流动之城：一位社会学家的地下纽约观察记

当时我所在的系正在经历一段变动期。在两种对立的社会学观点的激烈斗争中，赫伯特·甘斯（Herbert Gans）所代表的是这门学科的原始目标。甘斯是一位有着众多读者的公共知识分子，他沿袭了像罗伯特·默顿（Robert Merton）和赖特·米尔斯（C.Wright Mills）这样的哥伦比亚大学伟大的老一辈社会学家的学术传统，即把生动的叙事方式与对这个伟大国度中的社会问题的深入探索结合起来。

但随着社会学应该成为一门科学的信念的强化，对这种传统的真诚尊重也变得越来越困难。和甘斯同时代的学者，像哈里森·怀特（Harrison White，一位训练有素的物理学家）以及他的那位高深莫测、野心勃勃的学生彼得·伯尔曼（Peter Bearman），就是两个试图让这门学科更专注、更具实验性质的形式主义者，他们更加专注于客观研究和学术严谨性。这个趋势开始于20世纪60年代，当时年轻的社会学家们决定与那些虚张声势的人类学家和新一代的记者群体划清界限，从而维护自身作为科学家的合法性。当时的大众舆论坚定地反映了众多学者对学术质量的无意识的定义：如果你的研究成果能够让很多人读下去，那么你的研究一定是糟糕的；如果你能把自己的研究量化，并且让人完全读不下去的话，那么你一定有重大发现。对照到我的身上，这个警告其实很清晰："你写的书*只能*给社会学家看，因为一本畅销书反而可能危及你获得终身教职的机会。"

我身处其中，努力探索自己的路。老实说，我与伯尔曼以及科学家们关于社会学的观点是一致的，那就是只有通过严谨且系统的观察和分析，我们才能真正地认识这个世界。我不想放弃这样的

第二章 纽约，纽约

观点。在我的学术生涯中，因为客观和关注细节，我得到了不少信任。被视为一个科学家为我打开一扇扇门，帮助我避开"激进分子"的标签，这个标签通常用来驳斥那些拥护用不同方法研究社会变迁的研究者们。我尽可能地多花时间与怀特和伯尔曼待在一起，然后尽可能地多学习一些他们的研究方法。

同时，我知道我之所以被聘用，是因为我的研究领域与诸如种族、不平等和城市命运这样的社会议题有关，而这些议题正好与哥伦比亚大学鼓励公共知识分子的传统相匹配。在这一点上，我因为在芝加哥大学跟随威廉·朱利叶斯·威尔逊（William Julius Wilson）教授一同工作过而受过训练。作为我研究生时的指导教师，威尔逊教授一直坚持光有科学方法是不足以影响决策者和大众的观点的，你需要擅长写作，你还需要会讲故事。威尔逊在他的划时代作品诸如《种族意义的衰落》(The Declining Significance of Race) 和《真正的弱势群体》(The Truly Disadvantaged) 中实践了这些方法，他的生动和富于激情的撰写抵达了学术圈之外的世界，改变了他那一代人看待贫穷的观念。我也希望我的读者可以包括更多的人，希望我的研究成果既能触动那些乘地铁上班的普通上班族的心灵，也能影响坐在办公室里的公共决策者的思想。

因为有这样的想法，我花了很多时间在芝加哥大学的档案库里研究这个领域的历史。我发现，实际上正是这两种对立的社会学传统导致了这门学科最初的张力。罗伯特·帕克（Robert Park）是芝加哥大学社会学系的创始人之一，作为一位训练有素的记者，他主张社会学应当影响公众。他接受了那些追求更加科学和经验的研

流动之城：一位社会学家的地下纽约观察记

究取向的学者的批评，承认了新闻业中固有的轶事描写法所存在的危险，这种描写被证明没有什么更大的意义。在这些成堆的档案记录中，我发现了一位学者的潦草笔迹："精确与中肯"（"Rigor and Relevance"）。它为我做了一个总结：真实、有科学根据的观察是易于理解的，而且能够切中当下社会议题。我试图通过我的第一本面向普罗大众的书《黑帮老大的一天》来达到上述两个目标。这本书的成功，意味着有更多的人理解美国大城市中穷人的复杂斗争——从桌上摆放食物的复杂策略到躲避当地毒贩的行为。更多的真相和更少的陈词滥调，意味着更好的社会政策，对我所研究的那些人来说也就意味着更好的生活。但不管怎么说，这只是理论而已。

但是这两种传统就像交战的公牛。如果你深陷说故事的框架，你就会被认为是个记者。如果你过于追求精准和玩弄数字的科学，你就注定只是书架上的专家。当我初到哥伦比亚大学的时候，我没有找到中庸之道。虽然我的同事们都给予了我鼓励和支持，但他们也都给了我差不多的忠告：要在学科的主要期刊（这些期刊都被科学家控制着）上发表文章，不然你可能得不到终身教职。这意味着我需要自己承担更大的风险。

对于我来说，这就是一场与魔鬼的交易。作为一位民族志学者，我面对的问题是与写作风格毫无关系的。我的专长就是从这混杂和玄妙的既有世界中搜寻出能代表整体的一小部分：一个完美的研究主题。一粒沙中就有一个世界。但是实验室方法是统计学式的。它更倾向于使用长长的问卷、计算机分析，以及来自美国国家统计局的大量数据。如果我只聚焦于这个城市的一小部分，那么他

第二章 纽约，纽约

们[①]一定会嘲笑我，我甚至都不能去争论说他们根本就是错的。我并不是一个研究个体的记者。我的研究结论*必须*能被应用到更大规模的人口中。我要去述说的是整个城市——*所有纽约客*的故事。但那个时候，我甚至还找不到地铁口。

*先从自己熟悉的领域开始，然后希望可以借此达到目标。*我这样对自己说。既然我在芝加哥大学的学术基础就是毒贩研究，那么从这个领域出发再合适不过。麦克尔·克拉克（Michael Clark）[②]成了我研究的"引路人"，他是美国中西部毒品市场中的一个老手。我们已经认识不少年了，我在书中写过不少关于他的故事，还好没怎么惹恼他。早在1997年，他就把他的表弟夏恩介绍给了我。"他会跟你合作。"克拉克承诺道。随后，他拿起我的笔记本，然后写下了一串数字。

我并没有立即给夏恩打电话。我希望通过自己的力量去了解这座城市，打电话给夏恩让我觉得自己有点儿太没有主见。但是在哈林区跌跌撞撞地摸索着对那里的毒贩和性工作者做访谈，却没有什么收获后，我只好又找出笔记本，然后拨通了夏恩的电话。

虽然夏恩住的地方离我的新公寓不到一公里，但是他是住在下方的哈林区，而我住在上方的晨边高地（Morningside Heights）[③]。

[①] 指支持实验室方法的研究者。——译者注
[②] 文中多个人物化名均为"Michael"，为了便于读者阅读时更好地区分，翻译时采用了多个不同的中文译名。——译者注
[③] 晨边高地，是美国纽约市曼哈顿西北部的一个社区，是哥伦比亚大学主校区所在地。——译者注

流动之城：一位社会学家的地下纽约观察记

初到纽约的时候，我曾经期望我在芝加哥大学的经历能够重演：在那里，刚入学的新生都会收到一份地图，上面标明了安全和不安全的街区，并且一再警告哪些地方要避开——基本上全部都是黑人社区。在某种程度上，晨边公园（Morningside Park）里面那个长长的，从陡峭程度来看勉强可以被称作山丘的小斜坡，确实在哥伦比亚大学和哈林区之间竖起了一个无形的屏障。

但在当时我还没有意识到，这只是我的第一堂课，纽约与芝加哥是大大不同的。我才发现的那家友好的社区酒吧，其实也是夏恩喜欢的社区酒吧。这是一个温暖但也简朴的地方，大部分客人是在本地做一些小生意的人，这跟大学里面的环境形成了有趣的对比，当然也比校外那些挤满学生的嘈杂场所要好。我宁愿离开纽约西区（West End），去和杰克·凯鲁亚克（Jack Kerouac）[①]以及艾伦·金斯伯格（Allen Ginsberg）[②]们的鬼魂共生。我还是觉得和工人们在一起更舒服。

当我告诉夏恩酒吧名字的时候，他大笑起来。"哈哈，我今天晚上正好要去那里看球赛，"他说，"顺便一起来吧。"

那天下班之后我去赴约，在凛冽的寒风中我疾步行走，脑子里想的是我是如何在普通的工人群体中忽略了这个贫民窟大毒贩的。但是当我见到他的时候，我立马就知道原因了。夏恩是个身材魁梧的人，健硕且充满活力，看上去很安静但又露出警觉的神态。他的深蓝色长裤和黑色 T 恤让他看上去像是一名下班后来小憩的美国邮

[①] 杰克·凯鲁亚克（1922—1969），美国作家，代表作为《在路上》。——译者注
[②] 艾伦·金斯伯格（1926—1997），美国"垮掉派"诗人，代表作为《嚎叫》。——译者注

第二章 纽约，纽约

局工人。在一屋子穿着制服的黑人和拉丁裔中，他竟然一点儿也不显得突兀。

我从吧台要了一杯酒，走到他的桌子前，然后在他的对面坐下来。好一会儿，我们谁也没说话，就是干坐着，却也悠然自得，彼此意会。

"麦克尔怎么样了？"夏恩终于开口了，他微笑的时候，白色的牙齿、红色的嘴唇和黝黑的肤色形成了强烈对比，"他过得怎么样？"

"还不错，"我嘟囔着，"他已经安定下来了。"

"那个黑鬼一出生就安定下来了。"夏恩打趣道。

"是的，但是如果你也这么不错……"

你根本连尝试都不必。有一句老话是这么说的。这就是贫民窟的智慧。我甚至都不需要把话说完，夏恩就知道我想说什么，而且他知道我知道他知道。类似这样的社会编码就是人们表达忠诚的表征，我在长期浸淫于芝加哥毒贩文化后，对这一块儿再熟稔不过了。

"他跟人们相处得很好，"夏恩继续说道，语气里流露出尊重，"他知道如何让别人听命于他。我听说这黑鬼还能让他所住的社区变得更有活力。"

夏恩的意思是，麦克尔通过对他的毒品地盘专横有效的控制（其实是强迫街坊邻居服从自己），让那里变得安全且非常容易盈利，还不用担心被警察抓。我试着积极地看待这一切，但不认同麦克尔的犯罪行为。

"是的，他很成功，甚至他的孩子杰基都快要接管整个地盘了。

但是她才5岁，一个多么神奇的小孩子啊！"

为了填补这只言片语对话中的停顿时间，我补充道："纽约人不像芝加哥人那么友善。"

夏恩看上去有些怀疑："你喜欢友善的人？"

"当然了，我确定。有谁不喜欢吗？"

"兄弟，这里不是芝加哥。再友善的人也不一定让你在这里混得开。"夏恩说。

夏恩皱起了眉头，仔细地端详着我，好久没发一言，似乎在思考我到底有着一种什么样的性格。终于，他有了结论。他点了点头，端起手中的玻璃杯咬了口冰块，并说："我知道你是如何跟这些黑鬼相处的。你看上去没有那么可怕，所以他们对你也没有什么戒心。这就是你让他们把我的秘密全部告诉你的窍门吧，是不是？"

他边说边笑，用牙齿把嘴里的冰块咬得嘎吱嘎吱响，就像是一个骗子在狡猾地恭维另一个骗子，让我不禁有种瞬间愉悦感。

"所以下一步是什么？你的计划是什么？"夏恩问，"你要搬进这里的公租房吗？"

当然，从我搬到纽约的第一天开始，这个问题就一直萦绕在我的脑海中。*下一步是什么？我该研究什么？* 我所看到的东西——纽约所展现出来的特别活力——别人也都看到了。芝加哥的美丽被包裹于它与中西部城市的相似性、可预期的城市居民生活节奏，以及对不同阶层和种族的开放姿态中。相对而言，纽约看上去显得有些混乱，没有整合力。我很想做点儿什么去进一步了解这个城市。就

第二章 纽约，纽约

算我可以抛开所有的办公室政治，再去研究渗入公租房的毒贩帮派也不是什么大有可为的研究。

"所以这将是我们的最后一次见面？"夏恩问道。

"可能吧。"我答道。

我们彼此严肃地待了一会儿，然后突然大笑起来。瞎聊了一会儿后，我们把谈话内容转到麦克尔和其他我们在芝加哥都认识的人身上，慢慢就谈到我是如何在某一天闯进公租房然后被麦克尔的帮派绑架的故事。"接下来我真的搬了进去，然后七年时光如白驹过隙。"

夏恩低着头，耳环上的钻石闪闪发光。"麦克尔说你在写一本书？"他问。

就我的经验，这正是一个向夏恩这样的人介绍我的职业的绝佳机会。"每个人都很拼命。"我说。

夏恩严肃地敲了敲桌面。"每个人都得拼命，"他附和道，"尤其是在我们这里。"

这样我们算是彼此认识了，还聊得很开心。所以，我又把话题转到我当下最关心的问题上。"纽约这个城市太大了，大到我不知道怎么进行我的游览之旅。我不知道从哪里开始，也不知道要去哪里。我怎么才能知道哪里才是值得去的有意义的地点呢？"

夏恩起身，打算去再添一杯酒，但酒保示意他坐在原地，然后他会把酒送过来。夏恩叹了口气，回到原位坐下。可能看出我遇到了挫折，夏恩创造出一种将持续多年的模式——面无表情平淡地回复道："坚持再坚持，这是我的姑妈跟我讲的。"

"是的，但是要在哪里坚持再坚持呢？"

夏恩笑道："那也正是我当初问的。"

他沉默了好一会儿了。酒吧的噪声在我们的周围越来越大，我们只能靠得更近。他往前倾着身子，摇晃着脑袋说："妈的，我这些年都在做同样的事情。兄弟，我已经越来越烦躁了。我一直不断问自己，下一步是什么呢？我接下来可以做什么？我问我的姑妈，她告诉我：'侄子，你要坚持再坚持。'我坐在那里苦思冥想，他妈的，这女人告诉我的都是什么呀！她到底有没有听懂我的抱怨？事情的关键点是该去哪里呀！"

"所以你要去哪里？"

"该死，我也不知道。"

我们重新坐了下来，思考着我们面临的相同处境。我们都被困在过去与未来之间，都在寻找出路。答案在日后可能会非常确定，但在那个时候我们都处在云里雾里。当时我们只有一种奇怪的难兄难弟般的感觉，这种感觉是我们在纽约共同挣扎寻找出路情境下的产物。当我离开芝加哥的时候，我第一本书中的调查对象们也在毒品世界中逐渐凋零了，他们要么被监禁，要么已经死亡。现在我和夏恩都在问同一个问题：还有第二次机会吗？

是夏恩第一个告诉我，开始时要先去找辆车，然后在纽约城市中闲逛。这个建议听上去有些平庸和老掉牙，以至于我并没有把它当一回事。

第二章 纽约，纽约

"你应该流动。"他说。后面还加了个"兄弟"，像是当句点用。

"流动？"

夏恩指了指酒保。"就像这个家伙。他过去是个喜剧演员，然后去开过卡车。他还在农场工作过，还当过棒球队队员。现在，他在这里。"

"这辆车子从哪里来？"

他缩着头，眯着眼睛。难道我笨到不明白这个隐喻的含义？

"明白了。"我说。

夏恩把目光先是转向吧台上方的钟，然后是窗户。街上的脚步声变得越来越嘈杂，时针慢慢指向了五点。他拍拍口袋，这通常是他离开前的仪式动作。

"我不留你，有事你先走吧。"我说。

"嗯，我还有些事要处理。每个人下班后都会找一些自己喜欢做的事做，"他站起来，"你有我的电话号码，有事给我打电话。"

他走向吧台，把几张钞票丢在柜台上，指了指我的饮料，意思是告诉酒保他替我买单。他的手上拿着一顶蓝色的纽约洋基队球帽，此刻他小心谨慎地把它戴在头上，冲我点了点头，然后走出大门。

接下来的两年时间我都待在哈林区，大部分时间跟夏恩和他的朋友们在一起。我足够幸运地获得了一份研究补助去研究黑人街区的历史，这不但帮助我理解了这个街区的历史和文化，同时也给了我一个机会去建立信任感——这份信任感是我进行一项关于更现代化的市场研究的必要基础,即使有夏恩的支持,这里的人也不会立马同意我去观察他们的犯罪过程。跟社区的"老家伙们"谈社区的历史能够让大家对我放松警惕。而且说实话,这也应该是一个好的芝加哥社会学家应该做的。跟当地社区街坊混得熟络自然是一个好的基础。

跟我的预期一样,不管是沿街兜售的小商贩,还是汽车窃贼,抑或是高利贷从业者,每个人都有一个他们愿意分享的关于过去的故事。随着他们与我相处得越来越融洽,他们开始把我介绍给在街头巷尾忙碌工作的人。这是需要细火慢炖的工作,但这时间花得却很值。我知道,对于那些找不到工作,或者因为精神上或生理上的原因无法全职工作的哈林区人来说,地下经济仍是维持他们生计的主要来源,这一点与报纸上关于失业的头条新闻的观点大相径庭。他们在黑市的收入至少跟那些薪资最低的工作的报酬差不多,如果不是地下经济,那么那些工作更可能是他们现实的选择。而且他们的收入通过消费在社区内流动,提升了每个人的生活水平。但我也看到了他们付出的惨痛代价:时时刻刻生活在对法律的恐惧之中。他们几乎只能使用现金,只有少量存款,没有信用卡。他们因为特别害怕去警察局,所以只能长期生活在街头和家庭暴力之中,更别说能够为未来的就业提供有价值的求职经历了。

但是所有这些人都日复一日地在少数几个固定的街区做生意,就像我在芝加哥观察到的男男女女一样。不管是跟着夏恩在纽约大学周边的街区散步,还是我一个人单独闲逛,我都能够很轻松地分

第二章 纽约，纽约

辨出那些从纽约其他区来到哈林区黑市购买商品和服务的人，他们购买的可能是盗版光碟、街头工艺品，甚至是汽车维修服务和性服务等。虽然我没有亲眼见到这些交易，但我知道有不少哈林区居民离开这里，到纽约其他区从事一些地下的交易。有些人会坐巴士到富人家做保姆，就像夏恩的母亲。清洁工和门卫会到中城区的企业办公室做一些临时工作。手工艺者、艺术家和一些街头商贩会在整个城市的人行道上售贩他们的作品。夏恩自己也在纽约所有的（五个）行政区服务于自己的顾客。

我觉得这里让我很有收获，但我又有些不安。我在收集哈林区地下世界的故事，而且我确定我还有更大范围的黑市有待跟踪和观察。我甚至跟我学校的同事说我要去开展一项关于纽约地下黑市的现在和过去的正式研究。但是我又担心这研究太像我在芝加哥所做的研究了，会使我错过哈林区地下市场与更大城市连接的所有途径。我知道我需要一个不同的方法，去做一些真正的创新型研究。

正如在学术界所发生的，城市社会学最近的狂热就包含了一种关于当今城市思考的新路径。像萨斯基娅·萨森（Saskia Sassen）和大卫·哈维（David Harvey）这样的城市学者，写过很多关于纽约作为国际大都市重生的深刻研究文章。他们认为，纽约与纽瓦克或者费城的连接远没有它与东京和伦敦的连接那么紧密。不同于布法罗（Buffalo）或者克利夫兰（Cleveland）等老派的"20世纪"城市——它们的兴盛和衰败与其周遭资源息息相关——东京、伦敦这些服务性经济中心城市已经超越了地区经济。全球性的城市因金融、房地产、娱乐业和传媒业的发展而繁荣，而那些老去的城市却

流动之城：一位社会学家的地下纽约观察记

不得不依赖制造业和重工业维持生存。所以当纽约和伦敦中到处都是时髦富豪的时候，大部分的克利夫兰和布法罗的居民正在那些老旧的街坊里勉强谋生。

这种新观点在学术圈内外都获得了较大反响。从圣保罗到墨西哥城再到曼谷，这些城市的市长和商业领袖都在渴望用更光鲜亮丽的现代科技公司来淘汰那些浓烟滚滚的重工业，只有这样才能确保这些城市在新兴全球经济网络中的地位。这些城市如何能像英国的城市那样吸引大的跨国公司把总部迁移过来？或者它们如何能像西班牙的城市那样通过自己的艺术和建筑成就去吸引全球投资？纽约在金融领域的统治地位会被挑战吗？

我个人的学术重心偏向于对全球流动及其力量的关注。在20世纪初诞生的传统社会学，把城市看成一座座相互交织连接的花园。在这个所谓的"生态视角"里，你所在的社区决定了你未来的工作、你的教育轨迹、你和谁结婚，甚至你是否会成为犯罪行为的受害者。种族隔离的情况也不一定有现在这么严重，因为城市经济会把人们整合在一起，而一个温和的、家长式的政府能够把资源均匀地分配到每座"花园"。这也是一种可以对充满着移民群体、获释的奴隶、本地居民和各种匆匆过客的混乱喧嚣的城市进行有效管理的干净利落的方法。但新一代研究全球化的社会学家认为，遥远的城市即使在地理上相距甚远，也会紧密相连，这对传统的生态学理论，甚至是新生态学理论都造成了一定困扰。我在来纽约几个月后，就已经直觉意识到这个观点了。黑人社区正在被白人占领，绿点区（Greenpoint）的居民从波兰裔变成了拉丁裔，墨西哥裔散工

第二章　纽约，纽约

与年轻的白人艺术家比邻而居，郊外的白人群体正大批地往市中心迁移。在20世纪70年代，曼哈顿（Manhattan）的白人还只占少数，但是现在，77%的曼哈顿房产被白人买走了，他们所购买的房子大多数是翻新的出租房，而这些出租房以前的租客多是少数族裔和贫困的工薪阶级。城市正在以几十年来未曾见过的速度快速更新和分化，劳工阶级已经被赶到城市的边缘街区了。

伴随着城市阶层分化，纽约已经变成一座拥有强烈对比的城市。正如萨森尖锐地指出的那样，在新的纽约城市里享受最高薪的专业人士中，90%是白人，他们的挥霍消费和服务需求强烈地刺激着各个产业的发展，而这些产业的从业者大部分是来自偏远郊区的少数族裔。全球化城市同时也是分裂的城市，它们在各种形态上的支离破碎也越来越明显了。

对于我来说，挑战在于如何把这种抽象的理论与我的民族志相结合。这些零碎形态如何能够被我这个习惯于搭个帐篷就观察别人行为的雄心勃勃的社会学家抓住？受访对象是另一个问题。关于地下经济的陈述主要基于猜测，并没有确切的信息。不管是在学术界，还是在媒体领域，所有关于"全球化城市"的论述都倾向于集中在那些游走在摩天大楼里的精英阶层的华丽生活。我在文艺学院的同事们几乎都很崇拜那些能通晓数国语言的新型国际艺术家，能跟布朗克斯DJ（Bronx DJ）合作混音的英国饶舌歌手，与西方演员合作的中国香港电影制片人，甚至是能把传统的法式烹饪风格与中国风味相结合的融合菜厨师。似乎就是这些人定义了何为现代生活。而且连经济学家也开始跟我们说，城市既可以聚集大量的财

流动之城：一位社会学家的地下纽约观察记

富，也可以带来意想不到的后果——一个在汉堡的房地产投资集团只需要通过巧妙的债务工具就可以打乱丹佛的土地使用计划。这说明全球精英阶层可以跟任何想影响政策的人产生关联。

但在所有的这些描述中还是缺少了一些东西。纽约和伦敦各自拥有 800 万人口，东京拥有 1 300 万人口，但这其中只有很小一部分人是在金融、房地产、艺术以及其他主要产业中工作的。如果像纽约这样的城市在全球社会经济系统中占据了重要席位，那么那些生活在摩天大楼之外的群体也同样应该被考虑。传统的观点认为，纽约这座缤纷大杂烩是由城市的*主流*经济体系创造的，这就排斥掉了我曾在哈林区所亲见的地下经济的支持力。如果我的研究聚焦于人们谋生的隐秘方法呢？这样做会不会引起独特的共鸣？毕竟大部分学者在研究地下经济的时候，是纯粹研究越轨行为的。在芝加哥，我曾经见过毒贩帮派与当地居民通力合作，用一条隐秘的线把社区连接起来。而且我知道地下力量有潜力去揭露在政治家的演讲和金融界自我服务的陈述之外的关于社会如何运作的不容置疑的事实。如果外来移民私下在那些能够买下高价公寓的雅痞士家庭做保姆，如果低收入的黑人贩毒者甘愿为那些白人对冲基金交易员服务，那么有没有可能纽约这个巨大的全球化城市从整体上是依靠地下经济那条隐形的线整合起来的呢？有没有可能摩天大楼的绚丽光彩使我们看不见真实世界呢？

既然我是一个研究阶层关系的社会学家，我最艰巨的任务就是寻找并描绘高收入阶层与低收入阶层之间的关联。但是在纽约，我却有一个很明显的劣势。我既没有对成千上万的纽约居民进行过调

第二章 纽约，纽约

查，也没有对多个城市的统计数据进行过分析。我最近的一本书通过对一个黑帮和一个社区的剖析讲述了芝加哥贫民窟的故事。而这会带来一个很现实的批评：只以我所观察到的 200 名低收入的黑帮分子是很难代表芝加哥大街上的 25 000 名黑帮分子的，更何况这里面有的不是黑人，有的收入也不低。我系里的同事们是最早让我意识到对科学精确性的需求的，他们温和但态度坚决地让我去研究社会科学家所谓的"概化问题"（generalizability problem）。在过去几十年里，在这门学科的定量学派的压力下，研究大量个体的学者非常乐于贬低小样本调查，因为小样本调查是无法让研究与更大范围的人口产生关联的。尤其是在哥伦比亚大学，在这里，数量多才是有价值的。

那么究竟是什么让我自信地认为我的研究可以跟更广大的世界产生关联呢？

记者派的幽灵再一次作怪。如果我只是用充满野心的哈林区的沿街商贩和毒贩的故事来描述新的纽约城，那么大部分社会学家会嘲笑我。这些社会学家经常会提出异议，认为对小群体的研究是没有意义的。这样我就只有两个选择。一个选择是，我放弃对大图景的观照，并且聚焦在独特故事上，这些故事并不需要用到科学家惯常采用的"大数据"的方式来挖掘。这可能意味着我会挖掘出一些奇怪的生活方式和难以接近的群体，它们有可能代表着正在消失的文化或者其他一些亟待解谜的特殊事件。另一个选择就是，我可以尝试拓展我的研究对象范围，使其不仅包括低收入的黑人群体，而且包括更大范围的不同阶层、不同种族和不同背景的纽约人。

流动之城：一位社会学家的地下纽约观察记

我已经走出了第一步，对贫民窟、贩毒黑帮以及边缘群体做了研究。现在，我想找到尽可能多的不同类型的纽约人参与到我对地下经济的研究中，我希望他们能填满我不同的"盒子"：穷人、富人、中产阶级、男性、女性、拉丁裔……

但是这个方法也带来了进一步的问题。首先，我的专业是聚焦在那些为社会所边缘化的群体——被阶级化的、无家可归的、找不到工作的群体身上的。这些边缘群体通常是社会大变革的*受害者*。或者更糟糕的，他们是罪犯——性交易的掮客以及被视为加害者的走私者。既然我要把更多类型和不同属性的对象纳入研究范围，那么传统智慧就还有可能是正确的。这里存在一种把人际网络的影响力过度强调或者浪漫化的风险。当然，在这个研究领域也没有前车可鉴。没有人知道谁在非法地赚钱，毕竟根据定义，地下经济本来就是在公众视线之外的。并且即使我的研究包含了100种不同的角色或类型，批评者依然会抱怨还有另外100种角色或类型没有在我的研究中出现。我真的可以说我的研究样本能够真实地代表纽约非法经济的多元化形式吗？

在这个时候，我还不需要去回答这个问题，我只需要对其保持知晓即可。但我也不能长久地将其放置不管。

在开始一项研究前，我会重点关注两件事情，一是一些指导性的概念，二是收集信息的策略，这是每一个社会学家的工具箱里都需要的东西。

第二章　纽约，纽约

关于策略，我是没有办法摆脱夏恩的"流动"的观点的。从科学上来说，它并不精准，但它确实提醒我要抛开芝加哥人的研究套路，接受纽约人不同的行事模式。当纽约人在城市里流动迁徙的时候，他们会用出人意料的方式与陌生人建立联系。所以我决定让朋友带我去认识*其他*的人。我希望追踪这中间所有的联系，并且将联系尽可能扩展到更大的世界。如果这些都不可行，那么我会耐心等待新的模式出现。

有了可渗透边界的概念以及收集信息的策略，我现在需要开始想办法让更多的人愿意与我谈话。如果说要对冲基金交易员或者房地产中介去跟一位科学家谈论他们与地下经济的关联可能并非易事的话，那么要地痞流氓谈谈自己的罪行更是难上加难。

我的第一个契机来自一位叫麦克·科林斯（Michael Collins）的警察，他是我在芝加哥认识的一位警察的朋友。当你在研究黑市的时候，让当地的警察知道你在做什么是很有必要的，所以我一到纽约就立刻与麦克警官认识了。我们发现我们对历史有共同的兴趣，并很快成了好朋友。有一天晚上，正当我在考虑我在哈林区的研究如何开展时，他脱口而出的一句话儿让我有点震惊。

"街头娼妓时代已经结束了。"

结束了？真的吗？那在这之前事情是什么样子的呢？

麦克警官向我回忆起 20 世纪八九十年代，那个时代的娼妓们穿着吊袜束腰带，戴着胸罩，在整个第十大街上招徕汽车上的顾客。整个大街类似于蛮荒之地，充斥着各式各样的犯罪现象。

"那之后这些街头娼妓去了哪里？"我问，"互联网上吗？"

流动之城：一位社会学家的地下纽约观察记

有一些，他说。但后来有一些奇怪的事情发生了。当警察因为一些常见的违法行为（通常的原因包括行为不检点或在公共场合吸毒等）在酒吧或者宾馆扣押一些女性时，在她们身上发现了成百上千的大量现金。"她们不是妓女，但是她们却有这么多现金。这里面一定发生了些什么。"他说。部分原因与这个城市的警察有关系，他进一步解释。为了保证上层阶级和游客愿意来中城区，街上布置了大量警察，政府对一些街头陋癖——从街头卖淫到露天擦车仔——越来越难以容忍。他不知道这些街头工作者去了哪里，也不知道来到酒吧和宾馆的女性是些什么人，但是我很想知道。这看上去正像是我想要研究的边界跨越、关系生成，也就是所谓的"流动"。

要弄清这个故事，我认为我不能单独行动。就像我在哈林区曾经做过的那样，在这里我也花费了数月时间来建立信任关系。我联络上了城市正义中心的性工作者项目组，它是一个为性工作者提供法律服务的倡议组织（advocacy group）。我的一个学生和我决定与该项目组合作研究新近出现的所谓的"居家"（indoor）卖淫。这项合作对双方都有利，我可以获得研究性产业的入口，而他们可以得到一位训练有素的民族志学者的免费支援。

我首先尝试给陪护机构打电话，看看能不能找到新的性工作者。在25位机构主管中，只有3位给我回了电话。第一位听说我的来意后直接挂了电话。第二位对我大声吼道："警察先生，干得不错呀！"

第三位回电话的主管也拒绝了我的要求，不过他建议我去脱衣

第二章 纽约，纽约

舞俱乐部找找。"那里是很多从事这一行的女性最开始闲逛的地方。正是因为如此，她们看上去更像情妇，而不是妓女。她们在这些俱乐部里溜达，然后寻找有钱的对象。"

我听从了他的建议。从我自己在媒体上读到的信息来看，脱衣舞俱乐部已经不再是妓女和老鸨们寻找猎物的下流场所。有一些脱衣舞俱乐部的收费已经达到顶级俱乐部的水平。出手大方的上层职业人士会去那里消费。既然我们有足够理由去假设脱衣舞娘并没有将她的全部小费进行申报，而且她们的夜间工资是私下走账的，那么这里就是混合了合法交易和非法地下交易的场所。而且这里可能还混杂了卖香烟的女孩、密室扑克牌或者舆洗室的服务员。所有的这些都正好切合我所谓的"可渗透边界"的概念。

我对纽约脱衣舞俱乐部的研究始于翠贝卡（Tribeca）[①]的一个中级俱乐部。这个俱乐部的顾客经济层次混杂，观光客只有很少一部分。我走进俱乐部内，像其他客人一样挑了个位置坐下，试图融入环境，但也不时环顾四周，想把这里的环境看得清楚一些。但可能是我问了太多问题，又或者是我没有在合适情境向脱衣舞娘抛媚眼，以致我第三次再去的时候，一个高个子的非裔美国人走到我的身边。他看上去身高有1.95米，体重有100多公斤，身形有点像个专业的足球运动员。我见过两次他把靠近脱衣舞娘的醉鬼扔出门外。

---

① 纽约市的一个街区。——译者注

"晚上玩得怎么样？"他面无表情地问我。

我微笑以对，尽量表现得友好和没有敌意。"我还以为你们不跟客人说话呢。"

"当客人在做一些我必须了解的事情时，我会跟客人说话。"他回答我，然后死盯着我，那眼神的意思比任何语言都更生动，意思是说我就是其中之一。

我打定主意，诚实是最好的策略。我告诉他，我是一名来自哥伦比亚大学的社会学学者，来这里的目的纯粹是进行一项科学——

"跟我来。"他边说边拽起我的胳膊。

"不要这样吧。"我说。

"你可以去跟经理讲。"

一路上他用力地拽着我的手臂，力气重到肯定会留下淤青。他把我带到一间黑暗的楼梯间，把我推上一段楼梯，然后用他的巨大手掌把我面向墙壁按住，另一只手在一扇金属门上敲了敲。门上一个方形小窗开了又关上，随后门被打开了。屋里面坐着的三位看上去像来自约翰·卡索维茨（John Cassavetes）[①]电影里的临时演员：一个穿着性感内衣的女人，两个有着瘦削脸庞和油黑背头的中年男人。其中一个男人的手上拿着一个计算器，另一个男人手上则把玩着一个小小的橡皮筋。两个人的衬衫都没有扣上，银色的链子悬挂在胸毛中间。这两个男人用一副不耐烦的眼神瞥了我一眼，那个几乎半裸的女人则继续她刚才没说完的话。

"我最大的特点就是，我不会像一些女孩那样放鸽子。我是可

[①] 约翰·卡索维茨（1929—1989），美国演员、剧作家和导演。——译者注

第二章 纽约，纽约

以*依赖的*。"

"宝贝，我都不知道你想要表达什么。"那个拿计算器的男人开口说话了。

"我会来的，"她接上话，"如果我说了我会过来我就一定会过来，而且我会为这件事情做好准备。"

这个时候，那个手拿橡皮筋的男人望了望那个保安，然后漠然地看着我。"这个人是谁？"

这个保安把我的手臂捏得更紧了。"刚刚，他在店里到处窥探。"

"他一个人吗？"拿着橡皮筋的男人问道。

"我觉得是。也有可能店里还有其他人在。"

"我是一个人。"我开口说道，然后开始惯常性地介绍社会学以及我的地下经济研究。坐在桌旁的男人的眼神从我身上移开，死死地盯着那个保安，保安羞愧地低下了头。

"是我的错，我现在去找他的同伙。"

他离开了办公室。

"他妈的这是什么玩意儿？"拿着计算器的男人说话了。

"他妈的愚蠢的黑鬼。"拿着橡皮筋的男人骂道。然后他又看了看我，叹了一口气问道："你再说一遍？"

"我是个社会学家，"我解释道，"我正在做一项关于纽约性工作者的研究，想知道她们是如何在俱乐部里赚钱的。"

拿着计算器的男人大笑起来，拿着橡皮筋的男人则直摇头。"你们这些人是怎么回事？"拿着橡皮筋的男人说完转向了他的搭档，并说，"这应该是第四位想研究我们的人了吧，就今年？"

"差不多吧。"他的搭档说。

"注意了，给你一点儿建议，"那个拿着计算器的男人说，"这里的女性既没有人需要你的免费避孕套，也没有人需要艾滋病检测。你怎么不去大桥底下找找，或者去那些真正需要你们服务的地方呢？"

很明显，他对于社会学的概念有些把握不清。"我不是一位社会工作者。"我说。

"你不是想帮助别人？"拿着橡皮筋的男人问。

"你为什么不想帮助别人？"穿着贴身内衣的女人问。

三双眼睛齐刷刷地盯着我。

这件事情总让人有些混乱。我想我做的事最终是有帮助的，收集准确的信息可以让人们打破关于贫穷的固有思维，并且有助于人们对社会问题进行准确诊断。但是我也认为，为了更加准确地收集信息，我必须抛弃一些诸如怜悯或喜欢这样的情感因素。"我认为仅仅了解人们是如何生存的这件事情也很有价值，"我说，"是真实地去了解。如她们做这样的工作，能挣多少钱，有多辛苦，为什么她们从事这一行。然后其他人会利用我的数据去做决策。"

"有多辛苦？"穿着贴身内衣的女人重复了我的话并接着说，"宝贝，这很辛苦，我可以好好跟你说说。"

拿着计算器的男人举起手，并说："哟，甜心。"

她没有再说话，而是把脸转了过去。

拿着计算器的男人把脸转向我，探身过来，一副马上要结束谈

第二章 纽约,纽约

话的姿势。"你听好,我不会答应让你在这里。我确实不明白你打算做什么,而且我也真的没有时间,所以我希望你马上离开。我相信你不会再回来了,对吗?"

"好吧,那么我只跟她谈谈可以吗?"我脱口而出,"就谈这一次,结束后,我就从这儿离开。"

"可以啊,"那个女人回答,"一定会很有趣。"

"好吧,可以。我也不能决定你的事。但是不是在这里,你们可以约在外面。"

"谢谢,"我由衷地感激她,"我可以把自己的姓名和电话写下来给你。我是合法的,并且我真的不想给你们带来麻烦。"

"你最好快点滚出我的办公室。"

我站起来,有礼貌地说了声再见,然后穿过光线昏暗的走廊,走到大街上。有机会访谈到这位兴致盎然的脱衣舞娘,我显得有些兴奋。她将是我在这个复杂的经济领域站稳脚跟所获得的第一个访谈机会。

我在俱乐部的门口等了两个小时,但她一直没有出现。

我尽量控制我的失落心情。一个研究者无论想让哪一个群体接受自己,可能都需要花上几年的时间,尤其是在这样一个犯罪亚文化若隐若现的地方。但是哥伦比亚大学那边却不能再等了。在花更多无谓的时间之前,我必须尽快开展研究并发表足够多的文章,以确保我能获得该校的终身教职。像脱衣舞俱乐部这样的在合法的外表之下隐藏着非法交易的场所,正是我理想的研究对象。我也可以去尝试上层的酒吧和俱乐部,但难度和挑战应该也差不多。我还可

流动之城：一位社会学家的地下纽约观察记

以请城市正义中心的工作人员帮忙，但给性工作者提供服务就够他们忙的了，他们估计抽不出时间来给我引见。我现在需要一个引导人，一个既能教导我规则又能为我担保引见的维吉尔①。我需要一个*掮客*。

我想起我跟安娜丽丝第一次见面的时候。那个时候我刚到哈佛，在哈佛学会担任研究员。哈佛学会成立有60年了，除了要与一些有名望的作家或者科学家围坐在一张曾属于奥利弗·温戴尔·荷马（Oliver Wendell Holmes）的巨大的桃花心木的桌子前用餐外，加入这个组织没什么要求。这个组织每年有20多位资历尚浅的研究员加入，这里面有几位会自愿地去帮忙准备餐食，或者从组织私有的酒窖里取出葡萄酒来搭配餐食。在一次特别不合时宜的融入组织的尝试中，我答应去选酒。但问题是，我对葡萄酒一窍不通。我选择用红酒来配鱼，而且选择的是年份较近的加利福尼亚红葡萄酒，而对躺在酒窖里的20年陈酿法国勃艮第葡萄酒视而不见。我的同事们不太高兴，一餐饭下来多次听到他们提到"呕吐"这个词。

我决定办一次品酒会，好让我做做笔记，提升我的选择品位。客人们陆续到来，他们穿着休闲皮鞋和夹克衫，而他们的女伴个个都顶着一头草莓金发，但灾难也在这个时候再次来临。我用小刀敲打着一个玻璃杯，并说："欢迎各位！今晚我们首先打开这瓶1982

---

① 维吉尔，古罗马诗人，最具代表性的著作是《埃涅阿斯纪》。维吉尔影响了欧洲历史上众多的诗人，被但丁视为"老师"。——译者注

第二章 纽约，纽约

年的李……"

在张开嘴巴后，我才意识到我不知道如何去读这个法国单词。然后安娜丽丝靠近我，小声在我耳边说："李—欧—内。"

说完后，她把我拉到一边说："这些都是烈酒杯。"

"我只找到了这些。"我说。

"这是哈佛学会，"她说，"你应该配上正确的高脚杯。"

高脚杯？我愣住了。"看上去我作为一个酒类服务员真是个灾难。我没想到原来这也是一门技术活。"

她给了我一个温暖的微笑，并说："如果你懂得一些基本知识，这就不难了。"然后她应急地给我介绍了一些关于酒的基础知识。随后她问起我一些关于印度的事，并讲述了她作为一个年轻大学生在印度的经历。她的父母把她送到印度原本是为了惩罚她，让她在那里"好好反思"，但谁知她却喜欢上了那里。

"从印度回来后，我觉得我更加睿智了，因为我不再在意别人如何想。这就是答案，素德，不在意别人如何想。喝酒也是一样。没有什么对和错，真的，只需要找到你所喜欢的。"之后，她开心地对我眨了眨眼睛，这是我来到美国精英阶层的内心圣地后受到的第一个真心欢迎。"你只需要开喝，喝得*多一点*。"她说。

我笑了。在那之后，一切都变得容易了。

多年之后，当离开那些美食俱乐部，置身于纽约的脱衣舞俱乐部时，我发现我需要另外一个安娜丽丝，一个能当参谋的安娜丽丝。但是我现在的处境可不仅仅是遭受我的那些同事们的嘲笑和白眼。有好几次，我被保安或警卫温和地请到后屋然后开始一场谈话。在我跟黑帮打交道的过程中，我很快就发现如果我跟那些头目暗示他的同行有参与我的调查，那么他们也会合作。有可能他们会认为我泄露了他们的竞争者的秘密，但是我知道他们中的多数人更希望我能确认他们比竞争对手更聪明、更富有、更有才气，也更暴力。尽管我从来不那么做，或者只偶尔地做一次，但他们的忌妒心理足够让他们愿意参与我的调查。我也希望脱衣舞俱乐部的经理们最后能出于同样的竞争性需求参与我的研究。现在，我只需要他们能让我在里面多待一会儿，这样我才有足够的时间去跟他们说明我的来意。

在接下来的几个月中，通过持续不断的努力，我至少说服了大概 8~10 位女性跟我简单地做个访谈。她们向我透露付给俱乐部的费用、在俱乐部后间租房的租金、没有按时缴纳费用时被骚扰甚至被打的风险。有的时候手头紧了，她们需要向俱乐部经理借高利贷。她们还跟我提起一些热心的经理会保护她们免于被某些嫖客虐待。但是这些女性所描述的经历究竟是普遍的还是个别的呢？这些女性与俱乐部之间会不会像芝加哥公租房里那样有紧密的关系？公租房里的黑帮看上去跟当地社区之间存在敌意，但实际上它们之间却有友好联络。跟互联网相比，俱乐部的关系连接方式有什么特别之处？跟小众另类周刊的广告版相比呢？不同的参与者或不同阶层之间又是如何连接的？在我把这个称为正式研究前，我应该再多找一些样本。所以，我仍然需要一个顾问来帮我构思一个框架。

第二章 纽约,纽约

然后这真的发生了。我找到了我在脱衣舞界的安娜丽丝,我的新世界之门就这样打开了。

他的名字叫莫蒂墨·康诺弗(Mortimer Conover)。我和他是在地狱厨房的一个酒吧中认识的,作为一个坚持穿西装打领带、口袋里还塞着方手帕的老派人物,他在酒吧里十分显眼。他看上去已经70多岁了,但对酒吧女郎的热情倒是没有丝毫减少。

"我一个晚上就可以周游世界,"莫蒂墨总喜欢这样说,"我不用离开这个社区就可以去俄罗斯、密苏里、墨西哥以及多米尼加。"

莫蒂墨在第九大街的这个酒吧里包下了角落里的一个包厢,在过去的20年里他都在这个地方寻欢。这个酒吧没有任何标志,只在它的木门上方悬挂着一个红色的写着"酒吧"的标牌,这样的地方,即使你走路经过也可能不会意识到它的存在。店里也没有任何装饰,只有一排包厢和高脚凳,看上去有点像饲育场的饮水槽。莫蒂墨就坐在角落里谈论着政治、体育、伟大的爱尔兰政治家以及女性心理学的奥妙之处。

他遵循着固定的喝酒程序。先是一杯经典的鸡尾酒,然后喝杯水,再接下来是几杯红酒。他还会定时走出去透透气,然后抽一会儿烟斗。当他开始说话含混的时候,桌上的饮品会换成茶。在喝酒与喝茶之间,他会利用空隙与一名酒吧女郎寻欢作乐。

莫蒂墨很少提起他的过去。他曾经"做过生意",这是他自己说的。他右手残废是因为在战争年代受了伤,不过他从来没提起过是哪场战争。他的儿子叫约翰(John),是一个建筑工头,住在新泽西州的伊丽莎白市。他的孙子们都还在念高中,他的皮夹里面保存的照片可以证明。他的伤心之处在于他的妻子。"根据她的说法，我就是个性爱狂魔。"莫蒂墨有一天晚上这样解释，他的声音里充满伤感和怅然。

最后莫蒂墨还是跟我讲了这个故事。在他60多岁准备退休的时候，他在脱衣舞俱乐部与一个脱衣舞娘走得比较近，当他有一次提出有偿性交易后，发现她是个卧底警察。然后就是一系列的混乱，他的儿子差点儿拒绝去监狱接他，他的妻子——一名虔诚的基督徒也跟他断绝了来往。家庭的感恩节聚餐不再邀请他了，他也再没有了跟孩子们的周末时光。

我在酒吧里等待性工作者接受我的访谈的那几个夜晚，莫蒂墨一直陪着我，但我从来没注意到他有健康问题。有一个晚上，当他瘫倒在酒吧的时候，一切都变了。前一分钟他还如往常一样跟朋友交际，后一分钟他就跌倒在地痛苦地呻吟着。他的酒吧女郎朋友迅速拿起酒吧的电话，用她有着长长的假指甲的手拨打了911电话求助。每个人都以为，他是心脏病发作了。

实际上他是中风了。当一个月后莫蒂墨再次回到酒吧的时候，他的左手已经只能像他残废的右手那样蜷曲了，连喝酒的玻璃杯都拿不起来。他的眼睛里也没什么光彩，此刻他正戴着一副厚厚的黑框眼镜。他的腿也跛了，不管是平地走路还是攀爬楼梯都需要人搀扶。当我扶他去盥洗室还有去花园抽烟斗的时候，我发现他的手也抖得厉害。

酒吧里的每个人好像都很自然地适应了莫蒂墨的新状态。酒保在莫蒂墨的酒杯里放上了吸管，甚至还帮他找到了可以放在热茶

第二章 纽约，纽约

里的吸管。莫蒂墨现在也不敢带现金在身上，所以酒吧经理给与他共度春宵的女子做了账单，他只需要每个周末付一次账。有一辆吉卜赛出租车（gypsy cab）[①]专门负责接他回家，司机还会陪他爬楼回到公寓。还有几位性工作者会确保他家的冰箱里存有三明治，以及盥洗室里的厕纸是充足的。甚至为了节省他舟车劳顿的时间，他家隔壁的成人商店在店后面为他准备了个小卧室，方便他与性伴侣温存。

这一点吸引了我。地下世界为了保护自己，创造了各种各样的临时共同体形态。渐渐地，我发现这跟毒贩和性工作者在遇到外部威胁时的反应是一样的。这些共同体形态并不像芝加哥的那样是扎根于本地或者地理分隔的，而是随处隐伏于社会关系的复杂网络中，一旦有特别的事件或情境发生，就会浮出水面。简单地说，如果不是莫蒂墨需要帮助，这样的"莫蒂墨共同体"就不可能出现。

还不仅仅是这些，我在深入了解之后发现这几年跟莫蒂墨交往过的大部分女伴实际上没有跟他发生性关系。通常他们只是把衣服脱了，然后莫蒂墨一边给她们讲述过去的寻欢故事，一边抚摸着她们。后来我发现这种情况是常态——虽然令人感到吃惊——这表明大部分妓女实际上可以称得上是床上治疗师。就像一个说话讽刺的俄罗斯妓女曾经提起她的一个有钱的主顾："大部分时间，我都在告诉他为什么他不能离开自己的老婆。"

即使我看到一群人围绕着莫蒂墨，我也在犹豫是否要将他们

[①] 吉卜赛出租车，是美国的一种无照经营的个体出租车。——译者注

称为共同体。这跟郊区街巷的社区或者给他们的共同连接贴上标签的教会群体是不一样的。虽然莫蒂墨的朋友们也会相互帮助,但他们的关系却不扎根在宗教、民族、社区或者类似于种族和性别认知这样的共同标签中。如果问他们,莫蒂墨的支持者就会说他们只是简单地做一些当你的朋友需要帮助时你会做的事情。"这条街上还有一个跟我一样的人。"他们会这样说,或者"城对面还有一位做得更差的。" 这并不是唯一一间妓女和嫖客共同打发时光的酒吧。城市中还存在很多非正式的网络,以及建立于共同利益和情感之上的临时社群。而且这些人是跨越诸如种族和阶层的界限才走到一起,这些界限通常被社会学家看成把人群分隔开的因素。莫蒂墨是一个依靠退休金生活的白人,而帮助他的女性却是低收入的拉丁裔或黑人。同样,这间酒吧里到处都是爱尔兰警察以及企业白领职员,但在酒吧的角落里,每个晚上也会聚集几十个北非移民。在这个小小的酒吧世界里,他们彼此相连、休戚与共。这里的一半主顾欠另一半主顾的钱,并且大多是因为性,但是他们之间也相互借钱,替彼此修车,帮对方在体育赛事中下注,彼此出售电子设备。随着人们花越来越多的时间在酒吧,事实上他们也更期望参与这些冒险。互惠互助成为标识自己人的工具,一旦得到信任,这种信任就可以成为获得莫蒂墨当下所获得的待遇的基础。

对于我来说,这可能会带来麻烦。好几次我都想说:"我只是以莫蒂墨朋友的身份来的,我对借给你500美元好帮你实现确定是非法的赚钱计划毫无兴趣。"但是夏恩的话也一再提醒我,这些是*流动*的社群。我在早期的研究中意识到,地下交易中有些事情也肯

第二章　纽约，纽约

定会出错，而且这些社群就像在黑市中所形成的连接一样，既不稳定又充满变数。流动虽然意味着在一定程度上的易变性，但肯定不代表可以无限流动。我曾经看过有些人被踢出酒吧，或者丧失成为商业合作伙伴的必要条件。一个典型的情境是，只要有人希望从关系中谋利，冲突就会发生。然后人们会选边站队，这个小世界因此会被分裂。莫蒂墨的网络能存续多久呢？

但我还是想知道更多。如果我能找到正确的地方，如果我能找到正确的人，我就可能看到大部分人所看不到的东西。

今天晚上，夏恩正坐在他那辆黑色的德国轿车里，沿着马尔科姆 X 大道（Malcolm X Boulevard）朝南疾驶，去执行一项他不能透露的任务。夏恩总是神态自若，并且不让我去窥查他的真实生活，这点让我很受挫折，尤其是当我告诉他我没打算研究他后。部分原因可能只是他还在尝试信任我，但他的风格总让我想起我在芝加哥认识的黑帮老大：他们总是喜欢吹嘘和炫耀成功。但就像我和史提芬·列维特（Steven Levitt）的一项因被写进《怪诞经济学》（Freakonomics）而小有名气的研究所揭示的那样，大部分说自己工资高的人，实际上可能连基本生活都负担不起。我是非常渴望夏恩能够跟我就这个话题有话直说的，但看上去现在不是一个最佳的时间。

夏恩单手操作方向盘，从第一一〇大街转弯驶进了中央公园旁边的乡村公路，我们从慢跑者和自行车骑手身边掠过，似乎我伸出手就可以碰到他们。有几个人对我们大吼，要求我们开慢一点。但夏恩还是坚持那句老话：我必须弹跳，我必须流动，我必须跳跃，我必须摆动，我必须奔跑，我必须穿梭。他让坐在车里的我像是上了一堂令人筋疲力尽但又没完没了且没法逃脱的体育课。

现在我的身体是被他拖着走的。寒夜中的冷空气冲击着敞篷汽车的挡风玻璃和我们的脸。我的眼睛控制不住地落泪，每个人似乎都在看着我们，很纳闷为什么这两个人会在这么冷的晚上开着敞篷汽车。

"这里是纽约！"夏恩继续说道，"我们就像蜂鸟，兄弟。我们在花丛之间寻觅。你在芝加哥的时候没人告诉你吗？"

"没有，"我说，"他们告诉我最好老实坐着，不要问任何问题。"

夏恩哈哈大笑起来，仿佛他从来没有听过这么有趣的故事。"妈的！你一定是黑人教出来的吧！"

或许是为了证明他的观点，他开始闯起红灯来。你可能会以为一个毒贩在公共场所会表现得小心谨慎，但显然毒品行业所要求的男性雄风战胜了审慎。

我记得，这是我第一次跟夏恩出现在哈林区之外的地方。我很希望他能够知道自己在做什么。

再往前，出现了一条由中央公园通往西区上流社会住宅的路。我有了一种想逃走的冲动，我想叫辆出租车然后去往一个安静和安全的地方。

他在第五十七大街上来了个急转弯，然后直接向西，开到了地

第二章 纽约，纽约

狱厨房。这里曾经为爱尔兰裔的街头黑帮所统治，这情节就反映在肖恩·潘[①]的电影《魔鬼警长地狱镇》(State of Grace)中，但现在越来越多的纽约社区在这里成长起来，并且它们似乎不会刻意去隐藏它们想要什么。第九街区的周边正在被改造得越来越高档，那些兄弟会夜总会和无数的风味餐厅就是证明。但这些时髦的新玩意却被夹在一个个迷你的红灯区之间，成人碟片商店和乌七八糟的酒吧充满整个街区。在第十和第十一街区，世纪之交时建起的红砖房星星点点地分布在大片的工厂和仓库之间，在这里，标志性的声音就是码头装运货物的卡车发出的持续轰鸣声。推着昂贵婴儿车的雅皮士夫妇、波多黎各的大家族以及城市嬉皮士们在这里聚集。新修建的绚丽的公寓大楼和被翻新的上层人士住宅的旁边，就是低价小旅馆和成人电影放映厅。从这种景象上看，地狱厨房就变成了包含各种不同类型的后现代主义的社区，就像我那些更有艺术气息的学院同事们所羡慕的音乐世界。

同样，这种景象在芝加哥也是难得一见的。虽然芝加哥也确实在进行大规模的旧城改造和城市发展，而且"城市更新"的国家发展计划最早就是从芝加哥开始实施的，目的就在于改造那些乌七八糟的地方，但是芝加哥的市长们大部分选择把推土机开进贫困潦倒的街区，然后把土地卖给私人进行开发，建起体育馆、大学，还有高速公路。这是社会"漂白"的急剧模式。而纽约的旧城改造则如打点滴。旧的建筑被推倒，产权转移，然后建设更有机化的新街区。结果就是，过渡型的街区突然大量出现，不同的种族和社会阶

[①] 肖恩·潘（Sean Penn），1960年出生，美国著名导演、演员和编剧。——译者注

层混杂在一起，它们有的时候很和谐，有的时候也会出现问题。这就是现在在切尔西出现的现象，大量的艺术家和同性恋家庭在这里每天共生共长。整个布鲁克林地区也是这样，在那里，嬉皮士们正在推倒由波兰和意大利工人阶级建造的铝制外墙，然后重建新世纪的街区。我很好奇当地居民在发现他们家的边界是如此容易被穿透时，会如何去适应。

夏恩把车停在了一家成人碟片商店前面，一块塑料标牌上写着店名"第九街区家庭放映厅"。一个女人透过商店的窗户向我们招手。

"安吉拉（Angela），"夏恩向我介绍，"她人很好。你会喜欢她的。"

我们走进店里，安吉拉给了夏恩一个大大的拥抱，然后用西班牙语跟夏恩开玩笑，说他的头发已经开始白了。安吉拉紧抱着夏恩不放，于是夏恩只好尽力伸手跟柜台前面的店员握手。"阿军，我的兄弟，最近过得怎么样？"

阿军个头较小，穿着蓝格子衬衫，是一个和颜悦色的南亚男性。他的脑袋仿佛隐藏在他的一头飘逸的黑色长发中。"就那样，就那样。"他说。

夏恩把我介绍给他。我把手伸过柜台跟他握手。

"我叫曼军（Manjun），"他回复道，然后用两只手握住我的手，"很荣幸遇见你。"

安吉拉也过来跟我握手，她的眼神温柔又令人舒服。她给人的感觉就像一个很久没有联络的亲人，我立马就觉得很放松。

第二章 纽约，纽约

夏恩这个时候已经站在通往后屋的过道上。"安吉拉，你过来一下。"他说。

安吉拉又给了我一个能融化人的微笑，然后转身走了过去。

"曼军，你也过来一下，"夏恩说，"我想跟你们两个人说些事情。素德，你帮忙照看一下收银台。"

"如果有人要买东西怎么办呀？"

"你就把钱收下。"夏恩说。

我走到了柜台后面，既有些惶恐又觉得很荒唐，我连怎么打开收银机都不知道。

柜台后面的地板被垫高了，这样方便店员看到全部店内通道。店内一共有4条通道，8排柜子，每排柜子上面大约有1 000张碟片和DVD。我从来没有被这么多色情作品包围过，而且我也不知道我现在在这里做什么。这个印度伙计是谁？他为什么要和这个和蔼可亲的拉丁裔女人做生意？他们现在跟夏恩在谈些什么？他们与我有什么关系？

"嗨，你们这里有《监狱女孩5》吗？"

一个处在第二通道的体格健壮的拉丁裔男性远远地问道，他甚至都不走到柜台这边问。

"呃，让我看看。"我说。

我能看到在遥远的角落里，夏恩、安吉拉和曼军还在说话。他们都不停地点头，并不停地彼此插话，但我因为离得远，只能听见只言片语。通过他们的手势判断，他们应该在为某事烦心，而且有种被生活击倒的感觉。不管那是什么事情，看上去他们都要花点时间去对付了。

"兄弟，我想看被束缚的妞。听那个印度家伙说，你们进货了。"

在这种情形下，一个真的店员会说什么？想到我在其他情境下被当成店员的情况，我希望能够在烦躁和愤世嫉俗之间寻找到一个最合理的平衡点。"就在架子上。"我说。

又有两个顾客走进店里。其中有一个人问我是否愿意从顾客手中收购旧片子。"要不你等经理回来后问他吧，"我回答他，"大概要20分钟。"

最后，曼军回来了，走到柜台后面，在那狭窄的空间里跟我交换位置。在远处的货架后，夏恩喊我过去。我穿过第二通道，旁边的架子上摆满了色情碟片。在一个写着"外国片"的金属架子前面，夏恩和安吉拉就像迎接贵宾一样站在那里等着我。

"安吉拉说她和曼军会帮助你，"夏恩说，"你记下她的号码。或者你也可以随时回来跟曼军交流。你看这样好吗？"

"当然。"我有点儿没有把握地回答道，我还不太能确定他的引见能帮我多大忙。

安吉拉又给了我一个温暖的、母亲般的微笑。过了一会儿我才知道，安吉拉并不是这家商店的职员，她实际上是一名性工作者。不过，这看上去并没有影响她跟曼军之间的关系。他们两人相互配合，就像好搭档。曼军经营着这个小店，并且通过允许安吉拉和她的朋友使用小店的后屋进行隐秘交易而获得外快，而夏恩则为安吉拉的朋友还有顾客们提供他们所需的毒品。这不就是我所谓的流动

第二章 纽约，纽约

社群吗！安吉拉就是把这些人和事黏合在一起的关键人物。

我马上就了解到，我之所以能够这个时候如我所愿地找到她们，其实是因为社区大规模的改造导致她们的生意逐渐萧条。当散步者代替了闲逛的嫖客时，社群的重要性会以另一种方式显示出来：通过经历的苦难来认识彼此。

"我不知道夏恩是怎么跟你说的，但我是一个大学教授，"我开始说话，"我在纽约的一个倡议团体里工作。我想研究……"

"我知道的，亲爱的，我知道，"安吉拉说，她拉着我的手，把我带到商店的前面，"他告诉我你想认识不同的人。我了解了。但是首先——这样说吧，我们想帮助你，但我们现在处在……或者你可以帮我们一个小忙吗？我们现在处在*困难的情境*中。"

哎呀！也不知道夏恩答应过他们什么！

"你不介意帮我把这些箱子中的碟片放到架子上吧？这很容易的。每个箱子上都贴有标签，你只需要把它们放到正确的位置就可以了。通常是有个人来帮助阿军做这件事，但今天那个人没有来。"

不知道还能做什么，我拿过一个箱子，打开，然后撕掉每捆 DVD 外面的蓝色塑料包装。虽然我没办法克服那种我正在做错事的青春期罪恶感，但是大量出现的男性生殖器和女性乳房的画面让这种感觉减轻不少。抱着成箱的色情碟片，我开始研究起货架。每一个分区上面都贴着手写的标签："同志区""极端刺激区""女性区""新成人区""束缚区""新片区""外国片区"。有个写着"语言"的标签让我愣了好一会儿：这到底是指外国的语言，还是指污秽的语言呢？

流动之城：一位社会学家的地下纽约观察记

在收银台前，夏恩、曼军和安吉拉正在开怀大笑。夏恩和曼军笑得互击拳头，咧着嘴看着我手里抱着一箱色情片。然后夏恩抱了抱安吉拉，接着走向大门口，甩给我最后一句叮嘱：

"好好玩！"

夏恩已经有好几个星期没有过来了。他和我都知道我应该离开哈林区。我已经空忙活了好长时间，我对自己能够看到纽约不为人知的一面的想法都丧失信心了。我知道他对我老是抱怨研究毫无进展开始厌倦。但是他开车带我去地狱厨房和曼军的小店正是我需要的助力。即使是这次短暂地离开哈林区的经历，也帮助了我把精力聚焦在不同的世界是如何在地下经济中连接起来的。就像莫蒂墨常去的酒吧，曼军的店也是一个光怪陆离的混合体：安吉拉是拉丁裔，但是来这儿的大部分性工作者是亚裔或者东欧裔。如果她们支付不起旅馆房间的费用，她们就会把客人带到这个录像放映厅，客人通常是工薪阶层或者中产阶级白人。当慢慢混熟后，这些性工作者已经能够毫无芥蒂地跟我分享她们与客人在这间屋子里的交易。经常光顾她们的客人包括不同的种族和阶层；一名中城区的律师和一名城市公交车司机都有可能去握上曼军的手，然后挑一张碟片，如果心情好的话，他们还会问有没有性工作者可以为他们服务一会儿。警察通常会在晚上来访，曼军通常会给他们提供免费的咖啡和茶水，当然有些警察也会顺带挑几张碟片。

有好几次，我也看到了我曾经在莫蒂墨身边看到的互助行为

第二章 纽约，纽约

和同志之情。曼军的商店就像莫蒂墨常去的酒吧一样成为一个沟通的节点，人们不仅过来传播信息，也来打听最新的消息。当警察从曼军那里听说一个受虐待的妓女躺在宾馆时，他们就派了一位社会工作者过去，这种任务在过去妓女和社会工作者能够在大街上彼此相遇的时候特别简单。为了赚一些台面下的钱，医生会来到曼军的商店给那些没有保险的劳工提供服务，有两个小孩子就是在店里出生的。纠纷获得了解决，小企业的风险投资启动了，女性为了得到一张绿卡可以在这里认识可以结婚的男性。一切都在进程之中。商业交易会带来更多的交易，这一切都是为了达到互惠。只要你待的时间足够久，你就会被卷入这些交易中。幸运的是，我待的时间越久，就有越多的当地居民开始把我跟曼军关联在一起。当人们都以为我是一个没有威胁、只会理货架的印度人的时候，我想偷听他们的谈话就容易多了，关于我的下层阶级身份的假设也让我有机会接触到他们的计划。

渐渐地，在认识莫蒂墨与认识曼军之间的这段时间里，我遇到了有着各种各样背景的人，他们以一种我在中西部城市所不曾见过的方式，在这个地下小世界中产生连接。就单独以性产业来说，我见过有同理心的私下贩售药品的医生、按月出租房屋的房东、洗钱的放高利贷者、为女性移民寻找签证的假身份证售卖者。虽然他们每一个人都扎根在不同的社区，但是他们每一个人的触角都扩展到了城市里的不同社区。我仍然需要找到方法理解和观察移动中的人——不是理解和观察雄伟的大树，而是理解和观察不可见的树根的伸展方式。最后我觉得我跟城市正义中心的合作项目已经让我看

流动之城：一位社会学家的地下纽约观察记

到了足够多的内容，所以我开始探索独立进行研究的可能性。

但是我在新纽约所见到的足以让我对这个城市的浪漫印象大打折扣。是的，这里的人们在创造连接，并跨越界限。事实上，我所见到的每一个人都想告诉我纽约的地下世界究竟有多大，各部门又是如何相互连接的。但不幸的是，这些故事中的大部分最终被证明只不过是关于下层阶级团结一致景象的浮夸之言。只需要稍微花点工夫，你就可以揭示出地下经济的黑暗场景：盗窃、身体虐待、放逐，以及因为所参与的非法金融投资坏账，移民们千辛万苦赚回来的血汗钱化为泡影。一些狡猾的城市主义者警告说，全球化城市的繁荣会影响到底层阶级，在形成对南亚人、中东人以及不同派别的穆斯林的厌恶的同时，也逼迫这些人去寻找兼职工作或者通过地下经济谋利。有些人警告曼哈顿正在成为一个"主题公园"，另一些人则指出城市的政治家们正在把纳税人的钱投入引人注目的金融服务公司，这无疑狠狠地打了那些需要钱坐地铁和上学的普通纽约人一耳光。

慢慢地，我越来越发现纽约地下世界的生活跟我先前待过的芝加哥公租房社区的情形没什么差别。在那里，信任来源于你看到熟悉的邻居进进出出，你现在的敌人有可能在一年后成为你的生意伙伴或者约会对象——宽恕和遗忘是最基本的要求。但是当你进入一个新的、到处都是陌生人的世界时，信任和连接的模式又是如何*产生作用*的呢？可预测性对于地下世界至关重要，在那里，人们总是处处留心下一个掠夺者，纽约的快节奏更是增加了人们的焦虑。以曼军为例，当他刚把他的家庭接到美国没几个月时，他就发现中城

第二章　纽约，纽约

区的性产业开始衰败，而且从安吉拉处得到的收入大幅减少，安吉拉的朋友也随之消失。人员、资源、金钱和机会的快速全球化到底能为社会关系的可持续性带来什么价值？新的机会形式也一定会带来新的危险形式，而为了找到解决方案，我必须先理解危险是什么。

在那些早期的日子中，另一件吸引我注意的事是失败和危险的反面。有些人在地下世界里混得相对久一些，比如夏恩和安吉拉。他们一定有某些特别的技能能够让他们有力量采取更有效的方法去跨越边界。这些技能的基础是什么呢？找到它，我们就可以推动政府政策的变革，以及找到帮助陷入困境的社区的方法。不过我再一次情不自禁地想到芝加哥模式。在芝加哥，一个四处游荡的流氓恶棍的最佳选择，就是跟当地的帮派、警察和社区领导者成为朋友，只有这些人才可以帮他打破僵局。当夏恩把他的车开出哈林区时，谁会是他的联盟伙伴？还是这里对技能——比如通过劝导让你远离麻烦或者让你加入充满活力的新计划的能力——的要求比较低？每个认识夏恩的人都谈论他的安静、超凡魅力和充满说服力的个性。他是个"斗士"，他们说。也许夏恩的软能力就是他有一种跨越不同语言和价值观的熟稔和灵活，就像一位联合国外交官在跨越不同的国家时，可以很自然地翻译当地的行话习语。

我有很多问题仍然没有答案。纽约也在不断地发生变化，这为我寻找答案的努力增加了不少困难。随着朱利安尼市长（Mayor Giuliani）的第二任任期结束，政府已经承诺会完成对老旧地区的大规模改造。诸如切尔西区和下东区通过这种规模宏伟的重生，已经成为充满艺术和时尚气息的年轻人的目的地。大量的企业迁移到华尔街和切尔西区，使得中产阶级和上层阶级也跟随着他们服务的企业回到市中心。对我来说，坐在芝加哥公园的某个被黑帮控制了三代的角落，继续写下我看到的历史文本是让我舒服的生活。但在纽约，我找不到能够让我舒心坐下来的地方。我甚至在还没有仔细观察它时，就已经开始体会到我的研究对象们每天所经历的紧张和动荡。曼军的店可能不再适合我待下去，我需要流动。

第三章
变革之中的社区

第三章 变革之中的社区

2002年的秋天,在我来到曼军的成人碟片商店几个月之后,他邀请我到周围的社区走走:"我们出去看看。"一瞬间,我还以为自己回到了芝加哥,在那里我的访谈对象通常会带着我穿街走巷,让我体验他们的生活。

曼军走路的时候,头高昂着,手交叉着背在身后(以一副标准的印度人姿态),他秃了的头顶反射着霓虹灯光。"素德先生,你告诉我你来到我的店里是因为你希望看到一些不同的东西,是吗?"

他提到的是一次虽然店里没有客人但频频被打断的谈话。他知道我很焦急地想深入纽约地下经济,而地狱厨房的一个成人碟片商店肯定只是故事的一个片段。

"是的,我非常希望。"我回答。

他感觉到了我的不耐烦。

"素德先生,你看看这里,然后告诉我你看到了什么。"

我朝四周看了看。我看到了成人碟片商店、酒店、餐厅、一间可以提供外送的中餐厅,还有几个人站在那里抽烟,并用被牛皮纸袋包着的瓶子喝饮料。在街对面的人行道上,两名西班牙女性在过路司机的目光下退缩不前。"很常见的场景啊。"我说。

"这里是这座城市中最有灵性的地方了,"他说,"绝对是,毫无疑问。"

他把我拖到一个在一间成人电影放映厅外面站着的高大黑人男性面前。"舒密(Shoomi)!"他大喊道,"晚上过得怎么样?"

那个男人的回答带着非洲式的拘谨:"曼军,我的朋友!我今晚过得非常好。告诉我,你过得怎么样?家里还好吧?"

曼军说他家里一切都好。"我想给你介绍一位我非常好的朋友。他是一位*教授*。他在纽约非常有名气的哥伦比亚大学教书。他是人类文明方面的专家,同时他还是*数学方面的专家*。"

就像一个称职的南亚人,曼军总是不会忘记提到我的"数学"文凭。

"他希望见识见识肚脐以下(below-the-belly)的世界,"曼军解释道,"就像我们这样的新居民的世界。他认为我们不信仰上帝。"

虽然知道曼军在开玩笑,但我却得表达一下抗议:"我可没有说过那些!"我转向舒密,摊开手表示我是一个很通情达理的人,不像路边人行道上的某些人。"我研究黑市,有些人把黑市称作'肚脐以下的世界',意思是这是社会的边缘地带,但曼军的形容听上去有点肮脏。"

舒密很亲切地把手搭在我的肩膀上说:"教授先生,听我说,不要在这堆垃圾里迷失。这些垃圾只会让你分心,你应该去关心人。"

"是的,人。"曼军说。

第三章 变革之中的社区

"但是，这里还是有*很多*垃圾。"我边说边笑。

舒密有点惋惜地看着我说："教授先生，我已经来这里五年了。我最终也把我的老婆还有三个女儿从尼日利亚带到了这里。在我的女儿们来到美国的第一个星期，我带着她们乘坐地铁来到这里，我告诉她们，这里是我工作的地方，我在这家店里工作，我在这个地区工作。这里有不同种类的人，他们大部分是垃圾。但是有不少人和你一样，他们在搜寻着些什么。我们也都在搜寻着些什么。这是我告诉我女儿们的。"

曼军说我看不见上帝是因为我自己从来不相信上帝。

"有可能这是对的，"舒密回答道，"美国人正在失去他们的信仰。但是你是美国人吗？你讲话听上去像美国人，行为却不怎么像。"

我也经常听外国人这么说我。他们说我太有耐心了，以至于不像一个美国人。我总是希望事情能自然地发生，而不是迫使它们发生。我不知道这算是一种奉承还是无礼，而要想解释清楚这件事情，就会陷入复杂的无底洞中。"我是在这里长大的，但是我出生在印度——"

"所以你是印度人呀，"舒密说，"你毕竟不是在这里出生的。"

"跟我们一样。"曼军大声地说。

舒密开始列举他认为属于我们这个临时搭建起来的团体的成员。他成串地报出姓名，让我联想到《圣经》中的家谱排列。"在加油站工作的库日阿那（Kurana），他一直在不停地工作，也一直在不停地祈祷。书报亭的阿默德（Ahmed），跟我一样是个穆斯林。

那边那个正要骑自行车的人是我的好朋友荷塞（José），他信仰天主教。那边那个警察也是个好人，他也是天主教徒。"

"你的朋友萨托什（Santosh）呢？"曼军问，"他也经常祷告。"

"还有你的那位经常在周末工作的朋友，他是个伊玛目①，是吧？"舒密问。

当然，没有人愿意被看作被压迫的群体。他们希望我不要只把他们看作社会的问题。曼军和舒密还在继续报着名字，直到一个有着棕色皮肤的矮小男子骑着一辆破旧自行车（一个空的保温比萨箱绑在自选车的后座）来到他们面前。

"卡洛斯（Carlos），我的老朋友。最近过得怎么样？"舒密问。

卡洛斯的脸上绽放出微笑。他的眼睛乌黑发亮，充满着激情。他竖起大拇指指向自己的胸口说："Soy un padre。"②

"你有孩子啦？"舒密把他的话翻译成了英文，"哇！太好了！恭喜你啊，卡洛斯！"

卡洛斯拿出他的皮夹，从里面拿出一张照片，那是他的太太、孩子以及其他家庭成员的合影。"非常*迷你*（pequeño）。"他试图找到一个合适的英语单词。

"非常好，卡洛斯。我从内心深处为你的孩子送上最诚挚的祝福。"

但是曼军看上去有些担忧，他问："他们要来美国吗？"

舒密指着照片，然后用手模拟了一个飞机飞到美国的动作。"他们来这里吗？"他问道。他用手指着人行道说："这里。"

---

① 伊玛目（iman），伊斯兰教穆斯林朝拜时的领拜人。——译者注
② 西班牙语，意思是"我做父亲啦"。——译者注

第三章　变革之中的社区

卡洛斯看上去有点难过。他摇着头，把照片收到皮夹里，跟大家说了声再见。他骑上车的时候，我看到他用手背擦掉了眼眶里的泪水。

"看到了吧？"舒密问我。

在曼军居住的社区闲逛的时候，我做了个简单的统计。仅仅走过三个街区，我就看到了九家类似的成人碟片商店。有些店在出售音乐 CD 和畅销电影的同时出售一些成人 DVD，有些店的成人碟片的通道的后面暗藏着偷窥秀表演（peep shows），有些店还提供女性脱衣舞表演。这些生意大部分是非法进行的，所以相应地也存在较高的风险。自从朱利安尼市长推动他的"生活质量"运动，以便让城市能够吸引更多的游客和郊区居民回归以来，纽约的警察开始扫荡一切非法行为，从趁车辆等红灯突然冒出来清扫挡风玻璃然后讨钱的耍赖擦车仔，到类似于曼军的商店这样的成人娱乐场所。耍赖擦车仔已经基本退出了公众视线，成人碟片商店的一些经营者也搬到了皇后区和布朗克斯区的工业港口区域。但是也有不少商家只是选择把招牌做得更加低调，然后把色情商品搬到商店的后方，等等看事情会发展到多么严峻。

在我们第一次逛完曼军的社区一周之后，他给我介绍了两个无家可归的人，他们以乞讨、拦路擦车讨钱、捡垃圾，以及小偷小摸为生。另外一次他介绍给我的是个来自南亚的报刊亭摊主，偷窃护照和临时工作签证是他熟练的副业。然后是第五十一大街上的一位教堂牧师，他最有名的副业是日托和保姆服务。曼军希望我可以看到他所处的世界的小角落中的善良之处，但我怀疑他只想让我看到事物光明的一面。

这里有很多温暖的故事。我既需要有自己独立的方法去发现这些故事，也需要从我自己的视角去看待这些事情。作为一个社会学家，我的工作的一部分就是试图发现对方理论中的漏洞。我需要找到更多的妓女，更多的皮条客，更多的老鸨，更多的台面下的就业中介，更多的制作假社会保险卡的造假者——而不仅仅是曼军为我找到的那些人。我尤其需要找到更多的非法移民，然后了解地下经济是如何支撑他们生存下来的。

有一天我告诉了夏恩我所遇到的挫折。我告诉他这些并没有什么特别的意思。我们正在聊天，所以我就很正常地抱怨了一下，就像你抱怨自己的工作问题一样。我告诉他还没有人对地下经济的艰苦从业者的复杂生活形态做过研究，所以这个研究会助力我的职业发展。我也承认我开始害怕只有在芝加哥我才可能成为一个成功的学者。好吧，我只是在发牢骚。

等我再一次来到商店的时候，夏恩正站在柜台里和曼军有说有笑。我正打算跟他们打个招呼，一个顾客走进店里，手里拿着一张坏了的DVD碟片问我："有没有这部片子？"

"我去后面找找看。"我说。

夏恩乐坏了："兄弟，他们分不清你。你那棕色的皮肤跟我和曼军的差不多，你活脱脱一个成人碟片商店店员。"

曼军也大笑起来："他找到了自己真正的天职，说不定他能抢

第三章　变革之中的社区

走我的职位。"

当我在商店后面的仓库里翻箱倒柜地找碟片时，曼军离开站在收银机旁边的夏恩，径直朝我走来。"我听说你还想找更多的人，我给你找的人还不够吗？"

"不，不，不是这个意思，"我回复他，"你已经帮助我够多了。我只是考虑到你让我见识的都是你们这里的好人好事，但你知道的，我想研究的是'肚脐以下的世界'。"

曼军点点头，然后直截了当地跟我说："教授先生，我了解你想找什么。但是请你了解，生活是在不断变动的。有的时候，它变化得非常快。听着，我会帮你的，好吗？但有任何事情，你最好现在就告诉我。到了明天，我就不知道了。你明白吗？"

"不是很明白。"我说。

我注意到曼军在流汗。而且我发现他在最近几个星期穿的都是同一件衣服，这有点儿不正常，因为他向来是个很挑剔、极注重个人卫生的人。当我正要问问他出了什么事时，他坐在小床上挥挥手示意我离开。

我走到商店门口，迎面碰到了夏恩："你跟曼军说了什么？他看上去好像心脏病犯了。"

"听着，你还需不需要我的帮助？"夏恩很不耐烦地回答，"你想找到更多像阿军这样的人，是吧？阿军说他会帮你找的，这样有什么问题吗？"

"我不想你给他压力。"

夏恩对我微微一笑，那意思是我不知道这个世界是怎么运转的。

"你一定从中得到了什么好处。"我说。

这可能并不是什么值得夸耀的事情。但是一旦涉及夏恩的任何秘密，就让我非常有挫败感，由于我们不能公开谈论这件事，因此我只能用嘲讽来表达我的顾虑。我也有可能是过度怀疑了，但我过去在芝加哥的经验告诉我秘密有时候是危险的。一个例子就是当地的一些地方帮派利用我的研究找到地下交易商，然后把他们驱逐了。不过同时，为了评估这项研究的可行性而扩充我的访谈对象列表并没有太大风险。我只是不想因为我而影响到夏恩扩大他的事业。

现在他更是乐坏了。"老兄，就算我能从中得到好处又怎么样呢？我们又不是在教堂，对吧？"

他曾经告诉过我，在地下世界，每个人都是使用者，每个人也都是资源。我也不例外。

回想一下，我不得不承认他曾经给过我很直接的警告。

在成人碟片商店的后屋，我开始勾勒当地地下经济向外面更大世界蔓延的路线图。当然我的第一要务是找到足够多的居家卖淫的女性进行访谈，以便先把与城市正义中心合作的项目完成。安吉拉的帮助在这里就显得特别重要。我在商店后面的大街上找了很多路人谈话。有的时候，有些女性还会带我去社区逛逛，带我去认识曾经给她们提供非法医疗服务的医生、帮她们安全存储现金的酒保，以及可以给她们打折的理发店。信息来得很快，我也尽我的最大努力快速地把它们一一记录下来。

第三章 变革之中的社区

性让人们更加紧密地连接,这不仅是字面意义上的,也是社会意义上的。这个隐秘的地下世界不仅把各色人种"编织"在了一起,而且通过更多种方法把社区整合到了一起。南亚人在这里经营和管理成人碟片商店。西非男性站在舞厅门口招徕嫖客,而他们的妻子则为那些提供性服务的女性提供健康服务。来自墨西哥和中美洲的人们则通过在这些成人碟片商店和舞厅俱乐部里偷偷地做类似清洁这种辛苦的活儿来谋生。考虑到我所遇见的性工作者来自世界各地,从欧洲到非洲再到澳大利亚,从东亚到新加坡再到巴西,所以你也可以说,性交易这样的隐形的线把整个世界串联在了一起。在某种程度上,这和一个全球化企业的经理乘坐自己的私人飞机差不多,也是一种全球现象。

安吉拉在曼军小店的发展史中所扮演的角色看起来完美地证明了我的论点。她所带来的非法收入支撑了合法生意的生存,而合法生意又为她的非法生意提供了庇护。在地下经济与地上经济之间没有一条明确的分界线。在她的同行那里,我试着从金钱的流向来追踪相同的连接。她们能挣多少?她们在哪里存钱、洗钱?她们有信用卡或者会借高利贷吗?通过这些问题的答案,我梳理出了一个异常庞大的基础设施架构,它包含了从曼军的小店到脱衣舞俱乐部和偷窥秀表演,从酒吧、餐厅到健康诊所。我开始发现这些性工作者并没有像我们在传统刻板印象中所认为的那样染上毒瘾,而更倾向于支持家庭、社区和合法生意。而且大部分性工作者通常是有合法的兼职工作的,这让她们以另外一种方式与社区连接在一起。

地下经济当然不仅仅包括性和毒品。临时工们告诉我他们打扫酒店和清洗餐盘的工作只能赚到最低工资。很多人每周要工作60~70个小时，打几份零工。他们的每一份工作大概持续9~12个小时，平均可以带来每周300美元的收入。他们只能蜗居在异常狭小的公寓空间里，这些公寓中的大部分违反了城市的规划法。成人商店的保安们大概每个小时可以赚到5美元，但因为工作时间不固定，所以他们有时也会开出租车。无家可归的游民通过乞讨和擦鞋谋生，如果能成功地避开警察，那么他们也会在一些车水马龙的街口通过擦挡风玻璃挣点外快。他们每个星期大概可以进账100美元，但也常常因流浪、入店行窃以及其他小罪被逮捕。

　　我持续不断地收集数据，并识别更广泛的经济模式。但是好的社会学应该是近距离聚焦和长距离全景拍摄的混合体。你应该时而融入并进行主观体验，时而抽离并进行客观分析，不断填补数据的空隙。当我抽离在外时，我越来越清晰地认识到，对于这个区域的很多移民群体和底层美国人来说，生活在全球化大都市的故事并非那么光鲜亮丽，它代表的是不断恶化的经济结果和不断增长的脆弱与无助。举个例子，街头妓女的减少就是一个明显的证明。过去每个晚上能赚到300~400美元的妓女告诉我，现在她每个晚上几乎只能赚到100美元，还要与其他妓女去抢夺街上形单影只的嫖客。她们每个人都很压抑，对于未来也没有一个清晰的图景。

　　除了了解这些人的无助与困境之外，我觉得也有必要去研究他们之间的互助和连接，就比如莫蒂墨与他的朋友们的关系最终帮助他摆脱了困境。由于我跟城市正义中心的合作让我对地下性产业多了一些专业认知，加上性交易是纽约地下世界的重要部分，因此

第三章 变革之中的社区

把性工作作为我的研究聚焦点很有意义。我决定去调查支持性工作者的底层社区,以便了解促进经济运作的性产业是被何种社会网络包裹着的。而为了处理更加普遍化的问题,我需要扩大我的研究范围。2003年,我决定把研究聚焦在曼军和他的三个同样在这个社区当店员的南亚裔同伴身上。他们四人中有两人来自斯里兰卡,一人来自印度,还有一人来自巴基斯坦,这些都是我没有研究过的人口类型。挑战来自如何获得他们的信任。

在头几个月,我们在一些轻松的场合会面,通常是下班后一起吃晚餐或者喝茶。最后,我开始告诉他们我对理解纽约的焦虑心情,因为我发现分享个人的焦虑心情是一种建立信任关系的有效方法。我告诉他们我很想对他们周遭发生的变迁做一个深度研究。我还告诉他们,我想找到一些能够真正信任我的人,在我正式开始一项长期研究之前,他们可以放心地让我进入他们的生活一段时间。当我正打算提起性这个研究主题时,他们中间有个人打断了我,并对我会意地眨了眨眼:"你应该到我的店里看看。"

这个人是萨托什(Santosh),四个人中年纪最大也最成功的人。才35岁的他已经是一项成功的生意的合伙人,同时他也是一个大家庭的家长,这个大家庭包括他的妻子、他的母亲、他的几个兄弟及他们的小家庭、两个儿子,以及一个今年可能让他当上爷爷的儿媳。但他在美国的生活的成功完全得益于他在地下性产业中的投入。

流动之城：一位社会学家的地下纽约观察记

站在商店柜台后面的萨托什一五一十地告诉了我他的故事，他的史诗般的移民血泪史填充了全部销售间隙。他是1993年来到美国的，起先开出租车谋生。如果晚上顺利的话，他可以赚到100美元。一年后，他发现在生意不好的夜晚，如果他关掉计程表，然后载上男性走街串巷寻花问柳的话，他就可以赚到更多钱。有的时候，他甚至会离开车，把车后座留给那些寻欢的男女们。很快，萨托什就对中城区的浴室、中央区的高档妓院，以及西班牙哈林区①大街小巷遍布的妓女有了充分的了解。在十英里②的范围内，他可以为他的顾客找到任何他们想要的民族、种族甚至性倾向的妓女。每个嫖客会支付给他10美元或者20美元作为他带他们找到妓院的报酬，妓女则在每周结束时依据自己的支付能力给他结算小费，而他每带来一个顾客，妓院的老板也会付给他10美元。他跟他的妻子说，他在给一些商家提供"咨询服务"，这可以让他不用每个晚上都去开出租车，这样过了没多久，他的非法事业的收益就差不多高达每月2 000美元了，这比他开出租车的收益要多得多。

他的一个朋友建议他去投资一家成人电影放映厅。他买下了这家商店的15%的股份，然后在店里当起了晚间店员。但是浴室的经营者和妓女们都希望与他继续合作，所以他还通过告诉他的顾客和出租车司机在哪里可以找到妓院、浴室以及私人的性俱乐部赚到一些额外的收入。通过这些，他赚到了足够的钱，从而可以把他的兄弟还有母亲接到美国，但是他们都以为他的工作是一家软件公司

---

① 西班牙哈林区，也称东哈林区，是纽约曼哈顿区的一部分。该地区为纽约最大的拉丁裔社区之一。——译者注

② 1英里约等于1.6公里。——译者注

第三章　变革之中的社区

的顾问。

"如果他们来到店里，看到柜台后面的你，你该怎么办？"我问。

"如果他们在这里看到我，应该是*他们*想着该如何跟我解释。"他微笑着回复。

阿扎德（Azad）是另一个帮助过我的店员。他是一个来自巴基斯坦的移民，现在在一家报刊亭里卖报纸和零食。在一个生意萧条的漫长下午，他告诉我他在美国的第一份工作是在切尔西的一家报亭打工，那里是一个合法经营的场所，但赚的钱非常少。几个月后的一天，一个住在街对面公租房里的妓女跟他说如果他能帮她推荐客人，那么每推荐一个，她可以付 10 美元的报酬，而恰巧就是在那个下午，有一个顾客问他是否知道金发妓女们住的地方。难道他会傻到到手的钱都不要吗？

很快阿扎德的服务对象扩展到了这些女性的朋友们。有的时候他帮她们保存现金，有的时候他会离开报亭，给她们留个空间换衣服。他现在每周可以额外赚到 150 美元，差不多有卖报纸赚到的钱的一半，这些钱他都存了下来，等着接他的家人来美国。后来他在中城区的一家酒店找到了一份更好的当店员的工作，但他的经验让他把目光聚焦在大街上的妓女们身上，很快他就发现她们也有一样的需求。他和酒店的另外一个职员拉杰什（Rajesh）合作，很快就在当地商店的店主和店员、送货员，以及嫖客、毒贩、黑市经营者之间建立起了一个社会网络。报贩成为整个社会网络中的关键一环。在当地旅馆住宿的旅游者会问酒店服务员在哪里可以找到妓女和毒品。酒店服务员会把这个信息告诉报贩，报贩则会打电话给阿

流动之城：一位社会学家的地下纽约观察记

扎德和拉杰什，然后他俩会找来毒贩或者妓女。或者是另外一种情况，当地餐厅的送货员在听说哪里的海洛因有货后，会把这个消息告诉阿扎德和拉杰什，他俩之后会把这个消息告诉报贩，而报贩又会把这个消息告诉整个网络中的所有酒店服务员和店员。

而对于曼军来说，他进入这个非法的领域就很直接了。他到达美国后所从事的第一份工作就在这个成人电影放映厅，这个店的工作人员很早就跟当地的性工作者有合作关系，这样你就不难理解为什么商店的后屋里面有一张床了。她们为此每个小时需要支付20美元的费用，当然这比钟点房的费用要便宜不少。有的时候她们进屋只是为了休息，那么相应价格就会便宜些。不过，如果是妓女或者犯有轻微罪行的违法者想进去躲几个小时从而逃避警察追捕，那么收费就会达到每个小时50美元。曼军起初是拒绝这份工作的，但是为了把他的妻子和在襁褓中的儿子带到美国来，他需要5 000美元，这些额外赚到的钱可以节省他的等待时间。这确实能节省时间，他仅仅用了6个月时间就寄出了5 000美元，让他的妻子无须再在孟加拉国过着单亲妈妈的困难生活。

但所有这一切在大众文化里都是隐形的，而这种隐形很快就会带来问题。当朱利安尼市长开始他的时代广场范围内的清洁运动后，没有任何当权者会考虑到这些数以千计的"支持群体"，他们的生计会因为性产业的被驱逐而受到严重影响。而这些人会被迫去从事更加合法的工作的乐观看法最终被证明不过是一种道德至上主义者的伪善——是*犯罪本身*让这些人获得了进入这个奇异世界的通行证。渐渐地，萨托什开始销售来路可疑的笔记本电脑，拉杰什开

第三章 变革之中的社区

始提供短期小额贷款,而阿扎德则成功地拥有了一个为非法移民提供职业介绍的副业。当一些合法的雇佣者觉得他们需要迅速找到一些非法劳工时(他们经常这样,包括一些对冲基金大亨和华尔街投资巨擘),他们只需要给阿扎德打一个电话,阿扎德就可以很快帮他们找到。

曼军的所有朋友都有过枪口下的被抢劫遭遇。他们没有一个人有健康保险、失业保险或者401(k)养老金账户,他们的薪水扣税也是有去无回,因为他们没有一个人拥有真实的社会保险账号。我从中美裔的洗碗工那里,从西非裔的保安那里,从墨西哥裔的劳工那里,不止一次听到这些故事。他们的生活在一天天继续,但他们得时刻小心谨慎,不让警察发现他们的罪行,不让小偷夺走他们的胜利果实。但是有的时候,他们也可能失去他们的战场,就像下面我们将要看到的。

几个月后,一种忧虑的情绪笼罩在第九街区的成人电影放映厅。就在这个街区,一个男人在醉酒打架时用刀捅了另一个男人,一个女人被枪杀了,还有一个从郊区过来买毒品的白人男性被毒贩枪杀了。这些事情让警察全力出动,我尽量避免独自上街,以免成为警察随机要求详细回答问题的拦路盘查的对象。

我还记得一个特别的夜晚。即使在商店的后屋,每次有顾客进店时我也能感受到门开时风带进来的彻骨寒意。随后门哐当哐当撞击门框的声音不但显得多余,还让人很厌烦。曼军在店里忙得团团转，不时重重叹一口气。每隔一个小时，他还会给我送来一杯新泡的茶。

曼军的儿子乔什（Joshi）一直陪着我。他今年十岁了，就在这间成人碟片商店里长大。他手上拿着一只乒乓球拍和一个小的橡胶球，然后他用球拍把球用力打向一块没有被限制级 DVD 覆盖的墙面。墙面、地面、球拍，墙面、地面、球拍，墙面、地面、球拍，这枚小小的橡胶球来回移动。

跟乔什在一起让我感觉很舒服。他有着棕色皮肤，很安静，在大人很繁忙时会自娱自乐，很像小时候的我。

我们听到了敲门声，乔什放下球拍跑过去开门。来的是安吉拉，她是过来检查语音邮件，然后喝杯热咖啡的。她伸出四根手指，吐了吐舌头，看上去显得疲惫又放松，她的意思是今天晚上她已经接待过四个客人，现在非常想躺倒在电视机前。"我不能再这么长时间干这个活了。"她小声嘀咕着。

我很喜欢安吉拉。在我们认识的第一个晚上，她就很坦白、很诚实，她很直接地承认了自己是个性工作者。但跟我在纽约和芝加哥所研究过的其他移民和低收入的街头拉客妓女相比，安吉拉有些独特之处。她拥有跨越边界的雄心和勇气。她之所以来到曼军的商店，是因为她希望离开原来她经常光顾的纽约东区公租房社区，以便来到一个更好的社区，从而接触到更富裕的顾客群。

那天晚上，我能在她的脸上看到迎合大量男人所带来的巨大影响。我实在不忍心去看。她才 34 岁，但是显得非常疲惫，以致看上去比实际年龄要大十岁。而且随着朱利安尼市长的城市改革的推

第三章 变革之中的社区

进,她的生意逐渐在走下坡路。在过去的几个月里,安吉拉平均每晚只有一个顾客。有的时候,甚至一个顾客都没有。

慢慢地,她也开始向我倾诉她的故事。当她还是个小姑娘的时候,她就来到了美国。死亡和精神疾病带走了她的父母,所以她只能孤身一人在纽约的下东区谋生。没有身份证、受饥饿侵袭,正值青春期的她只能靠卖淫换取食物。她在 B 大街和 C 大街做了十年,然后搬到了地狱厨房,希望能够吸引到纽约中城区的旅游者。她被监禁过很多次,但她总是说"蹲监狱只会增加在警局认识新朋友的机会"。这样的乐观精神以及能够在每次挫折中看到潜在机会的坚持造就了她的性格。而这可以在很大程度上解释她迁出公租房的想法。虽然过着很艰苦的生活,但她始终充满友善和耐心。

"三个跟我一样的白人,还有一个黑人。"她在那天晚上告诉我。每一次交易她收费 50 美元,交易地点就在第十一大街上一个酒吧的浴室里。其中有两个男人住在哈林区,另外一个住在下东区,还有一个住在地狱厨房。有一个人还意外地在高潮的时候擦伤了她的手臂。"至少我还可以帮他们打手枪。"她说。

她声称她还要继续去工作。

我可以看出安吉拉需要独处一会儿。也许她需要一杯酒或者几片药片。但评判不是我的职责。我离开了后屋,来到了前屋与曼军和乔什待在一起。五分钟后,她带着微笑和我们挥手再见。我自告奋勇送乔什去睡觉。

他的小床一头抵着墙面,长度跟安吉拉和她的朋友使用的姐妹床差不多。因为经常独处,他睡觉前已经有了一套自己的流程。他先是打开角落处的一个装着衣服的袋子,拿出他的睡衣。换上睡衣之后,他会很快地走到盥洗室刷牙,之后他还会跑到前屋找到他的爸爸,要个晚安吻。回到后屋,他开始揉眼睛,爬上嘎吱作响的小床。他通常把被子拉起来盖到头,在睡觉前还要跟他的玩具士兵窃窃私语一会儿。

我坐在椅子上看着他,尽量不让自己睡着,以免错过下一个可以访谈的妓女。商店通道里顾客寥寥无几,只有几个喝醉了的男大学生和一对打情骂俏的情侣。他们的胳膊和身体以夸张的比例被投射到倒挂在天花板上的凸面镜上。一个老年人站在门口,朝里张望,正在犹豫要不要走进来。在荧光灯下,每个人看上去都没有生气,面无表情。

我终于完成了最后一个访谈,但是曼军不希望我离开。"再过20多分钟我就下班了。你跟我来,到我家去吃苏拉(Sula)特别制作的深夜晚餐。"

曼军的妻子苏拉在一家印度餐馆负责做菜,所以我还是有点儿渴望的。但是实在太晚了,我对他说,我想回去睡觉了。

曼军脸上的表情马上从热切变成了绝望。"素德先生,我遇到了麻烦。"他向我坦承。店内的存货清单上的有些货物不见了,所以老板希望从曼军还有其他店员的工资里每月抵扣一些用来补偿损失。但是随着性产业的逐月衰败,曼军从商店后屋获得的收入也在逐渐减少。更糟糕的是,几个星期前一个男人走进了商店,然后命令他把收银机里的钱都交给他。曼军在给了他400美元的小额美钞后,这个抢劫者把他拖到商店的后屋,要求他交出"额外的钱",

第三章　变革之中的社区

也就是他收到的性工作者使用这里的租金，这些钱都被曼军藏在了一个小锁柜里，一共1 200美元，对于曼军来说这是一个巨大的损失。这些钱有特定的用处，从乔什的校服到苏拉的医药费，同时这些钱也代表了一种未来的可能性：一趟重回孟加拉国的旅程、一个风险投资项目的首付、当感到沮丧时激励自己继续前进的成就标识。当然最重要的可能还是，这代表着一种只需要短暂地借助非法经济谋生的希望。而现在一朝美梦碎，他只能重新投入非法经济的梦魇中。

"所以你必须跟我一起回去，这是不让苏拉对我大声咆哮的唯一办法。"他说。

他用一杯香甜可口的充满牛奶味的热茶让我的态度有所软化，茶里添加了丁香和小豆蔻，这两样东西让我清晰地想起在印度的童年时光，以至于无法拒绝他的请求。

实际上我也并不想很早就回家。在经历了十年的婚姻生活后，我的妻子正在跟我提分居的事情。结婚时，我们都很年轻，正如大家所说的："现在我们追求的东西变了。"虽然我还不想跟他提我的这些事情，但是我也不介意享受一下这个让我回忆起童年时光的南亚家庭带给我的慰藉。

下班后我们搭上了七号列车，曼军用毯子裹着熟睡的乔什，把他抱在怀里，列车载着我们轰隆轰隆地朝皇后区心脏地带驶去。

当我们到达的时候，苏拉热情地欢迎了我，对她丈夫只是冷冷地点了个头。苏拉用一种能够强烈表达愤怒的方式接过乔什，并走进了卧室。

曼军长长地叹了一口气。自从苏拉工作后，乔什每个晚上有一半时间要在店里睡，因为他们还请不起保姆。苏拉很讨厌现在这种状况。而且这半年来，她一直被某个说不清的病痛折磨着。她和曼军都没有告诉我是什么问题，只是说他们承担不起医疗费。

当苏拉重新回到客厅的时候，她立即开始向曼军吼道："我们为什么要住在这个地方，住在这个国家？你为什么要把我们带到这里来？"

她甚至把我也卷进了他们的争吵中。"素德就不会让他的太太过得不好，"她说，"素德是个真男人，不像你这样。他会把自己的家庭照顾好。"

乔什被越来越大的争吵声吵醒，来到了门口。我送乔什回屋睡觉，留下他们继续争吵。乔什拒绝了我给他读书的建议，然后在地板上玩起了他的玩具，他一手拿起一个玩具士兵，然后把它们慢慢向上移动，越过膝盖，并对它们轻声说着什么。这一情景触动了我记忆中的一处伤痛。多少次，当我的母亲大声向我的父亲怒吼并咒骂这个"倒霉的国家"时，我也会躲进房间，做着跟乔什一样的动作。多少次，那原本寻找合适英文单词的羞怯声音也变成了婚姻战争中的刺耳伴奏。每当我们因短暂的平静而缓口气的时候，我的母亲又会为她的怒火找到新的理由。

当外面争吵的声音越来越大时，乔什安排他的玩具士兵执勤站岗，自己则躲到了被窝里。他在今后的生活中还会记得这一刻吗？他的部分内心会不会停留在十岁，停留在他在房间地板上靠想象的战争来逃离内心的痛苦之源的这一刻？

第三章　变革之中的社区

几天后，我看到曼军端着香甜的豆蔻茶走进了第九街区成人电影放映厅的后屋。当我接过他拿着的泡沫塑料杯的时候，我看到他的手在颤抖。

"你还很紧张？"

自从经历过抢劫和扣薪后，曼军显得日渐焦虑。但他摇了摇头说："同样的事情再发生的概率很小，所以我应该放—轻—松。"

他对最后一个单词额外强调，似乎是打算通过科学的数据说服自己。

但我感到很困惑，抢劫者是如何知道他的"额外的钱"的？"你确定你没告诉过那些性工作者？"我问他。

曼军不想再谈这件事了，他的脸上露出一副听天由命的表情。我肯定应该是其中一个性工作者发现了曼军的秘密，然后无意或者有意地把秘密泄露给了别人。但是曼军却不愿去怀疑别人。

"去找麦克警官如何？"我问他。我有一种感觉，我这个爱好历史的当警察的朋友会尽其所能地帮助曼军。

但是曼军还没有向警局报告遭到抢劫。

"那不是你的错。"我跟他说。

"有可能明天去吧。"他说。然后他的眼神黯淡下来，盯着一面墙上的同性恋色情碟片发呆。"或者我们回老家。"

"回孟加拉国？"

"有可能是德里吧，或者其他地方，反正现在这里已经没有可留恋的东西了。"

"苏拉怎么想？"

"这就是她的主意。"

"但是你去那里做什么呢？你怎么谋生？"

他耸了耸肩，把茶杯放在架子上，手顺着一堆色情碟片滑过。"老兄，我在这里是做什么的？我在*这里*是做什么的？"

当安吉拉和她的朋友克里斯蒂娜（Kristina）走进屋子的时候，屋内的气氛稍微有些缓和，她们应该是忙完了晚上的活。"安吉拉今晚中了头彩。"克里斯蒂娜嚷嚷道。

这意思是安吉拉今天晚上接待了三个客人——两个是酒吧的快餐客，还有一个是本地的商店经营者（他的老婆出国了）。克里斯蒂娜今天晚上只接待了一个客人。

自从安吉拉开始信赖我，她把生意做到中城区旅游者身上的努力已经成为在曼军的店里经常被讨论的话题。她知道我正在跟城市正义中心合作进行我的关于居家性交易市场的研究，而她过去曾在这个中心得到过一些关于她与自己房东的法律问题和租赁谈判的帮助。安吉拉是众多希望离开街头找到更能赚钱的场所的女性之一，她们希望去宾馆或者公寓提供应召服务，所以她开始跟我分享她需要学习什么，以及她真正需要的帮助是什么。她很腼腆地告诉我她在纽约高级酒吧里感受到的不适。她跟我说她不懂得如何在网络上给自己打广告，但是她正在向那些懂得使用互联网的朋友学习。"我真的需要一个银行账户，"她告诉我，"我需要一张信用卡，我也需要找到便宜但技术高超的医生。或者我能找到一份合法的副业，不用再担心当警察拦住我并发现我口袋里的钱时，会把它们全部拿走。我希望成为一个*干净*的人。"

第三章 变革之中的社区

她使用"干净"这个很有讽刺意味的词语让我哈哈大笑起来。媒体正是用这个词来描述朱利安尼市长制定的让曼哈顿变得更适合郊区居民返迁的策略的,而这两个字从安吉拉嘴里说出来,却变成了洗钱和身份变革的意思。但实际上,在这两种情况下使用这个词都是对的。就像中城区正从一个乌烟瘴气的地方成为城市中心地区,安吉拉也希望用这个词来表达自己洗清街头拉客女的污名而变成人们更加能够接受的"伴游服务"提供者的愿望。

要弄清楚如何变革并非易事,尤其是对于一个女性移民来说。她还不太擅长申请工作,她还对用英语沟通感到自卑,到现在为止她的生活范围还只局限在纽约下东区,而她的家庭曾经在不同的加勒比海国家居住过。安吉拉给我介绍的几十位女性,包括其他的拉丁美洲移民或者像克里斯蒂娜这样的欧洲移民,以及迁移到城市的美国白人,她们都拥有相同的热情,也面对相似的障碍。在没有信用保证和银行账户的情况下,她们想要租赁公寓、申请工作,或者过上与现在不同的生活,是很难的。

但是她们都在努力,而且她们的一些即兴想出来的方法也吸引了我。克里斯蒂娜告诉我,一群性工作者通过现金支付且不签合约的方式租下了一间公寓(有时只是一张床)。安吉拉成功地说服了一些下东区的医生为她的朋友们治疗。一个来自纽约绿点区的前性工作者每天晚上会来到曼军的商店,为这里的性工作者提供咨询,并且提供自己回到布鲁克林区后在健康诊所和日间照料中心的预约服务。

事实证明,类似于"莫蒂墨共同体"那样的社群网络也的确是

流动之城：一位社会学家的地下纽约观察记

存在于这里的，但它在地理意义上并不只扎根于某一个社区。好比曼军的朋友向我展示了当地地下经济的复杂基础结构，安吉拉和她的姐妹们帮助我认识到我的直觉有一个坚实的基础：对于现代城市的性工作者而言，社群是*网络化*的。新的性产业不再局限在乌烟瘴气的地方，而是通过朋友和顾客遍布整个城市。这种临时产生的跨越不同城市区域的社会连接，早在20世纪60年代就已经为芝加哥的社会学家莫里斯·简诺维兹（Morris Janowitz）所发现，他称它们为"有限责任社区"（communities of limited liability）。在那个时代，他研究了拥有汽车以及流动性很高的白人和郊区居民。像我一样，通过观察芝加哥，他认定底层阶级中的黑人和棕色人种群体会进一步被束缚在自己的社区中。但是从我现在的观察来看，曼军和他的朋友们也在创造同样的网络模式。问题是，考虑到他们所处网络的脆弱性，这样的网络能够持续多久呢？这是一种未来的新模式，还只是一个短暂的适应。

事实上，安吉拉和她的朋友们仍然竭力维持着基本的生活，这让她们处在持续的风险中，一不小心就可能经历突然的灾难性打击。很快我就会见证这种压力体现在她们每一次用来增强防卫能力的英勇和创新的尝试中。

11月份一个寒冷的周六晚上，室内的温暖让窗户上的霜花姿态各异，安吉拉和克里斯蒂娜结束了晚上的工作，回到曼军的商店休息。

第三章　变革之中的社区

"也许我年纪太大,已经不适合干这份工作了。"克里斯蒂娜说。

"亲爱的,你的年纪当然是太大了。"安吉拉回答。

克里斯蒂娜来自罗马尼亚,但是语言和身份背景的不同似乎并没有阻止她和安吉拉成为好朋友。她从自己的包里取出一小瓶威士忌,然后给她和安吉拉各倒了一小杯。

曼军在这个时候出现在商店后屋的门口,带着一副抱歉的神情,看来他是来收租金的。安吉拉从包里拿出一沓纸币,但克里斯蒂娜说她这个星期没有足够的钱来支付租金。她现在身无分文,所以她表示很抱歉。曼军摆摆手让她不要太在意。"回家吧,注意安全。"他说。

克里斯蒂娜看上去很尴尬,并说:"阿军,你真体贴。"

当曼军回到商店前屋的时候,安吉拉靠近我小声说:"我可能也不会在这里待很长时间了。"

我并不感到惊诧。每天晚上只有一个顾客,这可不是什么好兆头。我以为她会说要回到纽约下东区,但她并不是那么容易放弃的人。

"我回到家想了又想,"她说,"我决定再试试。"她边说边笑起来:"有可能是市中心吧,我也不知道,但是我不喜欢放弃。"

"你从来不是一个愿意放弃的人。"我说。

之后安吉拉叹了口气,然后开始谈论起其他的性工作者,她们也一样地不成功,一样地正在转移,有些人转移到了其他社区,有些人转做了其他工作。这突然的从乐观转到悲观的过程,着实让我感到不安。在那个时候我对安吉拉了解得还不够多,我还不知道她

105

的承受能力到底有多强,但当下的她就是一个处在沮丧边缘的女人。

一种出乎意料的奇怪感觉笼罩着我。在芝加哥做另外一个研究项目时,我看到政府撤除公租房导致数以千计的家庭变得无家可归,并处于比之前的任何时间都更贫穷的状态;我也看到数百名黑人青少年因为贩卖毒品而被捕,他们这样做只不过是为了每周赚个几百美元。如今我好像又听到了那些旧的悲伤故事的新版本。也许这只是我个人懊丧情绪的显露,但我确实非常渴望了解人们怎么做才可以避开这样的命运。我用一只手就能数出来现在不待在监狱、有自己的积蓄、能够在合法领域找到工作的芝加哥黑帮成员有几位。而对于其他在地下经济中讨生活的群体来说,情况也差不多。就在那个时候,每当我拿起《乡村声音》(*Village Voice*)杂志的时候,都能发现越来越多的个人和中介机构所登载的性服务广告。可见,有人在靠这个赚钱。如果这不是安吉拉和她的朋友,那么会是谁?她们成功和失败的模式是什么?结果会是怎样?失败?被警察抓了?死亡?还是成功地融入这个国家?或者带着足够的存款回到老家?又一次,我对普遍性的渴望,让我急切地去寻找所有的可能性。

一些可预见但令人厌烦的想法老是盘旋在我的脑海里。那些过得很好的人往往是白人和中产阶级——这些人确实有银行账户、信用卡,以及其他安吉拉不能获得的东西。但是这些想法却是绝对的偏见,亦真亦假。只有数据才能说明真实的原因。

当安吉拉结束了她的充满怨气的长篇独白时,我们都看到曼军站在商店的前屋,看上去比安吉拉更加沮丧。

第三章　变革之中的社区

"苏拉生病了,"安吉拉小声地跟我说,"所以他很焦虑。"

一种无力感袭来,我沉重地叹了口气。安吉拉把她的威士忌递给我并说:"听天由命吧,亲爱的。"

我快速地喝了一小口,呛得咳嗽了几声,然后躺倒在床上。四周一片寂静,我的心情就跟这潮湿的 11 月的天气一样,阴郁至极。你可能会认为,作为一个有十多年研究经历的学者,我应该可以接受我所研究的人们的遭遇和命运。但是我写的东西丝毫不能改变像安吉位和曼军这样的人的生活,这一点让我很受伤。社会学怀抱着改变社会的美丽梦想,但现在任期短暂的改革家们都把关注点放在了经济学上:提供资助让人去上学,减少供给以促进生产率,当绩效表现较差时减少报酬。但即使我们所有的生活问题都可以用激励机制和数字来处理,我也不希望生活在这样的世界里。在这样的世界里,曼军只是一个"工资劳工",他的遭遇只不过是市场失灵的一种体现。

几天之后,情况变得更加糟糕了。因为快到圣诞节了,我打算回加利福尼亚看望我的父母。当乘坐地铁经过第九大街时,我打算顺道去给乔什送件礼物,我选的是《世界百科全书》,这本书对于我这个曾经的南亚书呆子来说是件宝物,我希望乔什也能从中收获良多。我现在已经特别喜欢这个孩子了。

但是当我走进曼军的商店时,发现一个新店员在柜台后面忙活着。"曼军在哪里?"我问他。他用一种蹩脚的带着新移民特征的英语回复我:"他不在这里工作了。"他也不知道曼军去了哪里。当然也有可能他根本就不知道曼军是*谁*。他看上去也不太友好,并不想和我说太多。我走进店里,朝后屋瞄了一眼。在那里已看不到任何属于曼军的痕迹,连乔什以前经常看的劣质 DVD 也没有了。屋子里面的床也没有了,看上去安吉拉和其他的性工作者们应该也搬走了。一个处于困境中的小世界永远消失了。

我急匆匆地跑去见萨托什,他看上去脸色苍白,显得很疲惫。"拜托,我现在没有时间。"他请求道。整个店里都是顾客。"我现在没有空,所以现在不能给你。你今晚晚点儿来,我们再碰面。"

"给我什么?曼军在哪里?"

"你来不是为了曼军的钱吗?"他小声地问我,用手挠了挠头。

"萨托什,什么钱?你知道曼军在哪里吗?"

"你晚上再过来。到时候店里就没什么人了,我再跟你详细地说。"

我找了曼军的其他朋友,但没有一个人正在工作。我打电话给安吉拉以及其他的曾经在曼军的店里工作过的性工作者,但是没有一个人接电话。我去他位于皇后区的家里找,按了门铃,也没有人回应。

几个小时后,我再次回到萨托什的成人电影放映厅。但他已经走了。他们说,他走得很早。

第二天,我联络上了麦克警官。他开车接上我,把我载到了一条安静的街道。他对我说:"素德先生,你也知道是什么情况。在这些地方,生活就是这样,由好变坏快得很。"

第三章　变革之中的社区

那个抢劫者后来又回来了,他把曼军打了一顿,导致他住进了医院。由于这次袭击比较严重,因此警方一度怀疑是因为曼军曾经让人在自己的店里贩毒,而这次抢劫者过来是为了找毒品的存货。

我不相信这种说法。曼军之所以在床位出租的生意中损失了钱,就是因为他的软心肠。他就是这样的一个好人。我不能相信他被卷入了毒品交易。这中间一定有些东西缺失了,或者故事中有一部分东西是我们看不到的,但是现在这些地下世界的隐秘规则正影响到我。正是因为这些我们所看不见的地下世界冲突解决机制,我的朋友竟然失踪了。

如果是普通人,在遇到这样的问题时他们会去找警察来解决,或者去找律师,找小额索偿法庭,以及其他形式的法律机构。但是在地下世界,法律并不能起到有效的保护作用。曼军在地下世界的选择就是通过付钱来摆平,但是我很难想象这样一个温和的南亚绅士会去寻求这样的帮助。此时,我越来越清晰地认识到地下世界的脆弱性。对于我来说,谈论因某些原因而临时形成的社群,诸如"莫蒂墨共同体",让我感觉很舒服,但是我却无法躲开这个世界黑暗的一面。这里有真实的暴力。然而,不管曼军有没有做这件事情,说实话我也不知道我是不是应该去探明真相。不像一个调查大样本的研究者——他们坐在电话前,见不到不受打扰地与他们聊了45分钟的没有姓名的受访者——像我这样的民族志学者经常会被研究对象以及他们的悲惨遭遇触动。而且你离这些人越近,你的认知会越痛苦。

几个星期之后,我过完了圣诞假期,顺便又去了一趟曼军以前待过的成人碟片商店，但依然没有找到他的踪迹。我想找一下舒密，但是也没见到他的影子。整条街上的放映厅大部分已经关门歇业了，为一些酒吧和儿童服装店所代替。那一年的结束也意味着他们生意的结束。

萨托什也走了。我听说他利用在色情生意中赚到的一笔小钱，在皇后区的杰克逊高地（Jackson Heights）的地铁站旁边开了一家餐馆，所以我打算过去蹭顿午饭。当我走进餐馆的时候，我看到一个穿着传统印度红色长纱丽的中年女子正领着两名印度男性向里走。他俩看上去就像刚到肯尼迪国际机场似的，拎着包，睡眼惺忪，饥肠辘辘。她冲着萨托什的方向大声吼道："为什么他们今天一起来了？"

萨托什拽着她的胳膊，把她拉到后屋。回来的时候，他的手上多了两杯奶香浓郁的浓茶。

"有的时候，我也会怀念我们的老地方，"他说，"那里很好——主要是因为我可以逃离这里。"

萨托什的这个店已经开了一段时间了。那个一脸怒气、穿着红色纱丽的女子是萨托什的妻子。而那两名男性就是萨托什另一块业务——偷渡非法移民到美国的一部分。

我对他未间断的生意会心一笑，问他偷渡一个人是如何收费的。"5 000 美元！"他说，"另外还要 1 万美元，以便打点好一切与安置相关的事宜。"他慢腾腾地说出最后两个字，带着嘲讽。

"事宜，这真是一个巧妙的词。"我面带笑容地说道。

"两个星期的照顾和安置。"

第三章　变革之中的社区

"是如何安置的？"

"食物、衣物，还有城市介绍。"

萨托什大概花了半个小时详细地给我介绍了这个市场的基本情况，包括中介的人数规模，以及可能存在的危险。他还告诉了我以前那些街坊们的境况。阿扎德现在还在黑市工作，拉杰什找到了一份做会计的工作，还有一些人的孩子已经读大学了。这让我感觉回到了旧时光，也让我想起了我为什么会来到这里。

"你有没有听到一些关于我们的老朋友的消息？"我问他。

他耸了耸肩。据他说，乔什和苏拉已经回到了孟加拉国，据说过得还不错。

"曼军呢？"

萨托什叹了口气说："我们都为家庭牺牲了很多。"

最后，萨托什告诉了我曼军的钱被抢后究竟发生了什么。他除了被卷入了毒品事件外，还和一个知道他的钱藏在哪里的男人发生了一些"不好的事情"，那个男人就是当初抢他钱的人。萨托什承认，这些"不好的事情"就包括伪造文件。

"那曼军现在在哪里？"我问他，心里却很担心听到不好的消息。

萨托什端起茶杯喝了一口茶说："我们只知道他的家庭情况。"但是我看得出来，他有意避开谈曼军。

"拜托你。"我恳求他。

他又叹了口气，然后抿了一口茶，最后说："素德，我们发现曼军在做一些不太光彩的事情。"

要从他的谈话中了解事情的真相还真需要花一些时间，不过最后我还是弄清楚了,曼军与几个非常危险的人物牵扯到了一起,在他们的压力下,他要逼迫一些从印度过来的女性去卖淫——为了还清家里的债务,她们通常要在妓院待一段时间。对于这件事情的恐慌让他不敢回来,过去我一直以为他是在担心再次被抢劫。

"那他现在呢?"我问。

萨托什沉重地深呼吸了一下。"我觉得我们可能再也见不到他了。"

这也是没人跟我提起曼军的原因,他解释道:"对我们这些人来说,一无所知才是最好的。我们不去讨论,不去说。只有无视才可以救我们,让我们继续在这个国家生活。对你来说,我也建议你不要问太多问题。这对你来说并不好。"

一种悲伤的情绪袭来。我开始跟他讲人在国外想要生存下来需要付出什么,以及想找个借口为我的朋友曾经做过的荒唐的事情开脱。但是萨托什从桌子对面伸手过来抓住我的手,用一种我从来没有听过的不容置辩的口吻说:"生存并不难。我们比这个国家中的大多数人要聪明。虽然我们接受过更多的教育,但我们需要更勤奋地工作,还要做一些卑微下贱的工作,而他们不用努力就能成功,但随时要防备恶魔降临的还是我们。"

事情的真相渐渐清晰了。在萨托什眼里,曼军犯了一个致命的错误——他听从了恶魔的召唤。

"当你从恶魔的手中抢夺食物的时候,他的手就会变成你的手。"这样的情况我在地下经济中见过多少次?有些本来过得很体面的人为了谋生而转向非法世界,然后被这黑暗世界吞噬。萨托什

第三章 变革之中的社区

说,如果曼军做出不同的选择,如果他改变自己的态度,改变自己的方法,改变自己的接触对象,一个不同的未来就是可以*想象*的。但是曼军的手已经被恶魔控制了,这样他去做一些坏事就变得很容易。但是同时,萨托什也意识到作为一名在美国生活的贫穷的有色人种移民,曼军可选择的机会其实并不多,他需要充分抓住一切可抓住的机会。而正是这个原因,使故事充满了悲剧性。

之后,我们又稍微地聊了聊我们之间的事。谈到曼军消耗了我们不少精力。

他让我两个星期后再过来,参加他孙子的小型生日宴会。那一天当我到达的时候,我看到整个餐厅都布满了气球、各种彩带,还有"生日快乐"的标识,每一个迎上来的人都称呼我为"教授先生"。宴会结束后,萨托什来到我身边,轻轻地叹了一口气。"让你看到这一面也很重要。这是我们想让你记住的一面,而不仅仅是悲惨的一面。也许你也会记得你自己的成长过程——很像这个,是吗?"

"是的,萨托什,非常像。"我边说,眼泪边在眼眶里打转。

几年后,我仍然会想起萨托什的话,因为我无数次地从被剥夺选举权的选民那里听到这些忠告,他们既可能是芝加哥公租房里的单亲妈妈,也可能是在大城市里寻求机会的移民群体。"*不要怜悯我们*""*不要把我们当成受害者*""*我们比想象的还要坚强*"。但话虽这么说,我还是因为两种看上去相互矛盾的思想而无比困惑。其一,在作为大都市的纽约的图景中,这是一个充满无限机会的城

流动之城：一位社会学家的地下纽约观察记

市，在这里，低收入的移民能攀越阶梯，体验更好的生活，就像萨托什一样；其二，作为大都市的纽约又是一个粗鲁的充满阶级分层的市镇，赢家能得到最好的社会福利，而输家则可能得到潜在的破坏性结果。或许这就是事情本来该有的样子吧，不管是早期的意大利移民还是爱尔兰移民，都面临相似的情况。纽约可以为你提供机会，但并不能给你保证。这也是一种全球化的形式：欧洲白人成批地移民美国，创造出一个庞大的种族领地，他们不仅可以在里面建立自己的家园，也可以在台面下的经济体系（人们在这里可以进行实物交易、借贷、雇人从事地下活动等）中让美国精神落地生根——所有这些都是美国企业家精神的绝佳训练。当他们建立信用、找到合法的工作，并且闯进社会主流生活后，这将有助于他们获得巨大的成功。

但是现在，站在21世纪初的门槛上，全球化带来完全不同的关于同化的解释。今天的移民大部分来自非洲和亚洲，有着棕色或者黑色的皮肤。从2000年起，来到纽约的移民主要来自墨西哥、加纳、撒哈拉沙漠以南的非洲国家、巴基斯坦、孟加拉国和中国。历史学家南茜·福纳（Nancy Foner）研究发现，到2005年为止，移民人口已经令人吃惊地占到了纽约总人口的37%。如果算上他们在美国出生的子女，那么这一比例能达到50%。这一波移民潮并没有简化移民者的姓名，或者让他们的口音慢慢消失。他们也没有从卑微的工作换到待遇更好的工厂工作或政府工作——这些工作已经在全球化的都市中消失了。相反，他们通过做店员、出租车司机、保姆、餐馆服务员等低收入的工作来服务于富裕阶层。这样的工作

第三章 变革之中的社区

大部分是私下交易的，当问题出现时，获得更好的福利和保障的机会微乎其微。而且相较于上一代的低收入的工人，今天的新移民没有机会通过加入工会来向上提升，所以当新世纪的曙光照耀纽约时，这个城市中的1/3人口生活在贫困中。

慢慢地，有一个问题我看得越来越清楚了。当安吉拉、曼军、舒密和他们的移民同伴们在城市穿梭劳作的时候，我注意到他们很少跟他们的社会阶层和种族群体之外的人交流。虽然他们有可能为上层阶级服务，但他们与上层阶级的关系是分层的。安吉拉一直说想服务于有钱的白人，曼军梦想着能利用他的工程技能在企业里找份工作，但是他们的机会很渺茫。这背后的原因令人痛心。他们的英语很洞蹩脚，又是有色人种。更重要的原因可能是他们对全球都市纽约的"第二货币"没有任何兴趣。这一"货币"包括音乐、电影、艺术和食物等内容，当人们在享受一种没有分层的关系时就乐意谈论这些东西。他们看起来被困在了自己的种族世界里，恶魔之手削弱了他们与人交往的勇气。

如果说新移民还有什么能紧紧抓住的希望，那一定就是把希望寄托于子女身上的传统希望了。但现在这种希望也变得越来越渺茫了。正如社会学家玛丽·沃特士（Mary Waters）和她的同事们的研究所发现的，超过一半的纽约二代移民的子女能够就读或者毕业于四年制的大学。但是今天的全球化发展是快速和无情的，资本在区域间高速流动的同时，也带走了工作和资源，这造成了可能会产生一个新的永远被剥夺权利的阶级的风险。我在曼军所处的社区里认识的很多人押错了注，他们没有看到正在发生的变化，因此现在他们只能被淘汰。这些情况经常会发生，但是从来没有如此之快，如此之广泛，或者如此之隐秘。今天全球化的拥护者们正在忙于庆祝其巨大的财富，以及通过国际交流所产生的美食和音乐这些迷人的东西，以致根本没有时间去帮助阻止那些隐性低收入群体陷入更大的困境。

遗憾的是，我在这里的研究也即将结束。随着安吉拉的离开和曼军的消失，我在地狱厨房的工作也差不多结束了。我认识的很多人也在不断向前进。这个社区也正在经历着如一位批评人士所说的"纽约郊区化"的大转型。1990—2000年，纽约当地家庭平均收入翻了一番，当然房屋的租金也成倍翻番，而到了新的世纪，租金上涨的速度就更快了。我决定开始再一次的流动，或许重新开始我延宕很久的研究非法经济连续谱的另一端的努力。但是随着时间的流逝，我却不能控制自己内心依然很担心曼军。

有一天我回到市中心找麦克警官了解更多的信息。

"你不知道我们已经确认了的，"他和缓地说，"我们认为他被迫做出了他所犯的事情。"

做了什么？贩毒吗？

麦克警官不肯告诉我。"我们让他离开这座城市，或者至少出去躲一躲。"

但是曼军要怎样生活？他的家人要怎样生活？我承认，他们的身份证件的确存在一些问题。

"他不会有事的，给他一些时间，我确定你会再听到他的消息。"

第三章　变革之中的社区

但是我有一种再也见不到他的感觉，而且我的确没有再见到他。我很难接受，尤其是麦克警官只把这当成社区生活中的一件小事而漠然视之的态度。

我唯一能做的事就是继续探索把我们连接在一起的力量。我会继续在城市中流动，追寻线索，跨越界限，看看纽约的地下世界究竟会把我带往哪里。

第四章
继续向前

第四章　继续向前

在"基地"组织对纽约世贸大厦的袭击发生两年后，即使是在这个国家享有合法身份的移民群体在纽约也要接受较为严格的监控。《美国爱国者法案》以及相关的法律既给予了执法机构进一步监视和调查的权力，也给移民群体自由出入美国施加了新的限制。移民被驱逐出境的比例提升了30个百分点。没有合法身份的移民在各社区之间、各行政区之间流动着，低调地寻找着台面下的工作。有些人遇到签证问题，失去工作，不得不返回老家。

我听到的关于萨托什或者其他中城区朋友的故事，要么单调枯燥，要么一败涂地。这和传统的关于南亚移民的描述——他们是专业人士，他们和他们的孩子都有着稳定的经济收入——正好相反。他们中的大部分人甚至不能像《辛普森一家》中的阿普一样经营着一家小型超市。萨托什打算扩大自己的餐厅和餐饮服务，但是生活的艰辛让他只能回到高利润但非法的副业——为不合法移民的就业提供"地下管道"。我从他的脸上就能看出事情的进展。如果他带着微笑欢迎我，还带我四处闲逛的话，那么他一定是没摊上什么事；但是如果他板着脸，摆出一副严厉的面孔，并告诉我要努力工作，专注在重要的事情上，我就知道他一定是陷入了困境。我在跟拉杰什以及其他人的交往中，也发现了同样的模式——当他们失去工作或者遇到麻烦的时候，都选择重新回到非法经济体系中。他们做的地下工作可能是开出租车、洗碗碟、打扫办公室，甚至是维修办公室电脑。有些人在他们的南亚同胞开的高级宾馆中做一些季节性的工作。由于工资很低，旅行禁令很严，他们中的很多人只能通过视频的方式跟自己在老家的孩子聊天，看着他们长大。

但是他们每一个人都有梦想，也许这就是我继续关注夏恩和安吉拉的另一个原因。他们都在坚持着自己的梦想。他们用不同的方法，系统性地在经济阶梯上往上爬，虽然没有获得完全的成功。安吉拉采用不同的方法在中城区吸引顾客，但她最终也没能成功地找到稳定的白人职场客户。事实上，她现在又回到了下东区舔舐着自己的伤口，但是她依然不放弃去寻找新的办法往前走。"我可能需要加入一些中介机构，"有一天她开玩笑地说，"从那里出来的总有人喜欢找妓女吧。"没过多久，安吉拉就开始了一项雄心勃勃的计划，她打算租一套公寓，然后把妓女们组织起来，开起自己的妓院。

而夏恩的新计划就是拓展新毒品业务。

我是某个下午在莱诺克斯大道的一家酒吧里发现他的计划的。那个时候正是 2003 年的春天，慢跑者正在街道穿行，商贩正在装修店面，城市也正在经历年度的大更新。我们坐在酒吧里，我告诉夏恩我跟《怪诞经济学》的作者、经济学家史提芬·列维特正在进行一项研究。受到一项关于富裕的互联网企业家在互联网泡沫破裂之后如何重新规划职业生涯的研究的启发，我们想找到一些在十年

第四章 继续向前

前就加入了黑帮的黑人青年。当他们的非法生意无法继续的时候,他们会如何重新塑造自己?"简单地说,我们想回答一个之前没有人考虑过的简单问题:当黑帮分子变老后,他们会怎么样?"我对他说。

"哈!那你应该研究我呀。"夏恩说。

这想法我当然老早就有。只是夏恩一直对我保持距离,从来没有对我完全失去警惕,以至于我无法找到一些对社会学家而言有意义的发现。一开始我就想知道他究竟是一个非常成功的地下经济获益者,还是一个只会大吹大擂的骗子。但直到现在,我也不能确定。我知道他开着一辆做工精致的德国汽车,并且支撑着一大家子的生活;他的银行账户里有几千美元,并且他在哈林区内的几处藏匿点隐藏了更多的现金,这些钱直到他需要花或者能够被洗成合法收入才能拿出来。由于他和毒品交易走得很近,因此我从来没有怀疑过这些钱是从哪里赚来的。除此之外,我对夏恩的了解就不多了。但我确实知道,毒品市场的发展正在放缓,他也正在尝试更多的新生意:在布朗克斯开了一家地下拆车厂,与两个出售炸鸡和米饭的沿街小贩开展手推车业务,在他叔叔的小制帽店里投资了5 000美元(黑人女子仍然会戴着漂亮的帽子去教堂,在哈林区每个星期天的早上都能看见这种场景)。他现在对这些生意有些兴趣,但看上去可能只是一时的兴趣。他还在另外一家店里有些小投资,他的一个阿姨在这家店里用塔罗牌帮人算命。他还帮助三个邻居开始了一项地下生意——帮人修理旧的电视机。他甚至去做了皮条客,过了三个月多彩的生活。

123

"皮条客？你有没有戴上毛帽子或者其他什么呢？"

夏恩没有觉得我的揶揄有多有趣。事实上，作为一个皮条客的失败已经挫伤了他的男性尊严。"我太随和了。他们利用了我。我和善的性格让我做不了皮条客。"

"我猜快克毒品带来了更友好的群体吧。"我说。

他哈哈大笑起来："他们这些人只有在想吸毒的时候才会友好。那是他们最友好的时刻了。"

但是他所有的努力没有带来任何回报，至少跟以前的收入相比相当于什么都没有。夏恩很羞涩地坦承了他现在的新生意："我在卖白粉。"

"白粉？"

"粉状可卡因。白人喜欢这东西。"

唉！可以说，粉状可卡因的市场要比快克可卡因的市场难做得多。他有不少的时间是在寻找顾客，主要原因是粉状可卡因的顾客群体主要是白人和相对富裕的阶层。他肯定不能再利用他以前用的那些街头商贩，那些人在华尔街的酒吧中就像火星来客。"他们太年轻，并且很愚蠢。"夏恩嘴里嘟哝着。

我不太相信。"你不可能是想告诉我，这纽约城里购买粉状可卡因的人你一个都不认识吧？"

"我认识很多瘾君子，但可卡因是个奇怪的东西。如果是快克，因为其效果持续的时间不会太长，所以吸食的人会定期回来。他们甚至每个*小时*都会过来。但是粉状可卡因就不一样了，吸食一次效果可能持续一个晚上，甚至一个星期。"

第四章　继续向前

"那你就找一些吸食粉状可卡因的人，然后卖给他们一些。"我说。

"但是他们都已经有了自己的稳定货源。我还没有给谁稳定地供过货，而且我也不想抢走别人的顾客，然后走在大街上被人开黑枪。我需要去找新顾客，这就是件很有挑战性的事。"

他说他已经做了大量的顾客行为研究。具体来说，他给他认识的所有销售粉状可卡因的商贩打电话，跟中产阶级的朋友在聚会上聊天，甚至在一些酒吧里试着亲自去买可卡因。夏恩认为粉状可卡因大部分是在俱乐部和派对中被卖出的，或者直接被快递到顾客的家中，但是他并不喜欢电话快递业务，而且他看上去也没有找到正确的俱乐部。

这个时候他真正需要的是他那位跟艺术市场有关联的表妹，或者更准确地说，是一个能够把他介绍给生活混乱但对可卡因有兴趣的年轻富家子弟的白痴。但是我们每个人都还不知道事情会怎么发展——伊夫林娜那个时候还在加利福尼亚寻找自我，而夏恩和安娜丽丝在画廊相遇的那个夜晚还是一年后的事情。这时他面对的选项似乎是唯一的：在公共场所（可能是上流人士光顾的酒吧、豪华的酒店、脱衣舞俱乐部，甚至是露天公园）寻找新的顾客。他和另外一个叫科汉（Cohen）的毒贩细细地考察了这些地点。科汉和夏恩住在同一社区，他也处在无业状态。但是他们的每次出现，都会引起保安们的警觉。有一次在一家宾馆的酒吧，他们就被赶了出来。

"你们穿了什么？"我问他。

"跟我现在身上穿的是一个样子的。"他说。

流动之城：一位社会学家的地下纽约观察记

我仔细地看了看他。一个 250 磅①的健壮黑人男子，穿着一身翠绿色的运动服，戴着一顶印有纽约洋基队标志的棒球帽，脖子上还戴着一串镶满钻石的项链。脚上的阿迪达斯运动鞋的颜色是在手术室里常见的白色。

"你怎么接近那些人？"

他告诉了我一系列有趣的故事。考虑到黑人女子对白人男子更有吸引力，他就带上了一群性感的黑人年轻女子去华尔街的酒吧。她们的目的就是勾引男子，并把可卡因卖给他们。但是这些女子比较紧张，有的太过招摇，有的又喝得酩酊大醉，这让他很尴尬。所以后来他又带上了两名自称经常跟富裕的白人打交道的多米尼加枪支贩子，但是夏恩的可卡因让他们的精神变得偏执多疑，他们威胁要杀死宾馆经理。接下来夏恩来了个 180 度大转弯，他约了一位黑人牧师在纽约苏荷区的酒吧见面，因为他认为别人看到他跟牧师在一起会对他更加信任，这样他之后就可以接触他们。但是这位牧师却对他花 10 美元点马丁尼酒很反感，还批评他把钱花在了错误的地方，然后就怒气冲冲地离开了，留下夏恩一个人郁闷了一个晚上。最后，他试着把那些女孩送过去，让她们直接去勾搭男性并告诉他们，她们认识夏恩这位超棒的可卡因销售商——这是一种终极的无压力销售模式，但是她们在回来后很坦诚地告诉夏恩，她们并不喜欢跟富裕的白人男性外出闲逛。

夏恩说的这些事让我慢慢明白，我一直以来对他有误解。虽然他就住在曼哈顿的地理中心附近，而且可以自由地前往城市的任

---

① 1 磅约等于 0.45 千克。——译者注

第四章 继续向前

意地方去拜访朋友或者逛街,但实际上他并没有看上去那么自信。"我是个企业家。"他喜欢这样说,声音里饱含着一种自信。虽然他毫无疑问地充分掌握了经商的技能,但是他的勇气也肯定有自己的地理边界。就商业而言,他经常说纽约是由一系列的独立区域组成的。就可卡因的销售来说,中城区跟他的距离就好比从纽约到北京那么远。他用来描述中城区的词语是"去那儿""离开那儿",甚至是"他们在那儿"。

回想起来,我意识到当我们前往南方的时候,他对自己的出现就比较自信。他甚至调整自己的步伐,缓和自己在哈林区很自然的趾高气扬的音调。我知道他也有一些白人朋友和富人朋友,但好像这并没有产生什么不同。接受白人的钱也就意味着要接受他们评判他的权力。

这突然让我心里一惊。对于夏恩来说,富裕的白人世界并不是一个新的商业市场。它是一个试验场;它是一座需要攀爬的高山;它既是一种经济需要,也是一项心理挑战。

我能够理解。

"也许你应该考虑稍微改变一下你的外形。"我说。

他假装被我的创意想法吓到:"你是说应该戴一副角质眼镜框,穿上刻板拘泥的衬衫?天哪!或者是格子衣服。好吧,我可能穿上格子衣服会更好看。"

我很快就会发现,夏恩其实早就在看《时尚先生》和《GQ》这两本杂志,在时尚方面他是遥遥领先于我的,所以这并不是问题。

"问题是,我单独在这些地方闲逛让我感到很不舒服。"他说。

流动之城：一位社会学家的地下纽约观察记

"你为什么不跟我一起去呢？"他接着问。

夏恩的邀请并不是我期待中的进入黑市上游的理想方法，但是考虑到方法有限，我不想放弃这个机会。但同时，对于我来说这也制造了很多难题。其中比较特别的，就是我在跟芝加哥黑帮打交道时就曾痛苦地感受到的困扰：如果我只是在观察犯罪，那么我在多大程度上算是共犯？我知道，当别人只是在寻找新的毒品市场的时候，我并没有什么法律义务必须检举。只有类似于谋杀或者绑架儿童这样的重罪，法律才要求公民报警，否则公民可能会面临控告。我知道我正走上一条至少会让我感到很不自在的路。

我跟夏恩之间的确切关系又是另一个谜，严格来说我们并不是朋友，但我们之间又非常友好。这会在多大程度上影响我们的决策？我们是走得太近还是离得太远？

尽管有这些问题，但我还是很想看看他会采取什么行动。如果他告诉我的事情都是真实的，就说明我的探索是正确的，反之亦然。

就在这个时候，另一扇引领我进入纽约上层社会的大门打开了。当时，我在纽约下东区一个叫"家族酒店"（La Bodega de la Familia）的非营利组织担任董事，这个组织帮助犯了罪的人在从拘留所或者监狱出来之后能够更加积极地融入社会。通过安吉拉，我也对一个被时尚人士和艺术家重新改造过的拉丁裔社区有了更深入的了解。她经常邀请我到她在当地公租房里的公寓去做客，这既让我感受到了自从离开芝加哥公租房之后就没有体会到的温暖，也

第四章　继续向前

让我得到了继续访谈安吉拉的那些性工作者朋友的机会。"家族酒店"的董事位置也帮助我认识了社会阶层分布中另一端的有故事的人，特别是一些开始对家族社会事业感兴趣的年轻富裕的纽约客。这些人在游历古巴、秘鲁、尼日利亚、斯里兰卡以及其他发展中国家的时候，发现这些国家的人在借贷、基建、做小生意，甚至是农业耕作方面都是在国家管辖的范围之外进行的，仅仅将一些口头约定作为基础。他们对全球范围内的贫困人口利用非正式的桌面下的方法来勉强维持生计很有兴趣，也希望能够在美国的贫民窟里推动这种创业精神。我告诉了他们我在下东区的一些体验，希望能够从他们家族身上为"家族酒店"募得一些善款。

令我诧异的是，在谈话的间隙时间，他们开始告诉我在他们这群富裕的年轻慈善家的圈子里发生的黑市活动。有些人买卖豪华跑车，或者在世界各地参加比赛，有些人资助拍摄独立电影，还有些人参与赌博或投资其他生意，所有这些事情都要小心翼翼地避开他们的父母和税务员。能逍遥法外也是一项运动。

这实在是过于讽刺。同样类型的活动——在法律的边缘游离穿梭的同时又能逍遥法外——对于一部分人来说是一项运动，而对于另一部分人来说却是生死攸关的大事。当我将高低阶层放在一起进行对比时，故事会变成什么样呢？这对于我们经常把地下经济看成下层阶级的独属领域的假设也是一个挑战。很明显，我需要花更多的时间与上层阶级在一起。但我也不想给这些人压力，我还是宁愿相信人类学家的耐心，最多我也只是给了他们一些暗示。

很快，我就收到了一份邀请。卡特·威廉姆斯（Carter

流动之城：一位社会学家的地下纽约观察记

Williams）是一家保险经纪机构的继承人，也是一个对街头文化一无所知的有特权的年轻黑人。迈克尔·文特斯（Michael）和贝特西·文特斯（Betsy Winters）则是白人，他们是纽约一名银行投资家的子女。他们最近刚刚从纽约哥伦比亚大学毕业，并准备接管家庭的慈善基金会。尽管他们中没有一个人对慈善事业怀有真正的热情，但他们都愿意尽职尽责地做好这份工作。

他们最初接近我是因为在阅读了我写的一些关于城市贫困的文章后，他们想知道究竟在哪里可以发挥价值。我先给他们快速地做了一个关于贫困人口预算的简介——贫困人口可以拿到多少社会福利和食物券，每个月花在生活用品和公车月票上的钱是多少。然后我们谈到了一些更复杂的话题，比如福利政策以及如何评估一个慈善项目。我也会推荐他们看一些书，比如乔纳森·科佐尔的《野蛮的不平等》(Salvage Inequality)和亚历克斯·克罗威兹的《这里没有小孩》(There are No Children Here)，然后带领他们一起探讨让他们的捐助产生最大影响的最佳方法。听着他们的讨论，我一直在想如果能够正式地研究他们，该有多好啊。这将会是我的版本的《萨摩亚人的成年》(Coming of Age in Samoa)，是对过去的"部落"民族志的一个反转。

有一次——那个时候我们刚刚认识没多久——我带他们去哈林区，帮他们快速了解当地贫困的人的生活。因为他们以前读的都是社会科学专业，所以我原以为他们对于低收入的生活应该有个基本的认识——但结果证明，这是一个痛苦的错误。

我们乘坐了一辆出租车前往第一四五大街，在一座四四方方的

第四章 继续向前

旧房子门口下车,这座房子的前面有着锈蚀的防火梯。接待我们的是西尔维亚·麦库姆斯(Silvia McCombs),她独自抚养着三个孩子。公寓里面收拾得整洁干净,到处都摆满了泥塑圣像以及类似于茶壶保温罩和毛毯这样的手工物品。每个房间里的电视机都是打开的,统一设定为一个牧师警告魔鬼的基督教频道。

我对她说:"西尔维亚,我们最近正在阅读官僚制方面的内容。你知道的,比如福利官员、医疗诊所工作人员以及社会工作者等,他们的职责就是确保人们没有利用社会福利制度去赚钱发财。今天来的这些人搞不懂'家有男人'这条规则。"

"我也搞不懂,这规则就是垃圾。"西尔维亚说。

提到这个,西尔维亚就坐不住了。正如那些认为自己好不容易掌握的技能经常被忽视的人,西尔维亚对于终于有人能够听自己聊聊非常激动。"家有男人"规则作为一项法律条款(1968年最高法院判定该条款违宪)规定当一个家庭中有成年男性居住的时候,女性就不能得到社会福利支持。这项政策充满性别歧视,破坏家庭团结;同时又充满种族歧视,因为政府对其他种族公民的类似的福利支持(比如,对白人农业家庭的支持)就没有包含这样的道德条款或行为限制,但是针对少数族群,各种不同的羞辱和施舍的规则纷纷被发明。

当西尔维亚停下来的时候,我跟她解释说迈克尔、贝特西和卡特他们前来有特别的目的,他们想弄清楚如何使用他们的财富帮助穷人摆脱对福利政策的依赖,重新回归工作。

"没错,"贝特西用一种蕴含着同情的热忱语气接上话,"我的

流动之城：一位社会学家的地下纽约观察记

父亲跟我和我的弟弟说要把重心放在帮助别人工作上，因为最终只有工作才能让我们快乐。"

西尔维亚用一种怀疑的眼神盯着贝特西。她的目光停留在贝特西的香奈儿包和那件贵重的、有天鹅绒般顺滑的巧克力色细毛的巴宝莉大衣上。"真的吗？那你是*做*什么的？我是说你的工作。"

"现在我在帮助父亲管理他的财产。"贝特西回答。

西尔维亚掏出一盒薄荷醇香烟和一个被手织布套包裹着的打火机，就像战斗前排列武器一样把它们整齐地码放在桌子上。她显然是在自娱自乐。"不不不，"西尔维亚说，她的声音变得很尖锐，"我的意思是说，你是*做*什么的？"

"我在评估试图帮助弱势群体重振自我的项目的前景。考虑到我的家庭的财产，我相信我们能够对这个城市的贫困群体产生影响。实际上，纽约市市长也很热心——"

"别提那个混蛋市长，亲爱的！"西尔维亚说着，然后吸了一口手中的香烟，朝旁边吐了一个烟圈。"你是*做*什么的？你*生产*什么？你*销售*什么？你向别人提供什么*服务*？你明白我的意思吗？你是做什么*工作*的？"

卡特插话了："很简单的，真的。我们就想弄清楚你是否值得我们资助。这是其一。我们是否应该给*你*资金？如果给，要给多少？我们应该做什么才可以真的帮助你找到工作？我们并不希望给你太多，因为给你太多，下一个人得到的就少了。所以我们需要花一些时间弄清楚，这也是我们这几天在干的事。"

"好吧，那我大概明白了，那你们想知道什么？"西尔维亚用

第四章　继续向前

一种浓重的黑人保姆的口音说,"因为我也想从你们那里获得一些资金啊,老板。"

卡特用手拉了拉自己的人字斜纹夹克,仿佛这样可以显得尊贵一些:"好吧,那你觉得拿多少钱可以让你不再有后顾之忧,从而可以出去重新开始工作?"

"什么意思,'不再有后顾之忧'?"

"满足基本生活需要的费用,如子女保育费用、食物费用、交通费用、租金等。"

西尔维亚在沉思的时候,贝特西有点儿忍耐不住了。"只要一个大概的数字就可以了。5 万美元左右如何?"

西尔维亚看上去被吓到了:"一年 5 万美元?"

贝特西支吾着说:"呃,我也不知道。7.5 万美元?"

西尔维亚抬头看着天花板,有些自嘲地说:"上帝啊,你终于听到我的祷告了。"她又吸了一口烟,然后问我:"素德先生,你也有一份吗?"

"不,女士。"我回答她。我尽量低下头,我可不想让这三个学生发现我按捺不住正在偷笑。

西尔维亚既诧异又很失望地摇着头,然后转向我们。"你们这些孩子以为我是靠什么生活的?我想说,你们看看这周围,我希望这地方不会让你们感到寒酸。我尽量让屋子里的东西摆得整齐,希望给我的孩子们一个得体的家。我没有感到有什么不安。所以猜猜吧,我每个月过这样的生活的开销是多少?"

卡特朝四周看了看:"每年 3.5 万美元?"

流动之城：一位社会学家的地下纽约观察记

"每年3.5万美元，"西尔维亚重复着，"一年3.5万美元！我从哪里可以拿到这些钱啊？"

"从联邦政府呀，"迈克尔说，"这就是为什么我们作为普通公民要试图去寻找——"

但是西尔维亚打断了他的话。这再也不是一个好玩的游戏，她的声音变得冷冰冰。"你知道我每个月是从哪里领取福利救助金的吗？"西尔维亚问。

没有人回答。

"只有800美元，这些钱要用来支付服装费用、地铁费用、学校用品费用、食物费用、清洁用品费用、电话费用、有线电视费用。总之就是这些。你们知道我每个月的食物券有多少吗？"

又一次，没有人回答。

"每月180美元。"

"就这么点儿？"迈克尔很诧异。

"就这些。不过我拿到了残疾人的增补保障（SSI），因为我不能正常走路，这些钱我正好用来付租金。这是我最大的幸运了——我是残疾人。很多人没有我这样的幸运。"

贝特西看上去是真的被吓到了。"你是说，你每个月就靠980美元在纽约生活？有谁能只靠这些钱过日子呀？我的天哪！"

"就是这样，"西尔维亚说，"在这个城市里，你得把你的钱看好，锁在*盒子*里。他们的手无处不在，时刻会拿走你的钱。他们有自己的钱，还想拿走你的钱。我每分每秒都在想办法赚更多的钱，照看孩子、打扫卫生、帮助人们摆脱困境——当然，这些都是台面

第四章 继续向前

下的工作,所以为了防止丧失我的社会福利金,实际上我也在犯罪。就像我如果敢藏个男人在家里就是犯罪一样。"

"对不起!"贝特西说。

"亲爱的,你不需要道歉。生活就是这样。"

我觉得今天了解得差不多了,于是我催促大家早点结束。我敢肯定,在今天之后,迈克尔、贝特西和卡特不会再跟我联络了。我所做的就是打破他们的幻想,当然,这样做可能造成的伤害远远大于带来的好处。我眼睁睁地看我开展高尚的慈善咨询事业的梦想破碎,更别提对美国精英阶层地下市场活动的研究计划了。

但是几个月之后,他们又联络我了。他们坦承跟西尔维亚的会面让他们感觉很震惊。这让他们看到自己是多么与世隔绝,他们也为自己把纽约看成游乐场而自惭形秽。当然这里面也有西尔维亚的功劳……

我开始与他们分别合作了,主要负责对慈善的一些特别事项提供建议:如何去评估成功,一个家庭需要多长时间的资助才可能让情况好转,如何最合理地配置资源——教育、健康、刑事司法改革等等。我带他们去了芝加哥,把他们介绍给了那里很多的贫困家庭,并带他们参观访问了支持这些贫困家庭的社会机构。这些访问大部分是建设性的,虽然在芝加哥也有很多挑战他们观念的"西尔维亚"。

看着他们和这一切纠缠斗争着实令人感动。他们是真心实意地把自己的信念体系置于风险之中,而我则对此表示赞赏。尽管在某个时间点,我还记得西尔维亚就贝特西是做什么工作的敲打过贝特西,但是我却感觉到了一种新鲜的讽刺。因为从字面意义上看,不管是西尔维亚还是贝特西都是没有正式工作的。西尔维亚没能找到工作,而贝特西则不需要工作。她们的确在某些方面是有共同点的。

我想写一本上层阶级的《萨摩亚人的成年》的念头又回来了。如果我能找到一种方法对这两种人物以及他们所代表的两个阶层进行对比,也许就能找到一种方法对全球化城市中的上层与下层世界之间的关系进行新的剖析。贝特西、迈克尔和卡特总是说希望给我提供报酬,但我拒绝了。当再一次见到他们的时候,我半开玩笑地跟他们提起我想对他们这些贵族世家进行"部落式"研究的疯狂点子。他们哈哈大笑起来,说当我想去的时候可以通知他们。

"那就说定了!"我说。

那年的整个夏天,安吉拉都躲在下东区。当纽约的又一个冬天即将来临的时候,我前往她的公寓,想看看她在做什么。屋内的热气四散,纽约东河上的桥面灯光透过窗户照进屋里,照亮了租户的生活。安吉拉正在为她的大女儿过15岁生日布置一些装饰和摆放碟盘,她的朋友维尼(Vonnie)正在那间小厨房中忙碌着。

在曼军消失之后,安吉拉同意给我介绍一些她的社区中的移民妇女,这些人同意我去研究她们的生活。我访谈了几十位移民妇女,她们中的半数是有合法证件的,半数没有。她们基本上都是单亲妈妈,有的时候跟男朋友住在一起,有的时候又与家人住在一起勉强度日。当其他的职业都已经消失时,卖淫就是赚钱的最佳方法了。很少有人是全职的站街女——事实上,近一半人承认她们一年

第四章 继续向前

中性交易的次数屈指可数。"孩子需要礼物。"一名妇女告诉我。有一些会阅读和书写英语的人能够找到比如清洁工、店员和收银员这样的不入流的工作。这些工作差不多可以持续一年,这意味着之后她们需要重新寻找工作。但这些都是成功的故事。她们的那些从事保姆或者家庭清洁工工作的朋友几乎总是在找工作,以致她们会在更长一段时间内更频繁地进行性交易。

如果说我的视角是记录低收入的纽约人的生活,那么我现在已经形成了一份正式研究的样本。但由于这些女性基本上没有服务于富裕的上层纽约人的经历,所以我追寻上下阶层之间的连接线索的梦想依然没那么容易实现。

但另外一扇门打开了。在生日聚会上,我们又讨论起卖淫这个老话题。安吉拉说,自从离开曼军和地狱厨房后,她和维尼就进入了新的陪侍行业,这个行业已经席卷了整个下东区。"他们总是跟我说相同的话:'太老了''看上去像个妓女''看上去像个瘾君子''看上去像个移民'。他们还跟我说:'男人都希望找一些年轻的靓妞,他们不想找奶妈!'"

见鬼。

她们也尝试使用互联网。安吉拉给我看了一个她发在网络上的帖子:

> 嘿,各位!你们再也找不到比我服务得还好的了。给我打电话吧!无论你想做什么,我都可以听你的。你不会忘记我的!不会,不会,绝不会!

她还给我展示了一些人的回复：

你是不是吸毒了，还是你是个文盲？

回去抽你的烟斗吧，臭婊子。

"有没有一些善意的回复？"

"当然有。"安吉拉说。

"给我们看看。"

"我没有保存那些。"安吉拉说。

维尼好像非常理解似地点着头："亲爱的，这就是所有。这种下等生活是我们*应受*的。"

我皱起眉头。和这个社会中的其他人不一样，当事情变坏的时候，穷人会更加自我谴责。他们相信这个社会告诉他们的道理——他们的麻烦是由他们的错误导致的。这是我作为一名社会学家了解到的最令人痛心的事情。

安吉拉也皱起眉头，她承认维尼的话是对的。

但是这两名女性都走上了一条更加雄心勃勃的路，她们要在布鲁克林区租一间公寓——不是一套用来住的公寓，而是作为像她们这样的女性用来代替小巷子、汽车、汽车旅馆或者成人碟片商店的后屋的交易之所。在一间租赁的公寓里，她们既可以吸引到更好的顾客，也能更好地控制一切。一个在街巷中接受口交的顾客如果是在屋子里面，待的时间可能就会更长。一个不想使用安全套的男性如果躺在床上，可能就会更加文明，他会更加放松，会聊天，也有可能变成常客。更重要的是，一个专业的环境会改变接触的含义，

第四章　继续向前

让它摆脱偷偷摸摸和犯罪的感觉。

她们找到的地方靠近码头和布鲁克林区皇后大道,这是工人阶层常待的地方。这个地方也有艺术家来来往往。她们希望能够服务于这些白人和中产阶级。最初提供服务的是安吉拉、维尼和另外一个叫辛茜(Cincy)的站街女,但是过了两个月,她们三个人平均每周只接待了三个客人。她们意识到自己要么快速地改变,要么就得沉沦下去,所以她们做出了一个特别企业化的举动:她们找到了一个可以帮助她们摆脱下层困境的中间人,相当于一个可以帮她们在布鲁克林区接触其他国籍和社会阶层的人的性外交官。她是男人梦想中的年轻黑妹,是一个可以帮助她们吸引一些她们自己没有办法吸引到的男性的理想角色。但缺点是,她是个疯狂的姑娘,而且才18岁——事实上,她到现在还跟父母住在一起。

她的名字叫卡拉·孔素埃洛(Carla Consuelo)。

几个月之后——在2004年——我又访问了她们的公寓,公寓的空气中弥漫着煎炸洋葱的气味和悦耳的叮叮当当声。这是公寓夜晚的固定仪式,她们在晚上开工之前会先开火烧饭,然后喝点小酒。她们喝的是伏特加,但是为我开了一瓶红酒。

马德里加尔神父(Father Madrigal)坐在我的对面,和善地笑着。他每周会过来一趟,为她们做祷告。他来自安吉拉的教区,已经为她服务快十年了。

一阵敲门声打破了屋子里的宁静。"开门啊,伙计们。"有人在走廊里大声喊叫。

维尼皱起了眉头,安吉拉叹了口气。做这一行有一条简单的规则:当两个人在服务的时候,第三个人会在小的起居室里坐着,以提醒那些嫖客她们不是单独行事的,第四个人则轮班休息。安吉拉和维尼相信三是个神奇的数字,这让她们看起来像姐妹。

但是现在来的是卡拉,她决定打破这个简单的规则。

"回去吧,卡拉,你不应该出现在这里。"辛茜说。

"我付的钱不比你们的少。"卡拉叫喊道。

安吉拉打开门,留着一头狂野的黑发、穿着闪亮发光的紧身衣的卡拉醉醺醺地闯了进来。当她看到马德里加尔神父时,脸唰的一下变红了,因为她知道神父跟她一样也知道这条规则。"这里现在也没有客人,时间还很早。更何况,这本就是一条愚蠢的规则。"她说。

辛茜像个控球后卫似的站在卡拉的旁边。她说:"但是你接受了这条愚蠢的规则,我们也都接受了这条愚蠢的规则。"

卡拉凑近锅,用鼻子闻了闻。"焖牛肉。"她可怜兮兮地说。

安吉拉是在酒吧里认识卡拉的,第一眼就觉得这个人跟其他人不一样。她、维尼还有辛茜因为她们自己的外国口音,对于和年轻的白人顾客打交道有些不自在。但是卡拉喜欢去一些画廊的开幕式,在开始有一些年轻艺术家聚集的绿点区和威廉斯堡(Williamsburg),她也能如鱼得水。她吹嘘她正跟白人交朋友,而且在某些场合,她还利用这些大话来为自己争得权益——比如在周末的晚上优先使用这间公寓的权利。她还对互联网比较精通,知道如何在聊天室里找到年轻的白人男性。她尤其喜欢找一些刚刚迁居

第四章 继续向前

纽约的男性。"我最喜欢的就是听他们告诉我他们以前从来没有这么玩过。"她说。但问题是，卡拉不服管控。

"你们是不是认为今天晚上我休息，所以我就不想来吃焖牛肉了？"卡拉用一种冰冷的口气问。

辛茜不喜欢卡拉的地方还有很多。卡拉会喝醉酒后去上班，并且对靠近她的男人毫无戒心；她相信自己是不会被抓的，还相信自己不会被刀划伤或者被揍一顿；她愿意跪在驾驶室门口为客人口交，也愿意在汽车后座进行性交易；她还在空的停车场和街巷里进行过服务。她总是在不断地制造麻烦，但辛茜却不想被牵连。

大部分时间她们把卡拉的行为归因于重度酗酒、嗑药和可卡因的使用，这并不罕见，但大多数女性最终能保持避开虐待狂和窃贼的警觉。和嫖客在一起喝酒是件开心的事，但如果喝得比嫖客多就是在玩火。观察卡拉的行为是一件很痛苦的事，但这是民族志研究的一部分：你通过观察人们搞砸事情、置身于险境，或者干蠢事来研究社会生活。卡拉经常性地破坏规则或者"玩火"的行为，反而成为我了解游戏背后不能说的规则或者不为我所知的规则的资料。唉，卡拉反而成为不断带给我惊喜的礼物。

"好吧，"卡拉说，"我到外面去工作。我还是依靠我自己吧——我是这个该死的世界中我能依靠的唯一的人。"

她走出门，砰的一声把门关上。

没过多久门又开了，她把头探进来说："如果我要用浴室，那么你们最好让我进来。"

安吉拉询问我是否可以帮她一起把桌子收拾一下，其他人也开始干自己该干的事情,就跟没事发生一样,继续谈论着孩子、假期,以及她们最喜欢的百货商店即将开始的清仓大甩卖。马德里加尔神父依然用他的一如既往的和缓语气谈论着忏悔和改错。

在门口,我戏弄他:"像这种没有希望的事业,你是如何坚持下去的?"

他看上去乐呵呵的。"我是一个有信念的人。"他说。

在他离开之后,轮到维尼收拾盘碟,打扫卧室,把公寓变成做生意的地方。这是留在沙发过夜的人的职责的一部分。我在说了再见之后,就到当地的酒吧花了几个小时整理笔记。

之后,我又回到这里,看看晚上的情况如何。她们都在休息,并且她们已经把今晚第一阶段的收入送到了一个安全的地点(一个朋友的公寓),还把卧室打扫得很干净。在酒吧打烊和路人充满街道之前,她们还有半个小时休息。安吉拉走进去打扫浴室。

维尼站在窗前抽烟。"天哪!那个婊子喝醉了,你看她走得歪歪扭扭的。"

辛茜也走到窗前。街道对面的人行道上有一个女人正像科学怪人弗兰肯斯坦那样蹒跚地走着。她在一个路口拐弯后消失在布鲁克林-皇后快速路,一群年轻男性指着她哈哈大笑。

"哦,天哪!"维尼说。

"怎么了?"

"那是卡拉。"

维尼和辛茜跑出门外,沿着街道去找卡拉。我犹豫了一会儿,考虑是否要等待安吉拉,但最后也跟了过去。当我追上她们的时

第四章　继续向前

候,维尼正穿着两英寸①的高跟鞋在路中间狂奔,焦急但很坚定。卡拉倒在路上,正像一只受伤的动物一样蠕动翻滚。

卡拉受伤了。维尼和辛茜同时赶到她的身边,维尼把卡拉的头发撩了起来。卡拉的嘴唇肿胀发黑,正在流血。她的脖子上被划了一道伤口,血肉模糊。她的裙子和连裤袜上也沾满了鲜血,而且都被扯破了。她把手伸向维尼,沾满鲜血布满伤痕的手颤抖个不停。

"你还好吗?你能站得起来吗?"维尼问。

卡拉看上去快要晕过去了。维尼让我抓住卡拉的手腕,我们一起把卡拉搬离路面。

旁边的人行道上,玻璃碎片在路灯照耀下熠熠发光。我们最后让卡拉躺在了汽车引擎盖上,然后我拿出了手机。

"打给神父,"维尼说,"不要打给警察。"

我有些失落地站在那里。我该怎么做?是听她们的还是装作普通人给警察打电话?我可不想被卷入她们的犯罪价值体系中,最后做出错误的决定。

但是维尼看上去很坚定。

赶到现场的安吉拉大声尖叫着:"天哪,亲爱的,你们都还好吗?"

辛茜已经跟当地医院的朋友打过电话了。"他们正在赶来的路上,亲爱的。"她说。

我掏出自己的手帕压住卡拉的伤口,但手帕很快就被鲜血染红了,这甚至让我有点眩晕。

"亲爱的,你刚刚在什么地方?"维尼问,"你一定要告诉我,

---

① 1英寸约等于2.5厘米。——译者注

好吗？来吧，亲爱的，你刚刚发生了什么？我一定要知道这一切。"

卡拉在引擎盖上蠕动着，用手指了指。

"在那个角落？靠近停车场？"

卡拉眨了眨眼睛。

"哪辆车？你是在哪辆车子里面，亲爱的？"

她为什么要装作一个业余的侦探？我不知道。卡拉流了很多血，这些女人所经历的痛苦是很随机地发生的，而且是毫无意义的，并且在一年中总会发生那么几次。我感到自己毫无用处，所能做的只有坐在那里记记笔记。

卡拉似乎记不起来，看上去很无助。维尼点了点头并弯腰系紧了鞋带。她的一头棕色的长卷发落在眼帘前，睫毛膏化开了，因为用力，她的脸泛着红晕。"素德，跟我来！"她对我下命令。

我从来没有见过哪个穿高跟鞋的女性能跑这么快。维尼已经30多岁了，而且每天至少抽一包香烟。就像卡通角色哔哔鸟跑出峡谷那样，她迅速穿过了布满碎玻璃、烟屁股和旧报纸的路。当她到达停车场边缘的时候，我还落后她十码[①]的距离。她拉开链式栅栏中的破损的一块，然后弯腰钻了进去，我气喘吁吁地跟在她后面。

"他妈的，到底在哪里？"维尼说。她穿梭在停车场内停着的汽车之间。突然她停下来，站着没动。在停车场的栅栏和一排汽车之间，她发现了一个小型床垫，上面的褐色污渍肯定是鲜血。维尼跪在一块撒满了泛黄的代客泊车票券的草地上，开始搜寻车底下。

"你在找什么？"我问她。

[①] 1码约等于0.914米。——译者注

第四章 继续向前

"找钱呢,素德。卡拉的钱包,还有她的小刀。"

卡拉通常会随身携带一把小刀作为防身之用。而且她会把钱放进鞋子或内衣里面,只保留一些方便找零的十美元小钞在钱包里,因为嫖客会以换零钱的名义来抢劫。在她的钱包里应该还有一部用来拨打紧急电话的手机,里面不会有身份证,因为这样可以避免被一些行为怪异的嫖客知道家庭住址。她的身份证应该在床垫下面,或者藏在一些像垃圾袋的纸袋中——如果碰上警察,她还是需要出示身份证的。

我在一块石头下面发现了一片棕色的东西,那是她钱包的一角。我们在里面找到了她的身份证,但没有钱和小刀。

维尼在一个汽车轮胎的后面找到了卡拉的钱包。这个用便宜塑料做成的小包已经被扯得破烂不堪,里面装的口红、揉烂的发票收据,还有一个小镜子散落在地上。维尼弯下腰把它们从地上捡起来。

我们在听到一阵警笛声后就回到了刚刚所在的角落,在那里,安吉拉和辛茜正盯着两位急救医疗人员俯身查看卡拉。他们动作麻利地把她搬上了一个担架,然后抬进了救护车。

我们站在大街上,周围的一切仿佛都被空虚笼罩着。

"会没事的。"维尼说。

安吉拉看了看她的手机说:"马德里加尔神父会去医院的。"她看上去松了一口气。

回到公寓后,维尼给她在当地吉卜赛出租车公司的朋友打了个叫车电话。安吉拉跑到楼上去帮卡拉取衣服。我们几乎是穿越了人烟稀少的布鲁克林区才抵达了国王郡医院（the Kings County Hospital）。

安吉拉在医院门口有点歇斯底里。她边哭边说如果不是她试图改变卡拉的一些事情，现在就不会发生这样的事情。其他人都在劝她不要过于自责，但她还是停不下来。最后辛茜和我决定留在门口陪安吉拉，然后维尼进去察看情况。我们挤在门口，一阵热气从通风管吹来，吹起了她们的头发。

十分钟后维尼回来了。"卡拉应该没事，"她说，"她失了一些血，需要缝几针。马德里加尔神父在里面，他让我们先回去。警察快要过来了，我们如果都留在这里不好。"

"我不打算走。"安吉拉说，倔强地坚持着她对卡拉的忠诚。维尼试图说服安吉拉，三个妓女站在医院门口一定会招惹警察，但安吉拉不为所动。

最后她们决定出去走走。她们在接下来的几个小时就在医院旁边的社区里闲逛，讨论着她们该怎么做。

"有的时候我在想要是杀了一个人我得付出什么代价。"安吉拉嘴里嘀咕着。

这个问题消散在了狂吹的大风中。她的朋友们彼此对视了一眼，然后把目光转向了我。

"上帝啊，上帝啊……"安吉拉的声音慢慢变小。她揉了揉自己的眼睛，靠在一根生锈的铁柱子上，对着自己的双手哈气取暖。她把她身体的重心在左右腿间换来换去，发出沉重的呼吸声。右腿

第四章　继续向前

上的一处旧伤让她不能在一个地方站立太久。她在自己的钱包里搜寻，找到了三片布洛芬，没有就水就快速地吞下。

一辆急救车朝急救室方向开去，我们四个人同时看过去。一群20多岁的艺术家嘴上叼着烟，从我们身边急匆匆走过。

"我的意思是，他们只是让你更生气，让你忍不住想杀了他们。"安吉拉继续说道，她的声音变得颤抖起来。

维尼靠近安吉拉，把她拥入怀中。安吉拉又开始哭起来，这是十分钟内的第三次。

"你不能保护每个人，你知道的，"维尼说，"上帝在保护每个人，不是你，亲爱的。"角落里的酒店的霓虹灯牌正在她们头上闪烁着。

终于，维尼的电话铃声响起来，打来电话的是马德里加尔神父。警察明天想找她们每个人谈谈。"所以，请你们回公寓。"他说。

这三个姑娘勉强同意了。我跟她们一起回到公寓，给她们弄了一些很难弄到的伏特加兑可乐让她们平静下来。之后我拖着疲惫的身体回到大街上，眼睛浮肿地叫了一辆出租车回家。

两天之后，卡拉就出院回到了她父母的住处。那天下午，她的三个姐妹和我一同去看望她，她脸上的伤口缝了针，外面包裹着纱布，手臂上的擦伤已经变成了茄子般的紫色。"我是按照你们教我的方法用那把小刀的，"卡拉说，"我是真的去划他了。"

但是卡拉的勇敢之下其实藏着脆弱。我们看得出来她还是有点害怕，焦虑和疲倦犹如一层不可见的薄膜把她包裹在里面。

她在医院里告诉过护士自己是被男朋友打的，并乞求她不要打电话报警，但是她们还是打了电话。如果不是马德里加尔神父当时在医院，那么警察早就把她的这件事传遍医院了。至少他成功地让警察更加谨慎行事。

但这并没有什么帮助。"他还是会来找我的。"她说。

"不，他不会的，"我们让她放心，"警察会先抓住他的。"

"我最近一直接到电话……"卡拉说，但声音越变越小。当她们把她赶出门之后，她就把自己的电话号码给了那个家伙。这个时候有人打来电话，然后又挂了。那一定是他。而且他知道公寓的地址。维尼担心的事情真的发生了。

"你告诉了他地址？"

"不完全是。"

"什么叫'不完全是'？"维尼有些愤怒地质问。

"我没有告诉他*地址*。我只是说，就在这条街的街尾。"

安吉拉看上去很震惊："他知道这条街？"

我不禁开始想，同样是进行性交易的女人，在面临同样的事情时大家的遭遇是不一样的。一项普通的伴游服务要求从客户那里得到一些信息，其中一个真实的电话号码就是最起码的。而且有着伴游的合法形式，她们跟警察打交道也更容易。但是大部分提供伴游服务的女性是白人。对于在站街的或自己单打独斗的少数族群女性或者移民女性来说，就几乎没有这样的保护存在了。安吉拉之所以感到很震惊，是因为她意识到公寓也不能够给她更多的安全。我

第四章　继续向前

知道试图改变生活失败的心理冲击远远比接受自己的移民身份要沉重得多,我很好奇安吉拉还会坚持多久,直到放弃这间公寓,放弃她的梦想,放弃一切。但问题是在那里有很多人还依赖她的勇气生活。

卡拉抬起头问:"呃,你们认为我可以待在公寓吗?我的意思是,在我康复期间。"

她有点不想跟父母待在一起。当他们发现她在提供性服务后,她就担心他们会做出一些事情,尤其是她父亲可能会对她暴力相向。

回到公寓后,她们开始讨论起来。"那个家伙有我们的地址,"维尼说,"我对卡拉再熟悉不过了,她一定把我们这里吹得天花乱坠。"

"话要是传出去就不太好了,"辛茜说,"坏事传千里呀。比如,在桥边的工厂中有我们20多个常客。如果某一天在一个常客过来时,那家伙突然闯进来,一切就都完了。他会回去跟每一个人说:'嘿,我正跟一位姑娘交易,然后她那猜疑的男朋友怒气冲冲地就闯进来了。'你觉得这样还会有人光顾我们吗?"

维尼把话题引到卡拉的请求上。"她知道规则,"维尼说,"而且我们不会因为她让自己陷入了这种愚蠢的混乱就去破坏规则。没有人能在这里逗留,除非她想赚钱。"

还不仅仅是这些,至少让卡拉在公寓里休养会让带客人过来这件事变得不再可能。所以不管有什么风险,她都应该与她的父母待在一起。

不过到了周末,她们就少了卡拉的收入。抛开她遇到的困难不说,她是这些女性中收入最多的。而且她的收入对于支付房租和平时的消费非常重要。为了保留卡拉在这间公寓的位置,她们需要每周工作七天,而且除此之外,她们还需要做洗衣、购物、清洁以及其他的杂事。所以她们需要找个新人来,至少暂时顶替一下卡拉——但是找谁呢?

"格洛里亚(Gloria)?"

"玛丽亚(Marial)?"

"我喜欢那个叫库莎(Kusha)的俄罗斯女孩子,她甚至不喝酒。"

一阵敲门声响起,马德里加尔神父随后走进屋内,他要宣布一件不好的事情。我帮他摘下帽子脱下大衣。经过反复劝说,他终于答应坐在桌前,桌上的碟子里摆满了猪肉、米饭、豆子和芭蕉等,但他并不想吃。"我希望你们每个人都很认真地思考一下发生了什么。"他对她们说。

她们都安静下来看着他。神父把胳膊放在椅子扶手上,不停地搓着双手,就像要把他的思考都集中在掌心一样。

"你们进入彼此的生活是有原因的,"他继续说道,"不仅仅是因为你需要钱和保护。你之所以来,是因为天命所在。我希望你们都能认真想想。"

他停顿了一下。这几个女人互相看了看,然后又都齐刷刷地看向神父。

"我希望你们每个人都思考一下自己对卡拉的义务。"神父补充道。

第四章　继续向前

维尼突然把椅子挪动了一下。她点着了一根烟，然后站起来走到窗边，边摇头边说："神父，我知道我们的义务，但是我做不到呀。"

安吉拉、辛茜和我安静地坐在那里。

马德里加尔神父又开始搓起自己的手来。"好吧，我知道你们每个人都承受着很大的压力。你们也可能做不了什么事情，并且我理解为什么卡拉不能在这里休养。但是她实在受伤很严重。她是你们的同伴，是你们的朋友。现在她如果待在家里，她的处境会很危险。"

没有人说什么，也没有人可以说什么，这些都是事实。

对于家庭暴力的受害者，城市会提供庇护所，马德里加尔神父解释说。他已经跟那边的经理打好了招呼，但是要进庇护所还需要一定的花费。

"神父，多少钱？"维尼问，她看上去既有些悲惨又有些焦急，"*多少钱*？"

这是第一次有人用这么严厉的口吻跟马德里加尔神父说话。他看着她，满是疑惑甚于被冒犯。

"对不起，神父。"维尼和缓地说。

马德里加尔神父举起自己的手说："我知道，这对于你们来说不是一个小数目，但是她的需求只是临时的。房间的费用是 350 美元，教会会负担饮食费。"

安吉拉快速地从维尼那里抢过话头："神父，我们很乐意支付。只是我们现在过得也很艰难。"她看了看维尼，然后是辛茜，最后目光又回到了马德里加尔神父的身上。"但是我们会找到方法。"她说。

马德里加尔神父点了点头。没有人再对这件事发表意见,我们把话题转到了卡拉的恢复和社区里发生的事情上。过了一会儿,马德里加尔神父抬起头,说他将要祷告,我们都低下了头。"神圣的天父,我以耶稣的名义向你祷告,希望你能保佑这些女人,引导她们脱离苦海,帮助她们康复,给予她们每一个上帝子民都应享有的爱。"

我听到一阵抽泣声,但我不想抬头,我猜这一定是维尼。

"再过几天我会回来看你们,"神父边说话,边穿戴好帽子和大衣,"大家保重。"

神父的脚步声渐行渐远,辛茜如释重负地吐了一口气。维尼给自己又倒了一杯酒:"安吉拉,我不知道我们该如何去做。"

安吉拉没有回应,她把餐叉移动到她吃到半空的盘子周围。

辛茜说了一句大家都想说的话:"我们该找一个新人加入了。"

维尼打开窗户,又点了一根烟。"我很担心那个家伙,"她慢慢地说,"我的意思是,现在他就有可能在楼下的某辆车子里。"

安吉拉抬起头说:"够了!我们要担心的事情还不够多吗?!"

"我很担心,"维尼说,"我真的很担心,如果她真的划伤了他……"

在跟白人男性在一起的时候,她们就一直很担心自己的安危。有没有一部法律是真的偏向于她们这一边的呢?

第四章　继续向前

几周之后我又来拜访这里，这时这些女性已经在尝试卡拉的策略。她们结伴去当地的酒吧，这样让她们看上去不那么像妓女了。她们基本不会直接跟男人接触，而是采用卡拉的方法，通过酒保和保安与他们取得联系。

"这些年轻男性中不少人看上去就像刚离开家一样，"维尼说，"所以你不能像妓女那样去勾引他们。"

安吉拉笑了起来："我们只是花大把的时间跟他们一起喝酒。"

"他们问：'你们有认识任何的黑帮成员吗？'"

但运气很差，这些人中没有任何一个愿意跟她们返回公寓。安吉拉叹了口气。

"卡拉能够接近这些男人，她拥有他们喜欢的外形。当他们看到她时，就像进入了丛林之类的地方。虽然那里充满了危险，但是他们愿意去冒险。而我看上去就像他们家里的清洁阿姨，他们可不想跟自己家里的清洁工人搞到一起。"

很快，又一个月的时间过去了，她们也面临着一个十字路口。她们拜访了曾待过的社区中的20多名女性，但是她们中没有人能够像卡拉那样跨越边界。她们一听到白人嬉皮士就吓坏了。最后她们决定试着找一名白人女性，尽管维尼对"找白人"仍旧持保留意见。

"一名白人女性会主导并经营一切，"维尼说，"然后我们就变成了替她打工。"

她们把目标锁定为住在康尼岛（Coney Island）附近的一名保加利亚女性，但她一听说要搬到市中心附近就感到很恐惧。

然后她们去找卡拉说了这件事。但是卡拉也有了新情况。

"我加入了一家伴游公司,在曼哈顿。"

她说,她很感激大家对她的帮助,她会把钱还给她们。但她们都很震惊。安吉拉第一次感觉自己被打败了,她们只能让陌生人加入了。虽然陌生人可以带来收入,但是她们是可依赖的吗?卡拉又会怎样呢?如果没有安吉拉帮助她打理一切,她还能过得如此顺心吗?但是安吉拉无法回答这些问题了,她必须走下去,她还有租金需要支付。安吉拉要怎么办呢?

几个星期之后,我见到了卡拉,从她那里听到了故事的另一面。我一直提醒自己保持客观。她承认她在曼哈顿还没有建立什么关系,但她说自己愿意去尝试。上次被袭击的事情让她明白了一些道理。"你知道吗?我长得漂亮,而且我还年轻,我可以比那间不值钱的公寓里面的那几个不值钱的女人做得更好。所以我需要离开那里,去自己赚更多的钱。这是我的机会——有可能是我唯一的机会——所以我必须抓住它。"

我从一个世界跳跃到另一个世界,就好比织布机上的梭子。今天晚上的主角又回到了夏恩身上,他开着那辆黑得发亮的轿车在哥伦比亚大学旁边接上了我。我们一路向南,朝纽约中城区的中心开去。在一个收费停车场停好车后,我们走进了一家高消费的酒店酒吧。

一走进酒吧的大门,我们就几乎立刻意识到一件事情——我们

第四章　继续向前

是当晚顾客中唯一的有色人种。在赌桌和休息区来回走动的送餐服务员是拉丁裔的,在吧台后面的服务员是个黑人。夏恩对他点头示意,他很谨慎地点头回礼。

我们相互耸了耸肩,找了个座位坐下。相顾无言,我们哈哈大笑起来。

酒吧服务员走到夏恩面前。"很高兴见到你。"他说。

我摇着头咯咯地笑着。过去他一直说希望能在酒吧里有一个熟伴,而这个服务员看上去就跟他很熟。我期待着他会说"老样子",但是他却点了杯加冰的威士忌。

现在一天的工作已经结束了,职场白领们开始走进酒吧的大门。他们不是银行家,他们一般从事的是娱乐业、传媒和出版业,通常他们年轻,带点儿嬉皮士风格,且口袋里有一些钱。不少人穿着西装但没系领带,基本上都穿着笔挺的长裤和裁剪合体的衬衫。他们随着机械的鼓声和电子合成乐的旋律饮酒作乐。

夏恩穿了一件柔软的紫色亚麻衬衫,下摆没有扎进裤腰里,下身穿着一条深蓝色的迪赛(Diesel)牌牛仔裤,手上松垮地戴着一只时尚精巧的劳力士手表——不是完全的职场人士的打扮,但也不像一个街头混混。

"你赢了这局?"酒吧服务员问他,手上同时在擦拭几个酒杯。

"尼克斯(Knicks)输了,是又一次输了。"夏恩说。

"嘿,你还是没学会,是吧?"

一阵沉默之后,酒吧服务员靠近夏恩,轻声地说:"如果你愿意抽一根的话,我20分钟之后有休息时间。"

夏恩点点头。尽管他面无表情，表现出一副街头战士的惯常严肃表情，但是我知道他因为找不到顾客已经有些沮丧。虽然他知道应该有耐心，但是没有收入的天数已经积累了好多。虽然这个酒吧服务员非常乐意跟他一起抽烟，但是到现在为止也没有给他介绍过一个潜在的顾客。他知道他需要花时间去建立关系，但需要多少时间呢？

"嘿，兄弟，你来啦。"一个声音传来。一个有着亮丽黑发的年轻人走了过来，他的头发整齐地往后梳着，用了不少发胶定型。他拍了拍夏恩的后背说："我是迈克（Michael），你还记得我吗？"

这个年轻人朝酒吧服务员示意再来一轮酒，然后又拍了拍夏恩说："过来加入我们吧。这局我要输了，你来接替我吧。"

我们看着这一群年轻的白人男女，他们手里要么拿着啤酒，要么拿着台球杆，他们每一个都是初来这座城市的。他们的年轻与沾了污渍的地板和玻璃台灯形成了鲜明的对比。

夏恩有点儿迟疑，正是这一次，我好像可以透过他的盔甲看到他的内心。他很紧张。*欢迎光临俱乐部*，我在想。

"嘿，克里斯。你想玩吗？"

夏恩愣了好一会儿，然后猛然意识到什么："该死！他们说的是我。"

我过去一直猜想夏恩在贫民窟之外的生活中使用什么名字，现在我知道了。"跟着他们的笑话笑笑吧，克里斯，"我建议他，"白人喜欢这样。"

"去你的。"他说着，在我的手臂上捶了一下，然后绕过我走向

第四章　继续向前

了台球桌。我转过自己的椅子看着他。他看上去比周围一圈人要高出不少，但并不仅仅是因为他的身高，单单他的存在就足够吸引人了。他不爱说话，其他人则喋喋不休；他静若处子，其他人则动如脱兔；他黝黑的肤色也在闪闪发光。

一个年轻的女性走到这群人中，明显是要去找夏恩聊天，但他并没有留意到她。她对他微笑着，但他却很缓慢地移动着，好像被包裹在一层塑料布中，正如他曾跟我提到的，他认为过多的肢体动作"会让别人感到威胁"。

那个女性开始跟夏恩攀谈起来。她询问了他一些问题，即使他的答案简短粗鲁也没让她泄气。我决定走过去听听他们的谈话。当我靠得足够近的时候，她正在谈论曼哈顿让她体验到的兴奋。

"我想做一些不一样的事情，"她说，"这就是我到这里来的原因。这不就是纽约的魅力吗？我的意思是，你住在这里，你应该明白我说的吧。"

"是的，是的。"夏恩小声回应。

"我并没有打算长久地做这种劣等的办公室工作，我是打算走时尚路线的。看看这个！看看我穿的这条裙子！你认为纽约人会喜欢它吗？"

"当然。"夏恩说。

"嘿，艾比（Abbie）。你一定要跟克里斯认识一下——他知道纽约发生的每一件事。艾比马上就要成为一名经纪人了。她得到了这份美妙的工作，可以整个晚上都听音乐。"

"好的。"夏恩说。

最终，酒吧服务员走了过来，询问夏恩是否要出去抽根烟，迈克说要一同去。

当他们回来的时候，夏恩说我们该走了，他不喜欢在酒吧里待太久。他认为在他的脸上有个大写的标识写着："四处游荡的毒贩"。

我知道他要自己走。我不知道原因是什么，但夏恩自己掌控一切事情。所以我跟他说了再见，就一个人留在了酒吧里。

迈克握着夏恩的手，尽可能地模仿贫民窟的打招呼的方式。"星期四，是吧？"他身体前倾，给了夏恩一个兄弟般的拥抱。我知道他们正在商谈另一个业务谈判的时间。一个人接一个人，一个团体接一个团体，夏恩决心让自己的试验成功。

我开始在餐巾纸后面做简单计算。从我早期对毒贩们的观察来看，我知道一个毒贩团体每个月大约可以进账 1 500 美元，但通常只能维持 9~12 个月。我至今不明白为什么过了这个时间点后，他们的生意就会出现大衰落。原因有可能是团体解散了，或者是一些吸毒者不再吸了，又或者是新的毒贩带来了更便宜的货品。考虑到夏恩雇了六七个帮工，每个人每月的成本大约 1 000 美元，因此夏恩每个月需要至少赚到 15 000 美元才可以保证自己的新事业是可持续的。这意味着他需要保证有十个团体，或者 50~75 个固定客户。

而且这只是最低限度。夏恩还希望扩张自己的事业，他已经深刻领会了美国人的核心价值观，脑子里想的都是越大越好。

他有两种可能的方法来扩张自己的事业。一种方法是，他继

第四章 继续向前

续亲自招徕新的顾客,但这种费力的方式会浪费他的宝贵时间和能量。另一种方法是,他可以通过招募酒保、保安和酒店服务员来帮他寻找顾客。使用这种方法,他控制的是场所,而不是人。场所一直存在,但人却经常是新面孔。

但中城区和华尔街的商业毕竟不能跟哈林区的街角生意相提并论。所以在跟酒保、酒店服务员交朋友的时候,夏恩还得小心应对。夏恩对于这些人并没有信任的基础,也没有跟他们打交道的经验。我们经常讨论这个方案的脆弱性,但他却只是耸耸肩,大有"兵来将挡,水来土掩"的架势。我很钦佩他的乐观态度,但不知道在什么情况下这种乐观态度会把他送进监狱。

这个时候,哥伦比亚大学已经授予了我终身教职,而且我即将成为正教授。对于这一切,我要感谢我的同事以及荣升为系主任的彼得·伯尔曼。我正在跟史蒂芬·列维特(Steven Levitt)合作在声誉很高的学术期刊上发表文章,而且正在完成一本关于芝加哥地下经济的学术著作,这一切都有助于我的学术地位的提升。但我仍然有一种黔驴技穷的感觉,我所有的学术成功都依赖于我在芝加哥的研究。纽约对于我来说,依然是陌生和充满未知的。

我所研究的芝加哥公租房住宅正在被拆除,我正要回到那里去追踪那些被驱逐和需要重新安置的家庭。跟我以前的学术工作有些不一样,这次我试图展开一项新试验——去拍摄那些家庭,努力制作我的第一部纪录片。虽然我很想把这个试验告诉夏恩，因为我很希望他可以让我拍摄他的冒险行动，但我又担心他会嘲笑我是为了满足虚荣心才做这些的。所以我想等我有点成就时，最好是拿个奥斯卡最佳纪录片奖，再去找他。

正是上面的这些原因，使我忙到没有太多时间可以跟着夏恩在纽约城里闲逛。

凑巧的话，我们可能会在社区酒吧里匆匆见个面，他会给我提供一些更新的信息——更多时候，他只是给我提供一些线索，然后让我自己去理解究竟发生了什么事。即使是跟我这样的职业社会学家打交道，夏恩也喜欢让自己成为一个神秘人物。"在这场游戏中，你学到的一件事情就是，你越快速地明白关于白人的事情，你就越有可能不用进监狱。"他着重地跟我强调了这一点。

这就是一种需要解码的隐晦的表达方式。"所以，你的意思是事情都*进展顺利*？"

"是的，你知道事情是怎样的。"他说，并示意酒保过来续杯。

"不，我不知道事情是怎样的，"我大笑起来，"你必须*告诉*我。"

"这样说好了——一天一次。"

我叹了口气："所以你还没有破产，但处境艰难是吗？"

"还没有，但谁也说不准。不要去想未来的事情，因为你会被困在过去，这是我奶奶告诉我的。"

我妥协地摇了摇头："好吧，好吧，让我看看我是不是真理解了。我猜你有了不少稳定的客源，但是还不算多。虽然你仍然没有找到非常合适的中间人，但你很清楚你需要一个，因为你知道让一

第四章　继续向前

个 300 多磅的黑人在街头贩毒而不引人注意是不太可能的。所以你还是需要自己来这些愚蠢的酒吧和饭店，但你讨厌这些。但从另一个角度看，这毕竟是一个充满机会的新市场，所以你也不想放弃。"我停顿了一会儿，问："我猜得没错吧？"

"我没有说你错。"他哈哈大笑。

"我想你已经完成目标的 40% 了。有可能你已经拿下了两个酒吧，还有不少酒保。但是你还没有拿下酒店，因为如果有的话你这个时候就应该笑起来了。"

他笑了起来，但我知道他在说谎。

"你已经涉入酒店了，但是进度太慢，而且这很花钱。并且你也不清楚在酒店里安不安全，在这些地方你总有一种不安全感。而且，很明显你并不想身上带着太多的货四处瞎逛。我说得没错吧？"

夏恩甚至没有看我一眼，这让我*确定*我说中了。

这就是我们碰面时的普遍情况。我像在跟内部消息来源人对话。但如果我要开始一项正式的研究——我总是这么做——我真正需要的是夏恩把那些酒保和酒店服务员介绍给我，这样我就可以在进行项目申请、研究助理聘用以及其他的学术程序时增加更丰富的细节，这可以让我与毒贩"厮混"一事得到学术界的认可。这一次，我还是需要耐心。

正当我等着夏恩获得成功的时候，贝特西、迈克尔和卡特开

流动之城：一位社会学家的地下纽约观察记

始邀请我去参加他们的聚会。这样的聚会有两种：一种是艺术性质的聚会，这往往发生在他们的艺术家朋友居住的纽约苏荷区和东村。另一种是家庭性质的聚会，这往往发生在上东区，这是他们父母居住的地方。但不管是哪一种，参加聚会的宾客都会饮酒作乐，享受波西米亚风格的狂欢直到深夜。有的时候，我觉得自己像《奥马哈野生王国》（Mutual of Omaha's Wild Kingdom）中的动物学家吉姆·福勒（Jim Fowler），从我那安全的人类学的遮阳帽下窥视着奇怪的生物。他们拥有自己独特的语句，如果你不知道他们所提到的人物和地址，那么这些语句对你没有任何意义，而且他们对于把局外人带进自己的群体没什么兴趣，除非这个人是过来娱乐大家的——好像这正是我要扮演的角色。也许我应该觉得这是对我的冒犯，但我当时唯一的感觉就是疏远和不显眼。在芝加哥的公租房里，虽然我与当地人看上去并没有多少差异，但我经常被他们热情相迎并视为贵宾，珍馐佳酿都让我先行享用。但是在这里，他们会把我当成佣人而忽视我的存在。即使在我跟其中一些人见过六七次后，他们还是会问我是谁、我来纽约是不是为了度假。他们也几乎忘掉了我们之前对话中的所有细节，甚至连我们曾经对过话的事都记不起来。有些人很友善，有些人则完全地忽视了我。不过考虑到我跟这里的服务员有着同样的肤色，所以我对这样的情况大可不必感到如此惊异，但这还是让我有些不舒服。

我在芝加哥也体会过这种被忽视的感觉。20世纪90年代在芝加哥的黑人社区，作为一个南亚人，我行动起来还是很容易的，因为大家只会把我看成一个拥有小酒馆或者熟食店的家庭中的一员。

第四章 继续向前

换句话说,我对别人构不成威胁。我常常会去一些街角或者酒吧,人们不会因为我的出现而停下自己的谈话,因为他们不认为我是外来的威胁。但在这里,我更像是一个社交古董,莫名其妙的佣人角色让我感到很不舒服。我很难想象他们会认真地对待我,从而能让我以一个专家的身份观察他们。我幻想自己是一家家庭清洁公司的员工,总是在豪宅主人展示重要的社交行为时出现。同时,当我得到从旁观察特权群体的机会时,我又充满惆怅。他们的聚会就像一部超长的啤酒广告——有着晒成棕褐色的皮肤、柔顺的头发、天然的棉织物、微露牙齿的笑容。他们看上去轻松愉悦、容光焕发,似乎没有任何事情能困扰他们。我很好奇其中的成员的感觉会是什么样的。

我也还在探索自己的兴趣可以形成什么样的正式研究项目。我知道,这肯定不是那么容易实现的。穷人通常很乐于接受权威人物的研究,而富人们却恰恰相反,他们通常不喜欢被研究,会无理由地拒人于门外。所以,我怎样才能敲开那扇门呢?

今晚,我穿过公园来到他们那些用石灰岩建造的豪宅所在的精致小巷。他们邀请我走进了一家酒吧,这家酒吧的大门上没有任何标志,并且直接通向一个多层的地下室。我在酒吧里碰见了贝特西,她开始把我介绍给大家。

"这里有一个你应该去见的人。"当贝特西说完后,我转身就见到了一张熟悉的面孔:安娜丽丝。自从上次在哈佛的品酒会后,我就再也没有见过她。那一次,她教了我不少关于葡萄栽培和酿酒的知识,让我看上去不那么像个傻瓜。这一次她的头发染成了红色,但从她身上展现出的从容优雅依然可以看到权贵阶层的影子。"你可以给我推荐一款好的红葡萄酒吗？"安娜丽丝问，脸上露出一丝狡黠的微笑。

"我不能确定有没有好的红葡萄酒。"我回答她。

贝特西有点困惑地望着我们，并问："所以你们早就认识？"

我们坦承彼此早就相识。贝特西就像一个聪明的主人那样，迅速地找个理由消失了，留下我俩回忆旧时光。

"怎么样，最近还好吗？"安娜丽丝问我。

"不错，我很好。我已经在这里教书了。"

"纽约大学？"

"哥伦比亚大学。"

她向我表示祝贺，我也问她现在在做什么。

"一大堆没有意义的工作，"她说，"你知道的，我还在试图找到适合我自己的工作。"

我告诉她我在考虑去法国，也跟她提起我的婚姻并不顺利。她身上的一些特质总是能让我愿意跟她吐露心迹。她也向我一一列举了她毕业之后从事过的工作——在一家"充满令人恶心的男人"的金融服务公司做职员，还在她妈妈的朋友开的一家古董家具艺廊里待过三个月。"我必须整天待在里面，对着那些进门的80多岁的顾客微笑。当他们在谈论一些差不多百年前的陈腐往事时，我负责给他们沏茶。"

她硬是装出一副快活的表情，但她的声音越来越低，低的声音的背后也带出了更多的事实。她提到她的男朋友并不总是支持她。

第四章 继续向前

她与父母之间也存在僵局，他们希望她能够在生活中做一些有意义的工作，但这当然不包括她自己想做的一些事情，比如开办一家艺术画廊。"太有风险了。"他们说。"好的，妈妈，"她回应道，"你把那些你看中的，无聊到可以杀死你灵魂的职业选项列个表给我，然后我从中选择一个。"

她提到想回到印度，在那里她的叔叔开办了一所学校。她还谈起她上次访问这所学校的事情，当时她的父母正因为她的婚姻而与她矛盾重重。"我就坐在那里，不停地吃，然后跟小朋友玩一些艺术材料。在那里一切都很平静沉着，但在这里我感觉快疯了。我喜欢那里，恨不得立刻离开这里。"她举起自己的双手，仿佛在控诉这周围的摩天大楼是她的麻烦之源。

我注意到她不时地看看周围，观察是否有其他人注意到我们的聊天。

然后她说她有了一些新的生意机会，想听听我的建议。我觉得这很奇怪，毕竟我对于商业是几乎一窍不通的——至少对地上经济来说——但我还是决定找个时间跟她见面聊。约定好后，她就去迎接更多的朋友了。直到很久之后，我才知道，她所谓的新的工作就是做一个老鸨。她在这个时候就已经开始筹划了，并结交了很多朋友，而她说的新的生意机会就是指一些新的女孩愿意跟她一起工作。她可能是希望我能够给她传授一些内部知识。

贝特西回来后介绍了更多的人给我认识，每个人都很有礼貌。但在问了我一些常规的问题，比如"你是教什么的？""你是本地人吗？""你的名字有什么含义？"后，我们就基本没什么话题可以聊了。我就像那壁炉上的雕像。在每一次短暂的交流之后，我都觉得研究上层阶级变得更加遥远。他们完全漠视的态度让我通常使用的人类学的"作壁上观"的研究方法看起来几乎是自取其辱，一曲尴尬的无声交响乐。你怎么可能通过一群连你的问题都听不进的人来做严肃研究？

在卡拉离开的几个星期后，安吉拉打来电话说她们付不起房租了。这让我感到很震惊，因为我原以为她肯定会找别人来代替卡拉的位置。维尼提到安吉拉很难相信她试图带回来的东欧白人女性。我有一种强烈的感觉——安吉拉的社交恐惧可能影响了这次行动。我前往她们在布鲁克林区的公寓，想了解她们的这段故事是如何结束的。当我到达的时候，安吉拉和维尼正站在公寓门口，看着一台破旧的皮卡汽车正拉着她们的家具开走。车子装得满满当当，并且看样子还得再来一趟，这意味着她们还要再等几个小时。

我们转身上楼，找了几个箱子坐了下来，我们面前的地板上放着一瓶廉价的红葡萄酒。在接下来的一个小时里，我们计算了一下这个月的花费、欠债的顾客及其所欠的金额。"卡洛斯（Carlos）还需要支付我们250美元，没错吧？""喔，对了！不要忘记了那个身上一股*怪味*的白人男子！他给了我300美元只是为了让我不告诉别人他其实是个心地软弱的爱哭鬼。""我觉得卡拉现在每月应该能挣3 000美元，是吧？还是她在跟我们说谎？"到最后，我们计算出来的盈余只有一点点。经过两年的挣扎、争吵、勇气、坚持甚

第四章 继续向前

至是忍受味道难闻的男人，她们最终得到的只有总共 750 美元的结余。这远远不够，所以她们这充满希望和奋斗的一年仍然要以搬回下东区来收尾。

回望过去，她们问我对这场试验行动的看法。我不太相信自己的感觉，所以我依赖社会学的专业知识。我说，美国的故事中总是充满挫折，但重要的事情是要开始你们的旅程。"你们搬出来，搬到这里，虽然待在这里的时间不像你们预期的那么长，但是——"

"我们已经吸取了教训。"安吉拉说。她现在没有心情去聆听社会科学的东西。

我讨厌听她说这句话。教训有许多种，有一些教训可以促成下一次的改进。我开始再一次编织一个积极的故事，但是维尼打断了我。

"这里没有人想要看到一大群拉丁裔妓女。"

她的痛苦刺痛了房间里的每一个人。为什么这种模式*行不通*呢？她们不停地大声问自己。她们的哭和笑都指向种族的牢不可破的特性。维尼的解释简单且充满苦涩，但完全无法反驳。从我过去的所见所闻来看，社会对她们这个年纪的拉丁裔妓女的需求并没有多少。但是她们本应该做出更精确的判断，然后做出更好的商业决策。她们在决定租公寓之前应该更加仔细地思考，应该在高速公路旁边的汽车旅馆租几周的时间试试市场的热度。安吉拉对白人性工作者的怀疑也对她们的事业造成了伤害，她们应该试着从她们所在的社区和种族里面找出更多像卡拉这样的年轻女子。但是她们似乎并不相信这样浅显勉强的理由,她们更愿意相信一些更加绝对和难以说出的理由。也许这也是一种生存的方式,但是这种种族主义的方式似乎并不能在这个中产阶级化的布鲁克林社区里帮助她们找到客人。

她们的经历让我更深层次地思考流动的概念。全球化城市提供了一种以金钱为标准衡量的社会连接,不管是在合法的地上世界,还是在非法的地下世界。不过,能够建构起不熟悉关系的能力也使我们的生活充满一系列无情的商品化的关系。资本主义让所有东西都变成了潜在的可销售的物品,但并不保证一定会有购买者。所以对于那些试着销售东西的人来说,失败的风险也是时刻存在的。维尼和安吉拉展现了一种企业经营的热乎劲儿,她们利用全球化城市纽约的网络进行流动,去跨越障碍和创造新经济基石。但是纽约不会为购买者提供担保,所有流动的东西都可能会消失。

维尼打破了沉默:"素德,我们并不是想要一座豪宅,我们只是想搬出那倒霉的公租房,带着孩子搬到更好的地方去,有可能是回到多米尼加去探亲。"

我低下了头。

但是安吉拉总是强迫自己看到事情光明的一面。她提醒我们,至少卡拉开始走上了自己的事业之路。她拥有年轻人所特有的品性,她会成功的,我们会看到这一天并为她高兴。

"她最好不要忘了谁才是她的朋友,"维尼说,"当她有一天不得不跑回来的时候……"

正当她努力思考用什么恰当的威胁之词时,安吉拉阻止了她。

第四章　继续向前

"如果她有一天不得不跑回来，我们会陪在她身边。"安吉拉说。

我希望这是真的。

做出退出市场、停止业务的决策对于任何企业家来说都是困难的，安吉拉的话至少对我们来说是个安慰。

夏恩向我展示了企业家的另外一个决策困难：对于任何或大或小的雇主来说，生活中最艰难的任务就是当销售业绩下滑的时候让工人离开。由人力资源经理召开一场正式的遣散会议有助于缓和雇主与员工之间的矛盾，帮助减少侵吞财产和破坏公物的行为。

不过在地下经济中，缺少这样的正式机制存在。这就导致了一系列的问题：当活动非法的时候，人们是如何管理团队的？他们如何确保信任和保密？如果员工不合作，那么他们该怎么办？卡拉和曼军这两个都遭受过巨大打击的人，跟那些把管理员工当成经营一家麦当劳快餐店的毒贩形成强烈的对比。那些毒贩采用轮班制，每天规定固定的工作任务，并且员工需要完成一定的销售指标；如果员工没有完成指标，就会被解雇（或者被殴打、削减工资）。

但是对于在地下经济中面对快速经济衰败的人们而言，并没有一块明确的路标指示他们该如何行事。比如说，从2001年年末至今，夏恩雇用的员工人数就起起落落：当供应稳定的时候，他就招募新员工；而当需求下降的时候，则裁减员工。正当维尼和安吉拉收拾残局承认失败的时候，夏恩在对他的街头贸易进行一项重大的变革：忙着招募新员工向白人顾客出售可卡因。但这意味着两个复杂的任务：招募合适的新员工和解散街头的贩毒团伙。

夏恩总是认为，如果不跟员工解释清楚对于他们的期望就直接让他们离职是很有风险的。就这件事情来说，夏恩是个非常好的业务经理。他跟员工清楚地说明，他希望他们在离职后继续谨言慎行，任何谈论到他或者他的行动的行为都有可能造成巨大的负面效果。但如果他们能够闭口不言，他今后就有可能再雇用他们。

这个理性的方法存在以下问题：（1）他们都是年轻人；（2）他们是没有其他工作选择的年轻人；（3）总之，他们还是太年轻了。他们希望赚到钱，而且很明显他们并没有错。事实上，你可以说他们的态度就是在地下经济中进行合乎理性的成本-利益分析的结果，他们都是在地下经济中寻找工作的。要求他们在一个本来就可能没有长期目标的世界中放眼长远很难。

有一天，在夏恩把当下的运营重心放在粉状可卡因市场的时候，我目睹了他解雇一名年轻的员工。当我到达夏恩家的时候，他们正在门廊谈着。夏恩在看到我时示意我停下来，这样这个小伙子就不会看见我在听他们谈话了。

"你自己有很多优点，"夏恩说，"为了生存，你知道的。你拥有生存下去的本领。在这里，一切都是为了生存。"

这个小伙子就像一个刚刚被老师教训过的青少年。"妈妈会生我气的，"他边说边摘下自己的棒球帽，不停地挠自己的头，"我要是告诉她，她一定会打死我的。"

"好吧，那你应该去找新的工作，"夏恩有点不耐烦地说，"如果你有租金需要支付，那你最好支付。所以去找份新的工作吧。"

第四章　继续向前

"是的,我猜,"这个年轻人继续说着,同时还不停地摇头,"我的意思是,她真的会生气。"

"你每个月赚多少?"

"大约200美元,并且大部分钱花在了租房上。克拉丽斯(Clarisse)进了监狱,所以,你知道的,我得自己扛起来。"

"我能理解这些,"夏恩说,"作为一个男人,你是得自己扛起来。我知道这很艰难,但是你很不错,正如我说的,如果我的事业能再有起色,我会第一个找你。"

"是的,大哥。虽然我很感激你,但是我还是需要一份工作。或者我可以自己在某个街角为你打点生意。你知道的,你或许可以给我提供货物。我们可以保持低调,就我一个人在那里工作。"

"兄弟,这取决于你,"夏恩回答他,"你可以爱怎么做就怎么做,我的兄弟,那块地盘是你的。"夏恩张开他的双手,挺了挺胸。

"不,大哥。我不可以,我什么都没有,我是个局外人,我找不到人给我供货,我需要人来支援我。"

"好吧,兄弟,回到我们一开始说的,我已经告诉了你,我们这边的工作结束了。就这样。你现在有很多的机会,你只需要离开这里。"

"不,大哥。事情并没有那么简单,我在想我们可以做一些小的生意。"

夏恩开始大笑起来:"我的兄弟,你需要听听我在说什么。"

"不,不,不。"这个年轻人说。他挺了挺胸展示自己的信心,然后扫视了我一眼。我靠在门柱上,并没有打算隐藏我的偷听行为。他回头看了看夏恩,说:"要不我们明天再谈吧,因为我真的需要一份工作。"

夏恩站了起来,耸了耸肩膀。"那就是我一直试图跟你说的,小矮子。都结束了,你搞明白了吗?"

"哦,大哥。我不明白,我是说我们应该继续坚持合作。"

夏恩叹了一口气,挥手示意我上楼进屋。我经过这个年轻人的身边,他看上去并没有打算马上离开这个地方。我能理解他的感觉。如果你不能接受你刚刚接收到的讯息,然后还一直等下去,那么你最终会发现那只不过是一场噩梦。

几周之后,在哈林区的酒吧,夏恩最终跟我透露了他正在经历的重大变革。这差不多是 10 年来的头一次,他没有每周工作 7 天、每天工作 24 个小时的员工在街头。相反,他雇用了更多的像他的表妹伊夫林娜那样的,能够在城市社交世界里如鱼得水的女性。他决定重新开发自己,在没有固定数目的街头交易员的安全阀保障的情况下开始新的发展。他把所有的筹码都押在了粉状可卡因和白人市场上。虽然过去他的顾客中的 90% 是黑人和拉丁裔,但这个数字很快就会下降到 10% 以下。

对于我来说,把夏恩跟维尼和安吉拉相比有些不吉利。夏恩真的可以离开他原来的家,然后在白人世界中开始新的事业吗?很多事情可能会出错,很多事情还不确定。他的雄心本身就可能带有犯罪性质,我情不自禁地为他担心。

第四章 继续向前

他要做的第一件事情就是组建他的新团队。找到正确的人并不是一件容易的事,他说。他甚至不能确定他需要找具有哪些特质的人。他的员工应该是黑人吗?是男性还是女性更合适呢?他们需要白人背景吗?

同时,夏恩跟原来团队成员的离职面谈也开始变成一场生存教育课。"这些年轻人现在到处乱窜,净干蠢事,"他解释道,"跟着我,他们至少可以学习做事情的正确方法。"但是夏恩对于这些年轻人没有学会他冷静思考的特质很失望。他们仍然缺少夏恩认为在这个商业世界中要获得成功所需要的纪律性。"我有责任教育这些年轻人,但是他们得信任我。如果他们看到我成功,他们就可以学到东西。"

在我的经验里,帮派头目从来不会认为他们在从事的是一项冷酷无情的犯罪事业。他们认为自己是两极分化严重的美国中的种族英雄,但他们关于这个国家的观点对于我来说已经很陈旧了——就像还停留在20世纪五六十年代。他们会积极联络那些处于困境中的年轻人,这些人要生存下去,需要成年男性的指导,他们会给街坊邻里做好事——直到发生一些不愉快的事。但是我看到了帷幕之后的故事。我知道当这些年轻人中的某个人没有用正确的态度来接受被解雇的事实时,像夏恩这样的帮派头目送给他们的不是拥抱和激励人的话别,他们只会直接把他打出去。事情就是这么简单。

夏恩也渐渐适应了这个世界和这些习惯。他会摆出一副假装的表情——像个演员,把手搭在某人肩上,然后以一种利益一致的套

流动之城：一位社会学家的地下纽约观察记

路跟那个人谈话，但每个人都知道他的花言巧语背后是武力。正如阿尔·卡彭（Al Copone）①所说的："凭借一句好话和一把枪，你得到的将比只有一句好话要多得多。"当夏恩逐渐远离他的社区时，他发现自己处于这样一种境况——以前经营业务的老方法只会让事情变得更糟，而不是变好。我知道，他也在担心同样的事情。当压力增大的时候，他该感情用事还是依赖直觉？贫民窟的规则可能背叛他。但是如果他新的白人顾客拒绝付钱该怎么办？如果他新聘用的员工偷窃他的钱，他会如何反应？我不敢想象他会以对待以前团队里的年轻人的方法来对待伊夫林娜和其他年轻白人男性。

我能理解夏恩的感受。他需要发展出新的规则、程序和方法——一个全新的犯罪模式。他要一边削减旧业务，一边开发新业务，在学习复杂的新文化的同时，还要避开警察。难怪他看上去很焦虑。

但是不管这个世界多么肮脏，在夏恩表现出的顽固的行为模式中我们还是可以发现一些英雄气概。他从来不会放弃；他会迎难而上，并且死不罢休。他可能曾经是个毒贩和恶棍，但这不影响我们钦佩他。

对于警察或者市政府来说，夏恩尝试解雇年轻人并招聘新员工的行为就像犯罪片中的无聊场景——它有一些紧张，也有一些危险，除此之外就没有别的了。事实上，夏恩正在经历着近十年

---

① 阿尔·卡彭（1899—1947），绰号"疤面"，美国著名的黑帮成员，芝加哥犯罪集团的头目，被报纸称为"头号公敌"。——译者注

第四章 继续向前

来纽约市区劳动力市场的重大变革:繁荣的快克经济(这一经济体系曾经为穷人创造了成千上万个工作机会)的衰败。他不想像他的大部分同行那样消失,而以一种井然有序的、精确的和有着强烈自我意识的态度来面对问题——这正是复杂商业的经理人所需要的特质。

诸如这样的适应性是众多社会学家所忽视的另一件事。他们通常把生活在社会边缘的人看成是一成不变的。成功的人往往积极主动:他们既是搜索者,也是拼搏者;他们不断调整以适应这变化的世界。按照这个观点,失败的人缺乏动力,甚至完全没有动力。对这个主题的另一种说法就是,穷人生活在很少发生变化的社区中,当他们周遭的世界正在吃中国菜、观看英国演员扮演的警察叱咤荧屏的时候,他们在经济上或者种族上仍然处在隔离状态。这种老掉牙的"穷不值得帮助人"的理论总是为减少社会福利供给提供合法化的依据。但是夏恩、安吉拉和卡拉却像中层或上层阶级的所有人一样,勤勉苦干,积极主动。就像那些大资本家,他们也要承担巨大的风险,并努力跟上纽约飞快的发展速度,适应无休止的竞争。尽管他们个人的收入水平和他们所在社区的社会经济地位不会马上发生巨变,但他们肯定不是很多社会学家用来进行家长式指责(这种指责把自己看成社会孤儿的全知父亲)的被动个案。事实上,他们在思想和行动上都是充满活力的,而且他们努力争取跟上这个变革速度惊人的世界,即使他们从所有这些创意性破坏中获得收益的速度远远低于那些更加富裕的奋斗者。

正如我的语气所暗示的那样,这是一个不讨喜的话题。在过

流动之城：一位社会学家的地下纽约观察记

去的十年里，我一直在同关于贫困的刻板印象做斗争，这种刻板印象是随着1965年臭名昭著的《莫伊尼汉报告》的发布开始在美国社会中流行的。这份报告认为，奴隶制的历史和一代代单亲家庭的存在造成了一种"病态的混乱"，而这种混乱又造成了众多市区的黑人无法进入主流社会的困境。在我看来，这份报告中更多的是指责，而不是事实。白人家庭不仅有很高的离婚率，也有很高的吸毒率，但是他们进入就业市场的机会就并没有因为"他们造成了一种病态的混乱"这种傲慢的假设而减少。郊区一样会存在家庭失序的问题，更不要提郊区中高比例的酗酒和药物上瘾、家庭暴力，以及其他形式的非法行为，但是你从来没有听到过人们谈论郊区的混乱状态。自2000年开始，郊区的贫困增长速度已经快于市区，但是关于城市贫困的陈词滥调依然没有变。根据我在芝加哥贫民窟的多年研究经验，我的观点是，穷人事实上更具有弹性，在经济上也更具有创新性，因为他们有更大的障碍需要跨越——一栋自己亲手建造的房子远比靠专家能手建造的大厦更令人印象深刻。

我知道，我对积极结果投入了太多的情感。像每一位对得起自己的学位的社会学家会认为的那样，美国社会是建立在日益加深的社会阶层鸿沟上的，而不是相反。我们最终会获得与我们上一代相仿的社会经济地位。这就可以部分解释为什么社会科学家能够通过掌握一部分个人特征——诸如种族、受教育程度、父母收入等——来预测这个人的社会地位。事实上，在过去的20年里，美国的种族分层变得更加牢固，以致几乎所有的社会流动都被冻结了。我们

第四章 继续向前

仍然在精英阶层领导的圣坛前朝拜，并告诉我们自己，成功会幸运地降临。

阶级相似性是如何再生产的并不那么容易被识别。我一直比较欣赏社会学家艾略特·列堡（Elliot Liebow）差不多半个世纪前在我们的首都观察"街角黑人"后写下的一段描述："下层阶级黑人父子有很多相似性……起因于他们的子女在外的时候会在相同的地方，独立体验到相似的失败……社会机器的一小部分被证实以一种机械方式，独立地生产出相似性，这已经成为一种有机的、自我维持的文化过程。"对于大多数穷人来说，面对相同的处境并不会产生非常新颖的结局。当条件没有变化时，期望大众进步是一种很愚蠢的行为。

不过，社会学的另外一个规则却说，*不要用总体资料来解释个体行为*，这种错误就是所谓的"层次谬误"（ecological fallacy）。虽然夏恩和安吉拉最后的生活方式有可能像极了他们的父母——在贫民窟内努力赚钱维持生活——但这也并不一定是必然的结果。这就是为什么结果往往带有欺骗性。它并不能透露驱动人们改善境遇的强烈愿望。不仅仅是夏恩、安吉拉，还有卡拉、曼军、维尼、萨托什，以及众多生活在收入分布底层的人都很强硬地拒绝这种被注定的命运。他们希望改变更多，同时愿意为此承担风险。而被包含于改变的方法中的元素就包括能够在城市内自由流动工作。这种流动不仅发生在一个不管是朋友还是敌人都彼此熟络的熟人社区里，还发生在城市中的更大区域，虽然那里的规则和标准对他们来说是完全陌生的，并且会给他们带来不适。

流动之城：一位社会学家的地下纽约观察记

　　这是一种很神奇的方法吗？如果是，它成功的秘诀是什么？我不能确定，但很明显我的一部分调查对象就能比其他人更炉火纯青地运用这种方法。我不断发现，与不熟悉世界里的陌生人融合并不是一件简单的事。唯有萨托什能够与阶层分布两端的群体相处融洽，他不但能与没有合法文件的移民群体打交道，也能与主流世界的群体合作顺利。曼军显然就不在状态。安吉拉只能再次等待机会。卡拉和夏恩还在奋斗中。即使我从未离开过这个低收入的群体，我也感觉我见证了一番神奇的事件，一次真正的人性光辉的散发。尽管环境恶劣，但他们依然没有放弃，且在不断追寻。

　　但是作为一个社会学家，我再次提醒自己，我来到这里不是为了展现幸存者，因为这也不是这些人所追求的。他们从来没有把自己看作为了追求温饱而需要克服巨大困难的受害者。在他们的眼里，他们和其他人一样，也是在纽约追逐美国梦的人中的一员。如果我把他们看成幸存者，这就是一种不可一世的傲慢行为。更真实地接近他们梦想的一个问题是：什么样的特质能帮助他们成功，以及他们是如何获得这种特质的？

　　为了回答这个问题，我需要跳出贫民窟视域，进入成功者的圈子。这件事情被证明还是特别困难的，直到有一天我从我的笔记本里拿出一张很小的纸条，这张纸条是曼军失踪那天我的朋友麦克警官在警察局里给我的。那个时候，我正专注于联络曼军，所以把它看成麦克警官干扰我的举动。然后安吉拉和卡拉的事情就占据了我的生活。但是现在回想起来，当我跟麦克警官提起我想对地狱厨房的地下世界进行一次大规模研究的梦想时，他对于我的想法很感兴

第四章 继续向前

趣,就好比纽约精心打造的变革的原爆点。他知道我正在寻找了解故事的其他渠道,也许他在试图告诉我一些信息。

在这张纸条上,麦克警官潦草地书写了一个电话号码和一个名字:*玛歌特·克瑞*(Margot Kerry)。

第五章
性是本护照

第五章　性是本护照

"不要说这么快。"我大声地说。这个酒吧里面又热又拥挤,从人群中传来的刺耳吵闹声涌进我的耳朵,让我有种眩晕的感觉。

但是玛歌特·克瑞却一直在兴奋地讲个不停,告诉我关于她那一行的秘密。她说,你要让酒保*愿意将*你留在酒吧里,因为他们知晓哪些人需要找约会对象。有些酒保是按周收费的,有些酒保则是按顾客人头来收费的。你把一些有钱的客户带到酒吧,酒保会优先给他们送上酒水。跟中城区的酒保要电话号码需要破费不少,但跟苏荷区的酒保要电话号码就不需要花费那么多。真喜欢你的酒保会帮助你把你的竞争对手赶出他们的地盘。如果你担心被抢劫,酒保还会帮你保存现金。脱衣舞俱乐部的经理处在这个交易链条的另一端,他们手上掌握着新的女孩子的资源。一个汽车经销商帮助玛歌特洗钱,在她买来新车的当天就帮她卖掉,然后返还给她干净的现金。

很明显,玛歌特很享受这个向我展示她熟悉的这个秘密世界的机会,我曾经花了好几个月的时间想涉入这个世界,但进展缓慢。

"我喜欢分享这些,"玛歌特说,"我还真的从来没有机会不带羞愧地跟别人讲述我的生活。谢谢你没有让我感到难堪。"

玛歌特今年三十五六岁,有着一头火焰般的红发。她经常点着烟，这又为她平添了一分魅力。虽然玛歌特看上去一副历经苦难劫后余生的样子，但她的同情心和幽默感依然触动着我，让我感觉很舒服。每过五分钟她的电话铃声就会响起，她都会立即接通电话。"我可以帮助你，就让我来处理吧。"她一般都是这么回答的。

我试着把她的话默记下来，但是我对这个世界的感知越来越模糊，就像相机逐渐失焦。我觉得连我的血糖值都达到低点了。

玛歌特觉察到我的不对，她挥手示意酒保，酒保快速地把我带到后面的小房间，让我平躺在一个老式的沙发上。

"惊恐发作。"我大口喘着气说。

我这个病症已经持续一年了。在上课的时候，在搭乘城市公共汽车的时候，甚至只是在超市购物的时候，我有时会感觉到一种强烈的焦虑感，以致快要晕厥过去。对于为什么会这样，我也一无所知。

玛歌特坐在我旁边，摸着我的手，跟我说着一些舒缓的话。我不得不承认她表现得非常冷静。我有种不管我做了什么她都可以全然接受的感觉，这是一种我不那么熟悉却很不错的感觉。我猜我比我以为的更需要这种感觉。当我呼吸平稳的时候，她对我说："你有什么想说的吗？我很善于帮别人处理麻烦的事情。上帝知道，我自己就是从麻烦堆里摸爬滚打出来的。"

但我感到很尴尬，这整件事情让我看起来是那么的不专业。

"跟女人的麻烦？你看起来不是那种会有'跟男人的麻烦'的男人啊。"

我很犹豫："如果我告诉你，你要保证下次不会再提起它。"

"你想怎么样都可以。"

第五章　性是本护照

在某种程度上,这打开了洪水的闸门。我告诉了她我正在接触的人以及我打算见的人。我告诉了她关于全球化城市和地下经济网络,关于莫蒂墨酒吧和曼军商店的隐形社群,等等,老天才知道我还说了些什么。一个朋友告诉我要流动起来,这也正是我一直以来在做的——过去在哈林区,现在在布鲁克林区,未来还会在更大范围。我开始让我遇到的每一个人带我到新的地方,给我介绍新的访谈对象,这些新的访谈对象又会带我到新的地方去,这在社会学界叫"滚雪球抽样"。但我的雪球却经常变成一个雪石块。我所关心的人都受到了伤害,然后消失不见。我被困在了一辆开往错误方向的高速列车上。我想下车,逃离这趟行程,跟我的妻子分开,搬到法国去。"连我自己都不确定我想成为一个什么样的社会学家。"我说。

"先喝点水吧。"玛歌特说。

我按她说的去做了。

"谈谈为什么要跟你妻子分居。"

我告诉了她我的故事。这个故事并没有什么特别之处,就是一个男孩和一个女孩,以及他们之间一系列的悲伤的事情,考虑到他们彼此相爱这个事实,就更加令人悲伤了。在这种情境下,专注于田野工作对我来说更有意义。每件事情都比,呃,感情这件事情要好。

慢慢地,我的呼吸回归了平静,我也感觉轻松了很多。

"处理掉那些让你痛苦的事,开始做一些让你舒服的事,"玛歌特说,"你能试着这样去做吗?"

我坐直身子,然后告诉她现在是我回家躺下休息的时间了。希望下次我们再见面的时候,我的精神不会这么差。

当然，我的身体的小小的崩溃却成了我做得最好的一件事。那就是所谓的人性。当我在玛歌特面前陷入困境时，玛歌特似乎把我当成了知己。她是一个充满爱心和乐于助人的人，我以前甚至没有意识到我需要这样的朋友。我们开始在不同的高档酒店酒吧会面，并且经常是在一些酒保朋友提供的隐秘角落里，很快我就获得了以前在这份工作中从未体验过的亲密感。我已经习惯了别人对我产生不断增长的亲近感，因为我向来只是倾听，从不判断，但是我从来没有想过有一天情况会反转。

每一次会面也都为我的专业洞见提供了丰富的素材。酒保有的时候会利用休息时间过来聊一聊，这让我有机会顺便快速地问他们几个问题：每天晚上有多少女人会来酒吧提供性服务？客人是如何找到你的？如果我们是在酒店酒吧里会面，玛歌特就会向我解说有哪些人会参与她的行动，哪些人会把事情摆平以让嫖客和她雇来的朋友没有后顾之忧地见面。虽然我学到了不少知识，但我仍然有很多一般性的问题想了解：她是唯一的个案吗？她会帮助我认识性产业中其他像她这样的女性吗？处在她的网络中的酒保、酒店前台以及出租车司机有可能代表着性产业某个更大的发展趋势吗？如果她只是一个特殊的个案，那么我连开展正式研究的意义都没有：我的学界同事中没有人会对个体的经历感兴趣，他们只对那些多数人的故事有兴趣。

真相是，玛歌特让我着迷。作为一名教师和一个建筑承包商的女儿，她在纽约和新泽西的郊区被抚养长大，就读的是有很多爱尔兰天主教徒的公立学校，成绩稳定在 B+ 以上，活跃于她所在的教

第五章　性是本护照

会。高中毕业后,她和一个债券销售员结婚,然后搬到了曼哈顿。在那里,她白天在一家律所做兼职,晚上去大学进修。她的计划是拿到大学学位,然后成为稳定和富裕的中产阶级中的一员。

这就是典型的美国人的生活——拥有美好的童年、坚实的价值观,以及某些对于世界其他地区的人来说难以想象的安全感。但这一切都在她发现丈夫外遇的那个瞬间灰飞烟灭了,紧接着就是离婚和酗酒。在她破产后的某个晚上,因为与父母大吵一架之后需要寻找栖身之所,她终于决定去那个一直以来都想跟她发生性关系的旧相识家睡一觉。是的,她的确在那天晚上找到了一个睡觉的地方。但也就是那次,她跨越了一条隐形的界线。

当她在酒吧里告诉我这个故事的时候,我盯着她的脸听她娓娓道来。她没有露出任何悲伤的表情,而是有一种一吐为快的坚定。"几个晚上之后,在华尔街附近的斯坦顿酒吧,"她边说边用一根吸管去搅拌酒杯里的冰块,"我和几个认识我前夫的商人喝了几杯威士忌,其中有一个混蛋拿着200美元在我面前晃了晃。他说如果我去盥洗室给他口交,这钱就是我的了。"

如果这件事情传到她前夫的耳朵里,他会感到羞辱,她也会有钱去把旧相识家的冰箱塞满。反正她已经为了有一个栖身之所跟其他人睡了,与做这个又有什么区别呢?于是她牵起那个混蛋的手,带他去了盥洗室。

一周之后,她前夫的另外一个朋友为她付出了500美元。

在那之后,她曾经试图继续寻找一份正常的工作,但是之前的钱挣得太容易了。于是,她找到了一些好的酒吧,学会了如何锁定那些挥霍无度的男人，以及如何与在这些酒吧里上班的女性交朋友。这些女性中的大部分与她相似——读过大学，短暂地做过律师助理或者店员之类的工作。她们开始互借衣服、互相推荐医生、交换信息。

刚开始，她们两人一组进行工作。"那里有一些特别的男性，他们喜欢在下午5点或者6点前往酒吧，"她很热心地解释道，"他们要么是刚下班，要么就是旅游者，或者在那天晚上的稍晚时候在城里有事要做。他们往往会感到孤独，这些人是最好的猎物。唯一需要注意的事情就是不要让他们有那种找妓女的感觉，而要让他们觉得自己只是在帮助一个正好'需要点帮助'的好女孩。所以，有另外一个美丽的女孩陪着会让你看上去不那么像妓女。"

渐渐地，她就变成了老鸨。当别人遇到麻烦的时候，她会打电话帮忙解决。与曼军和安吉拉一样，她也在自己的周围构建起了一张无形的社群网络。但她自己也发生了巨大的变化，她开始焦虑、酗酒、服用抗抑郁的药品，然后她发誓要改变自己的生活，立志重新做人。有一次她甚至在一家大型的会计师事务所找到了一份人力资源经理的工作，但一切都不一样了。漫长的工作时间，办公室政治，那些处处想让每个人都知道他有多少能耐的好斗男人，这一切都让她觉得恶心。而且有时候她仍然需要耍一些老把戏才能维持生计。

压垮她的最后一根稻草，就是她的一个上级要她用身体来交换升职机会。那是一个自以为是的、卑鄙的权力寻租客，在他眼里，她只不过是一个肮脏的交易对象。但如果她真的用身体来换取升

第五章 性是本护照

职,日后她就会被贴上妓女的标签。她可能会被解雇。真是一群伪君子!

拒绝了上级之后,玛歌特开车去了缅因州,然后去山林里走了很久。"我想我重新认识了自己,"她告诉我,"我认识到我不想从事办公室工作,我也意识到我身上拥有很多男人愿意花钱享受的东西。所以问题就是,我能不能用一种巧妙的方法做这行,在不伤害我自己的前提下,还能赚点钱?"然后她开车去了纽约,开始头脑清楚地从事性工作。她不再酗酒,不再服药。她开始锻炼身体,买了电脑和一些财务规划软件。她在第一年就赚了6.5万美元。很快,她就从妓女变成了给大家安排性交易并从中收取佣金的人。她的生意非常火爆,玛歌特老鸨诞生了。

玛歌特的性中介的工作为我打开了一扇全新的关于上层世界的大门,我看到了一些我以前从来没有看到过的事情。玛歌特足够坚强,足够自信。不像安吉拉——她同样拥有这些特质——玛歌特没有必要自己去出卖肉体。她只需要帮助别的女性进行性交易,就能够赚到很多钱,获得社交权力。她既不自己滥用毒品,也不支持别人贩毒。她没有那些让曼军和他的朋友们陷入地下世界而不能自拔的社会和法律障碍。她有不少信用记录和一些投资。在外人看来,她只不过是一名在纽约过着滋润日子的普通中产阶级妇女。

她说,有些人会问:为什么你在有其他选择的情况下还要选择承受性产业的风险和污名?在她看来,性产业就是她的其他选择。

"纽约给了我第二次机会。在其他很多地方，我可能会再次结婚，然后生下孩子，过着凄苦的生活。但是在这里，我重塑了自我。你可以评判我，你可以瞧不起我，你可以直接叫我的名字或者其他什么，但是你不能否认我是*成功人士*的事实。"

作为一个移民，我从骨子里认可她的这种反抗雄心——这是美国梦的洪亮声响。这是有可能的吗？我很怀疑。性工作有可能像其他工作那样成为展示雄心的平台吗？一个妓女也可以*拥有*自己的美国梦吗？

夏恩也开始让我更加深入他的世界。在一个周日早上的教会礼拜结束后，他邀请我去他家做客。他的家是一栋拥有飘窗的住宅，坐落在一个绿树成荫的街道边的高档小区，看上去风景还不错。屋子里的装饰，让我感觉好像回到了芝加哥：塑胶皮质的单人沙发，覆盖在地板上的厚厚的深蓝色粗毛地毯。所有的墙面上都挂着各种宗教图片和符号。靠墙的边桌上放着一些非洲的印刷品和面具。墙上挂着一幅黑白家庭照片，照片中央是一张刚毅冷酷的非裔美国人的脸庞。一切看上去都跟过去有关联。

夏恩看到我对照片很有兴趣的样子觉得很好笑："我们就是一群乡下人，不是吗？"

一个身高至少有六英尺五英寸的黑人男子突然出现在我身后，他的身材魁梧，像一辆拖拉机。夏恩抓住他的手，给了他一个大大的拥抱，他是夏恩的哥哥麦可（Michael），以前是一个大学篮球明

第五章　性是本护照

星,现在变成了一个房地产中介商。在我们第一次见面的时候,他就问了我一系列考验我的问题,从"你在芝加哥认识谁"到"你对黑人文化了解多少",我仍然不能确认我有没有通过考验,因为他总是跟我保持一定距离。

"我打算去拿一点吃的,"夏恩说,"素德,你想吃一些吗?"

"来了。"说完,我转过头去想再看一眼那些照片。其中有一张特别令人印象深刻:这是一张巨幅的印刷品,背景是纽约城,主角是一位高大的黑人男子,他穿着一套棕色西装,戴着一顶小巧的米色帽子,手上拿着一个黑色的公文包。他站在一条人行道上,路两边都是高档的建筑。一个男孩正从他身边走过。人行道上还躺着一辆被遗忘了的绿色自行车。

麦可看着我问:"夏恩没有跟你提起过我们的父亲吗?"

"没有。"我说。

"他是在第二次世界大战前坐船来到美国的,之后他应召入伍。他一共生了 16 个孩子——这还只是我们知道的数字。"

他哈哈大笑,然后用一种古怪的断断续续的方式继续说着:"我是家里倒数第二小的孩子,夏恩是家里最小的孩子。有三个人在监狱里。我和夏恩从来没有进过监狱。1990 年之后,我们的父亲开始有些精神错乱,当时他失去了工作。之后他开始忧郁,无法从失业中走出来。他开始酗酒。有一天他自杀了,他用枪击中了自己的头。他是在地下室里自杀的。当时我和夏恩在楼上。夏恩开始发抖,我永远不会忘记当时他的样子。我们都知道发生了什么。我用自己的毯子把父亲包裹起来。地板上仍然有血迹。妈妈那个时候还在楼上。夏恩也不想下楼。十年后,他们仍然不愿走进地下室。"

麦可暂停了一下。他擦了一下有几颗汗珠的上嘴唇。"在那之后,一切全都变了。这不像挨饿或者什么都没有,一切都要尽可能做得更好。但是失去的东西再也回不来了。"

我之前也有好几次碰到过夏恩的母亲,但她除了说欢迎我之外很少说话,然后就走进了她的卧室。

"我们让妈妈搬到新的房子里,"麦可继续说道,"我们把房子装修好,把楼上买下来给我的阿姨住。但是她希望回到这里。对了,顶楼是我另外一个哥哥住的地方。"

"夏恩从来没有说过这些。"我说。

"他将来也不会说。"麦可说。

这些事有太多意义。夏恩就像他的父亲,比较内向,关注自己内心的目标。他也像自己的母亲,有点像生存于这个世上的鬼魂。正当我在脑子里想着这些的时候,夏恩在厨房里喊我的名字:"素德,你快点过来尝尝这奶酪通心粉。"

乡村食物。我为麦可的故事和这种舒适的家庭气氛所打动。我走进厨房,从夏恩手中接过一盘黏糊糊的奶酪通心粉。他的手不但肿胀,还有伤口,在红色的伤痕周围是一些黄黑色的瘀伤。我忍不住盯着看。

"这该死的小鬼胡安(Juan),"夏恩说,"他在*市中心*做生意。你能相信吗?我开除他是因为我也要在市中心做生意,所以他决定来对付我。他找到我现在在哪些俱乐部和酒吧做生意,然后他也试着在这些地方做他的狗屁生意。"

第五章　性是本护照

我知道胡安，他刚刚满 19 岁。我不认为他可以*逆*酒吧和俱乐部做生意，更不要说去攻击一个像夏恩这样的人际网络复杂的黑帮老大。我也没有听说过他自己是一个有什么良好人脉的痞子。他哪来的胆量让他敢于直面夏恩将来会有的报复——这肯定会发生。

这一切都发生得太过突然，夏恩解释道。胡安希望自己不只是一个跑腿的人，所以他开始自己寻找一些客户，这自然就抢了夏恩的生意。我还记得夏恩在几个月之前跟我抱怨过这件事情，但他认为胡安没有足够好的社交技能，而且他当时正好有其他事情要做，就把这件事情耽误了。然后，胡安就开始明目张胆地与市中心的一些酒保打交道。胡安告诉夏恩他是一个很友好的人，但是夏恩怀疑他用钱来与伊夫林娜竞争，打那个时候起冲突就发生了。现在夏恩甚至找不到这个家伙来当面谈谈。

报复一定要快且狠，否则胡安就会觉察到夏恩的软弱。但是夏恩和我都知道这不再是一个发生在贫民窟里的矛盾。它发生在市中心的酒吧，这意味着白人也会被卷入，旧的规则也就不再适用了。现在夏恩需要弄清楚怎样去解决这样一个在他试图征服的新世界里发生的矛盾。如往常一样，他说他是有耐心的。仿佛在积聚耐心，夏恩深深地吸了一口气。他说他会在教堂里逮住胡安。

"但是他的父母也会在那里。"我说。我对他可能会用一种亵渎神圣的方式跨越边界而感到震惊。因为即使对于一个毒贩而言，教堂也并非恣意妄为之地。

"这正是我想在那里动手的原因，"夏恩说，"如果他逃跑，那么每个人都会认为他犯了错。"

各种细节正汇聚在一起。惩罚胡安的故事让我得以一窥夏恩的市中心试验的危险。同时，玛歌特也带我进入了她的世界，很快我就可以访谈到她的人际网络中更多的白人性工作者中的中坚分子。此外，虽然安吉拉在市场创新和产品开拓上的努力失败了，但这些努力却带我走出了贫民窟，跨出了我自己的边界。

还有我的终极内幕人安娜丽丝。大概在夏恩给胡安杀威棒的时候，她开始给我打电话问我是否愿意见面。我当然很愿意见面。我真的很喜欢她这样一个人，我彻底地被她所展现出的各种特质——美丽、年轻、富有——吸引。她和她那些无忧无虑的年轻伙伴们就是我们所有努力的结果，以及这个世界的焦点。如果你在那个时候告诉我安娜丽丝在悄悄地开展精英伴游服务，我会当面笑话你。但那时候她才刚刚开始自己的事业，这也可能是她接触我的一个原因。

因为日程冲突，直到有一天她打电话给我，邀请我去参加她男朋友第一部电影的首映观礼时，我们才再次见面。她的男朋友为了拍摄这部纽约大学的学生电影，从亲朋好友那里募集了30万美元。她自己也贡献了不少资金，所以她也被列为制片人之一。他们在她姑妈家——位于纽约东边第八十四大街上的一幢由桃花心木和大理石建造起来的世外桃源般豪华的公寓里举行了这次观礼活动。由于临时有急事需要处理，我到的时候已经比较晚了。门卫在打完电话后，告诉我聚会快要结束了。

第五章　性是本护照

几分钟后，我看到十个人穿过前门跌跌撞撞地走了出来。先是几个男人，他们手里还拿着几瓶香槟，然后是穿着紧身连衣裙和高跟鞋的女人。安娜丽丝正在大声哭泣，另外两个女人正在安慰她。"忘掉那个臭男人吧，"其中一个人说，"他不配拥有你。"

那是我第一次见到布兰特妮，她看上去就像希腊女神那样既漂亮又充满危险。安娜丽丝把她的手伸向我，并在我耳边向我低语："不好意思，跟着我吧。我过一会儿跟你解释。"

然后J.B.走了出来。他穿着一件黑色的格子花呢上衣，看上去就像没有离开过他的床，更别提这幢公寓了。他指着我们说："你这个婊子！你们都是婊子！你他妈的根本就不明白我他妈的在做的事情。"

J.B.擦了擦自己的嘴，摇摇晃晃地走到了延伸到人行道上的绿色雨棚底下。他抓着我的肩膀以保持平衡，盯着安娜丽丝："你想要钱？这就是你想要的东西？"

布兰特妮往前一步，并说："你为什么不闭嘴？"

"这关你屁事。"J.B.嘲讽她。

"是的，就关我的事，混蛋。你等会儿不要上车。"

"去你妈的，我自己走路。"

在这个时候，J.B.带我走向第五大街，他的朋友们跟在后面。

"J.B.——你给我回来！"安娜丽丝对他吼道，"你太荒谬了！我们都很抱歉。我们继续过吧。"

"去你的吧！"J.B.也对她吼起来。

J.B.领着我们沿第五大街走着，旁边就是中央公园。一个叫迈可（Michael）的家伙走上前来跟我们并肩走着。"不用担心她。"他说。

"那是她的钱。"

"你可以去筹钱的，这些都是物质的东西。"

"看吧，她甚至都没有得到那个。他妈的她现在失去了联系。我得到物质的东西了，兄弟。"

J.B. 在一个长椅前停了下来，看着路对面的一些亿万富翁的豪华公寓建筑。其中一个朋友打开了一瓶香槟递给了他。

我趁着这个间隙悄悄地问其中的一个家伙："发生什么事了？"

"圣丹斯电影节拒绝了他的电影。"

在我们说话的时候，J.B. 正咕嘟咕嘟大口喝着酒。然后他打了一个饱嗝，低下头用双手撑着额头。"你们都滚蛋或者去死吧，我才不在乎呢！"他说。

说完他站了起来，就像莎士比亚风格电影中的主角那样，往前挥动着手臂，微微地弯了弯腰——开始干呕起来。他吐出来的东西画出一条长长的抛物线，差不多都落到了大路上。

迈可还在边说话边抽烟，其他人也是一样，完全没注意到这边奇怪的事情。"你应该去洛杉矶，"有人说，"这个城市不适合你现在所做的事情。"

"这是我的第一部电影，"J.B. 说，"第一部电影，有人明白吗？你知道我的叔叔弗兰克是怎么说的吗？'最好去找一份工作，孩子。为了你爸爸去工作吧。'去他妈的从自己公司偷东西的底层人士。"

J.B. 又一次张嘴，吐出了一些流体物质。他这次吐出的就不是

第五章　性是本护照

管状的了，一些液体喷溅到他的鞋子上。

"我他妈的脑子快要爆炸了。"J.B. 说完又低下头，用双手撑着额头。

这个时候有几个朋友开始离开，向小汽车所在的方向走去。他们也不是因为对此厌恶，只是无聊罢了。不过在现场我的体会却恰恰相反，我对这种奇特的漠不关心的行为非常痴迷。我看过自己的朋友呕吐，但是他们通常会呻吟、抱怨，然后保证下次不会了。我也见过兄弟们呕吐，但那通常是在疯狂的喝酒作乐的场景下。我还见过毒瘾分子呕吐，但那更像是一个医疗场合。我还从来没有见过像这样的不带感情的冷漠行为。

几周之后，我又一次看到呕吐情形——这次轮到布兰特妮了。我们当时正路过广场饭店往北走，她往公园里面走了两步，然后就在公园大门旁边的灌木丛里吐了起来，吐完回来后，她还继续把刚才没说完的话说完："她应该出来看看，然后找个住的地方，然后看看有多疯狂。"这条路很平顺，只是偶尔会有一些岔路，我们一路听着布兰特妮谴责她的妈妈把她赶出自家阁楼是一种多么没有母性的残忍行为。说完，她又冲进灌木丛里吐了起来。

还有一次，就在切尔西的艺术画廊门口，我看到一个富家子弟对着垃圾桶吐完，然后擦擦嘴就去迎接自己的朋友。然后，又是另外一个 J.B. 的片段再现。我最近开始发现，好像每个晚上都是这样结束的——一些大学预科班的年轻人会叫停出租车或小汽车，然后花个几分钟把尚未消化完的食物和饮料酒水吐到路边。他们像在戏剧化地表演，活生生地把人行道变成了一个舞台，而让自己化身

流动之城：一位社会学家的地下纽约观察记

为一些伟大的充满想象的戏剧中含冤的悲剧主角。虽然我一直提醒自己警惕社会学的窥私癖风险以及把他们当成动物园里的动物的冲动，但是我仍然控制不住地去怀疑：某种特定的醉酒后的行为表现是否也是阶级区隔的一面？或者，这只是一种社会经济的表征，甚至只是一种个人表达的形式？他们是否也吐掉了他们曾经被迫吞下的所有期望？

有一件事情是很清楚的：像夏恩、安吉拉和卡拉一样，这些富家子弟都相信重生的可能性。但是他们的重生都伴随着一场激烈的清除仪式，让这看上去有点像一场救赎。他们会拔下另一瓶香槟的软木塞，吞下更多的蕴含在酒瓶里的重生。因此这瓶酒的价格很关键，似乎可以让他们的行为超越单纯的肮脏。我不能确定这种行为是被厌烦的还是让人受感动的。这是美国梦里最深处的黑暗秘密吗？这是一种罗马式的饥渴和自我厌恶吗？我的历史系和文学系的同事一直很轻松地跟我谈论美国帝国的终结——我想我现在的有些数据可以指向这一论点。

当这一幕呈现在我眼前的时候，我会情不自禁地去想卡拉和夏恩各自的奋斗。当他们想去操纵这世界时，我希望他们不用被要求去展示清除的能力。我开始怀疑他们能否成功跨过这场考验。我是隐身的，但是他们作为黑人和拉丁裔人，很可能引发敌意。也许卡拉是正确的：敌意不过是性欲的另一面。也有可能夏恩是正确的：你可以在与黑人一起玩耍的同时鄙视他们。但是那些看上去更不容易适应这无情的美国的人——安吉拉、维尼、曼军和乔什等——可以生存多久呢？

第五章　性是本护照

*我*又能生存多久呢?

在安吉拉和维尼搬出她们在布鲁克林区的公寓后没几周,一场春季雷暴雨袭击了纽约。滂沱的大雨在空中形成一片片移动的雨幕,卡拉和我都几乎看不到眼前的路。我们从一个遮雨棚冲到另一个遮雨棚,但幸运的是,星期天早上的人行道上几乎没有人。

我本来没有期望卡拉走得这么快,但她坚定地说不想浪费时间。也许是安吉拉的幽灵在作怪,又或者卡拉是在担心自己从一个年轻的姑娘突然变成一个清洁女工。当我们到达目的地的时候,她突然停了下来,然后直盯着我的眼睛。"你能看出我嗑药了吗?"她要求,"说实话,你能看出来吗?"

她的最后一个客人喜欢教"滑雪课",卡拉除了是个好学的学生外什么都不是。一家商店的遮雨棚投下的阴影模糊了她的脸。"我觉得你很不错呀。"我用一种鼓励的口吻说。但事实上,可卡因在她身体内的残余已经让她的身体看上去弱不禁风。

"那个家伙他妈的真是太快了,"她说,"我希望我也能做到。"

"你只需要聚焦,而且记住,你有一些*她*想要的东西。"

卡拉点点头,深呼吸了一下,尽量保持放松。

一个叫特里·华莱士(Terry Wallace)的警察告诉卡拉,她应该离开这条街,然后到玛歌特·克瑞那里去工作。我对此没有什么想法。但是听到华莱士的建议后,我觉得这是个很不错的点子。自从被打后,卡拉谦逊了很多。安吉拉和维尼已经找人代替了她。她现在还在服用抗抑郁的药。所有的事情对她来说都是黯淡的。她一直很焦虑，问我能否陪着她，给她一些安慰。

"我最后的一次求职面试，"她用一种被厄运笼罩的语气说，"是在长岛塔吉特（Target）超市做我不喜欢的出纳工作。去他妈的面试官，我到现在*仍然*没有得到这份工作。"

我透过一家餐厅的窗户看到了玛歌特，她正在向我挥手。我帮卡拉打开门，听到她深呼吸了几次好让自己平静下来，然后她走过去与玛歌特握手。

玛歌特现在是我最佳的消息源。我们慢慢地对彼此熟悉，越来越信任彼此，她也对我的研究问题越来越有兴趣，甚至还帮我一起确定下一个研究计划——对在纽约高端性产业中上班的精英女性生活的详细研究。我已经在设想我们合作所产生的出版物了。没有人曾经成功收集到如此系统的、基于科学的关于地下世界的资料片段。

我跟她们说我想出去透透气，留下她们单独聊天。隔壁是一家杂志店。我边浏览杂志边回想我刚刚看到的场景——一个白人女性和一个拉丁裔女性在一起喝饮料聊天。这算不上有什么特别之处，一个白人女性和一个拉丁裔女性成为朋友在现实世界里也是很常见的。但是在性工作者的世界里，玛歌特和卡拉的会面就不那么可想象了。富裕的白人子弟经常会跨越社会屏障，跟一些贫穷的黑皮肤的女性发生关系。但是现在这两个女性打破了这种历史和经济地位的隔阂，也可以算得上一次人类精神的微小革命了。这些年来，我还从来没有在芝加哥的性工作者群体中看到过如此情景。这是纽约才能提供的机会！同样，这也没有保证，而且只关注结果也并不科

第五章　性是本护照

学,但是跨越边界不仅让相距遥远的人们聚集到一起,也给了他们一个创造新的用来抗衡传统分类和层级的社会单元的机会。不过,在接下来的几年中,我访问了几十名老鸨和高端性工作者,但这种跨越社会经济和种族边界的案例用一只手就可以数过来。很多的老鸨梦想着创造一种种族的"平稳态",以更加有效地吸引富裕白人男性的光临,没多少人对于这种模糊种族界线的现象真的有兴趣。后来回想起来,玛歌特和卡拉的努力比当时要更加令人触动。

当我回到餐厅的时候,我看见玛歌特正用手拍着卡拉的肩膀,卡拉则在不停地抹着眼泪。

"我们刚刚在讨论我们身上有哪些相似之处,虽然我们的身世背景如此不同。"玛歌特说。

卡拉又一次抹掉眼泪:"谢谢你如此通情达理,克瑞小姐。"

"我没能说服她称呼我玛歌特。"

卡拉把我的出现当成了暗示,然后她跟玛歌特说再见,并拥抱了玛歌特。在再一次感谢了玛歌特后,穿着高跟鞋的卡拉摇摇晃晃地走出了餐厅的门。玛歌特坐到自己的位置上,重重地叹了一口气。"这些女人快要把我气死了。"她说。

"谁,卡拉?"

"也许吧!她也会跟其他人一样让我失望。她们都酗酒,她们还吸食可卡因成瘾,她们也不会展示自己。就比如这个叫路易丝(Louise)的女孩——一个能赚很多很多钱的女孩,过去在微软做会计,但是,唉,她现在过着一种她在大学里绝对没有想过的生活。"

流动之城：一位社会学家的地下纽约观察记

玛歌特说，很快，路易丝就会玩完，然后又会是一个恢复阶段，可能她还会回归工作。卡拉也会走同样的人生路线。富有生气的人通常有自己的大缺陷。但是卡拉是充满野心的，而且她很漂亮，玛歌特继续说道。即使她没有太多文化——或者说正确类型的文化——她们也可以合作。

这让我的思绪回到了安吉拉和维尼的公寓，听着她们因为"太像拉丁人"而无法在纽约白人世界取得成功的各种尴尬，以及回想起夏恩需要在纽约白人世界对付胡安的各种尴尬。社会学家经常对跨越社会阶层时人们需要具备的能力有很激烈的学术争论。这是一种类似于阅读能力和计算机应用能力的硬技能吗？还是类似于你的口音或者你对独立电影场景的知识这种"软技能"更能帮助你找到工作？玛歌特想对卡拉进行的再教育既是另外一种形式的文化斗争，也是一场经济斗争。玛歌特所不知道的是，她其实沿袭了法国社会学家皮埃尔·布迪厄的思路，布迪厄把这些"软技能"称作"文化资本"。为了真的能赚到大钱，卡拉需要学习品鉴食物、谈论政治和戏剧——就像先前通过安娜丽丝的帮助，我才能在哈佛学会里表现得游刃有余。渐渐地，具备跨越疆界的文化胜任力看起来越来越像是成功的必要条件。卡拉需要学会如何与有钱的白人嫖客打交道，如何像白人那样行事，甚至如何以"白人的风格"来做爱。玛歌特也用她自己的方式通过在两个世界间建立桥梁跨越了边界。经济的力量需要更加伸展才能更加强壮。

问题在于这种态度很容易滑向种族主义。对于玛歌特来说，差异也是一种资产。"我很确定她会穿得像个波多黎各荡妇，所以我

第五章　性是本护照

需要在衣服上投入几千美元，"她告诉我，"但是我的确需要一个年轻的少数族群的性感女孩子。"

她把这些想法抛诸脑后，然后用一种严厉审视的眼神盯着我。"那你过得怎么样？"她问道。

这是典型的玛歌特的风格。自从在我惊恐发作的那间小而黑暗的苏荷区酒吧里会面后，玛歌特和我就经常在不同的酒吧角落和私人空间里会面，每次她都会本能地进入治疗模式——我猜想，就像她在给那些身处麻烦中的女性解决烦恼时所做的那样。虽然与那些妓女处在同样的位置让我觉得有点怪异，但是玛歌特有一种全盘接受的倾听能力。这一点让我很着迷。

"慢慢喝，"她说，"慢一点，急什么？"

我的工作进展得并不顺利。我做的关于芝加哥公租房最后日子的纪录片对于我来说，是一个非常激动人心的新尝试，但是我又担心我哥伦比亚大学的同事以及更大范围内的学术世界对它的接受度不高。这不仅是因为拍摄纪录片对于严谨的社会学家来说本来就是一种边缘行为，它们很容易被视为"新闻体"而不被重视，而且因为顶尖大学一旦发现本校教师的研究迎合大众，就会施加压力逼迫其离开。

我大部分的担心被证实是无依据的。当我向一些教授展示我的纪录片视频的时候，出乎意料地得到了某种程度的热烈欢迎。他们中的很多人告诉我他们对摄像、音乐或者艺术的涉猎，这让我们对如何让社会学更有生气展开了热烈的讨论。但是他们看我的眼神就像我给他们展示的是一件我刚刚织好的毛衣，而不是一次新的专业冒险。制作电影是一个爱好。我的重点是被看成非传统的研究并不是什么好事——我的一些同事甚至警告我，有一些人今天对你的研究表示"好奇"，明天就有可能恶语相向。

事实上，在几个月之前，社会学系的系主任就要求我进行一次私下的试映。坏消息是系主任是彼得·伯尔曼，他是一名鄙视叙事社会学派的学术形式主义者。尽管伯尔曼一直以来对我的工作都给予了强烈支持，但是他也可能随时翻脸。我们在他的公寓里观看了我的纪录片，现场就只有我、伯尔曼，以及伯尔曼的妻子。当影片结束后，他鼓掌叫好——在接下来的45分钟里，他详细地跟我分析了影片中存在的严重缺陷。"现在，你可以回去做真正的社会学研究了。"他总结道。

"但是我想让更多的人看到，"我说，"我希望那些从没有看过社会学书籍的人也能来观看。这怎么会是一件坏事呢？"

他摇着头，一种鄙视的表情浮现在他的脸上。"这绝对不能取代真正的、深层次的社会学，"他回应道，"千万不要搞混了。"

公平地说，他的具体的批评事实上都是睿智和有帮助的。但是他戳中了我最大的担忧和恐慌之处。当时我的婚姻正在解体之中，我的生活中的很多事情看上去也特别混乱和不稳定，我正试图以一个电影创作者和公众代言人的新身份重新恢复活力，这种身份可以让我摆脱枯燥乏味的统计数据，转型为一个公共角色。我希望能像在我之前的伟大社会学家，比如赫伯特·甘斯、赖特·米尔斯和罗伯特·默顿那样跨越界限，这些人都是勇敢的学者。有可能伯尔曼是在帮我。他一直告诉我不要去想这个，因为我也不可能有那么充

第五章　性是本护照

足的文化资本。

我当时肯定跌坐在了椅子上。他的妻子再一次站起来为我辩护："彼得，也许你应该试着当他的同事，而不是扮演父亲的角色。"

当我的故事讲到这里的时候，玛歌特笑了起来："女性都想照顾你，素德，你应该心存感激。既然你喜欢你的工作，那就试着让自己回归工作，专注于你自己想做的。"

她是对的。我真正需要的是一个我可以全身心投入的新项目，一个没有其他研究者涉足的新世界。那会让我振奋。现在到让玛歌特协助我研究高端性工作者的时间了吗？我们已经谈论这个话题好几个月了。我现在的确可以让她帮助我了。

玛歌特皱起了眉头。她把手伸过桌子握住了我的手："我可以跟你说句实话吗？你还没有准备好。"

我有点生气。在我还是一个依靠花生酱和过期面包过日子的研究生时，我就开始访谈妓女和毒贩了。她说这句话是什么意思？

"好吧，你看上去，呃，还没有完全振作起来。"

玛歌特的话狠狠地打击到了我。虽然我尽量去平息我个人生活中发生的各种状况，但是我的麻烦还是不断地冒出来，而且总是在一些不曾预料到的场合让我难堪。我的思绪快速回到我那个极度安静的公寓里，那是一个我并不想回去的地方。我的妻子和我分居。虽然我们都知道离婚已经是既成事实，但我们又拖着没去办理离婚，因为那个过程太痛苦，以致我们两个都并不真的想去做。我们试着帮助彼此去寻求更好的生活，但这让情况变得更糟糕。在我们的一次真心实意的关于"生活重心已经发生变化"的谈话之后，甚至一个愚蠢的电视广告都会让我们处于崩溃的边缘。

曾经我因为无力面对婚姻中的麻烦而产生精神创伤，现在我却处于完全的否认模式。我试图让自己变得更加充实，这样我就可以不用去处理我的个人冲突了。去访谈几十个调查对象就是一个消磨时间的很好的方法。去一些脱衣舞俱乐部、餐厅和酒吧闲逛，观察观察性经济产业，这样一天里我就只剩下几个小时的时间来思考我作为一个丈夫的失败。谢谢老天让我能去做田野工作。

玛歌特看着我的失望情绪涌了出来。她给我放了首舒缓的音乐，摸着我的手说："听着，素德，我明天可以给你带 50 个妓女。"

"只是聊天，"我说，"我只想与她们聊天。这就是全部。我的意思是，我真的需要一个新的项目。我想，全身心地投入去做某些事情对我来说是最好的。"

"你真的相信那些？"

我觉得玛歌特的帮助已经越来越心理化了。

"你知道你将要见到的是些什么人，是吗？她们都是 25 岁左右的女孩，漂亮但生活在痛苦之中。你对这些女孩毫无抵抗力，素德。而且她们每个人都有很多故事，你也会被裹挟进她们的故事剧情中。你可能想去拯救她们，但那会是一场大灾难。"

"玛歌特，我*从来没有*跟妓女睡过。"

她大笑起来。之后她的表情就变得严肃起来："为什么不从那些跟我做相同工作的人开始呢？"

我不能确定她是什么意思。

"从*经纪人*开始，你会学到很多东西。"她回答道。

第五章　性是本护照

很羞愧,直到那个时候,我还没有意识到这一点。过去伴游公司的职员一直阻止我对性工作者进行访谈。"我可以研究些什么呢?"我问。

玛歌特举起双手。"你在跟我开玩笑吗?我们让整个环节有效运转起来。我们为她们安排约会,我们借给她们钱,我们给她们提供药品,我们为她们的孩子提供照料,我们给她们买衣服,当她们的男朋友产生怀疑时我们负责沟通。前几天,我才跟一个房东私下里谈拢用现金来支付房租。还需要我继续说吗?我想说,这些女人的工作只有过来,并张开她们的腿。像我这样的人才做着更实际的工作。"

有点莫名其妙的是,玛歌特掌控事物的方法让我觉得没必要一定让自己主导这世界。我为什么不能接受别人的好心和见识呢,即使她过去是新泽西州的一个天主教学生妹,现在是曼哈顿的性经纪人?

玛歌特的电话铃声响了。"亲爱的,放松。亲爱的——放松,告诉我发生了什么……"

玛歌特用手捂住电话,然后转向我说:"对不起——两个女人在争同一个客人。"她想了一下然后说:"你应该听听这个,这两个女人一直在向我求助。她们为市区里的一个中介工作。"

玛歌特朝四周看看,发现附近没有人后,把电话放在桌上然后打开了免提:"你们两个人在一起吗?"

电话里从远处传来两个微弱的声音说是的。

"是谁先约到这个男人的?"

"是我。"其中一个声音说。

"约了多久?"

"这一次我想是六个月。"

"凯莉,你呢?"

"他一直在给我打电话,这次可能是第四次了。"

"好的,凯莉,看来你没有抢到先机啊。他有跟你提到利兹吗?"

"呃,我想应该有,"凯莉回答,但也许是感到困惑,她又问道,"这有什么关系吗?"

"他有建议三人性行为吗?"

"他开玩笑似的提了。"

"天哪,凯莉,"玛歌特摇着头说,"不要跟他讨论三人性行为。他是不是也跟你提了免费服务的事?"

"是的。"

"他在要你们。他在试着压低你们的价格。如果你们是在我这里工作的,我就会建议你们两个都放弃他。这并不值,而且太疯狂,你们两个人应该互相帮助。"

"好的,玛歌特。"凯莉温柔地说。

玛歌特没有再说什么就把电话挂了,然后看着我问:"知道我什么意思了吗?"

我自责没有早一点沿着这个路径进行研究。我知道一个缺少友好的法治系统的地方,会鼓励社会边缘人去寻找他们自己的组织体系。我曾经研究过干涉帮派斗争的神职人员,也曾经见过在大街

第五章 性是本护照

上调停帮派冲突的街区社团领导人。即使是在纽约，这种事情也经常在我眼前发生。我不止一次在莫蒂墨的酒吧里看到酒保去处理小的赌博冲突或者性工作者与她们的客人之间的争吵。在曼军的社区里，警察们只需要让不同的地下商户和他们的顾客自行解决纠纷就可以赚到一份钱。现在看着玛歌特，我才最终意识到她在通过不停的电话咨询从而在地下经济体系中分一小杯羹，在这之前我一直把这看成烦人的骚扰。

现在我终于能全神贯注了，玛歌特也开始跟我讲一些做这一行的背后故事。当她开始做一名老鸨的时候，一个名叫卡琳娜（Karina）的女子突然给她打电话约她出去。她告诉玛歌特，当她刚才正从联合广场的一家脱衣舞俱乐部走出来的时候，一个保安打了她一顿，还抢走了她客人的皮夹。他们被困在了一家宾馆里，而她的客人，一个企业律师，现在快要崩溃了，因为现在比他平时回家与妻子和孩子团聚的时间已经晚了不少，并且他身上所有的现金和信用卡也都被抢走了。玛歌特抓起一些现金就直奔宾馆而去，在那里她编造了一个理由，然后叫了一辆豪华汽车把那个律师送回了家。之后，她又前往俱乐部，跟俱乐部经理进行和平谈判。

三天之后，那个企业律师送给玛歌特2 000美元作为对她服务的报酬，俱乐部经理也给了她1 000美元，连卡琳娜也掏出了几百美元给她。"我想可能就是在那个晚上，我意识到我有一些技能。"玛歌特告诉我。

我想到了夏恩。他也经常跟我讲一些他解决冲突的故事，这些冲突既可能发生在火拼的帮派成员之间，也可能发生在一些彼此不满的当地高利贷放贷者之间。有时,他介入是因为这些冲突会影响到他的生意,但在更多情况下,他是作为代表其他受害团体的第三方介入的。安吉拉也是一样。我总是以为他们讲这些故事只是因为这会让他们感觉良好,或者这些故事是他们几杯酒下肚后的吹嘘之词,而跟他们的生活没什么关系。但是玛歌特刚刚告诉我这些都是在创造连接。这就是她为什么把她的中介机构称作"曼哈顿之夜",因为她帮助大家产生连接,给大家创造了一个性感之夜。如果有人遇到麻烦,她就会迅速提供救助。要么辉煌壮丽,要么危险四伏,没有中间地带。这既是一种生意,也是一种世界观,她说。

一股兴奋之情从我的身体中涌出。*连接*。

一些我早先就有的疑问开始重新浮现出来。全球化城市对于社会学家来说是新事物,因为这里的人们正以新的方式跨越边界和界限。纽约人也在洛杉矶和伦敦居住,伦敦人在巴黎有自己的生意和私人的事务,巴黎人在曼哈顿拥有房产。每个人都认为这种广泛的连接性是富人所独有的,因为只有他们才能承担得起往来的机票费用和安第二个家的负担。但我之所见却指向了另一层次的连接性,这种连接性处在不为世俗眼光所见的劳工阶级之中,因为它们与非法领域有关。对于地下世界来说,创造连接意味着要学习在不熟悉的领域中沟通的方法。这要求快速地获得社会资本。这也是在新的世界中取得进展的方法,在那里,人们的期望和社会的规范之间往往存在差距。考虑到不熟悉就有可能产生冲突,是否具备这些"语言技能"可能就意味着生存与失败的结果差异。举个例子,曼军就是因为没能成功克服自己的害羞、恐惧

第五章　性是本护照

或者纯粹是因为缺乏时间，而没能与自己生活圈子之外的人建立连接。所以当他与当地的帮派产生冲突时，就不能及时获得援助。安吉拉在布鲁克林区没能获得成功，也是因为她与当地的连接不够。除了卡拉，没有其他人能够帮助她建立她需要的关系网。还有卡琳娜，玛歌特告诉我，卡琳娜的连接就非常少，以致当她身处险境的时候需要求助于陌生人。在这些案例中，一个更大范围的跨边界连接是最关键的元素。

这个模式让我想起了国际法。就像任何法学教授都会告诉你的，人们在跨越不同的政府边界进行交易（比如走私）时，都会面临不同的麻烦，因为他们所从事的业务特性决定了在发生冲突时利用国家权威解决问题是不可能的，所以他们需要为自己的安全负责。更重要的是，他们需要跨越真正的边界去创造另一套规则和规范。但是因为这些规则并没有明文记载或者通过法庭公证，所以它们包含的内容是模糊不清的，从而为冲突埋下了伏笔。这些与大规模的现金交易、性、毒品相关的压力和诱惑可以解释他们的绝大部分麻烦。在所有这些冲突情境里，类似夏恩和玛歌特这样的非正式沟通者成为最有价值的咨询顾问。他们有在不同的阶层群体里谈判沟通的能力，不会被种族或者文化的差异吓倒。他们有随机应变的能力，能够适应不同的场合和情景。在某种程度上，这可能只是因为简单的好奇心驱使。他们并不像其他人那样固定在某一个地方，也不以相同的方式从他们的周围环境中获得慰藉和认同。他们总是跨过屏障看看即将发生什么，总是在猎取下一个谈判和交易的机会。

流动之城：一位社会学家的地下纽约观察记

在社会学的术语里，这些人就是掮客。他们往往是那些拥有社会资本的本地人，这种社会资本是他们在酒吧、社区、公租房这些当地人比较熟悉的地方与他人互动的产物。纽约为我们展示了掮客这个概念的另一面。安娜丽丝不可能去调查那些为当地富裕客户服务的女性的背景，所以她依赖于文化调查。尽管夏恩在跟白人客户打交道时显得很不自在，但与客户的共同利益创造了一个能够在两个世界间自由穿梭的新夏恩。军人子弟和驻外事务处家庭的孩子一旦在国外待过一些年份，就会发展出一种"第三文化"，这是两个世界的文化融合，是一种不属于其中任何一个世界的全新的文化。很可能我看到的就是"第三夏恩"（Third Shine）和"第三玛歌特"（Third Margot）。这是一种特殊的文化资本，我的本能和个人经验告诉我，这个世界会越来越需要这种资本。

在纽约的地下世界中，未来正在生成，对我来说，这也是一个刺激的时刻。

第六章
角色扮演中的冒险

第六章　角色扮演中的冒险

在我的办公室里,我想起我的第一位社会学老师阿隆·西库里尔(Aaron Cicorel)跟我说过的话:"每过几个月就停下你的工作,然后去查看你的数据。这将会帮助你认清你已经知道的,以及更重要的——你还不知道的。"

我拿出纸和笔,准备做个列表。

对于城市正义中心,我已经做了超过100个街头访谈——这项工作做得很好、很扎实。我跟夏恩在哈林区也有一些既丰富又特殊的冒险经历,当然我跟曼军、安吉拉和玛歌特也有不少类似的经历,此外我还有很多次吃闭门羹的经历。但是我在每一处都学到了新东西,也积累了更多的证据。我对纽约的感觉正在慢慢开始接近我对芝加哥的理解。但是我仍然担心我的样本太小,以致不能得到有意义的结论。

也许这个列表会有用。在页面的左端,我写下一个标题:"低收入者"。

我现在了解哈林区的地下经济活动的历史。夏恩和他所在的社区为我上了一堂深刻的课,让我了解了地下经济是如何形成的,以及哈林中部地区现代黑市产生的根源。这部分工作看上去进行得不

流动之城：一位社会学家的地下纽约观察记

错。我也经常定期地与移民性工作者、日间劳工、出租车司机、保姆、厨师、洗碗工这些群体交流以获取信息。如果时机合适，那么我也可以很容易地把这些接触转化成对他们的收入、生活和家庭奋斗历程的社会学研究。

在页面的右端，我写下另一个标题："中高收入者"。

我在这个类别下面写上了玛歌特、安娜丽丝、洗钱者、脱衣舞俱乐部的老板，以及服务于他们的医生和律师。但是我从来没对他们进行过系统性的访谈。尽管我在这个领域有多年的探索经验，但是这些经验更多地依靠主观感觉，尤其是跟我那些同事的更加科学的方法相比。

看着这个列表，像往常一样，有一个问题跳了出来。也许这个笨拙的关于底层、中层和上层的阶级划分本身就是关于城市的传统思想的副产品，这种思想把城市看成从形式和功能上进行区分的有限的生态系统和社区，里面居住着不同的群体。社会学家曼纽尔·卡斯特（Manuel Castells）把纽约以及类似于伦敦、巴黎这样的全球化城市中心称作"信息城市"，来突出其与传统城市空间划分方式的差异。在信息城市中，位置依然很重要，但是真正的货币是类似于信息和连接这样的移动资产。一门关于边界跨越者的新型社会学将要研究网络——不管这种网络有多么稍纵即逝——在重构这个信息世界中的角色。但是你并不能只观察财经、房地产和企业资本。根据一些经济学家的观点，地下经济的产值占到城市经济总产值的20%~40%。这是不可小觑的力量。如果我关于纽约黑市经济的思考是正确的——地下经济正在以一种不受过去约束的新方式

第六章 角色扮演中的冒险

把人们组织起来，且让人们具备了一些软硬结合的新技能去跨越边界——那么，这将能非常巧妙地把城市地下组织重新定义为一个整体。社会学不能简单地给夏恩贴上毒贩的标签，给玛歌特贴上老鸨的标签，以及给安娜丽丝贴上富裕阶层的标签，而要充分理解这一切，更不用说掌握它的潜在范畴了。

是的，这是最有意义的问题。经济学家也许试图查明人们在阶层向上流动过程中所需的个体因素——比如教育、经验、知识技能等，或者他们会关注每一个阶层的宏大图景，以及他们的收入中的合法所得和非法所得各占多少，或政府因不对地下经济征税而少收入多少。但是一个社会学家会问的问题是，新的阶级能否形成，新的文化和新的生活方式是否有潜力去改变全球化城市的面貌。这些才是有意义的目标，范式的变革会带来更有意义的变化。想象一下在未来的某个时候，如果纽约市市长朱利安尼把地下经济也看成城市繁荣的重要支柱，认为地下世界是一个欢迎移民的、能够提供更广泛的服务和技能的充满生机活力的场所，那么他应该就会立即停止被城市学家尼尔·史密斯（Neil Smith）称为"复仇主义"的政策，这项政策的惯常做法就是站在中产阶级的立场把那些被剥夺了公民权的人一脚踢开。他甚至可能会重新审视地下世界中的非正式甚至有时非常冒险的行为，并把它们看成城市发展中重要的新声音。

事实上，这样的事情早已在一些发展中国家发生。很多政府已经意识到它们既不能阻止物物交换和一些非法的信贷方式的产生，也不能让人们如实报告自己的收入，所以他们干脆接受地下经济并且确保它既不会伤害到个体，也不会在总体上危及社会。比如说

流动之城：一位社会学家的地下纽约观察记

金砖国家（巴西、俄罗斯、印度、中国）政府就大量投资了诸如小额借贷和技能训练这样的项目，以期望这些现代化之举可以减少非正式的赚钱之策的产生。其核心不在于合法化娼妓业或者建立更好的毒品交易市场，而是把人们的意愿和抱负引导到更有生产力的方向。一个纽约市的市长会以同样的方式承认这些地下经济交易者、掮客和游手好闲之人吗？

拿着笔，我一直在思考我从玛歌特、卡拉、安娜丽丝和夏恩那里学到了什么。他们在很多地方有差异，但是所有人又在一件事情上有共通之处：他们拒绝让种族、性别甚至是财富因素把他们困锁在特定的社会空间中。又一次，我很好奇能否说他们形成了一个独特的关于他们自己的社会阶层——一种悬浮于他们所居住的两个世界之间的第三阶层。也许这个问题太过冠冕堂皇。但是考虑到他们的全部社会行为，用"罪犯"这个词来形容他们不是一个完美的选择。这些人都是追寻者。就像硅谷里的任何一个精力充沛的年轻创业者，他们也梦想着改变他们的世界。在他们的与普通民众和普通消费者相同的日常生活中，他们的非法收入却在帮助着很多合法的商业经营者维持生意。在这个意义上，他们是社会的主要支柱。

我的直觉再次告诉我，答案就在地上世界和地下世界的连接里。但是在这里，我仍然面临如何追寻这种连接这样的老问题，考虑到上层阶级并不会像贫困阶级那样给予社会科学家足够的尊敬和重视——玛歌特似乎把我看作一个毫无头绪的小孩而享受着十足的愉悦，我要得到他们更深的信任，就必须寻找其他的方法。我再一次想起西库里尔对我说过的话。"一旦你涉入其中，就不可能再保

第六章　角色扮演中的冒险

持中立立场，"他在我们第一堂田野调查课上是这么说的，"理解在他们的世界里你扮演的角色，就是你最大的优势。"

他真正的意思是，在田野调查中，对于别人来说你不可能是个"科学家"，因为他们只会把你的现实身份转换成他们的措辞。所以我在芝加哥贫民窟里的角色就是"贫穷的研究生"。这并不是说要隐藏身份，而恰恰相反，是要揭示你需要什么以及你到底是谁。我让大家知道我所关心的问题，以及我想解决的问题，这样他们就可以找到参与的方法。我从来没有把我的工作看成是萃取式的——从他们的身上榨取信息，而认为是合作式的——我们一起解决共同的问题。幸运的是，大部分人还是乐意帮助我这个贫穷的研究生的。

现在我需要找到一个合作的新方法，一个可以扮演的新角色。我并不想成为一个旅游者，但是我也不能冒充一个内行人。我肯定不想成为皮条客、毒品交易商或者是脱衣舞俱乐部的投资者。我真正的兴趣与我读研究生时的兴致基本无异：只是尽可能准确地去记录他们的生活。所以如果我能够用一个大家能更有效地进行转换的术语去揭示我真正的需求以及我究竟是谁，那么或许应该是纪录片创作者！好在我还真的当过一名纪录片创作者，我从过去的经验中学到，虽然更大范围的公众群体对于学术知识可以帮助他们不甚了解，但是他们似乎也觉得就一部电影进行合作的主题还是更有吸引力的。如果信任的基础有了，同时我对于我即将开展的研究也有了更好的认知的话，学术论文写起来就没有那么难了。而且可能那里还真有许多纪录片素材，其中的很多故事会带给人希望。

显然，我这样也会冒着冒犯学术界内的保守者的风险。对于他

流动之城：一位社会学家的地下纽约观察记

们来说，你要么戴上学者的帽子，要么戴上电影创作者的帽子，任何模糊界限的观念都是令人难以接受的。但是我认为，讲故事时究竟用什么载体并没有多大关系，最重要的事情是要在观众汇集的地方讲——并不一定需要在一些布满灰尘的图书馆里找到你的观众。戴上电影创作者的帽子意味着一种与跟玛歌特他们打交道时完全迥异的工作方式：是合作者而不是科学家与受访者的关系。而且当这样的观念进入我的脑海时，我能看出玛歌特是多么欢迎我的这种变化。最终这也将抹除把我们区分开的差异。

我必须谨慎行事。由于诸如臭名昭著的塔斯基吉实验（科学家为了研究梅毒而不去治疗病人）带来了恶劣的影响，因此后来各个大学都建立了一套制度去检核研究方法的伦理。在哥伦比亚大学，就有好几个委员会负责审查研究。我过去总是会严格遵守这些规则，使用假的姓名和假的地址，这样就没有人可以通过我的文章来追溯到个人，所以我关于性工作者的研究也得到了批准。当我开始与夏恩一起闲逛的时候，我也与这些委员会取得了联系，但是当我解释我并没有具体的研究课题也不打算收集资料，只是试图去结识一些在未来的某个时候可能会帮我达成这些目标的人时，它们就给我的活动打上了"新闻学"的标签，然后让我去寻找自己的方法。不过我仍然想去了解对于电影制作是否有一些特别的规则。

我要求召开一次会议。会议在一个安静的会议室里召开，学生的脚步声在室外的大厅里回响。"如果我想为了拍摄电影而不是科学研究而去访问一些女性，那么该如何申请？"我问道。

"你为什么要拍电影？"一位委员会成员问我。

第六章　角色扮演中的冒险

"难道我不可以拍电影吗?"

"你是个科学家,科学家通常不拍电影。"

"但是我拍。"

我告诉他们我拍摄的关于芝加哥公租房的电影马上就要在美国公共电视网播放了。

有一位委员会成员叹了一口气,并说:"好吧,这种创意会给我们的生活带来困扰。"

"电影属于新闻学的范畴,"另外一位委员会成员说,"我们可不管新闻学的内容。"

"所以如果这是新闻学的内容,我就不需要填写任何表格了是吗?"

"是的。"

他们驳回了我的请求,要求我不再提出任何关于新闻学或制作电影的申请。

我的直觉是对的。一旦我跟玛歌特提起我要拍摄她的独特生活世界,她就会更有兴致来帮助我。她说最难进入的地方是脱衣舞俱乐部,所以她陪我进入了城市的多个脱衣舞俱乐部,还把我引荐给了经理们。在跟玛歌特和这些经理在一起一个小时后,我就对俱乐部经理这份工作有了新的印象——它是销售经理、安全主任和人事总监的结合。他们谈论他们需要多元化的舞蹈表演者以迎合更广泛的男人口味,这就意味着要包含不断增加的黑人、亚裔人和拉丁裔

流动之城：一位社会学家的地下纽约观察记

人等模糊的混合体，他们经常用"族群"来形容这种状态。从他们的谈话内容来看，他们很明显是希望玛歌特能够成为他们接近这些群体的渠道，这也让我对玛歌特的能耐有了一个新的认识。

几乎所有的经理都跟我说，在一个理想的世界里，他们会把性工作者安排在店外。"看吧，我知道这肯定会发生，"其中一名经理对我说，"因为男人需要她们。但是我不能让妓女待在店里。她们最好去布鲁克林区的宾馆里，在那里没有人在乎这个。"

新来的人的情况是最差劲的，另外一名经理说："她们以为俱乐部是最安全的地方——不在大街上，而且一直有保安巡逻。她们可能在那里搭上一个男人，然后把他带去酒店，或者就直接在后屋里交易。但是这些业余的新手往往是最容易被伤害的，因为她们往往不知道会发生什么事。不是她们的约会对象揍她们，就可能是我们的店员揍她们。"

我认识的警察也这么说。他们也看到了"业余新手"人数的显著增加，这些女性最开始通常是舞者或者演员，然后决定把出卖肉体作为兼职。这些警察也为他们所逮捕的性工作者的日渐增加的背景范围所震惊——几乎涵盖了东欧、中美洲、亚洲和非洲等地区的每一个国家。他们列举着这些国家的名字，就好像他们试着要把世界上所有国家的名字都说出来。

在把脱衣舞俱乐部介绍给我之后，玛歌特又给伴游服务公司的三名经理打了电话。模式是一样的：她会站在后面支援我，当我有遗漏的时候，她会来补充；我会大体上谈论一下我的研究兴趣，看看能不能和这三名经理建立一定层次的信任。

第六章　角色扮演中的冒险

我并不是很确定该如何准备。社会学研究中的标准第一步往往是对研究文献的检视。但是目前并没有现成的关于老鸨和皮条客的文献能供我参考。拍电影时的标准第一步也是相似的：看有没有其他电影已经拍摄过这个主题。涉及这个主题的电影其实也很少。我决定把这些访谈作为前期工作，在访谈中向这些女性咨询如何去接近她们的同事以确保后续的参与。

通过这种方法，我成功地得到了数量惊人的信息。玛歌特推荐的三位女性都30多岁。其中两位处于离婚状态，另一位已经订婚。其中两位是大学学历。有一位有企业人力资源管理方面的背景，另外两位做过不同的行政管理和销售工作。她们每个月工作3~4个夜晚，然后每年能赚到8万~10万美元。其中两位租房住，另一位在布鲁克林区有一套公寓。她们每个人都聘用了5~6位全职妓女和大量的在本职工作和性交易工作之间流动的兼职妓女。但是这些事实都没有这些经理回答问题的方法有趣，她们会利用自己的知识和理解力来快速地评估如何回应。很少有研究关注地下经济在中产阶级和富裕阶层的生活方式中扮演的角色，我觉得主要原因可能就在于此：对于我们来说，她们可能太过敏锐，对于我们的来意太过清楚。尽管参与到这种"学术"的事业中来，对于她们来说是个遥远的、抽象的，且并不值得的追求，但是她们都很喜欢拍纪录片这个主意。虽然当时我并不知道我正站在电视真人秀世纪的开端，用羞耻来交换名声的时代结束了，但是我并不认为这种行为仅仅是为了追求名声，而认为这是一种把她们的经历用这个时代最流行的工具展示给更大世界的美好愿望。

当完成各类型的采访后，我情不自禁地想起安吉拉以及其他低收入的女性受访者，她们向我透露了很多，坦诚地向我揭露了自己内心最痛苦的部分和最私人的隐秘部分。所有的这些资料如果能获得对比，将会更加有深度。她们对我的坦诚激励我坚持下去。鉴于此，我会尽量在最有价值的媒体上传播她们的故事。所以我冒着会激怒玛歌特的风险，直接询问这三位经理我是否可以跟在她们手下工作的女性直接对话。

其中有两位经理直接拒绝了我。"我不介意告诉你关于我的故事，但是我需要保护这些女性。"有一位说。

第三位经理叫达琳（Darlene）。在我们结束谈话之前，玛歌特正好被电话叫走了，所以我就利用这个机会直接提出了我的请求。

"我可以把你介绍给一些女性。"达琳说。

那天晚上，她给了我她的两名雇员的电话号码。

第二天，我给她俩都打了电话。我一开始还是使用我惯用的"咨询建议"的方法，向她俩询问获取她们同事信任的最佳策略。没过多久，我就了解到她俩都是白人，年龄均为 25 岁；她俩每周只工作 2~3 天，每年能赚到约 5 万美元；她俩拥有高中学历，怀揣成为演员的梦想从美国南方来到纽约；她俩都至少被顾客打过一次，也都曾经被强迫进行一些违背她们意愿的性行为。

第一位女性就为我提供了这么些信息。但另外一位叫凯茜（Cathy）的女性告诉我她有充足的时间，如果我有问题，可以尽情地向她提问。我很兴奋，问她是否可以提供她工作的酒店和酒吧的名字。她拿出了她的记事本，一口气说出了她最近一个月的约会地

第六章　角色扮演中的冒险

点，其效率之高足以令比尔·盖茨刮目相看。我问了她所经历过的冲突，她曾经面临的最大挑战，最令她恼怒的细节——我把自己脑子里所浮现出的问题全部抛了出来——她就像在与我玩有趣的信息游戏一样——把答案抛给了我。我尽可能快地把细节记录下来，然后大胆地向她提出了一个可能会令人不快的问题：她提供哪些服务以及她的收费是多少？

凯茜告诉了我几乎所有事情，甚至尽可能地添加了一些有趣的细节。"有一个男人是在一家出版公司上班，"她说，"我告诉他我一直在坚持记日记，然后他跟我说他很想帮我把日记出版——只要在日记里面不提到他的名字。"

凯茜告诉我，许多吉卜赛出租车司机为她介绍了约会对象，这些司机中不少可能来自地狱厨房。她提到了一些给她提供打折药品和医疗服务的医生，也谈到了做这一行对她情感的影响。尽管有点虚张声势，但她与安吉拉这样的女性对于她们的生活方式的看法还是有显著区别的。这里没有羞耻感和宿命论，取而代之的是一种蔑视。

当最后要离开的时候，凯茜还提供了她的朋友的联系方式让我联系。她似乎本能地理解我对大样本的渴望，所以志愿帮助我去找到更大范围的样本，从而可以代表更大范围的在这个城市工作的高端性工作者。"性行业变化很快，"她说，"你必须和尽可能多的人交谈。我们中的有些人喜欢在宾馆提供服务，有些人只接受在线服务。有很多的可能性。"

在不到一周的时间里，我就访谈了14名高端性工作者，她们全部都是白人，都有中产阶级的背景，80%来自纽约以外的地方。

她们基本上可以被分成两个群体。第一个群体是有抱负的艺术家类型，她们来到纽约是为了成为演员、模特或者舞者。她们的工作往往是按摩治疗师或者体能教练，并且会每隔几周进行一次性交易来贴补收入，她们每年大约可以赚到3万~6万美元。性工作让她们的美国梦依然保持生机。

第二个群体来自商业世界的下层，主要是女销售员、律师助理、行政助理或者人力资源助理。这个群体中的人的年龄比有抱负的艺术家们要大；类似于玛歌特，很多人因为离婚和遭受职业挫折才转而从事性工作。对于她们来说，性交易只是一种谋生的方式，甚至有点秋后算账的意味——让男人为他们的罪过付出代价。

对所有这些女人来说，性已经成为一种通用的货币。为了换取引荐，她们会跟宾馆服务员、酒店职员、脱衣舞俱乐部的雇员以及出租车司机上床。为了获得医疗服务，她们会跟医生和牙医上床。当资金紧张的时候，她们会向脱衣舞俱乐部的经理、酒保以及顾客借钱，而性也成为她们偿还债务的一种方式。脱衣舞俱乐部的经理们在这方面尤其臭名昭著，他们经常利用债务来强迫女性与他们的一些老主顾和朋友进行性交易。

我的材料似乎很丰富了。很快，我就得到了哥伦比亚大学对开始一项长期研究的许可，并且没多久就得到了一笔重要的研究经费支持。我开始雇用研究助理。同时，我还用自己的经费雇用了一位摄像师，拍摄了十几次采访过程，并开始试着去募集资金来制作纪录片。最后，我所有的努力似乎都有了动力。

第六章　角色扮演中的冒险

一个月之后,凯茜再次给我打了个电话。她不再在达琳手下工作了。"我现在给托莉(Tori)做事,"她滔滔不绝地讲了起来,"当她说她要跟你见面的时候,我简直不敢相信。"

那个时候,我正打算走出公寓去对托莉进行第一次访谈。她毕业于常春藤盟校,在纽约上东区经营着一家高级的中介公司。同时,她还在纽约州和佛罗里达州的几家脱衣舞俱乐部里有股份。她的客人都是一些非常有名望的人,所以她很勉强地接受了这次访谈,以至于我很诧异她曾经跟凯茜吐露过这件事。"托莉告诉过你我要跟她见面?"我问她。

"我就是你能跟她见面的重要原因,"凯茜说,"托莉和我认识很久了,我们在一起跳舞有很多年了。她本来没有打算同意跟你谈谈,但是我跟她说你是个很好的人。"

"我不知道该说些什么来感谢你。"我说。

"你什么也不必说,"她用她特有的方式兴奋地向我嚷道,"并且我还有一个你肯定会喜欢的好消息要告诉你——我有一个客人想跟你聊聊。"

"一个嫖客?"

"马丁(Martin)。他是一个非常好的人。"

这有点儿让我诧异。除了跟莫蒂墨有过一段有趣的交往之外,嫖客群体是性工作方程式中我几乎没有涉足的部分。因为针对毒贩和性工作者,我已经有足够的工作要去做了,而且我认为大部分男性是不会谈论性交易的事情的。但是凯茜跟我说,她告诉过马丁我是个思维开放的人,我在跟她相处的过程中从来没有让她感觉到自己有罪过。"我想他只是想找人聊聊,"她说,"他好久没有对一件事情这么有热情了。"

我不觉得我能扮演好帮遭遇挫折的男性做心理分析的角色,我对她说。

凯茜好像有点儿生气:"你说过你想要了解这个世界的一切,是吧?好,他就是这个世界的一部分。没有他,这个世界就是不完整的。"

几天之后,我和马丁在另外一家酒店的酒吧里相对而坐。他又高又瘦,穿着一件剪裁得体的花呢西装,搭配着一条蓝色的口袋方巾,说话的时候,他的金色直发会垂下来挡住眼睛。他会用手把头发往后梳理,好像每一缕头发在他的头上都有特定的位置。"我想这大概是三年前开始的,当时我的生活正要开始崩溃。"他说。

我甚至还没有开始问问题,我们只是简单地打了个招呼。"不急,"我跟他说,然后开始了我标准的见面说辞,"我在哥伦比亚大学工作,我现在实际上并没有正式研究嫖客,我在研究中不会使用你的真实姓名,我……"

"我不担心,"马丁插嘴说,"我完全信任凯茜。"

"马丁,我*有义务*确认你理解——"

"我有没有跟你说过我认识的人中有多少人也有相同的情况?"他继续说道,"至少 20 个人。这就像个见不得人的公司小秘密。但我们不是游手好闲的人,好吗?我想让你知道这个。我们都是负责任的人,我们因为这样或者那样的原因跟自己的妻子相处得并不愉快,你知道,我们每个人都有自己的缺点和欲望。但是我们并不想破坏家庭。"他再次重复自己的重点:"我们都是*负责任的人*。"

第六章 角色扮演中的冒险

但是是否冲动的和隐秘的行为意味着更严重的问题呢？性上瘾有没有可能？

一丝轻蔑的表情浮现在他的脸上。"我在媒体上读过这些东西，但这些东西对我来说毫无意义。归根结底地说，我的妻子不愿意*听*我说话，但是凯茜愿意。"

要么是他预料到了我对他的怀疑，要么是我的表情暴露了这一点，因为在我来得及做出反应之前，他就表达了抗议。"很多时候，我甚至都没有与凯茜发生性行为。如果你需要的话，我可以数数——凯茜说你喜欢数字。上周，我和她见了两次面——但是没有发生性行为。在这之前的一周，我们有过一次性行为。再往前，在6月份，我们……"他想了一会儿，"一共见了6次面，其中有3次发生了性行为。所以我们的见面有50%的可能性发生性行为。"

"如果情感的交流占到了一半的时间，那么这难道不是更有可能是真的婚外情吗？"我询问他，"至少你更有可能确认你的情人对你好不是因为你的钱。"

"你还是没有了解事实。"马丁对我说。婚外情太过冒险，太过不负责任。金钱的交换是在保护他。"看吧，这并不是婚外情，因为我并没有期望与凯茜长久相处。凯茜对我好也是因为她知道我已婚，而且我不会离开我的妻子。她是来帮助我缓解压力的。妈的，要是我的妻子能够像凯茜一样了解我，她一定会给我写感谢卡。"

"所以进行性交易对你的婚姻是有利的。"我用一种赤裸裸的讽刺口吻说道。

"当然。"马丁说。他看上去有一瞬间有些恼怒，然后他很安静地问我:"你有碰到过婚姻方面的麻烦事吗?"

"是的,事实上碰到过。"

"那么你应该可以理解。"

如果他的意思是迫切地与一位年轻、友善且从来不认为你是一个坏的和令人讨厌的人的女性交往的话,我确定可以理解。但是通过这种方式把我拉进他的世界让我觉得是对我的冒犯。我并不是来这里谈论我自己的。我是一位科学家,不是一位受访者。(我现在意识到这看上去有多么防备,但是我对自己的个人问题已经够坦率了,而且观察行为似乎需要一定的保护距离。)

"听起来你真正需要的是一位婚姻咨询师,或者是一位心理咨询师。"我说。

马丁摇摇头:"我对治疗不感兴趣。这个感觉更好。跟凯茜沟通让我感觉好多了。"

说到这里,他开始不紧不慢地把他想表达的话说了出来,以一种奇怪的夹杂了歉意和自夸的方式:"你必须明白的是,像我这样的人都是人生赢家。我们在大学时就很出色,进入投资银行和律师事务所之后,我们是冉冉升起的新星,我们不会去找该死的心理咨询师,坐在那里向他们抱怨妈妈并不喜欢我。那样的人是失败者。而如果一个男人花上千美元去吸引年轻貌美女性的注意力,尤其是他甚至没有跟她发生性关系,那么他才是真正的玩家。当他回到家里的时候,他就不会那么有压力或生气了,这样他会成为一个好丈夫。"

马丁继续侃侃而谈。他谨慎地选择用词,既能恰到好处地表示强调,又能把他认为可以给我留下深刻印象的正直显现出来。"你

第六章　角色扮演中的冒险

是一个好的倾听者。"快结束的时候他对我说。

有点尴尬的是,我发现我好像扮演了通常是凯茜对他扮演的角色。与此同时,我脑子里开始构思另外一部纪录片——去记录这些上层嫖客们的复杂生活和复杂动机。

"我觉得我有一大群朋友会渴望跟你谈这些,"马丁说,"你介意他们给你打电话吗?"

"我,我,我不知道该说什么。"我吞吞吐吐地回答。

正好马丁的手机在桌上振动起来。"不好意思,我的办公室打来的。我要走了。"

他匆忙地走了,留下我一个人坐在桌旁。

那天晚上当我回到家里的时候,我空空的公寓就像一座坟墓一样欢迎我回家。我讨厌回家。我妻子留下的所有东西都在提醒我我有多失败。咖啡桌在嘲笑我,台灯在责难我。我想把它们都烧了。在有一次回我父母住所的时候,我焦躁不安地扔掉了我从小时候起保存的几乎所有的奖品、照片和纪念品,就好像那些年多少要为我这些年的厄运负责。这一切都让我更加渴望投入到新一轮的访谈中。

但是有的时候,太过急切反而会适得其反。一个春天的晚上,我回家后看到一封语音邮件信息。我感觉到了希望:也许会是好消息!

但相反,这是玛歌特发送来的一则令人震惊的消息。"卡拉刚刚打劫了她的一个顾客。"她说。

什么？！ 我简直不敢相信。我有点担心卡拉，不久前她还是一场袭击的受害者。谁还会这么热情地为玛歌特工作？谁会这么坚定地打破她的文化牢笼然后获得新成就？这似乎不可能。就在几天前的一个晚上，玛歌特告诉我她已经让卡拉约会了三次，那三个顾客都给了最积极的反馈。她最终得到了这位有热情的姑娘。她很感谢我。是哪里弄错了吗？

语音邮件里提供了更多的信息：卡拉和一个经商的老板去了一家豪华宾馆，然后袭击了他，抢走5 000美元后逃走了。现在这个老板威胁，如果卡拉不把钱还回来，他就要报警。

这就是她知道的全部信息。卡拉现在不回她的电话。"你也了解这个情况了，你要帮我找到她。"玛歌特说。

现在，这正式成为我最恐怖的噩梦之一。我是一个研究者，一个公正无私的学者。我不能参与处理袭击和抢劫案件。但是我又觉得我亏欠玛歌特。而且卡拉现在有麻烦，我也要为她考虑。

做正确的事，我跟自己说。我拿起电话，拨打了玛歌特办公室的电话。我打算跟她说我现在立即去卡拉的公寓，然后尽我所能把这件事情弄清楚。

出人意料的是，玛歌特在电话里对我吼起来："我不敢相信你竟然去找达琳那样的女人聊天！你为什么不告诉我就去做这件事情。我有没有跟你说过这不是一个好主意？！但是你去做了，还是*背着我*。"

我被这突如其来的责骂彻底弄懵了，我能感觉到我的声音在颤

第六章　角色扮演中的冒险

抖:"对、对不起,我以为达琳会告诉你。"

从她给我发语音邮件到现在这通电话之间连 20 分钟都不到,到底发生了什么事?

"她的确告诉我了。她跟我说*她非常生气*,因为凯茜告诉了你那些她不该告诉你的东西。"

我好言好语地为自己辩护,坚持认为凯茜没有告诉我任何机密或者有伤害性的事实。但是玛歌特没那么容易妥协。她过去很相信我,我也利用了她的信任。现在那个傻女人凯茜告诉她所有的朋友我将帮助她获取更好的收入、更好的工作环境,甚至可以让她因为我的纪录片而走红。

"*什么*?"我说。

"是的,对这些女人来说,你就像是凯萨·查韦斯(Cesar Chavez)。达琳认为你想挖走她手下的女人。"

"挖走她手下的女人?这绝对是个疯狂的想法。"

"那就是我试图告诉你的,天才。当这些神经质的女性发现有人在聆听她们的这些悲伤的故事时,她们会把他想象成自己的白马王子。然后突然间我的耳边一会儿是文卡特斯教授,一会儿是素德,一会儿又是达琳的尖叫声。"

她又说了一会儿,不停地跟我讲当初我应该听她的,我的判断是不可信的。她说谢谢我提出去找卡拉的建议,但是这是真实的生活,而不是什么研究项目……

当她挂断电话的时候,我感觉很糟糕。我曾经分享过我工作中的失败的经历,但这次是另外一个层次。我终于获得了在整个地区开展一项性研究的足够的访谈样本——我已经准备好了与脱衣舞俱乐部的经理、酒店职员、酒保们的访谈——但所以这些都因为我太心急而搞砸了。我关于成功的梦想也在迷雾之中破灭。

更坏的情况是,玛歌特是对的。我应该预料到这种问题。几乎在我所做过的每一项关于非法世界的研究中,我都经历过谣言的快速传播。这就是为什么我通常很有耐心,等上几个月,以确保大家了解了我的意图和研究问题是什么。这一切都是因为离婚,因为我的不耐烦和急切。我应该进行得更慢一些。我太贪婪了。而且我真的应该让玛歌特知晓整件事情。她是那个愿意敞开胸怀,愿意跟我讲话的人。我现在应该做些什么?有没有什么办法可以重新赢回她的信任?还是说这次会像我的悲惨生活中的其他倒霉事情一样毫无希望、支离破碎?

电话答录机寂静之后又响起。在玛歌特的信息之后又有一则来自马丁的信息。他用一种极度兴奋的声音说,他想约我见面喝一杯。他提到了第五十四大街上的一个私人俱乐部。

我说我会马上过去。

在路上的时候,我一直在思考要不要把我跟玛歌特之间发生的事情告诉马丁。如果说有人能够知道一个随和的女性可以变得多么暴躁,那么这个人一定是马丁。我们会建立关系,我会得到我需要的机会,我会写出研究报告、拍出纪录片,一切都会再次辉煌。但是当我靠近那家俱乐部,经过中城区最豪华的酒店时,这个想法从

第六章　角色扮演中的冒险

让我宽慰变得让我有些不安。这里是高端性交易的入口。我刚刚经过的门卫实际上是一个中介。门口的服务员可能会引导你搭上出租车前往妓院。通过马丁的眼睛,我看到的是一场饕餮盛宴。用我自己的眼睛来看,虽然我只是为了获取信息而不是寻找性服务,但是我看到的也是一场饕餮盛宴——虽然*我并不想和马丁有什么共同之处*。

在俱乐部里,马丁正和两个穿着考究的商人坐在一起。他们的声音很大,看上去非常开心,虽然下午三点刚过,但他们已经开始喝第一杯酒了。他们对我表示欢迎,好像我们已经认识了很久似的。"坐下,坐下。"其中一个人一边说,一边把椅子调整到一个欢迎我的角度。

马丁咧着嘴笑。"我告诉过你有人对你的研究感兴趣。"他说。

两个人都把手伸了过来。"我是乔纳森(Jonathan),"其中一个人说,"这位是奈特(Nate)。"

在乔纳森继续讲着他的办公室里发生的一场争吵的时候,我点了一杯饮料。当饮料被送上来的时候,奈特打断了乔纳森:"不要谈办公室的事情了,我们来谈谈性。"

他们一起看向我,我也回望着他们。没有人想先开口。

最后,奈特笑了:"我们这样开始这个话题吧——你是怎么看待我们的?"

我不知道该说什么。我对他们说,至少要先让我了解一下他们。

"这不是犯罪,"奈特说,"我们在做的事情不是犯罪。"

流动之城：一位社会学家的地下纽约观察记

"事实上，性交易就是犯罪。"我说。我觉得这样讲很清楚。但是奇怪的是，这似乎刺激了他们。

"花钱享受美好时光并不是犯罪。"奈特说。

"你在写一本书？"乔纳森问。

"还不确定。最近我打算拍一部纪录片。"

乔纳森打量了我一会儿："不拍脸，可以吗？"

"是的，"奈特说，"你让我们待在幕布后面，然后用达斯·维德①的声音来伪装我们的声音。"

我跟他们解释，我不愿意做的事情就是暴露他们的身份。我本来还打算告诉他们用化名来保护隐私也是大学学术规则的一部分，但这提醒了我，我对研究他们完全没有兴趣。我开始有点焦躁不安，我想赶快离开这群嫖客们的世界。

但乔纳森深深地吸了一口气，然后下定决心跟我说："你可以问我任何问题，我不怕出丑。"

我又一次不知道该问什么。乔纳森帮我思考："你一定是想寻找真正的原因。为什么我们要去嫖娼？为什么我们要把婚姻置于风险之中？为什么我们不怕爆出丑闻？但其实真的没有那么复杂。"

奈特拼命地摇着头表示反对："这很复杂。我的意思是，这可以变得很复杂。这就是为什么我会跟不同的女人约会，以确保自己不爱上某一个女人。"

"但是如果她们爱上你怎么办？"

奈特看上去闷闷不乐。很明显，情感是我没有考虑到的一个重

---

① 《星球大战》中的重要角色，拥有强大的原力与高超的武艺。——译者注

第六章　角色扮演中的冒险

大问题。

乔纳森靠近我，偷偷地跟我耳语："奈特现在正在经历这样的烦恼。她叫什么名字？就是那个以为你喜欢她而在你们街区租了公寓的女人。"

奈特用手抱住头，看起来非常羞愧："我真的不应该带她去加勒比海。"

"坐一次头等舱，她就永远是你的了。"乔纳森邪恶地笑着说。

奈特开始讲述他的故事，他的声音介于喜剧表演和忏悔之间。中间，乔纳森也插进来讲了他的故事：他过早地与一位女士结婚，从而跌进了婚姻的囹圄。

最后，马丁也说话了。"素德，"——我发现，马丁在说他自己的想法的时候，总是喜欢提到我的名字——"所有男人都会问自己的一个问题是一个非常简单的问题：你想再来一次吗？了解了你所知道的，冒着你所冒的风险，你还是想去下一个豪华的酒店去邂逅下一位年轻的女性吗？"

乔纳森用他的手擦了擦下巴："我要摆脱这种讨厌的婚姻。"

奈特问我是否结婚了，我点点头。

"所以你知道这是怎么回事吧！"

我再次点点头，不确定我要给他们透露多少。

"你们是不是彼此不会倾听对方说话。"奈特继续说道。

"很多事情你们都不愿意再去做。"马丁说。

"我知道，"我说，"我现在正在分居。"

就好像我说出了暗号似的，这三个男人相互交换眼神后笑了起来。"我就知道,"奈特说,"我就知道你这么感兴趣是有原因的"。

我盯着马丁。他非常清楚我几乎是被他强迫来参加这个会面的。他向他们透露了关于我的什么事情?

"分居的感受如何?"乔纳森问。

"分居是很*痛苦的*。"奈特说。

这使我们开始谈起安慰这个话题,他们讨论起来一点都不拐弯抹角。因为女人用各种各样的方式伤害了男人,所以所有的男人都需要安慰。也正是因为女人伤害男人的方式各种各样,所以只有一种方式可以治愈伤口。而且只有伤口愈合一些,男人才能回归正常的生活,回到真正的妻子身边。

截至 2004 年年底,在 15 年的研究生涯中,我与嫖客的对话次数用两只手就能数出来。但是每一次对话都有一个共同点:他们都想坦白,都想被倾听,都想围绕他们的欲望建立一个*社区*。他们中间没有人愿意相信他们在做伤害别人的事。他们都希望摆脱保密的孤立状态。事实上,当我的思绪还在游荡的时候,奈特开始争辩说对于安慰的需求在某种程度上让卖淫合法——或者说,至少不是真正的犯罪。

所有人都咧嘴笑起来。事实上,那周的周末,这家俱乐部将会举办一场大型的扑克比赛。*你应该来!这会是一场不错的比赛!* "过来吧,跟大家见见面。你会了解所有你想知道的东西。他们都是不错的人。"

"让我想想吧。"我含糊地说了一些关于客观性和超脱的话。但是在我们说了再见之后,我开始走向地铁,我问我自己,我在跟这

第六章　角色扮演中的冒险

些人一起做什么。我感到很糟糕,因为很明显他们想跟我讨论,跟我分享,以逃避孤独。但是在社会学中有一条经验法则:一件事情不会因为它有趣而变得相关。我正在研究的是高收入群体中的性工作者。我是否真的需要这些嫖客的观点呢?

我路过这些豪华的酒店,路过门卫、服务员和店员,他们都在这个巨大的、相互连接的性交易网络中扮演着相应的角色。仔细筹划一部纪录片是其中一件事情,我对自己说,而一想到我可能会开启一个隐秘的世界,我就兴奋起来。但是从科学的角度来说,我需要更加专注。

或者,我是害怕了吗?

事实上,这些男人也正是我要寻找的一类人,他们代表了另外一种上层和底层之间的连接方式。他们同时也是一面镜子。他们的孤独也是我所经历的孤独,他们对安慰的需要跟我的需要一样。但是照这面镜子并不是我想做的事。

当我经过另一家酒店时,在一个老式的金色招牌下站着的门卫向我点头致意。我低下头匆匆朝地铁站走去。

又一次,电话铃声打破了我公寓内的阴郁。玛歌特又一次打来电话,这一次她是从大街上的某个地方打来的。我从电话里清楚地听到了汽车和建筑工地传来的声音。"你一定要帮助我,素德。我需要立即找到卡拉。我现在没有头绪,不知道该如何进行下去,而且我找不到她。"

玛歌特显得很困惑,这并不像她。

"我马上就过来——但是发生了什么事?"

"卡拉被人打了。我把事情搞反了,我刚刚才发现。我觉得自己就是一个混蛋,素德。那个家伙当时正在跟我聊天,但我完全不知道卡拉会有那么好,我只是——我把事件搞砸了。我应该相信她的。"

事情的最新说法是那个顾客有性角色扮演的倾向,里面涉及身体虐待——掌掴和击打。卡拉说如果没有足够的钱那么她不愿意继续进行下去,那个饥渴的顾客就去取钱了,这个时候她给一个朋友打了电话求助。

我能想象到那个场景。卡拉不想失败。她想的可能是,*必须待在这里解决这个问题,不然玛歌特会解雇她。*

但是玛歌特认为这是自己的错。她感觉很糟糕。"我之前也见过这种情况,这些年轻的女性被打,她们经历了艰难的时期,她们不相信任何人。我应该多与她一起工作。她只是看上去很强壮,但是这个人也打了她。"

现在玛歌特担心的是卡拉会放弃然后回到旧的公寓——但具有讽刺意味的是,在那里,她遭遇暴力的可能性更大。

这注定是一种概率性的事情。我想到了夏恩。在他的世界里,暴力是家常便饭,几乎是一种必需品。多年的痛苦经历教育他们,没有其他更好的方法可以让这些不成文的规则得到执行。但是对于卡拉,尤其是玛歌特这样的人来说,暴力仍然令人震惊。在某种程度上,从专业的层面来说,这实际上帮助了玛歌特,为她的冲突

第六章　角色扮演中的冒险

解决服务提供了市场。但这也意味着她需要反复证明她的软技巧的效用。袭击世界上像卡拉这样的人只会让事情变得更复杂，因为她们可能会通过利用冲突来煽风点火。但是从卡拉的角度来看，我们可以理解为什么向上提升是可怕的。当你在两个不同的世界生存时，规则往往飘忽不定，你不知道该如何处理事情：软的还是硬的？传统的方法还是新方法？当你的生活取决于它时，你该如何选择？

让事情变得更复杂和不妙的是，那个嫖客还找了一个私家侦探来寻找卡拉。这很令人震惊，因为那个嫖客是华盛顿特区一个有很有名气的律师，通常来说，这样的人会在事情变得有风险的时候逐渐销声匿迹。但是他对于自己被骗感到非常生气，以至于他宁愿冒着名声被毁的风险也要找到她，或者他认为这是一个必要的能够挽救他名声的方法。所以尽管玛歌特对卡拉所经历的痛苦和磨难感到痛心，但她也必须找到卡拉，然后跟她谈还钱的事情。也许这并不公平，并不合理，但是这对他们所有人来说是最好的。

"这是超出我工作范畴的事情。"也许我们应该去跟友善的警官谈谈。"我建议道。

"我跟麦克警官谈过了，他也什么都做不了。"

"玛歌特，你要清楚，我不可以被卷入任何违法的事情。"我说。我用力地强调了我说的每一个字。

然后我说"算了"，就出去寻找卡拉了。因为她住在下东区那片街区，所以我先去了那里。没用多久，我就打听到了卡拉和她一个朋友住在一起，在当地的一家酒吧里工作。我在那家酒吧里找到了她。"玛歌特正在到处找你,她知道那个混蛋打了你,她为此感到很抱歉。"我说。

卡拉放声大哭起来。她说,她感到很痛苦。她不想让玛歌特失望,不想让她知道事情变得如此糟糕。她可以为了5 000美元而挨一顿打,而且当时她正准备这么做。她不应该叫来她的前男友。"这是我的错,"她继续说道,"我必须离开这里。看看这个地方,我的人生应该有所改变。"

我告诉了她关于私家侦探的事。之后,我还告诉她玛歌特希望能把钱要回来。

卡拉痛哭起来:"我不知道如何才能把钱要回来。"

把钱拿走的是她的前男友里基(Ricky),他对于卡拉的遭遇非常气愤。他想去追查那个嫖客,索要更多的钱,甚至有可能的话揍那个嫖客一顿。如果她去找他让他把钱还回来,他有可能会揍她一顿。

"也许我可以解决这件事情?"她询问我,表情里混杂着害怕和希望。

这并不是我想传递的消息,我甚至不敢去想。我只告诉玛歌特我是如何找到卡拉的。几天之后,玛歌特给我打电话,告诉我她自掏腰包还掉了这笔钱从而化解了危机。卡拉不需要知道玛歌特成功地让这笔钱减少到了1 000美元。

"卡拉应该离开那里回来,"玛歌特告诉我,"不然她会始终感觉这是她的错。没有人喜欢背负着罪恶感生活。"

玛歌特总是能在性工作方面展现她的能力,我想。我很好奇她

第六章　角色扮演中的冒险

是如何工作的。但也许她并不像看上去那么精于算计——也许她能够理解这些女人和她们的挣扎，因为她可以回应她们的不幸。这就可以解释为什么卡拉的挫折让她如此焦虑。在她的雇员看来，她真是一个非常热心肠的人。

"我需要找到一些更年轻漂亮的有着棕色皮肤的美女，黑人女孩也需要。相信我，下一个大的性潮流将是野性热。"

两个月之后，玛歌特给我打电话，说她有一些新的消息要告诉我。她正在为那些年轻性感的有着黑色和棕色皮肤的女性创办一所女子精修学校。"她们彼此之间既没有信任，也没有好感，她们不能像普通人那样进行合作。所以她们经常打架，做一些愚蠢的事情和一些错误的决定。"

就像电影《为人师表》中的性教师，玛歌特打算帮助她们改头换面。下一周她的课程就要开始了，我有兴趣去看看。

一周之后，玛歌特的公寓看上去就像一个临时的教室。五个年轻漂亮的拉丁裔女人坐在长沙发和椅子上，玛歌特在她们前面踱来踱去。"你在酒店里最先要做的事情是什么？"她问这些女人。

"告诉酒保你要去哪个房间。"卡拉说，像一个骄傲的学生。

"对的，你不可能时刻联络到我，因为你们的手机可能会罢工，或者遗失。所以你需要告诉酒保。"

另外一个人说她不相信酒保，因为当她说话的时候酒保会笑话她，甚至有些时候他们会赶她出去。

"你*必须*相信他们,可以吗?"玛歌特说,"他们也为我工作。"

玛歌特解释了如何开一个银行账户,以确保现金不用存放在家里。她还跟她们说不要在白人在场的时候化暗妆。只要不是看上去像垃圾堆,就尽可能地把头发弄得亮一些,然后尽量少说话,保持微笑。她还跟她们讲要尽量少买高品质的东西,这样在提升她们文化资本的同时,还可以节约现金。

"在你的客人脱光之后你要做的第一件事情是什么?"她问道。

"你也把自己的衣服脱掉——哈哈。"其中一个人回答。

"错。"

其他的答案也冒了出来:"拿钱。""跳到床上。""跪下来。"听到每一个答案,玛歌特都摇头。

最后她说出了正确答案:"告诉他,他的那个东西很大。"

卡拉轻蔑地问:"所以我们要对他说谎?"

玛歌特点点头:"如果他是个胖子,就跟他说你喜欢身材魁梧的人;如果他身材瘦削,就告诉他你对他的六块腹肌很有兴趣。而且不管是谁,你都要说,从来没有人让自己有这样的感觉。"

那几个女人都表示怀疑。在公租房里面发生的性交易都是很俗套的,如果她们太过夸张,这些嫖客就会生气,然后会揍她们。

但是玛歌特了解她的顾客。在接下来的六个月里,卡拉和她的朋友们的收入翻了一番。原本 75 美元一次的生意现在是 150 美元,而且有的时候一些旅游者会因算错了汇率而支付 250 美元。几个做得好的甚至离开了公租房,尤其是在玛歌特帮她们找到了可以通过与房东上床免租金的公寓后。这就是为什么在看到有一天玛歌特在

第六章　角色扮演中的冒险

絮絮叨叨地说完她们取得了多大的进步后突然放声大哭时,我感到很诧异。

"发生了什么事?"我问她。

"看着她们接连犯愚蠢的错误,让我快要疯了。"

但是她并不需要这么做,我善意地指出来。我曾经短暂地思考过,野性热市场对她来说是一个危险的试验。真正的利润来自上流市场——那是每个人都想去的地方——那她为什么要往另一个方向走呢?尤其是在她开始谈论向西部进军的长期目标和开办一家美发沙龙或其他小型公司之后。为什么不抛下这些情绪化、老惹麻烦的女人呢?

"我就是干这个的,"她用一种充满忧郁的声音说,"这跟我对你做的事情一样。我管理她们,我也管理你。我要对每一个人负责。"

"你不需要对我负责。"我说。

她突然爆发出一阵嘲笑声:"如果不是我,她们当中是没有人愿意跟你谈的。"

她有点焦虑,但是并没有合理的原因让她这样跟我讲话。

"如果不是你,我可以找其他人。"我说。

"好吧,素德。我现在很累。我现在没有精力来照顾你的自尊心。"

我只好尴尬地说了一些礼貌的借口,然后离开了。走在回去的人行道上,阳光很强烈,我有一种强烈的被孤立的感受。道别来得如此突然。我不应该反应如此强烈,也许是因为我跟玛歌特的关系太近了。

我环顾街道，不确定接下来要做什么事。现在时间还早，我还不想回家。

当2005年快要过去的时候，我开始思考这一年我所学到的东西。是时候回到办公室制作另外一个列表了："在全球化城市里通过观察地下经济我所学到的关于人生的经验"。

（1）可以确定的是，纽约不是芝加哥。传统社会学中生活围绕着紧密连接的社区的观点已经过时了。

（2）在新的世界里，文化决定一切。你如何行动，你如何着装，以及你如何思考都将成为你迈向成功的工具箱中的一部分。（这是一种危险的思想，因为它很容易引导我们去歧视穷人，但是这种思想越来越为其他的社会学家所接受。）

（3）跨越边界的能力至关重要。不论你喜不喜欢，纽约都会将多种社会世界强加给你，甚至连色情店店主和毒贩都得学会平稳地跨越社会边界。

（4）穷人和你我是一样的，除非当他们不是穷人的时候。

（5）……

当我写到最后一点的时候，我再一次意识到我最好聚焦于我的研究，否则我又会飘忽不定。我需要再一次问自己为什么会陷入僵局。在纽约，要想尽可能多地去接触上层社会，似乎只有少数几条道路是行得通的。事实上，只有一条：性。

第六章　角色扮演中的冒险

也许我能从性产业这个领域学到一些东西。也许性是跨越那些决定并且连接纽约的不同世界边界的理想途径。性作为最私人的行为——所有人从出生起就被教育这是个人最隐秘和私人的行为——却有可能是把纽约各行各业的人的生活连接在一起的隐藏线索。我对这一行了解得越多，就越理解这一事实。随着时代的变迁，性产业也在发生变化，每一个社会工作者、伴游公司的经理、警察和成人碟片商店的店主都拥有自己的用于解释这种变化的理论和说辞，但所有的解释里有两个共同的特征：新环境和大量的流动现金。伴游公司的经理谈道，大量的有着中产阶级背景的女性来到纽约，却出人意料地对通过出卖肉体换取对报酬较低的本职工作的补偿展现出惊人的开放度。社会工作者和脱衣舞俱乐部的经理们则跟我分享了不同族群之间的竞争——他们为了在纽约获得一份利润而竞争。警察谈论的是从过去的毒贩到现在的"更有阶级感"的性工作者所能赚到的不可思议的现金——有些人能在一年内赚到10万美元或者更多，这让一些普通的站街女重新燃起希望，她们像安吉拉一样进入新的社区，追求更有抱负的事业。最终，整个城市正在经历一波族群融合的浪潮和一种自19世纪大骚乱以来从未见过的可跨越的阶层屏障。19世纪第一波欧洲移民孕育了作为巨大熔炉的理想美国。

这些理论准确吗？它们是适用于整个城市，还是仅仅是少数特殊阶段的细微现象？只要我完成我最近的一系列调查访谈，我就会有更大范围的硬数据。但是我所遇见的每个人似乎都在告诉我相同的故事。

流动之城：一位社会学家的地下纽约观察记

这让我想起了马丁的问题。社会学坚持从具体到一般，而且我相信社会学。我还记得赫伯·甘斯在我到达哥伦比亚大学时给我的建议：如果我的故事可以被《纽约时报》的一名记者写出来，那么我就没有理由去写这个故事了。他试图告诉我，那些有趣的事情不一定是有用的。事实上，我也不是真的有什么社会学问题要问马丁——只有模糊的、有可能在未来某天转化成问题的兴趣——而且坦白说，很难想象哪个基金会或政府部门会去赞助一项对于在华尔街工作的高端嫖客的研究。是时候更加严格了。我会告诉他我可以偶尔以朋友的身份跟他谈谈，但仅此而已。

我们下一次见面时，我先到达了酒吧，然后点了一杯饮料。我环视了一下酒吧，看到一对有吸引力的年轻女性坐在旁边。她们是在工作之后来喝酒的白领，还是结伴以便更好地寻找顾客的性工作者？不管怎样，她们都成功地吸引了我的关注。我对于性工作者的研究还有很多工作要做，她们是一个有着实际苦难的群体。马丁身上有着很多与性工作者交往的经历。

我看着他站在我的面前。"我会听你的建议的。"他说。

"什么建议？"

"我打算对我的妻子坦白。这是我要做的对的事情，是你告诉我的。"

坐下来之后，马丁抿起嘴唇，然后发出"叭"的声音，这是对于他的决心强度的一种展示。酒吧里的不少顾客转头看他，但他不停地重复着，"叭""叭"。

"马丁，我从来没有跟你的妻子说过什么。"我用一种能够让人

第六章　角色扮演中的冒险

陷入窒息的强调语气对他说。

马丁容光焕发地笑起来。"你帮助我把事情看得更清楚。"他边说边摘下自己的金属镜框眼镜，然后用洁白的手帕擦了起来。这是他的经典动作之一，类似的还有轻敲桌子、竖起大拇指，还有刚刚那种用嘴巴发出"叭"的声音。他似乎想用这种奇怪的肢体动作来表现自己。

"马丁，我们之前谈过，你如何过你的生活跟我真的没有任何关系。也许你应该跟别人谈谈。"

他不容置疑地摇着头。他已经做好决定了。"我是时候离开了，"他说，"你帮助我理解了这一点。你倾听过我的想法。你没有让我感觉到我是愚蠢的、奇特的或者非正常的。这就是为什么马乔里（Marjorie）来的时候，我希望你在这里。你应该在这里了解故事是如何结束的。"

"马乔里要来这里？"我用一种怀疑的口吻问他。

"她应该会在五分钟内出现。"

"天哪，马丁，你的妻子要来这里？她知道你的计划吗？你打算怎么跟她解释？"

马丁对我的焦虑报以哈哈大笑："瞧着吧，我会告诉她我跟凯茜之间的关系。上帝啊，这样我会解脱的。"

不管怎样，我觉得坏人我是当定了。他的妻子会在震惊或尴尬之后把怒火抛向我，谁让我出现在这个奇怪的场合。

"接下来会有各种各样的惊喜出现。"马丁得意地笑着说，我身上却一阵寒战。我往前一步抓住他的手臂，他穿了一件质地柔软的夹克衫。即使是我也不习惯如此地介入别人的私人生活。

马丁拿出一个白色的马尼拉纸文件夹。他的脸上洋溢着一种因为坦白而愉悦的表情。这种表情我之前在一些特别有深度的访谈结束之后看见过。"我为你收集了一些笔记。我觉得我亏欠你,你就把这作为我对你的感谢吧。我的一些朋友,就是你见到的那些——我们都认为你现在在做的事情很了不起。他们中的很多人和我的感觉一样。这并不是一件容易谈论的事情。"

"马丁,拜托,我认为我们应该慢一点。"

但是马丁一直说个不停,激动得几乎听不到我说的话。

"你应该得到这个。我觉得这些信息能够帮到你。"

马丁把文件夹推到我的面前。我盯着它,脑子里在思考他所说的"信息"是什么意思。马丁是一名执业律师,同时也是一名会计。我们曾经很详细地探讨过高端性产业的财务结构。我感觉他的文件中可能包含他个人的花费,甚至他的朋友的花费。不管我的决定是什么,这份文件都很有诱惑力。

"我访谈了我的那些朋友们,"马丁说,仿佛一名学生提交了他的毕业论文般骄傲,"好吧,只是其中一部分,我已经尽力了。我不知道它是否完美——你知道的,从'记账'的角度来看。"

马丁搓着他的双手——一个新动作。

"马丁,你是个疯子,我不能接受这个。"

"不,不,不,你值得得到这个……"他说。

他的声音慢慢地变小了。我环顾了一下酒吧。随着晚餐时间的临近,酒吧里到处都是衣着华丽的中年妇女,她们身上戴着的闪闪

第六章　角色扮演中的冒险

发亮的珠宝与水晶吊灯相映成趣。她们中的一些在忙着接听电话。马丁的妻子会是其中之一吗？当马丁开始向她坦白一切的时候，她一定会仔细地打量我，然后她就会知道我早就了解了整个故事的经过，知道我是为了观察她的反应才存在的，这样她会更痛恨我。每一个女人经过我身边，我都有一种世界末日的感觉。

当我回头看向马丁的时候，他说我看上去非常痛苦，不是他非常痛苦，而是我。

事实上，所有人都替我感到难过。

这就是俗话说的压垮骆驼的最后一根稻草。社会学需要中止点，难道还有比这更好的中止点吗——这绝对是一个过于安逸而且最接近客观科学的最佳案例。我低声说了几句道歉的话，然后冲出了酒吧，留下马丁单独跟他的妻子见面。

但是当我冲出豪华的酒吧遮棚，奔向能够把我安全送到家的地铁站时，一些新的问题又盘旋在我的脑海里：在一个不停变换边界和可穿透屏障的世界里，我的焦虑是一种病症还是一种线索？太过安逸究竟是什么意思？

我将开始去寻找答案。

第七章
边界问题

第七章 边界问题

夏恩跟我说他有一些新消息要告诉我,所以我们约在我办公室旁边的酒吧见面。他告诉我教堂对质并没有用,胡安在众人面前否认出售可卡因。现在夏恩只能采用 B 方案了。

他还想继续说下去,结果被一个焦虑的年轻女性打断了。"他们要我离开那里。"她边哭边说。

夏恩放下手中的苏打水,转过身来上下打量着她。她睁大的眼睛和颤抖的双手再明显不过了,她肯定吸食过可卡因,而且是足以迷倒一头大象的剂量。她的脸上甚至有通常只有重度瘾君子才会有的青黑色斑点。"谁?在哪里?"夏恩问道。

"市中心酒吧里的那个家伙,他说我不能再进酒吧了。"

"他究竟是如何说的?"

"他说'你必须离开这里',但是有个家伙还在洗手间里,马上就会回来,所以我跟他说我有个朋友还在洗手间里。但他说'我不管,你必须马上离开'。"

"那你最后说服他了吗?"夏恩问。

"没有。他让我马上离开。"

"下一次,在外面等。当顾客在等着拿货的时候,不要让他们闲逛。他们会紧张的，他们一紧张就会发生不好的事情。我是不是需要每一件事情都教你怎么做？"

我对于夏恩让一个毒瘾如此大的人跑腿感到震惊。看来，他想对街头小混混进行改造的工作很明显进展得并不顺利。他看上去对她有些反感。"你在那边等着，"他指着远处角落里的一个座位对她说，"我跟这位教授谈完再去找你。"她乖乖地朝角落走去，但他突然叫住了她并问："你有在那边看到东区的黑人吗？"

"我不知道……那是个很大的地方。"

"都是白人吗？"

"是的，我猜是的。我的意思是，还是有一些人在用西班牙语、多米尼加语或者其他语言沟通。"

"这样的人有多少？"

"两三个吧。"

夏恩快要被气得耳朵冒烟了。"到底是两个还是三个？"他问。

"三个。就是几个年轻人聚在一起喝啤酒。"

"我不这么认为。"夏恩说。他从自己的大衣口袋里掏出手机，然后走到门外打起了电话。那个女孩也走到了夏恩给她指定的位置坐了下来。我喝着啤酒等着夏恩回来。

几分钟之后，夏恩走了进来，重新坐下。他什么都没有说，但我看得出他需要点时间冷静一下。所以我掏出几美元放在桌上，跟他说了再见。

那天晚上的晚些时候，他给我打电话解释缘由。夏恩能否进入酒吧依赖于那些从他这里拿钱的酒保是否允许他的运毒员进去。正

第七章 边界问题

如他所怀疑的那样,胡安买通了其中的一个酒保。这意味着夏恩的运毒员就没有可能再进去了——毕竟一个高挑的黑人女子在酒吧里是很显眼的,所以酒保很容易识别出谁是运毒员。现在这狗娘养的胡安正在霸占他的销售地盘,夏恩说。这件事情本身已经够糟了,但现在它还变得凶险起来,如果夏恩和他的运毒员走进酒吧,这个时候酒保选择报警的话,那么他们实际上就陷入了一个潜在的法律陷阱。如果没有相关的协议,那么谁也无法阻止酒保真的去举报。警察闯进来抓人,胡安接管地盘,除了夏恩之外,大家都其乐融融。

跟胡安的斗争让夏恩付出了很大代价。事情还会恶化到什么程度呢?他如何在不吓跑他的白人顾客的前提下让斗争变得更猛烈一些,然后吃掉整个生意?

"只要这其中的任何一个家伙向警察告密,透露我在哪里,我就完蛋了,我没有任何保护。"夏恩说。

问题的核心就是,胡安能够利用他与那些白人顾客的关系来伤害那个最早给他提建议让他与白人顾客产生连接的人——这确实是痛苦的症结。而且胡安的堂兄弟是黑帮群体的高层,这意味着夏恩要是不能接受一个非常狭隘的街头正义框架,就只能冒着被暴力报复的风险。"这家伙很快就他妈的要把我给干掉了。"夏恩抱怨道。

那是另外一件让人震惊的事。像夏恩这样的街头企业家是不会承认自己有弱点的。他们不愿意让我看到坚强外表下的一丝裂痕。他知道我是可以信任的,但是在哈林区之外的酒吧里做生意明显让他脱离了自己的舒适区。可卡因市场的任何风吹草动都可能让夏恩生命中稳固的东西烟消云散。马克思会对这个着迷，米尔顿·弗里德曼也会觉得这个很有趣。要么变革，要么死亡，资本主义的这种创造性破坏正在驱赶这个足智多谋、意志坚定的男人前往那些他甚至不知道经理是谁的酒吧、那些他从没有见识过的拥有最强安保措施的酒店，以及那些他从不信任的白人顾客面前。要知道，"死亡"在这里并不是一个隐喻。

那天在酒吧里，我从他脸上看到的沮丧意味深长。从社会学的角度来看，夏恩正痛苦地意识到他缺少文化资本的某些方面，他与这个新世界的部落规则没那么契合。他可能会赢得这场像战争一样的小回合谈判，但这没什么成就感可得，而且解决冲突的规则依然让他困惑。在地下世界里，冲突是无法避免的。身处哈林区的人很理解身体强力的作用。他可以威胁一个人，甚至是他的家庭成员，而且每一个人都知道边界在哪里。没有人会想通过警察来解决冲突，所以你得依靠你自己，但是自我依赖同时也增加了利用身体强力的可能性。以社会学的话来说，身体对抗是一种在台面下解决问题的社会规则。

但是那些白人酒保呢？谁知道那些人会有什么反应？夏恩一直小声嘀咕着解决"白人世界"里的冲突的正确方法。如果不能痛揍这些人，那么他怀疑还有什么方法能够奏效。劝导？理性明智地讨论？整件事情让他很头痛。他说，他在这场游戏中已经投入了数千美元，所以他最好能够在损失金钱和名誉之前把事情弄清楚。他唯一能确定的事就是不管他做什么决定，都要快。"我可能要离开几天。"他说。

第七章　边界问题

我没有问他接下来的计划。出于我自己的安全考虑，不了解才是最好的。

"我花了一些时间才找到合适的时机。"夏恩用一种非常平静的声音跟我说。

我俩正在他母亲房子里的厨房里单独待着。这是我们在酒吧里看到那个吸食可卡因的高大黑人女子之后的几个月来，我们的第一次见面。

"胡安？"我问道。

他点了点头。

我的胃抽搐起来。我记得他最早的计划是在教堂里跟胡安对质。我想象着那个瘦削的孩子，他的端庄的工人阶级父母正站在教堂里跟神父聊着什么。我看到他们用目光扫视人行道，当夏恩靠近他们的儿子时，他们的脸上流露出恐惧和羞愧的表情。如果这是一项研究的话，我会把它归于"地下经济的非正式规范机制"。现在我唯一能想的就是：他们遵纪守法、敬畏上帝的父母是如何站在这里看着这一切？他们如何承担这一切？他们不能报警，报警只会让情况变得更糟糕。我们创造的是一种什么样的世界？

我猜夏恩能在我的脸上看到痛苦的表情。"我过会儿告诉你。"他说。我们坐在桌前吃着他妈妈做的食物，彼此无言。我感到一种极度的孤独感。他的这一面并不是我想看到的。

当我们结束之后，我们沿着哈林区的人行道散步，夏恩告诉了我整个故事。他花了 500 美元雇了一个叫蒂托（Tito）的年长男人来帮助他追踪胡安的踪迹。蒂托就住在附近，所以他可以不被发现地自由行动。他因为贩毒在监狱里待了十多年，出狱后也没有人愿意给他提供一份能养活自己的工作，所以他成了地下贸易者的雇佣枪手。从提供聚会安全保障、痛揍流浪汉到打击当地商业经营者，他几乎什么事都做。

蒂托的报告十分详尽。胡安在哈林区和他的母亲住在一起，但他在市中心的商店或者办公室工作，他有四个女性雇员，准确来说，四个女孩子。她们负责寻找客人，然后胡安会与客人见面。蒂托还发现胡安正在布朗克斯寻找带地下室的公寓，这个发现很有意义，因为地下室往往是用来存放毒品和武器的。胡安甚至开始面试一些年轻小伙子来给他运毒。尽管他没有自己的保镖，但他通常会与一群全副武装的人结伴行动。

蒂托建议夏恩趁胡安离开第一百三十四大街上的一幢建筑时抓住他，那里是他的一个女朋友住的地方。一条小巷把两幢豪华建筑分开，那里会是绝佳的狩猎之地。

与此同时，夏恩也尝试去缓和冲突。夏恩找了一个女人帮忙传递信息，但胡安完全无视。之后，夏恩又在大街上直接找到胡安。"去找你自己的酒吧，"夏恩说，"你去布鲁克林区，把苏荷区留给我。"但是胡安姿态很高，他说他开发了客户和酒保，现在他应该从中谋利了："你欠我的钱，我想要回自己的钱。"这真是一个很有创意的说辞，是对于现有的社会等级的革命性挑战。但真正让夏恩暴怒的，不是这个该死的 19 岁的运毒员要求在夏恩的生意中分一

第七章　边界问题

杯羹，而是夏恩曾经跟他说过不希望他一开始就把开发自己的客户放在第一位，但他却那么做了。现在这个小混蛋希望给自己的雄心带来夏恩不希望他拥有的回报。给小组成员分红？这个想法太可恶了，整个体系都有可能*崩溃*。夏恩随时都可以找到愿意接受做一天工作领一天薪水的人。

如果换一种情境，我可能会大笑——夏恩就像一个极端保守主义者在谴责工会和最低工资制度。但是在这里，失去市场份额带来的直接后果是即刻的、个人的、痛苦的。

胡安的个头比夏恩要矮不少，在夏恩去申请他的人力资源咨询表格时，蒂托帮他压制住胡安。夏恩盯着胡安的脸，想要在他的脸上留下几道让这个年轻人一辈子都忘不掉的伤口。他又重重地对着胡安的嘴巴打了几拳，然后让胡安这样回家，传递被打的消息。

夏恩面带微笑地摇晃着自己受伤的手。事实上，直到夏恩给他最后一击时，胡安嘴里还在一直念叨着夏恩欠他钱。夏恩让胡安躺在自己的血泊中，但胡安一直没有放弃。他还会再回来的。

"如果他带来自己的堂兄弟，那么会怎样？"我问。

夏恩只是叹气，然后望着前方。我们静默地走过几个街区。然后他又叹了几口气，他一直诅咒着胡安，最后才说他可能不得不跟这个小混蛋一起做生意。

"你是在开玩笑吗？你刚刚才揍了他。"

"老兄，那也是必须做的。"

我不知道该说什么。这太没有情感可言，太不择手段了——如此*专业*。夏恩的这种不带感情色彩地施加暴力的方式让人既恐惧又着迷,就像他温和地训诫了自己的下属——毫无私情,完全出于公义。

眼前的忧虑才是最根本的:夏恩不可能放弃市中心的酒吧。要是放弃的话,就像是示弱,这等于告诉胡安和他的堂兄弟"你们回来吧",这会为更多的麻烦打开大门。这并不是正常的商业世界的原则。汉堡王要关掉一个加盟店的时候,完全不需要考虑麦当劳会打击报复。但是如果夏恩按照在哈林区的方式去争抢地盘的话,恐怕就会惊动白人男性以及保护他们的警察。他又回到了跨越这道特殊边界这一现实问题。他仍然不知道如何与白人酒保或者高端客户打交道。他没有办法让蒂托前往胡安所占领的每一个酒吧。他现在所需要的能力就是平稳度过与自己原来的预期不同的动荡时期——这种能力就是社会学家安·斯威德勒(Ann Swidler)教授所说的掌握正确的"文化技能"(cultural repertoire)。在一个跌宕起伏的时代,原来的行为模式已经不起作用了,新的更大范围的经验和参考资料会给人们一种寻找关于成功的新的规则和机制的能力。如果不能找到,唯一的办法就是找到一个中介或者说"拉比"来支持他。

A字号列车在我们的脚下轰隆隆驶过,夏恩转过头来望着我。他的眼睛紧盯着我,脸上是一种少有的奇怪又愉悦的表情——既有些顺从又有些困惑。

"我还是会把酒吧让给他。我的意思是说,我不是完全放弃,我会让他给我分红。但我无论如何希望远离这些该死的酒吧。这些鬼地方容易招来警察。警察才不会关注那些有老奶奶和学校儿童经

第七章 边界问题

过的哈林区的街角,但是他们必须不计成本地保护那些到处都是喝得烂醉的白人男性的酒吧。"

我能理解他的意思。如果他留在哈林区,把可卡因卖给当地人和中产阶级白人游客,那么他会被看成讨厌的人而不是威胁。但是这样做能够给他留下什么呢?如果他放弃了街头和酒吧,他还剩下什么?

他能看懂我的心思。当我们停在路边等待绿灯时,他微笑地看着我并拍了拍我的肩膀。"艺术。"他说。

"艺术?"

"画廊,开幕式。这些人都是有钱人,而且他们喜欢聚会。在这种场景里,你可以变得……丰富多彩。"

他咧嘴一笑。

"这听起来是一个不错的计划,"我说,"但它听起来像一块比苏荷区的酒吧更难啃下的硬骨头。"像夏恩这样的人如何找到自己的方式进入那个世界呢?

夏恩看上去很开心。他知道我自从开始拍纪录片就在艺术圈里混,所以他有可能认为我在做什么私人生意。"你认为我从来没有听说过杰克逊·波洛克(Jackson Pollock)?我也去过大都会博物馆,在学校旅行的时候。"

我没有说话。

"不管怎么样,我的表妹伊夫林娜就是一位艺术家,你认识她的。她有一个展览,周日会在苏荷区开幕。话说回来,像你这样的艺术家对她很欢迎,就像她是你们当中的一员一样。"

我感觉到一种挖苦，一种竞争的暗示。他这句话的意思是我不能平等地欢迎他吗？他刚刚才告诉我他痛揍了一个男人，然后把他留在了血泊中。他真的会对自己的地位感到紧张焦虑吗？

"你也来吧！"他边笑边说，"这对你来说也很有趣——你可以看着我是如何跟与你同类型的人相处的。你在那里也可能会遇到你的朋友。"

我没有半点犹豫就答应了。

现在让我们回到这本书开始的那一幕，回到夏恩和安娜丽丝相遇的画廊开幕式，以及那个令人震惊的场景——至少对我来说是令人震惊的——当时安娜丽丝来到我家，告诉我她正做着和玛歌特同样的生意。在我可以想象或者期盼的所有存在于上层和下层的连接中，这是跨越最后可能的边界的最不可能的方式。

在那之后，很多事情陆续发生了。在地狱厨房，我了解到了一个纽约社区的地下经济的秘密。我看到了很多被纽约快速全球化改变的人与地区。我还确定了性产业会是描写界定现代纽约的边界跨越的最合适的方式。我同时去追踪把我带出贫民窟的自然连接方式。玛歌特、达琳和她们的朋友给了我关于遍布城市的地下经济的新视角。安娜丽丝却提醒我，其实我知道的并不多。

在安娜丽丝那次坦承之后，我们已经有几个礼拜没有见面了。后来她给我打来电话，提了一个不同寻常的要求。在过去的时间里，我们很少在公共场所以外的地方见面。但这一次，她希望我直

第七章　边界问题

接去她家——在格拉梅西公园旁边的一栋两居室的房子。

当我到那里的时候，房间的装修仍然在进行中。加框的画作和版画斜靠在墙上，一个油漆罐放在散落的报纸上，被推到墙边的家具正等待被一一放置。没多久，安娜丽丝就提起了J.B.。他不久前去洛杉矶开发一些新的电影项目。她的金钱都"被浪费在一部不可能被邀请去圣丹斯国际电影节参展的电影上了"。她的脸阴沉了下来。

现在安娜丽丝在试着做些改变，这栋公寓就是其中的一部分。她要求她的母亲给她提高零用钱额度，然后租下了这个地方，一个带给她新生活的地方。"瞧，它甚至有一个花园。"她说。一直充满希望——这就是我以前所认识的安娜丽丝。我也变得充满希望了。她可能打算甩掉那个白痴男友，向她过去的犯罪生涯告别。

她给我泡了茶，把我带到了后院。

"你看看这个。"她边说边打开了一张小圆桌上的笔记本电脑。在靠近这张桌子的另一张桌子上放着一个便携式的文件盒，里面有20多个马尼拉纸文件夹，每个文件夹上都贴着不同颜色的标签纸，每一张标签纸上都潦草地写着每周的收入和每个月"到目前为止"的收入总和，并不断划掉和更新，这样安娜丽丝就不用翻动文件夹里面的每张纸了。文件夹里充满了历史收入、个人信息、酒店价格和服务表现等信息。

这些是她伴游服务的记录。"所以你没有打算退出？"我问。

"我希望可以经营得更好，"她回答我，"我想做一些筛选。我有五六个可信赖的女孩子，我算了一下，还有十个女孩子我不知道是否可以相信。"

她开始描述这些挑战。这些女孩都有先天优势,外表秀丽,但任性娇宠,缺乏商业意识。她们给潜在客户提供"免费服务",经常喝得大醉,却忘了培养关系。这是一件很讽刺的事。她甚至试图让她们坐下来,好好地向她们传授一些关于如何处理复杂情境的基本指南,但是她们要么忙着发短信,要么就是空想着去圣巴特岛度假。所以她们不断重复过去的错误,不断错失赚钱的机会,不断地把自己置于不必要的危险境地。

"我真的帮不到你,"我说,"我的意思是,我还是不太确定你究竟想要我做什么或者说什么。"

"我只是想让你看看我是如何处理这些事情的,"她说,"我的意思是,我尽量表现得聪明一些,我不想永远做这些事情,但是……"

她停了下来,眯起眼睛,似乎她能看到事实背后的事实。"我只知道,我赚到的钱越多,我就越自信。就比如,如果我有足够的*钱*,我就可以跟我爸妈顶嘴了。"

我们大笑起来——谁都知道那种感觉的滋味。我的故事也没有什么不同。虽然我是对数据而不是对金钱着迷,但是我俩都把主要精力放在比我们出生的世界更加残酷的世界中。我越能深入地下世界,对自己的感觉就越好。只要是边缘的、犯罪的,以及带有外部世界信息的事情,我都感兴趣。越堕落的内容,越能引起我的兴趣。最近离婚的事情让我这样的动机更加强烈了,让我更愿意与流浪汉和犯罪分子这样的边缘分子混在一起。有时我会跟自己说,我在追随罗伯特·默顿的脚步,去研究越轨和正常世界之间的连接。

第七章 边界问题

但是为什么会有那么多冒险者?为什么会有那么多犯罪分子和阶层叛徒?从我走进芝加哥公租房的那天起,我就觉得跟那些被社会上的人称为可以被牺牲的人相处会更加舒服。

我坐了下来,翻阅起她的按色彩编码的文件系统。"我都不敢相信你是一个这么有条理的人。"我说。

她拿出了一张11×14厘米的纸,上面标着时间线。在纸的上方,她用铅笔画出了许多列,并分别标注了年份:2008年、2009年、2010年等。所有未来的日期都被整齐地列出,每一列都占到了半英寸,仿佛时间是按有节奏的节拍流动的。纸上标示着不同的里程碑事件和成就标识,有些难以辨别。在纸张的旁边,她潦草地写着不同的备注,诸如"凯特""印度""巴黎""汉普顿房地产""现金""信任"这样的内容。

"这是你的未来计划?"

"我跟你说,我只在以后一年或两年的时间内做这个,之后我就不做了。"

在"现金"下面有一块空白的地方。

我的思维开始运转起来。这是我一直以来梦寐以求的跟上层社会接触的最好的机会,而且也是通过"性"这个管道实现的。这个机会好得令人难以置信。但同时,我也觉得很糟糕。

"你的理想是赚多少钱?我的意思是,你赚到多少钱才会收手?"我问她。

我有可能是在寻找出口,或者至少是结束的日子。

"还不确定。"她回答道。

流动之城：一位社会学家的地下纽约观察记

安娜丽丝拿起客户文件夹，然后开始分类："这八个还不错。克莱尔（Clare），太过于情绪化，这个月都没有约会。乔乔（JoJo），总是很忙碌，每个礼拜要去两次迈阿密。"

"我们打个电话给艾密（Amy）吧，我开免提。"

"谁是艾密？"我问她。

她可能是安娜丽丝的一个新人选。她刚从康涅狄格学院毕业，还很年轻，但她说她在大学的时候就做过伴游。

电话接通了，一个声音在打招呼。

"艾密，你好吗？"安娜丽丝大声说。她打开免提，把电话放在桌上。"你听着，我把免提打开了，我的朋友素德也在这里，他帮助我甄选。我有些事情想跟你谈谈。"

艾密说，没有问题，但是她需要花点时间走出去，找一个隐秘一点的地方。安娜丽丝和我等在电话这头。

"嘿，好了。不好意思，我正在宝马汽车的发布会上。"

"哦，你还在做公关是吗？"

"是的，这是我爸爸朋友的公司。但是他们现在只招募兼职。"

"好的，这也正是我想要与你谈的事情，"安娜丽丝说，"我有点担心你听上去还没有完全确定。你说你在罗得岛的时候做过伴游？"

"是的，我上大学的时候的确有过几次经历。"

"但是你知道这里的情况是不一样的，"安娜丽丝说，"这里是纽约。"

"嗯，我之前不少客户来自波士顿。"艾密说。

第七章　边界问题

安娜丽丝不以为然地哼了一声。

"我想我准备好了,"艾密恳求道,"我知道你可能需要一个肯定的承诺,我的确想做这个,而且金柏莉(Kimberly)跟我说你是一个好人,为你工作是值得的。我认为我也会成为你的好员工。"

安娜丽丝用一种冷漠的语气回复她:"我需要知道的是,你每周可以工作几天?"

"至少两天,也有可能是三天,我还不能确认。我的意思是,过去与我约会的男人可不是街上的小混混之类。他们会带我去看话剧,去参加豪华的晚宴。还有一位曾带我去缅因州过周末。他们都是严谨认真的人。"艾密说。

"所以,你可以提供度假伴游服务?"

"是的,"艾密迅速地回答道,"我可以提供,我没有必须留在这里的理由。"

"你有宠物吗?"

"有一只小猫。"

"那你离开没事吗?"

"哦,没事的。我最近还离开过,去圣巴特岛。我有一个朋友可以帮我照看猫。"

"那你的朋友呢?你将来怎么跟他们相处?"

"她们知道我在做伴游。我是说,我的女性朋友们。她们中的一些人也在做伴游,所以这不是什么大事。我不知道。我想我可以做任何你安排的事。我也没有必要告诉她们。"

"好吧,但坦白说,这有些让我担心。跟任何人谈论你的或者我们的生意都不明智。"

"我不会再做这样的事了,"艾密说,"是我的这些女性朋友们推荐我做这个的。但是她们做得并不擅长,我才是做得最好的。"

"为什么?"安娜丽丝说。

"嗯,我真的非常喜欢倾听,而且我乐在其中。但是学校里的那些家伙都很无聊,只有这些人才会带我去那些很棒的地方。"

安娜丽丝翻了个白眼。迷恋于跟富人混在一起让她觉得很无聊。"你希望赚到多少?"

"我住在切尔西。我的父母拥有一套公寓,所以我生活无忧。他们另外给了我 5 000 美元充当生活费用。"

"但 5 000 美元对于一个女孩在城市里生活并不够呀。"

"可不是嘛!"艾密说。

"那你打算做长期的?"

"嗯,我想做一名中介。我的阿姨们都是中介,有一个还是为演员做中介。我相信我会是一个好的中介。"

"我希望你能把我摆在首位,至少在六个月内,我希望我安排的约会你都能按时参加。我不能接受爽约,明白吗?"安娜丽丝说。

"当然。"

讲完这个,安娜丽丝就挂断了电话。在我看来,艾密似乎是个完美的人选,而安娜丽丝应该也会雇用她吧。

但相反,安娜丽丝的表情变成了很轻蔑的那种:"真的吗?难道她*真的*以为我会给她这个职位吗?"

第七章　边界问题

艾密看上去聪慧、敬业,也能够顶住同侪压力。安娜丽丝还需要什么呢?

"我不雇用妓女。"安娜丽丝说。

有的时候,安娜丽丝和她的朋友用"中间分子"这个词来形容那些自己不是上流人士但喜欢跟上流人士打交道的女性。这被认为是极其愚蠢的行为。安娜丽丝走向厨房,打开一个橱柜寻找伏特加。"我可不想跟这样的人打交道,这样的人只会惹得我担心。我宁愿手下的人都是布兰特妮,也不要这个惹人烦的女孩子。"

"布兰特妮的问题是,她很狂野、任性,并且鄙视与她约过会的男人。"安娜丽丝继续说道。

"这对做生意不好吧!"我说。

"你在开玩笑吗?这让那些男人也变得很狂热。他们等不及她脱衣服就把她推到床上。"

但是布兰特妮开始变得越来越不稳定——呕吐,晕厥,跟客户、酒保、出租车司机甚至警察打架。安娜丽丝不得不去想办法解决。但即使这样,布兰特妮仍然比一打艾密还要更深得安娜丽丝喜欢。"我可不想听到一个女孩跟我说她与来自波士顿的'严谨认真'的男性约过会。"她用一种纠结的语调说。

这令我很失望。过去的安娜丽丝是开放坦诚的,她是我认识的唯一一个能够跨越阶级界限,并总是能张开双臂迎纳外人的富家女。但是现在她设立的界限,足以让像卡拉和安吉拉这样的女性永远只能处在最底层。

在摆在我们面前的凌乱的文件底下,安娜丽丝新买的手机振动起来，并朝着桌子边缘滑去，就像洞里面的动物想要逃跑似的。

就在安娜丽丝接电话的时候，两名女性正从露台玻璃门外走进来。我不能确定她们是刚刚到，还是一直就待在公寓里。

"外面冷死了。"其中一个人喊道。

安娜丽丝没有看她们。"是的，你说得对。我需要一个大房间——不，是大房间。是的，我知道，但是最后一次你给我安排的却是这个宾馆里最小的房间。能给我安排一个大房间吗？好吗？我需要重复说多少次？你们会说英语吗？"

在场的我们都哈哈大笑起来。安娜丽丝真是一个不近人情的人。

"我想要六楼的一个房间，623，可以吗？如果你们不给我安排这个房间，那么我每周在这里订的三个房间都不要了。"

安娜丽丝盯着我，把手插到头发里。"我每个月付给这些蠢货5 000美元，但这些人完全不懂感恩。"说完之后，她快速地给我们几个做了介绍："金柏莉、乔乔、素德。"

这两个女人都是金发，但发根是黑的；她们都随意地穿着运动服、紧身裤或健美裤，就像她们刚刚从健身房回来或者刚跳完闪电舞在休息。乔乔正抽着长长的纳特·舍曼香烟。我们带着机械的微笑相互握手。

"我这个礼拜有三个晚上在工作，"乔乔说，"我想休息，我打算去阿鲁巴岛。"

"哦，太糟糕了。X先生周五晚上还打算约你。"安娜丽丝说。

乔乔没有说服力地嘟着嘴——很显然X先生是一个非常有价值的客户。

第七章 边界问题

"那我呢？"金柏莉问。

"我在打电话。"安娜丽丝回答道，挥手让金柏莉离开。

"这个婊子一个礼拜安排得满满的，你却没有给我安排一个客人？"

再一次被打扰的安娜丽丝睁大了眼睛，用手捂住了话筒。"他们都是回头客。"她用挖苦的口吻说道。

金柏莉望着乔乔，此刻乔乔正洋洋得意地开怀大笑："我能说什么？他们就是喜欢我这样的。"

"去你的。"金柏莉说，问也没问就从桌上的褐色盒子里抽出香烟抽起来。

片刻安静之后，安娜丽丝又开始打起电话："喂？是的，你好！是的，是我——你听出了我的声音？哦，天哪！我现在听到这个真的太开心了。谢谢！我要两张票，都要包厢票——我的客人视力不太好，听力也有问题。没问题，500美元一张很合理。你就把它们放在售票处，一个小时后我会安排车过去取。"

在安娜丽丝挂掉电话后，金柏莉闷闷不乐地问她谁要去百老汇看表演。

安娜丽丝面无表情地摇摇头："这两张票是给布兰特妮的，不是去百老汇，而是去大都会。"

金柏莉看上去有些迷惑："她们要去博物馆？"

"去看歌剧。"安娜丽丝说。

她尖酸刻薄的语气让我不禁为金柏莉未来的伴游生涯担心起来。这也让我一下子清醒过来。这些事情都如此突然和新颖，以如此特殊和吸引人的方式揭露了这位我以为我很了解的出类拔萃的人的另一面。这里也不再是富家子弟们的乐园。

"我想我应该离开了,"我说,"你们好像要——"

安娜丽丝皱起眉头:"哦!千万不要太在意。这里没有什么秘密。"

没有秘密?这里全是秘密。"我不能只是坐在这里,除非她们知道我有专业的义务去处理隐私和——"

安娜丽丝开始绘声绘色地描述起我的标准免责声明:"尽管素德现在并不是在进行一项正式的研究,但他是一位大学研究员……"这是令人印象深刻的。她甚至滑稽地模仿起我的惯用措辞。当然,这两名女子连假睫毛都没有动一下。她是她们的老板,她希望她们说些什么呢?

我叹了一口气,伸手去从安娜丽丝的烟盒里拿烟。如果你不能打败他们……

乔乔对我眨了眨眼。"漫长的一天,是吧?"她问。我微微耸肩,承认的确如此。乔乔把椅子挪到我身边。"安娜丽丝告诉了我你在做的事情——黑帮,毒品,性工作者。你的生活一定充满刺激。"

说到这里,她眨了眨眼睛。她一点儿都没有打算掩饰自己的好奇。

"我每天晚上9点就睡觉了。"我说。

"你为什么对我们这么感兴趣?这只是性。性与金钱——这两样是这个世界上最古老的话题。"

"没错,区别在于有些人有*很多*钱。而且你已经很富有了。你是白人,你可以去世界各地度假。我打赌你还有自己的帮工。"

第七章　边界问题

"当然有。"乔乔说。

"这并不代表什么,"金柏莉说,"每个人都有自己的清洁帮工,甚至我的清洁帮工都有自己的清洁帮工。"

"不过,你还有很多其他选择。"

金柏莉接过话茬:"作为一个社会学家,你看上去有些带有批判性。我不知道为什么你说话的态度和风格是这样的,还有人愿意跟你谈。"

真的很有趣,我心里想。低收入群体在回答我问出的类似的直接问题时,往往态度很谦逊。但是曼军没有清洁帮工,安吉拉也没有清洁帮工。"客观地说,你们的确有其他选择,"我说,"而我研究过的大部分其他女性没有。"

"你说什么都好。"金柏莉说。

乔乔说事情很复杂,然后开始讲起她可以追溯到美国独立战争时期的漫长家族史。"我读的是耶鲁大学,在拿到学位后,我来到纽约,从事朝九晚五的工作。上帝啊,那段时间的生活简直像在地狱。我的父亲也中断了我的生活费供应,他说这对于锻炼我的性格大有裨益。"

她咯咯地笑出声。

好在有安娜丽丝的帮助,她现在每个月可以赚到一万美元。

"我们把人生搞砸了吗?可能吧!我现在服用维柯丁,吸食鼻吸可卡因,经常烂醉如泥。但谁又不是这样?我也没有在这个正常的世界里看到过多少精神健康的人呀。"

她们的话让我重新想起了安吉拉以及她看上去还缺乏的"软"

资产问题。相对的财富和伴随而来的优越感赋予了这些女性能够在这个世界上取得成功的文化特质——简单来说就是冷漠,一种谁也改变不了的权力感。但最关键的区别是,它来得很自然,而安吉拉、卡拉甚至是玛歌特都需要花力气去获取。我能够明白这回事。就像我当初学习葡萄酒和歌剧的相关知识就是为了能够在哈佛学会表现得不像个傻子一样,这些女性也要学会她们想吸引的富家子弟的生活方式。但是金柏莉和乔乔就像从其他星球上来的生物,她们浑身散发出来的优越感就是证明。我起初以为钱是买不到这种优越感的,但我后来意识到只有钱才可以买到它。我的哥伦比亚大学的同事莎姆斯·卡恩(Shamus Khan)在一项关于寄宿制学校精英的研究中抓住了事情的本质:*安逸和特权*。

但这是我的想法。乔乔和金柏莉认为自己和其他女性有什么区别?我很好奇。如果另一个女性想为安娜丽丝工作,那么她可能需要具备什么样的品质?

乔乔很自信地开始说:"基本上,她不能……"

她停了下来,试图找到合适的词语。

"乔乔不希望用污辱性的词语。"金柏莉说。

乔乔挺直身子,往前挪了挪。"这就是我想说的,"她说,"有天晚上我在一家名叫扎尼斯(Zanies)的酒吧。那里空荡荡的。我在那里等我的约会对象,他遇上堵车了。我看到有个女孩被一个男孩给甩了。真的很奇怪,他扔下钱然后就走了。我知道发生了什么事,她是提供伴游服务的。我能理解她。所以我靠近她,想让她冷静下来。我告诉她我知道这是一种什么样的感受。大概一个小时

第七章 边界问题

之后，她说她想离开她的机构，然后问我是否可以帮助她。你知道吗？一点机会都没有。为什么？因为她就像是一个工人阶级的女孩子。去他妈的朱莉娅·罗伯茨，她懂什么芭蕾或者美术？我的意思是，你从来就不只是仅仅提供性服务。有的时候你甚至不需要做那些。你需要让他们和你在公共场所能够很自在地相处。"

"你还得知道什么时候应该闭嘴，"金柏莉接着说，"这些波多黎各女孩和贫穷的白人女孩睡在双层床上。我们的这些客户才不会把名誉托付给这些在外面宾馆里四处找生意的小姐们。"

乔乔看上去对我有些失望："所以，这就是你的工作？你把所有的时间都花在与像我们这样的女性聊天上？"

"我并没有遇到很多像你们这样的女性，"我说，"通常就是一些波多黎各女孩和贫穷的白人女孩。"

"很有趣。"她说。

我没有回复她。

"怎么说呢，这他妈的并不复杂。我们喜欢金钱，而这是得到金钱的捷径。有什么大不了的呢？"

我想到了曼军，他经常急切地向我展示他所生活的那个不上档次的社区是有神性的。我研究过的穷人似乎总是要合理化自己的行为，即使需要以"疤面煞星"的风格来吹嘘自己是多么不在乎社会规范。无论如何，他们都需要以某种方式与他们的上帝和解。但在这里，情况恰恰相反。不管是安娜丽丝，还是金柏莉和乔乔，她们从来就没有觉得必须去合理化自己的行为，她们甚至认为拒绝合理化自己的行为就是一种胜利。

这是需要去解开的另一个谜。

我的电话再一次响起,这次是我的一个朋友告诉我安娜丽丝正在医院。我打了几个电话,终于找到了 J.B.,他这个时候还在加利福尼亚州,试图成为下一个哈维·韦恩斯坦。有个年纪大的家伙喝醉了,开始殴打布兰特妮,她只好把自己锁在浴室里给安娜丽丝打电话求助。安娜丽丝想帮助布兰特妮,结果这个客户把气撒到了她身上,把本来要落在布兰特妮身上的殴打都转嫁给了安娜丽丝。"去他妈的布兰特妮。"J.B. 说。

"安娜丽丝应该打电话报警。"我指出来。

"是的,应该。"

J.B. 两天后才回到纽约,但可能是生意上的事牵绊了他,因为等他终于来到医院的时候,他看上去十分焦虑。过去,J.B. 总像一个等待最后一批游客给纪念碑拍照的不耐烦的导游,但是现在,他看上去就像一个看到纪念碑被烧毁的吓呆了的民众。"我什么也做不了,"他说,"我没有什么办法阻止。"

他说这话时的感觉,就好像他已经跟自己说过上千次了。

我们站在医院门口,等待着探望的时间。他点起了烟,我却在旁边冷得发抖,我的双手深深地插在衣服口袋里。虽然现在已经是三月下旬早春季节,但冷空气依然无情肆虐,我全身上下能够御寒的就只有这件学者派头的灯芯绒夹克衫。对于他在洛杉矶的所作所为,我完全没有办法同情。在他的拍摄长篇独立电影的计划夭折

第七章　边界问题

后,他很快就把自己的资金投入成人电影的拍摄中,然后经常与他的那些成人电影圈子里的朋友狂欢到深夜。我知道安娜丽丝希望他离开洛杉矶,因为在那里他似乎只会浪费钱。但是对于她的要求,他会这么回复:"看看你都做了些什么!你有什么权利来评判我?"

"她至少应该欣赏我工作的努力。"他说。

我喃喃自语。

"真正的问题是我的家庭。我的意思是,她还在医院,这可能会导致错误的关注。"

这句话听起来像是老生常谈,也许他小时候曾听过这样的话:*儿子,这会带来错误的关注*。从先前的谈话中,我知道他的意思是说媒体的关注毫无疑问地会将消息传递到这个世界上他最害怕的那个人的耳中。

"如果你父亲知道了怎么办?"我问道。

"嗯,我得甩了她。这样就没有问题了。"

我感到很吃惊。"你在跟我开玩笑?"我问。

"你知道我的父亲是谁吗?过去我的暑假都是在东海岸沿线的各个码头上度过的。我的父亲在那里投资了很多钱——进口、运输、贸易,类似这样的东西。当人们变得焦虑的时候,当事情变得棘手的时候,你知道我的父亲会做什么吗?他会带着一些人去痛揍并驱逐他们。我的父亲*精神不正常*。他要是知道了这件事情,可能会去找安娜丽丝的家人的麻烦。"

现在我有点焦虑:"他真的会发现吗?"

"当你做国际生意时,你必须与司法单位有很深的联系,因为你船上的货物有一半是没有申报的。你不可能在没有人帮助的情况下这么大规模地违法。有可能有人已经打电话通知过我父亲了。天哪，等我见到他的时候，事情会变得很糟。这太糟糕了。"

J.B.把手伸向口袋，拿出最后一根香烟，然后把烟盒揉成一团，扔在地上。他穿着一件有粉红条纹的衬衫，肩上搭着一件毛衣。他看起来就像站在船头的肯尼迪，稳住自己等待下一波风浪。

"真希望我的姐姐能在这里——她总是知道该如何处理这样的事情。但是她和一个开宾馆的巴基斯坦佬住在伦敦。"

他注意到我也在场，于是跟我说："哦，不好意思，我不是说你。"我猜想他话语中的"巴基斯坦佬"，不是指像我这样的理解诸如"骗钱"（hustle）和"继续交往"（keep on truckin）这类重要的美国文化多样化的被同化的人。

"凯瑟琳（Kathryn）知道如何搞定我父亲——因为她的婚姻使她不得不处理大量的琐事，然后现在没有人愿意跟她说话，所以她现在对什么都不在乎。她从不退缩。并且她的孩子们也都讨厌我父亲。我父亲也讨厌他们，这很搞笑。你应该看看他把这些五岁的小鬼当成大人并跟他们吵个不停，喝醉的时候他还会给这些小鬼们起各种不雅的名字。而小孩子们只是站在那里，对他指指点点。"

我已经开始构想一项关于富裕阶层的异族通婚的研究了。跟其他种族通婚能够让他们的腰杆子更硬吗？对此我十分好奇，所以我问J.B.他的姐姐会如何处理这样的问题。

他深深地叹了一口气，我不确定原因——或许是对他自己跟父亲相处能力的渴望，或许是失望。他抬头瞥了一眼安娜丽丝的病

第七章　边界问题

房。"她会在病房里而不是在这里抽烟,"他说,"然后她会像个疯婆子一样打电话,她会打电话让我哥哥坐飞机到这里来,然后把我爸爸也叫过来。等所有人都到齐了,她会走出来告诉我们安娜丽丝在做什么事,赚了多少钱。然后你猜结果会是什么?我们所有人都可能会为安娜丽丝感到骄傲。"

我问他是不是他的哥哥也知道了。

J.B. 点点头,说:"我告诉他了。"

"那你为什么不给他打电话?如果他的话对你父亲有用,那么为什么不向他寻求帮助呢?"

他面露难堪:"他现在在东京,我不想打扰他。"但是他的语气饱含惆怅,好像他真的需要他哥哥的帮助。我对他的哥哥了解得并不多,但是我知道他年纪不小了,而且有一份比较成功的事业。我猜想,过去 J.B. 一定多次找他帮过忙。次数不会太少。

他看了看表。"我得回去了。"他说。

他把手深深地插在口袋里,然后沿着人行道朝医院门口走去。

在那个月剩下的日子里,我都没有见到安娜丽丝。她前往汉普顿斯疗养去了,我也正忙着结束本学期的教学任务。她大约是在 2005 年 5 月回到纽约的,我记得是因为那个时候这一学期差不多结束了。当我去她的公寓拜访她时,她打开门的时候肩上斜挎了一个背包正准备外出。"能帮我跑个腿吗?"她问道。我们一起朝外面走去。

安娜丽丝看上去还有些弱不禁风,而且瘦了不少。我们开始往西朝切尔西走去,路上她断断续续地跟我说起过去的这段日子发生的事情:海滨的房子是一个完美的适合反思的地方,到处都是沙子;她告诉J.B.她暂时不想再和他见面;各种社交的邀约有很多,但是她都拒绝了。

"他怎么说?"我把她拉回现实中。

"J.B.?他很生气。他跟我说这全都是我的错——在更坏的事情发生前,我应该放弃这门生意。"

"那你怎么说?"

她咯咯地笑了起来,让我看到了一个更有讽刺意味的安娜丽丝。"如果我放弃了这门生意,你到哪里去偷钱来建立你的电影王国?"

我很好奇:这就是这些事件对她的影响吗?我脑子里浮现出一个朝圣者从天真到有经验的过程,而这个过程让她习得了她曾经非常鄙视的马基雅维利式的生活方式。关于权力的心理学要求以赢为前提。这就是她和那些还不懂这个的女孩子之间的差异吗?

也许她感到了愧疚,因为她的语气柔软了不少:"你有空可以跟J.B.聊聊。他喜欢你,而且你俩现在都在拍电影——也许你也可以做些生意。"

"我是肯定不会拍那种类型的电影的。"我说。

"这个我知道,但他的那些色情电影也只是顺便拍来玩玩的。他正在拍一些正统剧,至少他打算这么做。我想他正在拍一些没什么深度的城市历险片。你可以跟他谈一些纵横比这样的问题。"

第七章 边界问题

她在一面砖墙上的一扇朴素的红色铁门前停了下来,把手放在门把手上,对我咧着嘴笑:"你总是希望和一些富人混在一起——对不起,调查他们的秘密生活规范。"

说完,她打开门带我走进去,里面是一个正在建设中的画廊。一群工人正在装配电线和墙板。

"这里就是让我继续前进的动力所在,"安娜丽丝说,"我一直想念这个地方。"

"这是你的房子吗?"我很诧异地问道。

"是的!我的意思是说,现在不是,但是我希望很快是。凯特(Kate)现在是这间房子的主人。"

多年来,安娜丽丝一直说要在艺术领域做点什么,但是直到她日进斗金的时候——事实上,在 J.B. 开始偷拿她的钱的前几周,她才意识到是时候了。她的朋友凯特正好在寻找投资者,所以这一切就水到渠成了。她甚至说服自己的母亲也在里面投资了一笔钱。在有了时间和更多的金钱后,她希望能够投资一定金额成为合伙人。让我印象深刻的是,我意识到她正在玩一个安吉拉和玛歌特都无法想象的游戏:不是为了赚取租金或者积蓄存款,而是为了积累财富。她们在计件工作领取报酬,她却在创造影响力。她对权力的感知激发了她的野心。

她带着我往屋后走,那里有一位年长的女性正在通过电话向某人发号施令。"如果他们需要我们主办,那就需要等到 12 月份之后。告诉她我们的日程快排满了,所以她最好动作快点。"

她看着我们,伸出五根手指,这通用的姿势的意思是"*再给我*

五分钟时间"。安娜丽丝把我带到另外一个小房间里,它的墙壁还没有粉刷,一扇门被放在锯木架上当作桌子。

"这就是我的办公室。"她说。

我的心跳加速:"你的办公室?"

那天,安娜丽丝第一次给了我一个大大的微笑:"天啊!我们今天还有很多事要谈。"

我再一次想到了安吉拉。她在布鲁克林区的公寓就代表着她迈向某种财务稳定的第一步,代表着一个能够洗净非法收入的小小的商业梦想,代表着拥有自己的信用卡,甚至有一天带着一些养老储蓄回到多米尼加的可能性。我已经忘记她有多少次如梦如幻地讲述这个故事了,她就像是寒冷一月里在自己的办公隔间里望着塔希提岛明信片的孤独上班族。曼军和萨托什,以及很多其他的人也在非法经济和合法经济间流动,有需要的时候他们会无视法律,但他们总是希望有一天能够摆脱性工作。对于安娜丽丝和她的团队来说,在合法经济和非法经济间穿梭犹如一场游戏,即使失败也不意味着死亡或入狱,只意味着"一夜回到解放前"。对安娜丽丝来说,投资凯特画廊的机会只是一个迈入下一个阶段,从而可以更清晰、更有目标地谈论自己的机会。她不是来自贫民窟的人,她是一个*企业家*。

就在这个时候,另外一名女性喊了安娜丽丝的名字,我们就一起回到了主屋。喊安娜丽丝的人是凯特,她似乎对我了解很多。她手上拿着一包烟和一杯咖啡,把我们带到了一个小小的后院,后院里放着一张抽烟专用桌,当我们坐下来后,她便开始跟我介绍这里

第七章 边界问题

的情况,好像我到这里来就是为了这个目的。也许我是为了这个目的,但我当时还没意识到。

"安娜丽丝打算进军艺术界。这大概需要花个一两年时间,但不会更长。"

我看着安娜丽丝。她深深地吸了一口气,开始像向一位陪审员介绍案子一样向我介绍她的情况——就像当初夏恩在痛殴那些为他工作的年轻黑人时,试图说服我他心怀好意一样。"我觉得我很擅长这些,而且我一点儿也不关心结果。"

她是认真的吗?这是某种推动她前进的心理机制吗?

"我很傻——我承认这一点。我把自己放在了一个易受伤害的位置。因为我做事老是半途而废,就像一个有钱的小女孩那样游戏人间。所以我必须做出决定。难道我要让一个酒鬼来主宰我的人生吗?还是换一个会动手打女人的家伙?是让他们来替我做决定,还是自己找到方法来应对?"

说到这里,安娜丽丝突然停了下来。虽然她还没有弄清楚所有的细节,但是她的目标很明确。她打算让自己升级为老鸨。在可预见的未来,也就是在她预计的短期内,她会把自己的所有资源都投入这份事业。等赚到足够的钱,通过凯特的画廊洗白,她会在这里慢慢获取一定的股东权益,然后逃离这场游戏。关键是要深入钻研,然后把自己的精力聚焦在经营这份事业上。她发誓不会再让自己在酒店里被人痛揍,好像那是她能够完全控制的事情似的。她开始谈起她将如何帮助这个世界上的像乔乔和金柏莉这样的人,但她没有说太多,因为她也知道自己并不适合搞慈善。但是她明确了关键点：不再浪费光阴，是时候认真对待并且努力工作了。遵循伟大的美国传统，她决定以最好的价格提供最棒的服务。

把"女性赋权"放到这个决定中来似乎很奇怪，但是我不止一次听到这个名词被用来描述性工作。站街女和高端伴游女郎都谈到了她们通过出卖身体而获得的自主性和自我效能感。而且她们经常谈起她们精明的退出策略。像玛歌特和安娜丽丝这样的经纪人尤其有这种倾向。事实上，几乎我所见过的每一个服务经理、老鸨和皮条客都喜欢谈论他们退出的那一天。很少有人真正喜欢教导别的女性如何出卖身体，并且这样的人通常会用毒品来麻痹自己的痛苦和内疚。不过，其中一些也是很多妓女的共通的毛病。我就听萨托什和夏恩谈起过类似的梦想。当人们开始在黑市上获得成功的时候，这就是一种自然的结果。他们意识到他们唯一真正的未来是跟觊觎他们钱财的窃贼和抢夺他们自由的警察在一起。所以他们只能假装未来是光明的。

莎士比亚有句话说得好：如果你没有道德，就假装一下。但是看到安娜丽丝穿上"一个短暂的全职老鸨"的伪装，还是让我感到了错觉和危险。我能够看到这个伪装是如何帮助她摆脱恐惧的，但是如果她真的开始相信自己虚构的情景，那么这最终会把她带往何方？她会忽略掉哪些危险？

我还有一种直觉，她跟凯特的关系并不会起什么作用。这只是一种感觉，但是洗钱并不是一个好的信号。安娜丽丝要冒太多的风险。她很有钱，所以她从来不用担心藏匿和洗钱。而这正是夏恩和其他的贫民窟企业家需要担心的事。所以为什么要跟凯特做生意？

第七章 边界问题

凯特给了她什么她觉得自己缺少的东西？我总感觉事情有哪里不对。

也许凯特察觉到了我对她的怀疑。她在这张金属桌子的边缘敲了敲手上的香烟，脸上浮现出一种深思熟虑的表情。"我在安娜丽丝还是个婴儿的时候就认识她了，那个时候我们两个家庭会在一起过暑假。"她说。

电话响了，她把香烟丢在地上用高跟鞋踩灭，拿起电话边往外走边说她会马上回来。现在换成安娜丽丝向我解释了。凯特是个音乐家，当她从学校退学去旅行后，她的父亲就不再给她提供生活费。她的母亲仍然通过律师给她钱，但是她从来没有用过这笔钱，她说将来她会把这笔钱留给她的孩子。

"为什么会弄这个画廊？"

"很多男人会来这里，"安娜丽丝说，"凯特跟他们很熟。"

我叹了一口气。

至少她最后决定放弃布兰特妮了，安娜丽丝说。"她简直像个疯子，她打电话到那些人的办公室，还私自安排约会。"

她一点一点地跟我讲解她商业计划的其他内容。她们将有计划地投资一些新艺术家，特别是年轻漂亮的女性，这些女性能吸引更多的有钱男人来参观画廊、参加展览；她们还准备与巴黎、罗马和孟买的画廊建立联系。我不能确定这种非法的勾当是否也能在全球流行，但我能确定安娜丽丝就是我一直在寻找的上流社会版本的夏恩。安娜丽丝也搬到了市中心，并且利用她能串联的世界以及她的关系来创造新的赚钱计划。"伸出手，触摸他们"正在被赋予更丑陋的含义。我尽我最大的努力不去做判断,但对于当前在我面前所发生的一个人的生活的没落,我并没有表现出多少同情,而当初看到卡拉和安吉拉被同样的压力和欲望压迫的时候,我却深有感触。我意识到作为一个专业的观察家的距离效应实际上会让你感受到与你的朋友在一起时很难感受到的东西。你对自己亲近的人期望更多。你更容易对他们生气。也许这就是另外一个我更倾向于研究穷人的原因。即使我一直告诉全世界区别对待他们是一种傲慢的态度,但在这种区别对待中我可能真的找到了安全感。不过这些都是要等到事情平静之后再考虑的事情了。

在那年夏天快要结束的时候,我决定听从安娜丽丝的建议去拜访J.B.——在我心里,我仍然用这个来称呼他。自从那晚在医院见面后,我还跟他见过几面,一次是在放映厅,一次是在他的制作办公室里,那时他已经变成了一个完全不同的人——更加放松,也更能控制自己。他甚至还让我给他的下一部电影提供一些都市"故事线"。现在他正在拍摄一部正统的电影,我很好奇他是如何转型的。

几天之后,我前往他的新办公室拜访。他的事业的规模之大让我感到很诧异。现场至少有十位制作人员在笔记本和电脑的包围中喝着咖啡,旁边的几块白板上密密麻麻地写着拍摄日程、各种等待最终挑选的道具和服装。"对不起,素德,"他说,"我们有点拖延。"然后他转向他所有的演职人员说:"下周一我们才能拿到新的剧本,但是一切都还得按照日程来,所以我们来确定角色分派

第七章　边界问题

吧——这意味着，吉米，你要把精力放在工作上，不要再跟那些辣妹们闲聊了。"

当他们结束后，J.B.喊我到屋顶去抽根烟："不要跟自己的朋友做生意，我父亲一直跟我这么说。"

"这些年轻人都是你的朋友吗？"

"我在寄宿制学校的时候就认识他们了。"

"有什么损失吗？"我开玩笑。

J.B.傻笑着："我不能确定我还有什么可以损失的。"

他们都是投资者圈子里的人，他解释道。他们有钱却没有经验，而且他们都希望进入电影界，所以他们每个人投资 50 万美元来体验一下电影界的辉煌。"这意味着每个人都要拿出钱来。" J.B.再一次不自然地微笑着。

他们目前已经拍了几部电影，刚开始是学生电影，然后是色情电影，最后才是现在的正统电影。我问到目前为止他们在这上面已经花了多少钱。

"很多。"

"亏了多少？"

J.B.大笑起来："在 2000 年的股市崩盘之前，我投入了 1.5 万美元购买网络公司的股票。我不会再碰股票了。"

我了解电影的诱惑力，我说："你能够接触到更多的观众，但是我不能想象赌博输掉几千美元。"

"这就是你和我们的区别，"他边说边惋惜地摇着头，"我们知道自己要进入这场比赛，并停留在这场比赛中。因为一旦你进入了这场比赛，你就会一直在比赛中。"

回到室内，我把给 J.B. 写的关于卡拉的故事的提纲递给他，从她被揍开始，写到她被迫做起伴游生意。我原以为他会把这个搁置在一边以后再看，或者根本不看。但相反，他让我坐下，然后像个大人物似的靠在椅子上，把这份故事提纲捧到自己的面前。几分钟之后，他往前探身，把这些纸重重地砸到了桌上。"这个故事真不错，"他说，"我要付给你钱。"

"我更希望去认识一下你的那些富裕的投资者朋友。"我说。

他大笑起来："不可能。"

"我又不会挖墙脚。"

他知道我在做什么。他歪着头，用一种奇怪的眼神看着我："你对这个群体了解多少，人类学家先生？现在弄懂了吗？"

听到他这么说，我知道我最终能够让他与我合作。尽管他以愤世嫉俗和冷漠作为自己的伪装，但他和我们大部分人一样，容易受到荣格那句伟大的格言的影响：*想要显露的欲望远远多于想要隐藏的欲望。*

"我有一些理论。"我说。

事实上，有一种理论认为，我最早的关于有钱人会离我们很远的假设是错误的。我有一种预感，安娜丽丝新发现的作为一个老鸨的对生命的承诺，和 J.B. 对我的兴趣的玩世不恭的拒绝，背后有同一种热切的动机。安娜丽丝想证明她的技能和理解力超越她的财富，J.B. 想让我不把他归入某种类别（最好能被视为下一个塞缪尔·戈尔德温）。他们两个人都希望我把他们的成功看成他们自己

第七章　边界问题

努力的成果,把他们视为真实的个体而不是镀金的环境的产物。这让我感到苦涩的讽刺,因为穷人——定义上的绝对穷人——从来就不在乎自己是否是通过自己的努力获得成功的。那些真正贫困的人非常乐意接受别人的馈赠。

但是 J.B. 只是大笑,并且用手在那沓纸上拍着:"不要浪费你的时间,素德。这才是有价值的内容——真实的辛酸生活。我们可以通过这个来赚钱。"

我再次接到安娜丽丝的电话,她是来求助的。她对布兰特妮的感觉就像坐过山车一样:今天她还喜欢布兰特妮,明天她又后悔同布兰特妮合作做生意。现在,她决心彻底摆脱布兰特妮,但是还不能确定该如何去做。这好比是夏恩跟胡安之间的情境。布兰特妮跟胡安一样,有着一种非常自信的叛逆感:*看我做得多棒!我自己可以做到!我为什么还要跟在这个家伙的后面?*

找蒂托去痛揍布兰特妮一顿似乎不太合适,所以我只好跟安娜丽丝说我也没有什么好的主意。但是,当然,我对于能有个机会观察她解雇布兰特妮的情形还是很兴奋的。

"我们周四的时候会在画廊见面,"安娜丽丝跟我说,"把你的拳套带上。"

那天当我到达的时候,凯特和她的员工正在画廊的前面准备一场关于纽约城市生活的摄影展。在人潮拥挤的纽约广场的照片之间,穿插放置着一些关于卡纳西、纽约东部、阿斯托里亚,以及纽

流动之城：一位社会学家的地下纽约观察记

约周边几个外围城市的家庭小店铺的照片。这些照片简单而漂亮，大部分是由欧洲摄影师拍摄的，因为一家著名的欧洲汽车公司赞助了这场展览。

我直接前往安娜丽丝的办公室。她看上去气色不错，像往常一样优雅，为画廊的展览增色不少。她开口就说："老实说，我不确定已经想好了在没有她的情况下怎么做。这也是我害怕的事。这并不是说我做不到，而是我们非常合得来。"

我想起胡安坚决拒绝接受事情已经发生改变的表情。"我以为你已经下定决心了。"我对她说。

安娜丽丝咬了咬嘴唇，似乎有什么话想说，我能看得出来问题变得很严重。在她试图展现的自信之下，她对前途的未知也深感焦虑。布兰特妮和J.B.并不仅仅是雇员或者商业伙伴，他们是她的基础网络的一部分。我开始理解，跨越边界的生意要比单纯鼓起勇气去开拓新的世界复杂得多。这也意味着离开旧的世界，或者跟旧世界谈判，建立一种新的关系。这些害怕离开他们的小鱼缸的贫民窟企业家不仅担心自己会被大鱼吃掉，也担心当他们回到家时会被视为外来人。即使是安娜丽丝这样的号称拥有个人主义精神的人，也仍然需要人际网络的慰藉。跨越边界并不意味着你要把自己的朋友、家人和之前的商业伙伴抛在身后，而意味着你要在寻找新的人际网络的同时保持旧的网络——*扩展*旧的网络比建立新的网络还重要。玛歌特是个例外——她的朋友和家人都对她避而不见。但是对于安娜丽丝来说，布兰特妮不仅是朋友和合作伙伴，也能时刻提醒安娜丽丝她是谁，她究竟属于哪里。夏恩也可以很容易地转到其他

第七章　边界问题

的酒吧从而避开胡安，但是那样会让他变得更加孤独。潜在的挑战是广泛的：如果在这个大千世界中，胡安只处在无用的一端，那么夏恩难道不也算是某种无用的一端？

"是的，任何人都可以*说*这样的话！"安娜丽丝大笑道，"但关键是你得去*做*。"然后她叹了口气，耸了耸肩，发出一声轻笑："我想问题在于，她带过来的男人是最稳定的——不是只光顾一两次的客人，而是常客。这是布兰特妮的本事，她能让他们一个月回来好几次！没有其他人可以做到这个。"

布兰特妮比约定时间早到了一个小时，我们都很震惊。我们正坐在那儿，她走了进来，迅速地点了一根烟。

这个画廊是禁烟的。安娜丽丝正要让她把烟灭了，但布兰特妮读懂了安娜丽丝的心思："我不在乎。今天我心情不是很好，安娜丽丝。但是你想跟我谈谈，所以我就来了。"

安娜丽丝看上去似乎不知道如何开始。我静静地坐在那里，想找个地方躲起来。

"喂，我们到底要不要谈？"布兰特妮问。她明显很兴奋，肯定是吸食了可卡因。

安娜丽丝深深地吸了口气。"你把事情搞砸了，很多事情。"她说。

"你只是从其中一个方面来看这些事情的。"

"是吗？还有什么其他方面——"

安娜丽丝说到一半就停了下来。她努力保持平静。

"你又不需要做我在做的事，"布兰特妮继续说道，"这他妈的就是问题所在，安娜丽丝。所以，除非你能知道如何解决问题，不然我还是会这么专横的。你最近实在够令人烦的，我已经受够了。"

这让安娜丽丝的火气又上来了。"你让所有人都讨厌你，"她说，"要么迟到，要么干脆不来，来了也是迷糊不清。你不能在让所有人都讨厌你之后，还觉得一切都很好，没什么事情会发生。"

布兰特妮只是大口地吸着烟，好像她在一个人孤独地等车。

"就拿酒店那件事来说，布兰特妮，"安娜丽丝继续说道，"你真的认为在那里对酒保大嚷，把房间搞得乱七八糟，然后把客人扔在那里很好吗？他有妻子的，布兰特妮，你不能以这样的方式曝光他。"

"去你的，安娜丽丝。真的，我真的待不下去了。"

安娜丽丝望着自己的手。她拿出一根烟，然后开始朝办公室门口走去。

"就这样？"布兰特妮冲着安娜丽丝喊，"我们就这样结束了？"

"我什么都不知道，布兰特妮。跟你在一起工作太让人难受了。你看上去也不想跟我一起工作，而且我跟你说实话吧，我也发现跟你在一起工作太难。"

"你知道什么，安娜丽丝？我会让你变轻松的，我不干了。就这样。你觉得怎么样？这样有解决你的问题吗？"

"有，某种程度上解决了。"安娜丽丝说，她生气地噘起嘴巴。

布兰特妮起身冲出门外，留下目瞪口呆的安娜丽丝。她慢慢地走出办公室，朝着画廊后面的花园走去。

安娜丽丝跟布兰特妮已经决裂过好几次了，但她们又总会原谅

第七章 边界问题

彼此，然后冰释前嫌。这可以追溯到她们在学校的时候，但这在伴游世界里实际上并不是常态，在这个行业中，性工作者经常在离开老鸨或者中介几个月之后还是会回来。经济学家称这种现象为"沉没成本"。对于安娜丽丝和夏恩来说，解雇雇员是一件很难的事情，因为他们花了很多的时间和精力来训练这些人。朋友们把上面这种现象叫作忠诚。

但是这次，情况有些不同。在愤怒地冲出画廊之后，布兰特妮开始对一些在安娜丽丝那里工作的女孩采取行动。她跟她们说，她更擅长寻找客户，如果她们跟着她，就会赚更多的钱。这样的背叛让安娜丽丝感到很伤心。后来我经过画廊的时候，想了解一下事情进展如何，她找了个借口匆匆去了趟卫生间，然后抽着鼻子红着眼睛就回来了。她一屁股坐在她的椅子上，长长地叹了一口气："我必须做一些事情，不然我就完蛋了。"

"你说'完蛋了'是什么意思？"

布兰特妮已经从她这里抢走了五个最好的客户，她说。"我不能冒险跟她发生冲突，你能理解吗？我宁愿退出，终止所有事情，也比让我跟她起冲突的消息到处流传要好。你知道会发生什么吗？我是说，她是个大嘴巴。"

"好吧，也许这是一个信号，"我说，"我的意思是，这真的是你想做一辈子的工作吗？"

安娜丽丝摇了摇头。显然，她有了更好的主意。"夏恩会帮助我的。"

就这样，我的故事连接起来了。我并没有太讶异。当夏恩和安

流动之城：一位社会学家的地下纽约观察记

娜丽丝在画廊见面之后，我就感觉他们的生活会产生交集。当然，我讨厌这种感觉。虽然他们也可能在各种聚会上相遇，但我总觉得我该对此负责。而且我很忌妒他们，这点我必须承认。但我体内的科学家基因却让我很激动，谢谢他们。安娜丽丝和夏恩之间的连接正是我想通过我的工作表达的观点。全球化城市让不同阶层、不同种族和不同背景的人联结在一起，我的眼前就有一段和其他机会一样的既令人伤心又有利可图的危险关系。新奇的事物并不一定意味着与原有事物有天壤之别。这至少跟这座城市一样古老，甚至更加古老，你甚至可以追溯到美索不达米亚，看到奴隶向贵族求爱。但是现在这里的这项商业冒险模糊了早已存在的合法经济与非法经济之间的界限，这也要求两位经纪人合作，他们需要翻译这两个不同世界的语言和规则。夏恩提供可卡因，安娜丽丝提供顾客。夏恩贡献武力，安娜丽丝识别出冲突的参数。尽管我真的不愿意看到这一场景的出现，但这完全是有可能发生的。问题是：这会持续多久？他们能承受住曾经击垮安吉拉的内在张力吗？

事实上，安娜丽丝身上发生的变化让我感到很沮丧。当我还在念大学的时候，熵的概念给我留下了深刻的印象：所有固体都会融化为空气、创造性破坏等。一个工厂也只有通过创新才能避免被淘汰。万事万物都在经历崩溃分解的过程。资产阶级之所以能成功，就是因为他们不拘泥于传统。尽管他们的声明与此相反，但是实际上他们都本能地拥护这种创造性破坏。

因为经历了太多的个人变化，所以我也认同这种创造性破坏的理念。这同样适用于纽约的地下经济。每个人都处在变革悬崖的边

第七章 边界问题

缘。你必须学会如何远离，改变你的关注点，接受失败，并且尽早失败，然后继续向前。成功需要自我认知。

这是理论。但是在实践中，我讨厌看到安娜丽丝经历这种创造性破坏的特别阶段。当然，我也讨厌看到夏恩这样。他们都即将失败，但是他们的雄心和勇气让他们不轻言放弃。这实在令人伤心。他们的这种抗逆力也许会帮助他们解决彼此的问题，但也有可能把他们拖到毁灭、暴露和被逮捕的危险之中。这些危险我再清楚不过了，它们会击垮他们。其中有一种危险太明显不过了。警方最关注的就是社会阶级的边界，他们中的很多人讨厌看到这种搅和在一起的场景。但是警察实际拘捕的黑人商人并不多。原因很简单，市场上的人实在太多了，拘捕有可能会导致市场上的新手为争夺市场份额而发生暴乱。但真正的危险在于他们内心中激发雄心的恶魔：贪婪、忌妒、不计后果的行为，以及过度膨胀的自我认知。虽然贩卖毒品或者提供伴游服务并不会让你进监狱，但它使你不能以一种合适的方法去接触到你的客户。很多人希望成为老大。很多人成长缓慢，从不与陌生人打交道，这样的人也很少会被捕。这就是为什么跨越边界等同于危险。

如果我们冷眼旁观，夏恩和安娜丽丝的冒险就是一场有吸引力的试验。两个截然不同的人，拥有截然不同的文化资产，两个人都希望能够在无形的经济中奋发有为。哪些资产最有用？哪些资产最具毁灭力？

从我目前所观察到的来看，我可以得出以下结论：在这个特别的高低等式中，占据低阶的人更有优势。夏恩了解黑市，而且从不

流动之城：一位社会学家的地下纽约观察记

因混乱而远离。他对于何时推进、何时撤退有着更好的商业嗅觉。他在贫民窟里习得的冷静和冷漠的面具保护着他。就像我所见过的其他毒枭一样，他知道今天的失败有可能导向明天的成功，而缓慢成长或者接受亏损也是他们能够在游戏中长期坚持的关键。但是安娜丽丝看上去没有这些本能。她的野心和精英阶层的无所顾忌影响了她的判断力。她不仅希望一切都在自己的控制中，也希望把所有的谨慎抛诸脑后。也许这也是她所属的精英阶层文化编码的一部分，她这种有特权的人士是拒绝回归到没有巨大胜利光环的平庸生活中去的。她所津津乐道的自己非法事业的污点会在将来某一天神奇消失是值得怀疑的。她认为像她这样的人既能制定规则，也能打破规则。但是梦想家在犯罪的世界里是不会取得成功的。地下世界更加适合那些有自我认知的企业家，他们既知道自己的局限，也知道什么样的市场会繁荣，什么时候警察会出现。

整件事情就像看车祸的慢镜头：你无法阻止，而且听到金属的每一声嘎吱声，你都在退缩。但是离得太近又意味着我无法转身。不论好坏，我都得看看接下来会发生什么。

第八章
退出策略

第八章　退出策略

玛歌特给我打电话，问我是否愿意去看看她的"传教"工作——最近，她正协助她的"合同工"（contractor）①重新组织她们的财务生活，教给她们一些基本的投资原则，说服房东在不进行背景核查的情况下出租房屋，甚至放贷给她们。她慢慢对退出策略表现得越来越有兴趣。"我们都会离开，"她不止一次地跟我说这话，"到30岁、50岁的时候你可能还在做这件事，但终有一天你会停下，然后怎么办？这些女孩都得学会*思考*。"

很明显她是在跟自己说话。

这是研究性工作的学者很少研究的一个主题。圈子里的很多跟玛歌特同层次的女性有高中文凭或大学学历。作为有经验的主管和对话者，她们积累了丰富的经验。她们已经学会了如何应对各种复杂的社会情境，以及如何与不同类型的人打交道。但这些内容并不能被写到简历中去，那她们是如何向正常生活过渡的？

今天她邀请了两个做得不错的伴游女郎摩根（Morgan）和费奥娜（Fiona）来她的公寓。她们两个都非常光鲜亮丽，一身气质打扮，肩背普拉达包，脚踩伯拉尼克鞋子。我曾经粗略地跟摩根聊过——到

---

① contractor 是相对于 employee（正式员工）的一种用工形式。雇主需要为正式员工缴税、缴纳社会保险等，但合同工需要自己申报缴税，雇主不需要保证其最低工资，也不需要为其缴纳保险。——译者注

现在为止，我已经访谈了150名访谈对象，积累了一份充分扎实的数据——所以当我们坐下来的时候，彼此之间已经有了一些信任。

玛歌特用一把英式瓷壶给我们倒了茶。她提供了牛奶和代糖，但是没有砂糖或者奶精。之后，她开始讲起来。

"听着，我想告诉你们一些事情。根据我的经验，你们要么丢命，要么被抓，还有可能生病，抑或损失所有的钱。我想帮助你们避开这些不好的结果。"

摩根和费奥娜对视了一眼。"这有点儿让我们诧异。"摩根说。

"对啊，我们还以为你让我们来是想让我们为你工作呢。刚刚我还在想，香槟在哪里呢？"

"我真傻。你俩是为数不多的存了一笔钱的妓女。我应该向你们咨询意见。"

"是你打电话叫我们来的，玛歌特。"

"是的，是我打的电话，因为我想帮助你们。素德是一位研究者，所以如果我有什么不对的地方，他会纠正我。但是大部分到了我们这个年龄的女性都知道我们已经在走下坡路了。"

玛歌特看了我一眼，而我也回望她，似乎是想跟她说，*谢谢你把我也卷进来*。但是我得尽可能扮演好自己的角色。"大部分我认识的女性开始陷入麻烦，原因是她们不会妥善管理自己的钱，"我说，"在我访谈的这些人中，规划未来并不是她们的强项。"

"我们不是傻子，"摩根说，"我们存了一笔钱。"

"你是有一些现金，"玛歌特反驳她，"但即使如此，你还是需要通过跟房东上床才租得到房子，如果下一个房东不愿跟你上床呢？"

第八章　退出策略

事实上，实际情况比玛歌特所说的更复杂。摩根说服她的房东免除了她的费用，并在银行为她提供担保，这样她就可以通过信用检查。作为交换，她已经跟房东睡了差不多三个月，没有收一分钱。

"费奥娜，你也没有什么区别。你差不多跟这个城市的一半的人睡了，因为你办不了信用卡。"

费奥娜皱起眉头，开始把玩起自己的烟盒。

"看吧，你们两个人都很聪明，"玛歌特继续说道，"比我认识的别的笨蛋要聪明得多，愿上帝保佑她们。在某些时候，你们肯定也想做些不一样的事情，所以我想给你们提个建议。"

摩根耸耸肩表示无奈地接受，费奥娜也只好听着。

"我估计你们两个人各自大概在银行里有 5 000 美元的存款，也有可能更多一些，但不会多太多。你们觉得可以把这些钱永远地攒下来，但是让我们现实一点——当你坐在出租车上时，你可能会讲起去圣巴特岛度假一周的计划，或者至少也得去趟迈阿密的海滩，是吧？你一直努力工作，所以这是你应得的。而且那里还有不少男人。但这样去一趟，5 000 美元就没有了。而且你还要买衣服，是吧？这又要用掉 2 000 美元。我敢打赌，如果你有信用卡的话，它也肯定被刷爆了，所以你还要把钱花在支付银行手续费上。"

玛歌特停顿了一下，想看看事实是如何起作用的。

"我不是想告诉你们要住到山洞里，而是你们需要改变你们与金钱的关系。这就是我的建议。把你们存的钱借一些出去，利率尽量设置得合理一些。不要压榨别人，但要开始把你的现金转变成利润。我已经在做这个了。我告诉你们这些，是想改变你们的思维方式。不是用钱去换东西，而是用钱来*赚钱*——为了更好的未来。"

摩根似乎有了些兴趣："我们能赚多少？"

"年底之前，5 000美元可以换来7 500美元，前提是不需要跟谁上床。"

看上去这似乎对她们产生了吸引力，至少目前是。玛歌特紧接着继续说下去。找些女人，把现金借给她们，然后让她们每周还一小部分，但不可以拖欠，然后把*所有*的钱都存进银行。她在长岛的一个信用合作社里给这些女人都开了账户，然后把这些账户关联到一个由她控制的账户。每周，银行会自动从那些账户里扣减一部分钱转到她的账户里。她们需要开始做一些正当的工作，服务员、舞女等，虽然每周只工作几个小时，但足以拿到一份合法的薪水。当她们真的想要找一份正式工作的时候，那段没有正当工作的经历是需要隐去的。

30分钟后，摩根看上去仍然有些怀疑。"也许你是正确的，"她说，"但是借钱的话，如果她们不还怎么办？"

"这就是小额借款和每周还款的妙处了，"玛歌特跟她解释，"你不会损失太多，而且发生的概率并不会像你想的那么高。大部分的妓女还是诚实的，但她们可不是为了社会认可才会这样。"

摩根仍然没有完全放心，但是在她们离开的时候，费奥娜说她想通了，询问是否可以再安排一次面谈。也有可能是费奥娜觉得终于有机会去抽根烟解解乏了，所以表现得很和善。她们走后，我关上了门，然后转向玛歌特。

"这个计划不会成功的。"我说。

第八章　退出策略

玛歌特对我的话嗤之以鼻。"我不是个傻子。如果我能让十分之一的人看到前景，这就很好了。而且你并不了解事情的全貌。"

我们再次坐了下来。她告诉我她跟一些合约员工讲过——她总是称呼那些女性为合约员工——她很快就将退出这门生意。刚开始她们都觉得她一定是疯了，跟她开了很多关于中年危机的玩笑，但是很快她们就开始给她打电话——一般都是隐秘的，这样其他人就听不到了——了解她将来想要做什么。

我能看出玛歌特正在经受着某种痛苦，有可能是对她在她们从事性工作这一行中的角色感到抱歉，同时更为现在放弃她们感到内疚。这很普遍，我在从事非法工作的人中见过多次，不管是每周挣几美元的站街女，还是每年收入数百万美元的高级毒贩，总有一种负罪感一直困扰着他们。但是他们中的大部分人不敢梦想另外一种生活。这就是玛歌特的异于常人之处。但我也不禁感到，她的一部分灵感可能来自纽约这个城市。玛歌特知道她是纽约大舞台上的一个演员。她不仅优秀，而且是最好的演员之一。这种敢于变革的勇气，是纽约赋予她的某种一直到现在我都未曾仔细考量的社会资本。甚至在她为租到西南部的一间安静的房子而憔悴的时候，她仍然在梦想着她可以在纽约开始很多事业——舞厅、餐饮和娱乐业、游轮旅游。这每一个梦想都蕴藏了潜在的对帮助女人摆脱她们对男人的依从关系的渴望。

我想了想，然后摇了摇头："玛歌特，你会怀念这里的一切的。"
她对我眨了眨眼："你也是。"
我哈哈大笑起来。她是对的。

"你喜欢凌晨两点钟待在破败的小酒吧里面。"她说。

"你喜欢去管理像摩根这样的辣妹。"我说。

"是的,但你觉得你跟别人不同。你告诉我那些富人家的孩子有多疯狂,那些穷人有多神奇,以及你多么同情那些穷人和处于苦难中的妓女。但是我们和你并没有什么不同,这是你不能否认的。"

她又是对的,但这次我没有笑:"玛歌特,我来这里是因为他们没有话语权。"

她拼命地摇头,好像对我很不满意。"他们有话语权,素德。他们每时每刻都在发出声音。你没有话语权才是问题。你感觉他们会给你话语权。所以你来找他们——弱者、病人、罪犯,还有疯子。你为什么总是找他们?好好想想。你为什么总是从他们身上去寻找你究竟是谁的证明?"

我知道,玛歌特说到点子上了。虽然我不喜欢,但她是对的。20年来我差不多都在做这样的事情。虽然我现在的目标群体是中产阶级女性和富人,但我的动机跟我在芝加哥研究公租房的时候并没有多大差别。我并不会去找那些有钱的律师或者会计师。即使有人主动联络我,比如马丁,我也选择主动逃离。我想找的是那些孤独的人和被遗弃的人。我感觉孤单,和别人格格不入,我希望从那些同样被污名化的人身上寻求认同和智慧。

想到这里,我更加不舒服。我一直跟自己说,我不想永久地研究这个世界。但是即使我日日夜夜地研究纽约的地下世界,我也偶尔会飞回芝加哥,去追寻我十年前研究过的那些公租房里的家庭的足迹,当年他们的家被拆掉,不得不寻找新的住所。他们中80%

第八章　退出策略

的人最后落脚的社区跟他们离开的公租房一样，贫穷、隔离、犯罪丛生。几十个租户给我打电话，只是想跟我聊聊他们无法找到新住所、没有钱付租金、在不熟悉的新环境下不会管教儿女的痛苦。孩子快死了，父母快要被抓进监狱了。就像电影《土拨鼠之日》里的情节，他们一直过着贫民窟的生活。在那里，你能见识到何为沮丧。

我还没有从离婚的伤害中走出来，所以我情不自禁地对玛歌特产生了怨恨之心。她的问题让我感到痛苦。我是因为想让自己感觉好一些才去研究穷人的吗？很多社会科学家终其一生都在研究不平等，我不是唯一的那一个，但是能够像我这样数周、数月甚至数年以直接的人际接触来进行研究的不到十人。其他研究者所采用的问卷调查法、电话访谈法帮助他们维持了一个健康的人际距离。我以观察第一手悲惨的经验是为了寻求真相来为自己辩解，但这又何尝不是暗藏在科学外表下的窥视欲望的一种借口？是我的偏见和需求在引导我的发现吗？

但如果我不研究这个，我还能研究什么？

我离开玛歌特，直接前往脱衣舞俱乐部去做访谈——一共有三个访谈。

我的访谈对象越来越多。

在 2005 年接近尾声的时候，安吉拉给我打来电话说她要回多米尼加了。她说她感到沮丧，希望和家人在一起。但她有一份临别礼物要送给我。她找到了一些成功打进上层性交易圈的东欧女性和拉丁裔女性，这些女性都同意跟我谈谈。如果我过去跟她道别，她会把这些人的电话号码给我。

当我到达她的公寓的时候，她正在准备周日的晚餐。这香味让我想起了在布鲁克林区的旧公寓，我几乎在期望维尼和马德里加尔神父能走进这扇门。

不过进来的是卡拉。"惊喜吧！"她说。

她们又成为朋友了？这一切是如何发生的？

"玛歌特！"卡拉说，"我从她身上学到了很多东西。"

"卡拉就像酒吧里的社交女王，"安吉拉说，骄傲得好像是在谈论自己的女儿，"她愿意帮助每一个人，我为她感到自豪。"

我知道玛歌特对卡拉产生了积极的影响，如果你愿意把从一个站街女到伴游女郎的转变看作一件积极的事的话。安吉拉为卡拉能够成为一个"卓越的女伴"感到骄傲，卡拉现在每月至少接待四个高付费的预约客户。听了玛歌特的建议，卡拉决定在她旧社区的后面找一间有补贴的公寓，然后存钱去布朗克斯买一间公寓。

"我把要买的公寓的照片挂在我的床顶。"卡拉说。

我微微一笑，脑海中浮现出玛歌特跟卡拉说要让自己的目标可见的场景。

但在一点上，卡拉与玛歌特的观点截然不同。玛歌特认为卡拉应该减少与公租房里的朋友和家人的联络。起床去工作，远离这些俗事，她对卡拉说。*你的朋友拖累你的速度比你自己做任何事都要快*。不管是从文化角度还是从情感角度，卡拉都没办法接受这一点。鱼要离开鱼缸并不容易。

第八章　退出策略

我可以从两个角度来分析这件事情。自上次那个有钱的客人痛打卡拉的戏剧化的事情发生之后，玛歌特又开始帮助我。我开始增加我的调查对象数量，访谈更多的高端性工作者。我访谈了住在城市或郊区的女性，她们中的一些在本职工作之外来做兼职，另一些把这份工作当成全职。她们中的一些只在俱乐部跳舞——这样可以避免肢体接触，另一些则当起了色情电话的接线员。很快我有了足够的钱在迈阿密、纽约和芝加哥这三个城市开展一项更广泛的调查。其中尤为吸引我的是，她们的背景跟安吉拉以及我认识的其他的站街女的背景，以及安娜丽丝的贵族血统都不一样。玛歌特找到的这些女性都来自阿肯色州、肯塔基州、宾夕法尼亚州等州的小城镇，并且在芝加哥、洛杉矶、华盛顿和迈阿密这样的全球化城市中工作。她们以一种更具商业意识的心态来工作，她们更改姓名，合资购买公寓，使用不同的网络平台——从脸谱网到克雷格列表网。有一个团队甚至组成了一个投资小组来从她们的有钱客户那里获取投资建议。

玛歌特一直试图让卡拉记住这些经验。"她们从不回头看，你也不可以！"玛歌特喜欢这样说。

但是卡拉不愿意离开她的朋友和家人。她甚至可能永远不会离开下东区，尽管有那幅布朗克斯公寓的照片。事实上，她已经用自己的部分储蓄来给一些想和她做一样事情的人发放小额贷款。她们需要衣服，不是吗？她甚至梦想成为 A 大街上的玛歌特，而且她已经通过收取小额佣金的方式，为一些年轻站街女提供约会对象和建议。"素德，这些女性需要我。"她说。

这些话听上去特别熟悉。跟玛歌特、夏恩、安吉拉、曼军以及其他所有人一样，成功对卡拉来说毫无意义，除非它能反映在她所关心的人身上。她的社会资本同时成了她的社会负担。我坚信慈善家是不会在黑市里取得胜利的，或者卡拉的慈善本能反映了她对自己未来的焦虑。

当她出去接听电话的时候，我询问安吉拉对于这一切怎么看。卡拉的投资不是在冒险吗？这是不是在浪费她创造新生活所需的时间和精力？

安吉拉摇摇头："如果卡拉想这样做的话，亲爱的，她是不需要等到现在的。我很高兴她现在不再嗑药了。"

"但是我原以为关键点是离开这里，离开街头。"

"我们不像你，素德。没有我们，她什么都不是。没有我们，她连底裤都没得穿。"

她笑了笑，然后变得严肃起来。玛歌特希望卡拉变成白人，她说，但这是不可能的事。

我想起在芝加哥的一个合约商曾经说过的话，他讨厌在白人社区工作。"贫民窟就像一个鱼缸，"他说，"你一直努力工作，就为了能够摆脱这个鱼缸，但是一旦你摆脱了，感受到高温，你又想再跳回去。"这比对白人星球的恐惧还要复杂。如果你一直在悬崖边缘生活，那么你知道当你身处麻烦的时候你需要别人来帮助你。卡拉有过被有钱客户追打还要她把钱送回去的经历。她没有追索权，也没有任何确定的社会制度可以支援她。但是在贫民窟，每个人都彼此了解，每个人也都彼此亏欠，在那里，总有一个人会帮你——

第八章　退出策略

他必须帮你。

这跟安娜丽丝和J.B.以及他们的个人英雄主义的梦想大相径庭，这可以解释大部分原因。这也毫无疑问是我的怜悯所在。但是问题是卡拉的选择把她自己置于风险之中。如果她正试图去管控、经营这些年轻站街女，那么你都不必依靠灵媒就可以看到一场慢镜头的灾难就在眼前。

几个月之后，我发现自己处在另一种鱼缸中。这是一间坐落在公园大道的雅致公寓，一幅利希滕斯坦的画作被悬挂在墙上，烛台上面的聚光灯下放置着一尊小型的象牙佛像。这是安娜丽丝朋友的住宅，这个礼拜他们去了百慕大。

我走进厨房，里面安娜丽丝邀请来的宾客就像是从J.CREW杂志里径直走出来的一样——年轻男性都穿着假高领毛衣和蓝色外套，女孩都骨瘦如柴，看起来很无趣。厨房里的台子上摆满了寿司、鱼子酱、香槟和节日饼干。天花板的架子上挂着一些铜盘，一个巨大的炉子大到可以喂饱一支军队。

从黑色大理石台面上夸张四散的线条来看，这个华丽的台面适合用来吸食可卡因。

这个时候布兰特妮穿着一件金色的卡罗琳娜·海莱娜露肩连衣裙摇晃着走了进来。她遇到了麻烦，于是回来投奔安娜丽丝，显然她比以前更糟了。她会向任何愿意听的人八卦安娜丽丝的伴游服务，公开地谈论她和客人去巴黎的事，还吹嘘她跟联合国外交官的

流动之城：一位社会学家的地下纽约观察记

风流韵事，因为"他们有外交豁免权，所以不用担心进监狱"！布兰特妮的优越感侵蚀了一个人进行战略思考所需要的谦逊和自我意识，这也让她经常处于一种危险的境地。

当布兰特妮在屋子里面晃荡的时候，那条单薄的肩带努力支撑让她的衣服不掉下来。这让我想起她全部的冒险行动。在她的右脚脚踝上，戴着一条闪闪发光的钻石脚链，这给她的黑色高跟鞋增色不少。她搂着一个不知姓名的男人，她的一只手轻轻地放在他的背上，另外一只手撩起裙子，高度正好隐约地露出内裤。然后她突然哈哈大笑起来，像听到了一个大笑话似的。

夏恩无聊地站在客厅的窗边，手上把玩着一根没有点着的Kool牌香烟。他头上戴着一顶黑色贝雷帽，看上去很帅气，手中拿着一杯掺了可卡因的威士忌酒。他穿着无袖衬衣，露出了他手臂上的文身，一个十字架下面用艺术字体写着一行字：*他知道*。

J.B.过去跟他说话。"我可能会去看玫瑰碗比赛，"J.B.说，"兄弟，它是很不可思议的。也许有一天我会带你一起去。"

夏恩用一种难以掩饰的蔑视表情看着J.B.："我想我更喜欢砂糖碗比赛。"

J.B.说他的一部电影遭遇到了"创新"瓶颈，所以他只好又去拍色情电影来筹集一些新的资金。他的宏大计划就是利用那些为安娜丽丝工作的女孩。他摆弄着桌上放着的一包新的登喜路香烟，叹了一口气。"安娜丽丝和我想离开了。"他说。

"离开这个聚会？"

"离开这座城市。"他说。等到他的色情电影杀青，他们将乘坐

第八章 退出策略

他父亲的帆船离开,这将是一个非常好的休息方式。

夏恩一脸愁容,毫无疑问,他在跟我思考同样一个问题:如果你能弄到一艘帆船,那还不错。J.B.能弄到,但普通人是没这个能耐的。

夏恩笑了笑,给了我一个奇怪的眼神,说:"哈,你终于要离开了。"说完他转过身去,望着窗外哈林区的方向,好像这样能把他从在纽约的困境中拯救出来。

几分钟之后,安娜丽丝开始猛敲浴室的门:"布兰特妮,你给我出来。"

从浴室里传出布兰特妮的抱怨声:"那个混蛋他妈的告诉我这里是干净的。"

安娜丽丝嫌弃地摇了摇头:"我打赌你甚至不知道那个家伙的名字,对吧?"她再次猛敲浴室的门,让布兰特妮振作起来。不一会儿,布兰特妮从浴室里走了出来,看上去一副茫然的样子:"迈科(Michael)回家了吗?那个混蛋去哪里了?"

"我把他介绍给乔乔了。"安娜丽丝说。

布兰特妮恶狠狠地盯着她:"去你妈的!安娜丽丝!"

"你就是个废物。"安娜丽丝用一种冷冰冰的口气说。

"你有时就像我那个讨厌的妈妈。"布兰特妮说。

在她们关系闹僵的时候,安娜丽丝曾经告诉过我,她跟布兰特妮会永远存在于彼此的生命中。现在我才理解她的意思。她们被永远地困在类似的战局中,布兰特妮总以为自己是不可或缺的,所以她一直希望能够从安娜丽丝那里获得情感上的慰藉,但安娜丽丝一直试图让布兰特妮变得受到控制。我在一种忧郁又温柔的状态下在屋内游荡,然后整个晚上的其他时间都在厨房里跟伊夫林娜以及J.B.手下的一个堕落青春电影制片人聊天。好几次我扫视屋子的时候,要么看到安娜丽丝和夏恩在一起,要么看到J.B.和安娜丽丝在一起,又或者是安娜丽丝和布兰特妮在一起。我有一种感觉,他们都在一个太空舱内,飘浮在一个失重的世界中。

最后,安娜丽丝走过来问我在干什么。

"这很奇怪。"我说。

她带我走到阳台上,这样她好抽根烟。夏恩已经在那里吞云吐雾了。

"你没事吧?"安娜丽丝问。

"我很好。"我说。

"兄弟,你看上去不像没事的样子。"她说。

我控制住没笑出来:"真的吗?你不觉得你们两个人在一起做事很奇怪吗?你不觉得你跟布兰特妮重新和好也很奇怪吗?还有你跟J.B.。"

但是安娜丽丝摇了摇头。"问题不在我们,"她说,"问题在于你。"

夏恩点了点头:"她讲到重点了,素德。"

我完全惊呆了。我在哈林区认识的中介结识了我在上东区认识的中介,然后他们合伙开了一家全市范围的妓院,但问题却出在我身上?

"我就跟你直说了吧,"夏恩说,"自从我们认识之后,你一直在接触曼军、安吉拉、卡拉、马丁、玛歌特以及其他人,但你什么

第八章　退出策略

都没有做。"

他们为什么要攻击我？我只是一个试图通过理解不同种类的亚文化来撰写一本伟大的图书或拍摄一部伟大的纪录片的学者。我已经做了不少研究，我获得了机会、入场券和洞察力。这件事情就是玛歌特事件的翻版。

夏恩继续说："你以为我在市郊，她在市中心，我们他妈的不可以搭到一起。去你妈的，兄弟。我们他妈的为什么就不可以搭到一起？你也在做同样的事情。你在市郊做着那些孩子的教授，到了市中心，你和市中心的人一起拍电影。是什么让你觉得你与我们有所不同？"

我必须承认，这是一个好的问题。

"再过一年我就不再做这些事情了，"安娜丽丝说，"夏恩也会更进一步。我俩都没有被固定在某个位置上，素德。但是*你*被固定住了。你从研究一个故事到研究另一个故事，从研究一个群体到研究另一个群体，但是你总在同一个位置，从外面看着里面发生的一切。可你现在有些崩溃，原因是你现在分不清楚内外的界限了。"

她是对的。这就是问题的本质。这个彻底的内部人，这个美国的女儿，竟然比我自己还了解我，这真的很神奇。我一直在试图制作一个足够大的"盒子"，好把每一个人容纳进去，但是她和玛歌特却从盒子里面爬了出来。她们最终打破了我在芝加哥的框架，然后带我进入了我听过很多次的纽约思维模式。或许，这也有可能是当初马丁把我吓坏的原因，因为在我生命中那个脆弱的时刻，他的世界离我太近了。我无法再保持我的边界。

"但这就是这座城市的伟大之处——每个希望与众不同的人都可以与众不同。这并没有什么影响。"

说完，安娜丽丝把香烟从阳台扔了出去，然后跟随夏恩回到了派对中。

夏恩在离开前朝我看了一眼。他不用说什么，他的表情已经把所有想说的都说了：*你不能站在那里只是观望，否则浪潮会把你卷走。在某些时候，你必须做出选择。*

几个月之后，安吉拉给我打来电话。卡拉又一次被人打了。当时，她手下的一个年轻妓女正在酒店的一间房间里约会，但进展不顺利，她在浴室里给卡拉打了电话。当卡拉赶到酒店的时候，发现那个男人正因为吸毒而变得狂躁不已，而那个女孩把自己反锁在了浴室里。那个男人把卡拉狂揍了一顿，以致她在医院里昏迷了三天。当最终从昏迷中醒来的时候，她不停地告诉安吉拉，玛歌特一定会为她感到骄傲。

安吉拉希望我能替卡拉联络玛歌特："卡拉不听我的。她说，'只有玛歌特能够理解她在做什么'。"

玛歌特现在人在西南部，正在寻找新的安顿居所。但是我跟她取得了联系，并且我们三个人计划一起找个时间前往卡拉的公寓探望她。

当我们到达卡拉的公寓时，卡拉正躺在一堆像是从儿童房里借来的枕头上。她全身裹着纱布，伤痕累累，止痛药的药效和被打的

第八章　退出策略

羞辱快把她逼疯了。她说，她要复仇。她打算让里基把那个混蛋一脚踢到地狱里去。

玛歌特拿了一把椅子，放在床边坐了下来。她直直地望着卡拉，完全不理会她的复仇言论。最终，卡拉靠着枕头坐了起来，咬牙切齿地对玛歌特说："为什么你可以做到，但我却不能？我又不是白痴。这不公平。"

"不要跟自己过不去，跟自己过不去是你最糟的做法。"

"这不公平，玛歌特。"卡拉哭喊道。

"公平？不，这当然不公平。但我为什么会来这里？"

安吉拉和我靠着门站在屋子的后方。我看到安吉拉用一种疑惑的眼神看着玛歌特，她应该是在想玛歌特在用什么样的策略。我也对此很好奇。

"卡拉，我为什么会来这里？"玛歌特重复说。

"我不知道。"卡拉轻声说道。

"好吧，如果你不知道，那么我同样也不知道。"玛歌特环视了一下房间，又看了看我和安吉拉，"我的任务完成了，我要走了。如果你还想发牢骚、想抱怨的话，你就对素德说吧——他还会留在这里。"

"我没有抱怨。"卡拉说。

"不，你在抱怨。卡拉，我已经厌烦了听妓女抱怨自己悲惨的生活。如果你还想在这一行做下去，那么你只有两个选择：要么这些女孩子被打，要么你自己被打。总会有人被打，你希望是哪一个？"

卡拉不知道该说什么："我不知道，我——"

"是吗？"玛歌特问，"究竟哪一个？她们还是我们？"

"她们是我的朋友，"卡拉说，"我绝对不让任何一个混蛋打我的朋友。"

"看吧，这他妈的就是你的问题，卡拉，"玛歌特边说边站起来打算离开，"那些婊子不是你的朋友，她们为你工作，她们是连接你和未来更好的生活的人。振作起来，不要再像一个怨妇一样不停地抱怨。"

说完，玛歌特走出了房间。安吉拉和我跟着她一起穿过潮湿的走廊，进入灯光昏暗的电梯。在这幢公租住宅外面，一座象征着政府的家长式作风的二十层楼高的纪念碑在这个悲戚的夜晚显得格外黯淡。事实上，我认为卡拉和这座纪念碑有很多共通之处。她愿意为朋友两肋插刀，当这些女性在这个被定义为肮脏、残酷、短暂的世界里成为职业妓女的时候，她愿意给她们提供帮助。她希望成为她们的安吉拉，让她们对自己产生好感；她也希望成为她们的玛歌特，激励她们学习如何变得更好。但是实际上她从所有的跨越边界的人生经历中所获得的却总是被打。现在玛歌特跟她讲的话和所有政府福利批评者说的一模一样。公租房、社会福利和医疗保障，以及安吉拉的爱只会让你变得更加脆弱。要想赢得比赛，你需要更加坚强。你不能成为她们的朋友。你应该学学夏恩，你要知道什么时候止损，然后再继续往前。说到底，这是在做生意。

在某些时候，你必须做出选择。

我确信安吉拉和我想的是同一件事情。卡拉在这场比赛中完全没有胜算。她根本就不知道如何去经营管理员工，如何去激励她们

第八章　退出策略

度过漫漫长夜，也不知道如何激励自己。这正是玛歌特所失去的东西，也是她变得痛苦，最终选择退出的原因。玛歌特经常跟我说，当她能够接受最终总会有人受伤的观点时，她才能成为成功的职业经理人。被侵犯是做这一行的常态，但至少她可以选择不成为受害者。

这一切都太令人难过了。不过，至少安吉拉不打算干这一行了。愿上帝能保佑她一切顺利。玛歌特耸耸肩，开始擦拭眼中的泪水。

"很抱歉我们在这样的场合相遇。"玛歌特说，你能从她的声音里听到一丝怜悯。

"是啊。"安吉拉除了这一句，再也没有说什么，但这一句已经道出了一切。她捏了捏我的手。

六个月之后，卡拉自杀了。

日历又翻过了一遍，现在已经是2007年了，距我第一次来到纽约和哥伦比亚大学已经过去十年了。我在新泽西州北部的一家脱衣舞俱乐部为另一项关于性经济的研究寻找新机会。我希望能够找到俱乐部的经理和脱衣舞娘，让他们谈谈脱衣舞娘中的一些是如何从普通的舞者转变成全职的性工作者的。在纽约城外的这个繁荣的工业走廊里，脱衣舞俱乐部就隐藏在一些小的社区里，室内的电视静音地播放着各种节目，脱衣舞娘们和着震耳欲聋的摇滚乐摇摆起舞。这家俱乐部的老板叫吉米（Jimmy），是一个看似粗鲁但实际上和蔼可亲的人，他曾在社区大学里读过社会学，并且乐于跟我谈论在工人阶层中的成长史。在 20 英尺之外，一个年轻的拉丁裔女孩坐在一个头戴绿色卡得彼勒帽子的魁梧白人男子的腿上。她让我想起了卡拉。随着一杯杯啤酒下肚，这个身材魁梧的男人更加喧闹起来。吉米数次站起来，朝着那个男人的方向走去，但是每次那个男人都摆手示意吉米离开，保证自己会冷静下来。

突然间，这个身材魁梧的男人一把把那个年轻的拉丁裔女孩推倒在地，并且用脚踩在她的脖子上。他把他的啤酒泼在她的脸上，然后拽起她的头发把她拖出了俱乐部。

吉米走到俱乐部的后间，抓起一根看上去像棒球棍的短棍。我和其他几十名客人一起，跟着吉米跑了出来。那个身材魁梧的男人正把那个拉丁裔女孩按在酒吧的外墙上，然后用他粗大的手掌扇她耳光。

当吉米靠近的时候，那个男人又抡起手掌要甩到那个女孩的脸上。就在他把手举起来的时候，吉米用手上的棒球棍对准他的后颈重重地打了下去。那个男人松了手，那个女孩瘫倒在地上，然后吉米又用棒球棍狠狠地向男人打了下去。嘣！嘣！那个男人倒在了女孩的身边。

然后吉米把那个女孩拉了起来，跟她说："你看吧——你玩完了！我不想再在这里看到你。我过去很友善地跟你说过你还没有准备好，但你就是不听。所以给我滚出这地方吧。"

他转向聚拢起来的一群人，让他们回去。"不少人正在睡觉，我们要尊重他们。"

我靠着墙壁瘫坐了下来，膝盖变得没有力气，还想呕吐。

第八章　退出策略

吉米跑了过来，用刚才他抓那个拉丁裔女孩的力道抓着我的手臂。"不，"他说，"不要这样。"

我的脑子里开始浮现所有会遇到类似境遇的女性的脸庞，卡拉、安吉拉，还有所有我听过的恐怖故事情节。

"不要想这些。"吉米说。

我试着开口说话，但说出来的却是："我不能……我不能……我不能……"

一周前，在我们见面的那个夜晚，我曾经告诉吉米我的工作已经接近尾声。这些工作的夜晚实在是太漫长难熬了，我已经非常劳累，我跟他解释道。"胡说，"他跟我说，"你就是害怕了——我看得出来。你想拯救这些女人，但是你又不知道该如何进行，这让你很费神。"他说他自己也有同样的感觉。这些疯狂的女人让他想起他的妻子。男人是守护者，不管她是你自己的妻子还是这些下等的站街女。看到这种事情发生他会很难过，尤其是当自己也无力相助的时候。

现在他说："你*可以的*。你现在回家，但还要再回来。再回来一次，之后，你就可以结束了。但是你必须再回来一次。"

他点了一根烟递给我，然后也给自己点了一根。

"如果你愿意，可以在这里住下来，或者你也可以回家，但是重要的是你要记得再回来一次。我们再重新开始。"

"我完了，吉米。"说完，我便开始哭起来。我用双手掩面，以免让他看到，这样会令我难堪。我想要完成的研究、我想去写的著作、我希望某天能完成的纪录片——我对这每一件事情都感到厌倦，我想把这全部的内容都抛诸脑后。

"总有人会被打，"他说，"这就是游戏。有些人搞砸了，所以被打。你是没有办法改变什么的。回家吧。"

吉米返回了俱乐部，留下我在原地站立抽泣。*总有人会被打*。对我讲这样的话的先是玛歌特，现在是吉米。乔什在曼军的膝盖上部署玩具士兵的场景浮现在我的脑海中。这一切都令人太难以接受了。

最后我振作起来，叫了辆出租车。在从这阴暗的工业大街前往光明的曼哈顿的路途中，一个奇特的想法从我的脑子里冒了出来。在纽瓦克的破败小巷里，在曼哈顿的脱衣舞俱乐部中，在"地狱厨房"成人碟片商店的后屋，以及在那些上流伴游女郎的精致沙发上，我发现了一个叫社群的东西。就像莫蒂墨，这个垂死的男人是依靠着善良的妓女们生存下去的；就像马丁，他是从他的嫖客伙伴中获得安慰的；而像安吉拉，则是跟她的有宽容之心的牧师以及她的性工作者团队混在一起的；就连我，也是有人照顾的。而且，利用这份对我影响很大的研究，我也有了渐渐成功的优势，如果说有什么助力的话，那么至少是一种精神上的鼓舞。

在安吉拉和玛歌特的帮助下，我获得了上层性交易市场中足够多的联系人信息，这使我能够启动一项关于不同城市的几百位女性的研究，而且最终我成功地建立了一份包含足够多的女性的样本来满足主流社会学对于学术研究的要求。但是真实的情况是，我对"内幕提供者"和"研究对象"的科学超然只是一种逃避，连同我那壮观的样本数据搜集也是。玛歌特看我看得很准。在一个我感到

第八章　退出策略

孤独的大城市里，在一个我一直在努力寻找自己的出路的国家里，我已经找到了一小群疲倦的灵魂伴侣，他们都尽全力为我指路。这并不是什么人格缺陷或者研究过失，而是生命本身自我发展的过程，尤其是对于那些生活在边缘的人群来说。这些临时形成的社群中的人相互支持，产生共鸣。他们的生活影响着我，我的生活也影响着他们，我们通过彼此向外扩展我们的支持网络，通向一个既充满威胁也向我们招手的更远处。唯一的不同之处在于，我一直在记录，获得量化资料并分类，然后把这些科学的工具运用到我们共同的旅程中。

吉米也是对的，我一定要再回去，即使只是一个晚上，我也不希望今晚成为我对这个底层世界的最后记忆。我对这些人有亏欠，而且亏欠得太多太多。

我后来再次见到玛歌特。她说她想看看我在纽约开展区域性的性经济研究的计划。但是当我向她展示我将要研究的话题列表时，她快速地扫了一眼，然后回过头来跟我继续说话，好像把我当成了她的一个顾客。"做个列表？你是要做访谈吗？好的。你希望认识更多的像我这样的人吗？好的。警察吗？不管你想认识谁，跟我说。但是动作要快，因为我也不知道这一行我还能干多久。"

几个月之后，她就不再干这一行，然后搬到亚利桑那州去了。我从此再也没有见过她。

安吉拉也从多米尼加给我打来过一次电话，但是我甚至没有机会跟她对话。她在我的答录机上给我留言，说要把往昔烦恼抛于脑后。

这之后我和夏恩也只见过几次。有一次是在我们过去常去的酒吧，我们相约深夜的时候过去喝一杯。那一次他正好咳得严重，脸色阴沉得像一个在纳税高峰期的会计师，疲于应付每个人的不幸和谎言。他问我现在在做什么，我告诉他我已经暂时放弃了所有研究——我的生活中没有了性工作者，没有了嫖客，也没有了富家子弟，我甚至连纪录片也没有再拍了。这些事情对我来说都太沉重了，我也没有找到把这些事情整合到一起的思路。

"这也有可能是你休息的好时机。"他说。

我能体会他语气中的惋惜之意，但我还是反驳了他："这不是休息，夏恩。我希望能描绘各种模式，破解它们的密码，我希望能找到可以连接所有事情的方法。我想向大家证明譬如安吉拉、卡拉还有曼军，他们跟安娜丽丝和J.B.并没有什么不同。我想给他们指一条出路。"

这些都是事实，但与科学研究没有什么关系。我想给他们指一条出路，但我失败了。"我失败了。"我说。

说到这里，回忆从四面八方涌了过来。我想起成人碟片商店、布鲁克林区的公寓，以及那次我陪着卡拉去见玛歌特。我甚至还记得为了让她俩彼此认识，我留她们单独相处而自己到外面的报刊亭边看的那本杂志——《外交事务》。我有种想哭的冲动，一直不停地自言自语般地倾诉我对纽约的情感，纵使我的研究再大，我依然担心没有办法去理解这座巨大的不断变化的城市。"我失败了。"我

第八章 退出策略

又重复了一遍。

夏恩与我对视了一下。他深深地吸了一口气,随后直直地盯着面前的电视机,嘴里含着一块冰块,满怀心思地咀嚼着。当他回望我的时候,我有种他刚从远方归来的感觉。"我有没有跟你讲过我的哥哥是怎么死的?"

我摇了摇头。

"他从中东战场回来后,患了创伤后应激障碍,或者随便叫什么名字吧,总之就是对一切事情都失去了兴趣,非常沮丧。他有时候很暴力,有时候又神经兮兮。他也跟你用同一个词语——失败:'我失败了。'我告诉他,永远不要用这个词。要说改变,兄弟。说'我改变了'。"

夏恩放下手中的杯子,目光再次与我相遇。

"那你呢?"我问。

"在我很小的时候,我经常去市中心。这个我跟你说过吗?我经常去逛那里的艺术博物馆。嗯,我喜欢这些东西。"

"你的兄弟曾经告诉过我。"我说。

"所以在那里,我经常跟白人男孩混在一起。我当时就想,如果我能把这些艺术品放到我的家里……"

"你想开一个艺廊?"我问他。

他点了点头:"可能吧,可能我会这么做。是这些白人让我明白这些的,妈的,我自己就从来没这么想过。"

那一刻,我知道夏恩接下来的路一定会很顺利,他甚至会在事业上大有斩获。我对于他的低能耗的直觉是对的。他用自己的方

流动之城：一位社会学家的地下纽约观察记

式接受了自己的过去，同时也接受了所有的挫折、错误和错失的机会，并且他永远以开放的态度来面对新世界和新机会。他能用自己的方式来宽恕自己，或许是因为孩提时代的大都会博物馆之旅，又或许是因为这里是纽约。失败不能定义他，但是生命的长度能。而且在地下世界里，生活的一半是战斗。要学会后退，学会重新评价、重新想象新的可能。

就像能读懂我的心思似的，他转过身来问了我一个有点意外的问题："你还会写书吗？"

"什么？"我说。

"你还会写书吗？"

他悠然地说着，好像这是一个再明显不过，除非是傻子否则都能理解的问题。但事实上，这的确是一个让我很受折磨的问题。我要感谢安吉拉、卡拉、曼军、安娜丽丝，以及夏恩把我从他们分享给我的所有的时间和事实片段中拯救出来。也许关于他们的生活碎片能够映射事实的全貌或者一部分，但它们仍然是充满人性色彩的、真实的，并且增加了我的见识。分享他们的故事也是另一种拓展他们的探险的方式。

但这一切都还离我很远。我仍然有很多问题没有答案。我跟他开了一个类似于"大树倒在森林里"的玩笑："如果你写了一本书，但是没有人去读，那么你真的算写了一本书吗？"

他大笑起来，也就在那一刹那，我感到他不再为我担心，他其实对我的能耗也有一种预感。这个想法给了我不少力量。

第八章　退出策略

我最后一次跟安娜丽丝的严肃谈话也发生在酒吧里，但它跟我与夏恩在酒吧里的谈话很不一样。她一边一杯一杯地喝着伏特加汤力，一边跟我说着她打算把业务交给凯特，她自己要么给画廊投入更多的资金，要么干脆把资金抽出来。或者她会去印度，帮助她的叔叔扩大他学校的规模。然后她又提到了巴黎，在那里她有机会开一家服装店。安娜丽丝的世界就是一个充满第二次机会的"游戏屋"，这也是向由富人们开创的无尽的全球化远景的致敬。

"到8月15日的时候，我就在印度了，这些事情就会像没有发生过。"她说。

她的另外一种选择就是活成她妈妈的样子，住在上东区，然后过着没有意义和挑战的舒适生活。

"我的大部分朋友们没有目标，"她说，"他们有自己的动机，但是没有目标。我能做的就是继续前进。"

但是我还在思考她刚刚所说的失重的全球"游戏屋"的前景。她有很多选择，而其他人的选择却少得可怜，这并不公平。

"你和你朋友的问题在于你们都相信这世界是属于你们的，"我对她说，"你们这些人不仅创造规则，而且可以随心所欲地改变这些规则。不管是继续从事性行业，还是前往印度去给那里的小孩当老师，都不会有什么后果。"

"让我们现实一点吧。我已经受够了纽约。而我退出性行业，不正是你希望看到的吗？"

我只能哈哈大笑："我甚至不知道从哪里说起。大部分我认识的人都对后果有完全的认知。占屋者、毒贩、黑帮成员——他们都很清晰地知道自己的未来在何方。"

"但是我所有的朋友也都是这样啊,"她说,"对自己的行为和未来会发生的事情感到好奇是人类的基本特征。这就是为什么我要去印度。我需要重新找回自我。我的家人在这里,但是我可以离开他们一段时间。我可以成为另一个我,这也是我所期望的。"

我知道我跟她不会再见面了。虽然安娜丽丝从来不是我的正式研究对象,但之前在我的研究接近尾声的时候,我多次遭遇这样的情境。这样的交流绝不简单。花费数年去研究犯罪世界中的人却不对他们产生或好或坏的任何情感,向来是很困难的,对于被观察的人来说也是一样的。当事情顺其自然要结束的时候,我也该与她告别了。所以我也打算用我之前研究结束时对待其他研究对象的方式来对待安娜丽丝——合起书本,然后前去研究下一个族群。我猜想这应该也是她正在做的事情。翻往下一页时眨眨眼睛是很正常的事。

但在我找到机会跟她说再见之前,她就询问了我的研究计划。

按照夏恩给我的建议,我试着用"我改变了"来开始我的演讲。就在我说话的时候,我意识到我实际上非常喜欢安娜丽丝这种重新发现自己的做法。跟夏恩一样,安娜丽丝有着对万事万物的开放态度。夏恩有力量,她也有力量。对于她来说,印度也许就是她的大都会博物馆,它给予她与自己的阶级脱离的能力。我希望我也能拥有这种快速而又果决地脱离的能力。

"我也不确定我会做什么,有可能是去写一本关于性工作者的书,但我内心其实也有点想去拍纪录片。"

她用一种怀疑的眼神看着我——每次我说要拍纪录片时她都会

第八章　退出策略

用这种眼神看着我——虽然那时我已经拍了三部纪录片了。毫无疑问的是，J.B.的电影事业影响了她的看法。但我也觉得，她可能是在告诉我，她不认为拍纪录片是我真正的天赋所在。我也知道她是正确的。我擅长的是长时间倾听，就像我倾听她的故事那样。这才是最重要的。

但是我不像安娜丽丝那样果决，也许是我没有这种果决的本钱。我倒是更像夏恩，我得坐下来，慢慢把所有情况都考虑进来。我要找到一种能够把我内心里的多重世界整合在一起的方法，我既是一个人类学家、科学家、纪录片拍摄者，也是一个经常出去与陌生人鬼混直到成为朋友的人。我能确定我见过纽约独特的一面。即使是我在哥伦比亚大学的同事也对我的工作表示支持，他们鼓励我继续探索那些没有路标的道路，那些跨越大部分人看不见的界限的道路。这些道路将很快把我带进我从来没有想过能跨入的世界，从司法部到麦迪逊大街上时髦的广告公司，在那里倾听人们的故事，发掘社会的真相，被证明跟在学术圈里混一样有价值。在经历了所有的焦虑和成长的痛苦之后，这所大学长期的跨学科探索的历史和对公众参与的关注让它变成了完美的知识家园。

我考虑再三后列出了另外一个清单："我在全球化城市的地下世界之所见、所听、所感"。之后，我开始写下我所遇到的人和我所听到的故事。这是第一次，我不再只以跟芝加哥的区别来评判纽约。我开始回忆我在纽约的经历。我是以受过专业训练的社会学家的身份来到纽约的，我想观察这座20世纪的城市，它以固有的方式亲切地叙述着那些让美国如此充满魅力的传统文化和连接，以及邻里的重要性和社区的权力。同时，就我个人而言，来到这座以欢迎新来者闻名的城市时，我渴望利用这座城市来进行自我改造与重生。我发现，这座全球化的开放城市本身就蕴含着一种能回应这个城市所包容的新世界的激进的新方法。

但是全球化城市并没有消灭旧道德。从这个意义上来说，纽约和芝加哥之间也有比我一开始所意识到的要多得多的相同点。在纽约，地域依然很重要，邻里在纽约人的生活中也有别样的意义，而且关于家庭的一般观念仍然根植在能够给我们提供舒适和安全的熟悉的邻里生态中。但是为了适应更大的舞台，这个全球化城市也在进行改变。因为纽约以眼花缭乱的速度创造着连接，但是其中大部分又不持久——*成功的关键在于善于利用并适时丢弃这些随时出现的社会连接的能力*。当它们对你有用的时候要充分利用，当它们没有利用价值的时候就要不带伤感地将其抛诸脑后，就像当初萨托什抹掉他对曼军的记忆继续生活，也像玛歌特拍拍屁股离开那些当初她想竭力拯救的女性，更像夏恩和安娜丽丝耸耸肩完全无视他们的旧角色而急忙扮演起新角色。成功的秘诀似乎包括一种特殊形式的自我意识，一种从邻里社区、阶层和身份的固有安逸中脱离的天赋。这包括原谅你的错误，忘记你曾经的失败经历，时时改造自己，为新的一天而活。毕竟，总会有新的机会存在。纽约总在不断地发生变化，那你为什么不能如此？

每个人都可以做到这个吗？并不是。事实上，大部分尝试跨越边界的人最后以失败落幕，尤其是当以阶层流动和经济发展来作为评判成功的标准的时候。当初我刚到这座城市时所遇见的人要么

第八章　退出策略

已经去世，要么被孤立，要么陷入困境，要么每天靠着悔过苟且度日。然而，正是这些人超越了我最喜欢的社会学框架。不管我用什么样的盒子来定义他们都是不足的，因为他们从来不用自己的结果来定义自己。

有一句著名的芝加哥谚语说："我们不想别人，别人也不会主动过来。"翻译过来的意思是，那些独自生活，而且梦想通过自己单打独斗获得成功的人，最后会落到孤独无援、事业无成的下场。对家庭主义的保护创造出自己的局限，其中大部分很明显是心理上的。但是在纽约，人们有一种明确的观念，即所谓的边界只存在于意识中，它们不是永久的障碍。我遇到的人的经历一次又一次地告诉我，每一次奇异的相遇或者环境的改变都是一个需要抓住的机遇。当发现成人碟片商店跟色情产业有关系的时候，曼军本可以离开商店；当华尔街的律师们用金钱来进行性交易的时候，玛歌特本可以甩手走人；夏恩也本可以在自家后院优哉游哉，而不用在市中心与酒保打交道。纽约所带来的连接不是一场有趣的旅游，而是关于经济流动和社会进步的机会。在芝加哥，无情的野心会被视为不友善的象征，但纽约会给你发展野心的通行证，并且为你火上浇油。*它鼓励你质疑你生活中的身份*。是的，有人失败了。关于种族和阶级的旧故事依然中肯有力，但它们的预测能力已经下降了不少。玛歌特和安娜丽丝带着更多的钱和新的机会成功脱身，但安吉拉、曼军和卡拉却发现很难逃离。夏恩和萨托什从他们的种族和社会的限制中学会了如何前进。

让这座全球化城市连接起来的网络可能是无形的，但是它们却

流动之城：一位社会学家的地下纽约观察记

实在地*存在于各种故事中*。一个世纪之前，一群前卫的芝加哥大学教授走出学校，来到这个被移民和巨大的经济变迁搅乱的城市。他们穿梭在阡陌小巷和摩天大楼之间，不加批判与不带偏见地收集各种故事，创造了一个实用的、脚踏实地的、独特的美国社会学学派，而这种方法可能是最好的，也有可能是唯一的理解像纽约这样的喧嚣都市的方法。因为每一个故事都是一条线索，而只有把这些故事连接在一起，才能够理解全部。那些关于纽约人的抱负和犯罪的传统故事是非常具有社会学意义的，这不仅因为这些故事让叙述者的声音被听见，也不仅因为它们让那些利用科学方法获得的样本数据变得更加丰满，而且因为它们*揭露了城市自身的结构*。比如，从作为计算机数据的角度来看，夏恩和安娜丽丝在画廊的初次相遇几乎毫无意义，但是如果从我们积累的故事所呈现的模式来看，它变成了另外一个在价值观和社会角色多变的世界里的偶遇故事。如果这个上层社会的老鸨和这个贫民窟暴徒都即兴扮演他们本应固定的社会角色，如果他们交往的方式甚至他们的生活方式都受到了这个快速调整的角色的影响——就好像仅是两个人同意下的虚构故事——那么差不多就是承认在犯罪领域小有成就跟艺术创作没有太大的区别。全球化城市就如同一张画布，提供了结构，但是剩下的都由个人把控，这让每一个安吉拉和曼军都能成为某种艺术家，他们的艺术品和工作就是描绘最新版本的自己，然后把它呈现给这座城市以供最终的评判。会是这个"我"帮我达到最后的成功吗？

就像我在前文所说的，从政府部门领导者到基金会主席，不同领域的领导人也开始提出类似的观点。他们认为，对于那些在生活

第八章 退出策略

中采取"另类经济方式"的人,他们的技能、独创性和抗逆力不能被简单地视为违反了法律。从阿克拉到金奈,从上海到圣保罗,这些无比巨大的全球化城市正在向我们昭示,地下经济给了数以百万计的人唯一的生存机遇。如果忽视了他们的需求和潜在的贡献,就会给我们带来风险。如果这本书能够促进这种趋势,那就是我最乐意见到的事了。

在此之后的一段时间,我确实不止一次见到夏恩。有一次我们在上东区的某个聚会相遇。虽然之前已经说得差不多了,也实在没有什么可说的了,但是我还记得我们站在一起,望着窗外我们脚下的光彩夺目的城市。我想跟他说说我制作的纪录片、我完成的研究、我得到的终身教职,以证明"我改变了",而不是"失败了",但是我努力抑制住了这种冲动。我们就这样肩并肩,安静地站着。我们脚下的城市还如我们十年前初次相遇时那样漫无边际、令人困惑。即使是100年之后,它也依然会是漫无边际、令人困惑的。一个由选择、挑战和无形的线索所构成的无穷阵列,正在把我们全部人卷入它神圣、庄严的脉络之中。也许我仍然没有看到完整的模式,也许我总是有比答案更多的问题,但是我仍然需要将我的文字小世界扩展到更大的世界,就像夏恩需要继续贩卖毒品,同时也在做着他的开办艺廊的梦。因为这里是纽约,而那些闪烁的灯光代表了数以百万计的不同的世界,它们正在用充满诱惑力的知识和商业可能性向我们招手。我们可能不知道所有的答案,但至少我们知道我们应该去做什么。

我们必须流动。

致 谢

致 谢

我的社会学系的同事、全球思想委员会和非裔美国人研究所给我提供了充满活力的知识空间,让作为社会学家的我不断成长,渐趋老道。赫伯特·甘斯激发我以一种更易理解的风格写作,从而创作出更具生气、更加活泼的公共论述。威廉·朱利叶斯·威尔逊是一位懂得关怀且宽宏大量的导师。萨斯基娅·萨森、法拉·格里芬(Farah Griffin)、史蒂文·格雷戈里(Steven Gregory)、大卫·史塔克(David Stark)、莎姆斯·卡恩、阿尔福德·杨(Alford Young)、亚历山德拉·穆菲(Alexandra Murphy)和埃娃·卢森(Eva Rosen)都是绝佳的对话者。道格·顾思理(Doug Guthrie)看着我走过这段旅程,并经常不厌其烦地告诉我要保持耐心。

安·格道夫(Ann Godoff)在我还在打草稿的时候就已经看到了书的雏形,如果不是她的带领,那么我应该不会再往前一步。苏姗妮·格卢克(Suzanne Gluck)教会我如何表达,她圈子里的同事都让我受益匪浅。约翰·H.理查森(John H. Richardson)手把手地教我如何讲述故事。大卫·洛本斯坦(David Lobenstine)在阅读了书的初稿后,提出了不少建议。同样我也对安迪·切莉(Andy Celli)的帮助和忠告,以及史蒂芬·杜伯纳(Stephen Dubner)的持续鼓励感激不尽。

我的一位优秀的作家同事乔纳森·尼（Jonathan Knee）宽宏大度地花费了大量时间，以一位讲故事大师的眼光逐页浏览了我的书稿。拉里·凯默尔曼（Larry Kamerman）带我进入电影圈，他的电影就是我的灵感来源，很少有人能比他更好地传授这门手艺。还有马特·麦奎尔（Matt McGuire）、苏尼尔·贾格（Sunil Garg）、纳撒尼尔·多伊奇（Nathaniel Deutsch）、伊桑·迈克利（Ethan Michaeli）、大卫·萨斯曼（David Sussman）、巴伦·宾达（Baron Pineda）和丹尼尔·布朗（Daniel Brown），我永远不会忘记和你们的友谊。我还要感谢罗伯特（Robert）和朱迪·米尔纳（Judy Millner），谢谢你们为我敞开心扉和家门。如果没有城市正义中心的帮助，我就没有办法在纽约完成对性工作者的研究。他们孜孜不倦地为性工作者代言，为那些陷入困境的人指明方向。我还要感谢玛克辛·道根（Maxine Doogan），谢谢你让我看到性工作者社群中的日常斗争——而且当我面对指责的时候无数次为我挺身而出。谢谢你，玛克辛。

当然相比任何人，我更要感谢我的父亲在我接受精英教育的时候给予我的帮助。他教育我即使身陷困境也要保持镇定。我知之甚少的是，实际上他也在教育我如何做一名父亲。从我母亲那里，我学会了如何替弱势群体发声。还有我的姐姐，乌尔米拉（Urmila），她是我生活中不可或缺的充满同情心和爱心的人。

我的妻子阿曼达（Amanda）是我认识的最可爱的人。谢谢你带给我的西奥多（Theodore）。

作者后记

作者后记

我从1997年开始研究纽约的地下经济。虽然当时我成功地跟几个黑人商人建立了联系，但考虑到从马萨诸塞州到纽约的交通问题，进一步的扩展研究变得不太现实。1999年，在我加入哥伦比亚大学之后，我获得了一笔研究基金，可以用来收集纽约和芝加哥非法交易中的美国黑人的口述历史。这一系列的工作最后以一本关于一个芝加哥社区的地下经济的专著作为总结。

来到纽约后，芝加哥的经验激励了我对研究跨越单一社区的经济体系的兴趣。我参与了城市正义中心的性工作者项目，开展了关于室内性工作者的研究。我和我的学生以及城市正义中心的工作人员一起对工作和生活在纽约的五个行政区以及新泽西北部的性工作者进行了访谈。我们的访谈记录被提交给了城市正义中心，但是我们保留了与性产业相关者谈话的笔记内容。这些记录也会出现在城市正义中心的报告和学术出版物中。

在我与城市正义中心的合作完成之后，我开始为一部纪录片收集素材。同时，我也开始了对纽约中上层性交易圈子的正式研究。这项工作在2009年结束。对于这项研究的相关资料，我正准备在学术刊物中发表。

这本书是对于这些研究经历的纪念。也是因为这个原因，这本书中的大部分内容是不适合在主流的社会科学学术刊物中发表的。只有正式的研究结论会出现在学术刊物中。这本书中的一部分基于田野调查笔记，另外一部分基于个人的日记和访谈记录，剩余的则基于记忆。

尽管书中所涉及的人物和组织都是真实的，没有任何虚构成分，但为了保护书中人物的隐私和遵守学术规范，我使用了化名。同时为了避免从事件追寻到所涉及的真实人物，我也对一些事件发生的时间进行了修改。

索引

索 引

A

Abbie 128 艾比

Amy 218-220 艾密

Analise 6-26, 49, 133-135, 158-160, 165, 173-174, 176, 177, 215-235, 242, 253-258, 265, 266-271 安娜丽丝

    Amy and 218-220 艾密与安娜丽丝

    apartment of 215-216 安娜丽丝的公寓

    art gallery and 230-234, 237-241, 267 艺廊与安娜丽丝

    attack on 226-229, 232 攻击安娜丽丝

    Betsy and 133-134 贝特西与安娜丽丝

    Brittany and 11-13, 17-18, 20, 21, 220-222, 226, 234, 237-241, 254-257 布兰特妮与安娜丽丝

    drug use and 10-13,20 安娜丽丝使用毒品

    J.B. and 13-18, 21, 22, 159-161, 215-216, 226-229, 256 J.B.与安娜丽丝

    Jo Jo and 221-225, 256 乔乔与安娜丽丝

    Kate and 230-234, 237-238, 267 凯特与安娜丽丝

    Kimberly and 219,221-225 金柏莉与安娜丽丝

    as madam 17-23, 25, 26,135, 158-159, 215-229, 232-233, 237, 242-243, 254, 255, 267 作为老鸨的安娜丽丝

    Shine and 7-13, 101, 215, 241, 256, 272 夏恩与安娜丽丝

    S.V.'s meeting of 48-49 素德·文卡特斯与安娜丽丝的相遇

Angela 56-60, 62, 71, 72, 78-79, 83-88, 94-98, 103-104, 110-125, 135-139, 141, 143-146, 154, 158, 162, 163, 172, 173, 175, 182-183, 202, 221, 223, 224, 230, 234, 242, 257-260, 262,

263, 265, 266, 271, 272 安吉拉

  apartment of 112-116, 118-124, 135-137, 162, 165, 231 安吉拉的公寓

  departure for Dominican Republic 251, 264 安吉拉前往多米尼加

  Internet ad of 111-112 安吉拉的互联网广告

Azad 75-77, 91 阿扎德

B

Bearman, Peter 28, 130, 167-168 彼得·伯尔曼

black market 76, 137, 176, 17, 7, 233, 242, 243 黑市

  wealthy young philanthropists and 104 富裕的年轻慈善家与黑市

blacks, tangle of pathology and 144 黑人，病态的混乱

Bodega de la Familia, La 103-104 家族酒店

Bourdieu, Pierre 165 皮埃尔·布迪厄

BRIC nations 177 金砖国家

bricolage 5 拼凑

Brittany 11-13, 17-18, 20, 21, 159, 160, 220-222, 226, 234, 237-241, 254-257 布兰特妮

brokers 173-174 中介

C

Capone, Al 142 阿尔·卡彭

Carla Consuelo 113-126, 135-138, 143-146, 162- 163, 173, 177, 200, 221, 224, 231, 251-254, 257, 260, 262, 265, 266, 271 卡拉·孔素埃洛

  attacks on 116-121, 123, 124, 189-190, 196-198, 199, 200, 251-253, 258-260 攻击卡拉

  as escort 125-126, 236, 251 提供伴游服务的卡拉

  Margot Kerry and 163-166,

索　引

189-190, 196-198, 199, 200, 251-253, 258-260 玛歌特·克瑞与卡拉

Carlos 67-68 卡洛斯

Carter, Mindy 7 明迪·卡特

Castells, Manuel 176 曼纽尔·卡斯特

Cathy 183-189, 190, 204 凯茜

Chelsea 3, 56, 63 切尔西区

Chicago 8, 85, 271 芝加哥

 gangs in 49, 54, 62, 63, 71, 86, 103, 171 芝加哥黑帮

 gentrification in 56 芝加哥旧城改造

 neighborhoods in 5, 31 芝加哥街区

 New York contrasted with 8, 24, 31, 32, 33, 42, 56, 62, 201, 269-271 纽约与芝加哥对比

 S.V.'s documentary on housing projects in 10, 166-167, 179, 180 素德·文卡特斯在芝加哥拍摄的住房项目纪录片

 S.V.'s work in 23-24, 30, 86, 104, 130, 132-133, 144, 166, 178, 250 素德·文卡特斯在芝加哥的工作

 underground economy in 5, 40 芝加哥地下经济

 young philanthropists and 109 年轻慈善家与芝加哥

Chicago, University of 5, 27-29, 31 芝加哥大学

Cicourel, Aaron 175, 178 阿隆·西库里尔

Cincy 112-116, 118, 121-124 辛茜

Clark, Michael 30, 32, 33 麦克尔·克拉克

class divisions 145, 176 阶级划分

 low income 175, 176 低收入阶层

 middle and upper class 176 中上层阶级

moving across 165, 176-178, 201, 202, 238, 242 在阶层间移动

new 177-178 新的阶层

cocaine 可卡因

    crack 1, 99-100, 143 快克可卡因

    powdered 100, 139 粉状可卡因

    Shine's business in 1, 9-11, 127, 129-132, 138-143, 207-214, 241, 243, 273 夏恩的可卡因生意

Cohan 101 科汉

Collins, Michael 42-43, 82, 89, 95-96, 146-147, 197 麦克·科林斯

Columbia University 27-28, 40, 47 哥伦比亚大学

    ethical research methods and 179-180 符合伦理的研究方法与哥伦比亚大学

    S.V. at 130, 166, 185, 269 素德·文卡特斯在哥伦比亚大学

    S.V.' arrival at 27, 29-30, 261 素德·文卡特斯到达哥伦比亚大学

Conover, Mortimer 50-54, 60, 61, 73, 84, 150, 263 莫蒂墨·康诺弗

    stroke suffered by 51-52 莫蒂墨中风

crack cocaine 1, 99-100, 143 快克可卡因

crime, observing 103 观察犯罪

cultural capital 165, 167, 209-210, 249, 253 文化资本

cultural repertoire 213 文化技能

D

Darlene 183, 185, 190-191, 215 达琳

Declining Significance of Race, The (Wilson) 29《种族意义的衰落》（威尔逊）

developing world 177 发展中国家

索 引

dot-com bubble 98, 236 互联网泡沫

drug, drug dealing 7-8, 52, 76, 129, 138, 177, 242 毒品，毒品交易

 Analise and 10-13, 20 安娜丽丝与毒品交易

 cocaine 可卡因

  crack 1, 99-100, 143 快克可卡因

  powdered 100, 139 粉状可卡因

  Shine's business in 1, 9-11, 127, 129-132, 138-143, 207-214, 241, 243, 273 夏恩的可卡因生意

 Manjun and 89, 91, 96 曼军与毒品交易

 Shine and 1, 4, 9-11, 58 夏恩与毒品交易

 in suburbs 144 郊区的毒品交易

E

East Village 132 东村

economy, mainstream, in New York 39 纽约主流经济

economy, underground 40, 86, 92 地下经济

 brokers in 173-174 地下经济中的中介

 in Chicago 5, 40 芝加哥地下经济

 connecting to overworld 178 地下经济与上层社会的连接

 connectivity in 172-173 地下经济中的连接性

 floating communities and 53-54 流动社区与地下经济

 legal system and 171 法律体系与地下经济

 role of, in lives of middle class and wealthy 182 地下经济在中产阶级和富裕阶级生活中的角色

 social relations in 52-54 地下

经济中的社会关系

speculation about 39 关于地下经济的猜测

trust and confidentiality in 138 地下经济中的信任与机密

economy, underground, in New York 1-2, 24, 41-42, 61-62, 86-87, 98, 177, 242 纽约地下经济

 apartment renting and 84 公寓租赁与纽约地下经济

 bank accounts and, 83, 84, 87 银行账户与纽约地下经济

 black market 76, 137, 176, 177, 233, 242, 243 黑市

  wealthy young philanthropists and 104 富裕的年轻慈善家与黑市

 day laborers in 72-73 纽约地下经济中的临时工

 drugs, see drugs, drug dealing 纽约地下经济中的毒品，见"毒品，毒品交易"

 as floating community 53-54, 58 作为流动社区的纽约地下经济

 in Harlem 36-37, 39-40, 175 纽约哈林区的地下经济

 health care and 83, 84 医疗服务与纽约地下经济

 sex work, see sex industry 性工作，见"性产业"

 Social Security and 77 社会保险与纽约地下经济

 spread into surrounding world 71 纽约地下经济向周围世界的蔓延

 violence in 89, 196-197 纽约地下经济中的暴力

entropy 242 熵

escort services 43-44, 84, 121, 182-183, 202, 225, 242 伴游服务

 Analise and 17-23, 25, 26, 135, 158-159, 215-229, 232-233, 237, 242-243, 254, 255, 267 安娜丽丝与伴游服务

索 引

Carla and 125-126, 236, 251 卡拉与伴游服务

Fiona and 245-247 费奥娜与伴游服务

Morgan and 245-248 摩根与伴游服务

quitting in 240 退出伴游服务

see also prostitution, prostitute 也参见"卖淫,妓女"

ethnography 1, 39 民族志

Evalina 2-3, 9, 11-12, 101, 141, 158, 256 伊夫林娜

Shine and 10, 12, 214 夏恩与伊夫林娜

F

Fiona 245-247 费奥娜

floating communities 53-54, 58, 137 流动社区

see also underground economy 也参见"地下经济"

Foner, Nancy 94 南茜·福纳

food stamps 108 食物券

Freakonomics: A Rogue Economist Explorers the Hidden Side of Everything (Levitt and Dubner) 39, 98《怪诞经济学:一个流氓经济学家百无禁忌的探索》(列维特与杜伯纳)

G

Gang Leader for a Day (Venkatesh) 1, 29, 40《黑帮老大的一天》(文卡特斯)

gangs 99 黑帮

in Chicago 49, 54, 62, 63, 71, 86, 103, 171 芝加哥黑帮

gang leaders' self-image and 142 黑帮首领的自我形象与黑帮

Gans, Herbert 27-28, 167, 203 赫伯特·甘斯

Geertz, Clifford 25 克利福德·格尔茨

generalizability problem 40 概化问题

gentrification 4, 38, 55-56, 177 中产阶级化

Giuliani, Rudy 4, 63, 68, 76, 78, 83 鲁迪·朱利安尼

global cities, globalization 37-39, 61, 93-95, 172, 177, 241, 252, 271, 272 全球城市，全球化

  floating and, 137 流动与全球城市

    see also floating communities 也参见"流动社区"

  informational cities and 176 信息城市与全球化

  New York as, 5, 37-40, 93-94, 137, 172, 201, 215, 269-270 作为全球城市的纽约

  sociological study of 38 全球城市的社会学研究

Greenpoint 114 绿点区

H

Harlem 31, 35-37, 59-60, 74, 99, 102, 105, 209-210 哈林区

  underground economy in 36-37, 39-40, 175 哈林区地下经济

Harvard University 48, 165 哈佛大学

  wine tasting 48-49, 133-134, 224 哈佛大学品酒会

Harvey, David 37 大卫·哈维

Hell's Kitchen, 4, 5, 55-56, 60, 95, 111, 147, 215 地狱厨房

hipsters 112, 114 艺术家

homeless 72-73 无家可归者

I

Immigrants 93-94, 177, 202 移民

  underground railroad for 97 移民在地下世界的通路

informational cities 176 信息城市

international law 173 国际法

Internet 互联网

  entrepreneurs 98 互联网企业家

  prostitution and 111-112, 114,

索引

252 卖淫与互联网

J

Janowitz, Morris 85 莫里斯·简诺维兹

J.B.(Junebug) 13-18, 21, 22, 159-161, 215-216, 226-229, 235-238, 253-254, 256, 257, 265 J.B.（六月虫）

  film career of 159, 160, 215, 226, 229-230, 235-237, 255, 256, 268 J.B. 的电影事业

  Shine and 255 夏恩与 J.B.

Jimmy 261-264 吉米

johns 186, 194-195 嫖客

  emotional exchange and 187-188, 193-195 情感的交流与嫖客

  Jonathan 192-195 乔纳森

  Martin 186-189, 191-195, 203-206, 250, 257-258 马丁

  money exchange as protection for 187-188 作为保护嫖客的货币交换

  Nate 192-195 奈特

  Jo Jo 221-225, 256 乔乔

Jonathan 192-195 乔纳森

Joshi 77-79, 81-82, 88, 91, 162, 263 乔什

Juan 157-158, 165, 207-213, 237-239 胡安

Jung, Carl 236 卡尔·荣格

K

Karina 171-172, 173 卡琳娜

Kate 230-234, 237-238, 267 凯特

Kerry, Margot 147, 149-155, 158, 163-174, 175-183, 224, 257, 263-265, 271 玛歌特·克瑞

  background of 152-153 玛歌特的背景

  Carla and 163-166, 189-190, 196-198, 199, 200, 251-253, 158-260 卡拉与玛歌特

  financial advice given by 245-

248 玛歌特提出的财务建议

finishing school of 199-201 玛歌特开办的精修学校

as madam 154-155, 163-166, 168-173, 176, 181-183, 185, 189-192 作为老鸨的玛歌特

sex business quit by 164, 270 玛歌特退出性产业

strip clubs and 180-181 脱衣舞俱乐部与玛歌特

Kahn, Shamus 224 莎姆斯·卡恩

Kimberly 219, 221-225 金柏莉

Kings County Hospital 118 国王郡医院

Kotlowitz, Alex 105 亚历克斯·克罗威兹

Kozol, Jonathan 105 乔纳森·科佐尔

Kristina 83-86 克里斯蒂娜

L

La Bodega de la Familia 103-104 家族酒店

Latino community 103-104 拉丁裔社区

law 171 法律

 international 173 国际法

Levitt, Steven 54, 98, 130 史提芬·列维特

Liebow, Elliot 145 艾略特·列堡

London, 37, 39, 172, 176 伦敦

Louise, 165 路易丝

Lower East Side 63, 98, 103, 104, 110 下东区

M

Madrigal, Father 113, 115, 118-120, 122-124 马德里加尔神父

Manhattan Nights 172 曼哈顿之夜

 see also Kerry, Margot 也参见"玛歌特·克瑞"

Manjun 56-63, 65-71, 73, 77, 80-81, 84-86, 88, 91, 94, 111, 138, 143-146, 154, 155, 162, 172-

索 引

173, 175, 223, 225, 231, 257, 265, 266, 270-272 曼军

    disappearance of 88, 91, 95-96, 146 曼军的消失

    drug trade and 89, 91, 96 毒品交易与曼军

    forced prostitution and 91-92 强迫卖淫与曼军

    shop of, 56-59, 61-63, 65, 69-72, 76, 77-80, 82-84, 86-90, 150 曼军的商店

    thief and 80, 82, 89, 91 抢劫者与曼军

Margot 玛歌特

    see also Kerry, Margot 也参见"玛歌特·克瑞"

Marjorie 204 马乔里

Martin 186-189, 191-195, 203-206, 250, 257-258 马丁

Marx, Karl 209 卡尔·马克思

Max 21 麦克斯

McCombs, Silvia 105-109 西尔维亚·麦库姆斯

Merton, Robert 27, 167, 217 罗伯特·默顿

Michael(acquaintance of Analise) 160 迈可（与安娜丽丝相识）

Michael(acquaintance of Shine) 127, 128, 129 迈克（与夏恩相识）

Michael(acquaintance of Shine) 155-157 麦可（夏恩的哥哥）

Midtown 4, 62, 63, 74, 83-84, 97, 98, 102, 126, 129, 149 中城区

Mills, C.Wright 27-28, 167 赖特·米尔斯

Morgan 245-248 摩根

Mortimer, see Conover, Mortimer 莫蒂墨，见"莫蒂墨·康诺弗"

Moynihan Report 144《莫伊尼汉报告》

N

Nate 192-195 奈特

New York 271-272 纽约

    Chelsea 3, 5, 63 纽约切尔西区

355

Chicago contrasted with 8, 24, 31, 32, 33, 42, 56, 62, 201, 269-271 纽约与芝加哥相比

contrasts in 38-39 纽约内部比较

East Village 132 东村

gentrification in 4, 38, 55-56, 177 纽约中产阶级化

as global city 5, 37-40, 93-94, 137, 172, 176, 177, 201, 215, 269-270 作为全球城市的纽约

Greenpoint 114 绿点区

Harlem 31, 35-37, 59-60, 74, 99, 102, 105, 209-210 哈林区

   underground economy in 35-37, 39-40, 175 哈林区地下经济

Hell's Kitchen 4, 5, 55-56, 60, 95, 111, 147, 215 地狱厨房

hipsters in 112, 114 在纽约的艺术家

immigrants in 93-95, 97, 177, 202 在纽约的移民

Latino community in 103-104 纽约的拉丁裔社区

Lower East Side 63, 98, 103, 104, 110 下东区

mainstream economy in 39 纽约主流经济

Midtown 4, 62, 63, 74, 83-84, 97, 98, 102, 126, 129, 149 中城区

poverty in 94 纽约贫困人口

sex work in, *see* sex industry 纽约性工作，见"性产业"

sociology and 23-25 社会学与纽约

Soho, 3, 132, 149 苏荷区

suburbanization of 95 纽约郊区化

Times Square area 76 时代广场范围内

Wall Street 4, 63, 129, 203 华尔街

Williamsburg 114 威廉斯堡

New York, underground economy

索　引

in, 1-2, 24, 41-42, 61-62, 86-87, 98, 177, 242 纽约地下经济

　　apartment renting and　84 公寓租赁与纽约地下经济

　　bank accounts and 83, 84, 87 银行账户与纽约地下经济

　　black market 76, 137, 176, 177, 233, 242, 243 黑市

　　　wealthy young philanthropists and 104 富裕的年轻慈善家与黑市

　　day laborers in 72-73 纽约地下经济中的临时工

　　drugs, *see* drugs, drug dealing 纽约地下经济中的毒品，见"毒品，毒品交易"

　　ad floating community 53-54, 58 作为流动社区的纽约地下经济

　　in Harlem 36-37, 39-40, 175 纽约哈林区的地下经济

　　health care and, 83, 84 医疗服务与纽约地下经济

sex work, *see* sex industry 性工作，见"性产业"

Social Security and 77 社会保险与纽约地下经济

spread into surrounding world 71 纽约地下经济向周围世界的蔓延

violence in 89, 196-197 纽约地下经济中的暴力

9/11 attacks 97 911袭击

Ninth Avenue Family Video, 56-59, 61-63, 65, 69-72, 76, 77-80, 82-84, 86-90, 150 第九街区家庭放映厅

P

Park, Robert 29 罗伯特·帕克

Patriot Act 97《爱国者法案》

philanthropists, young 104-110, 132 年轻慈善家

　　black market and 104 黑市与年轻慈善家

　　poor 23, 94, 201-202, 225 穷人

hard work and resilience among 143-146 穷人努力工作与弹性

stereotypes about 143-144 关于穷人的刻板印象

welfare and 106 福利与穷人

    Silvia and 106, 108, 109 西尔维亚与福利

porn shops, 68-69, 71, 72, 74, 90, 202 成人商店

    of Manjun 56-59, 61-63, 65, 69-72, 76, 77-80, 82-84, 86-90, 150 曼军的成人商店

    of Santosh 74-75, 88 萨托什的成人商店

poverty, *see* poor 贫穷，见"穷人"

prostitution, prostitutes, 1-2, 22, 26, 42-44, 52, 75-76, 110-111, 177 卖淫，妓女

    Analise and 17-23, 25, 26 135, 158-159, 215-229, 232-233, 237, 242-243, 254, 255, 267 安娜丽丝与卖淫

    Angela and, 56-60, 62, 71, 72, 78, 83-88, 98, 104, 110-125, 135-139 安吉拉与卖淫

    aspiring artist types and, 184-185 有抱负的艺术家类型与卖淫

    Azad and 75-76 阿扎德与卖淫

    Brittany and, 11-13, 17-18, 20-21, 159, 160, 220-222, 226, 234, 237-241 布兰特妮与卖淫

    Carla and, *see* Carla Consuelo 卡拉与卖淫，见"卡拉·孔素埃洛"

    Cathy and 183-189, 190, 204 凯茜与卖淫

    Cincy and, 112-116, 118, 121-124 辛茜与卖淫

    clients and, *see* sex industry clients 顾客与卖淫，见"性产业顾客"

    escort services, *see* escort services

索 引

伴游服务与卖淫，见"伴游服务"

exit strategies and 232-233, 245-248 退出策略与卖淫

female empowerment and 232 女性赋权与卖淫

forced 91-92 强迫卖淫

high-end, 182 185, 192, 202, 205, 252, 263 高端性工作者

 see also escort services 也参见"伴游服务"

Internet and 111-112, 114, 252 互联网与卖淫

Jo Jo and 221-225, 256 乔乔与卖淫

Kimberly and 219, 221-225 金柏莉与卖淫

Manjun and 91-92 曼军与卖淫

Margot Kerry and, 149-155, 163-166, 168-173, 176, 181-183, 185, 189-192, 199-201, 215, 230, 232-233, 238, 245-249, 251, 252, 264 玛歌特·克瑞与卖淫

Santosh and 74 萨托什与卖淫

street 42-43, 71-73, 78, 84, 98 街头卖淫

Vonnie and 110-125, 135-139, 141 维尼与卖淫

women from business world in 184-185 来自商业世界的卖淫女

R

Rajesh 75-76, 91, 98 拉杰什

revanchist policies 177 复仇主义政策

Ricky 198, 258 里基

S

Santosh 74-76, 88, 90-93, 97-98, 145-146, 231, 233, 270, 271 萨托什

Sassen, Saskia 37, 38 萨斯基娅·萨森

Salvage Inequality (Kozol) 105

《野蛮的不平等》（科佐尔）

September 11 attacks 97 911 袭击

sex industry 61, 71-76, 202, 264 性产业

 aspirations and 155 雄心与性产业

 escort services 43-44, 84, 121, 182-183, 202, 225, 242 伴游服务

  Analise and, 17-23, 25, 26, 135, 158-159, 215-229, 232-233, 237, 242-243, 254, 255, 267 安娜丽丝与伴游服务

  Carla and 125-126, 236, 251 卡拉与伴游服务

  Fiona and 245-247 费奥娜与伴游服务

  Morgan and 245-248 摩根与伴游服务

  quitting in 240 退出伴游服务

 ethnic variance in 181 性产业中的族群差异性

 exit strategies and 232-233, 245-248 退出策略与性产业

 Kristina and 83-86 克里斯蒂娜与性产业

 multinational nature of 71-72 性产业的跨国特征

 networked community and 84-85 网络社区与性产业

 porn shops 68-69, 71, 72, 74, 90, 202 成人商店

  of Manjun, 56-59, 61-63, 65, 69-72, 76, 77-80, 82-84, 86-90, 150 曼军的成人商店

  of Santosh, 74-75, 88 萨托什的成人商店

 prostitution, prostitutes, 1-2, 22, 26, 42-44, 52, 75-76, 110-111, 177 卖淫，妓女

  Analise and, 17-23, 25, 26 135, 158-159, 215-229, 232-233, 237, 242-243, 254,

索 引

255, 267 安娜丽丝与卖淫
Angela and 56-60, 62, 71, 72, 78, 83-88, 98, 104, 110-125, 135-139 安吉拉与卖淫
aspiring artist types and 184-185 有抱负的艺术家类型与卖淫
Azad and 75-76 阿扎德与卖淫
Brittany and 11-13, 17-18, 20-21, 159, 160, 220-222, 226, 234, 237-241 布兰特妮与卖淫
Carla and, *see* Carla Consuelo 卡拉与卖淫，见"卡拉·孔素埃洛"
Cathy and 183-189, 190, 204 凯茜与卖淫
Cincy and 112-116, 118, 121-124 辛茜与卖淫
clients and, *see* sex industry clients 顾客与卖淫，见"性产业顾客"

escort services, *see* escort services 伴游服务与卖淫，见"伴游服务"
exit strategies and 232-233, 245-248 退出策略与卖淫
female empowerment and 232 女性赋权与卖淫
forced 91-92 强迫卖淫
high-end, 182185, 192, 202, 205, 252, 263 高端性工作者 *see also* escort services 也参见"伴游服务"
Internet and 111-112, 114, 252 互联网与卖淫
Jo Jo and 221-225, 256 乔乔与卖淫
Kimberly and 219, 221-225 金柏莉与卖淫
Manjun and 91-92 曼军与卖淫
Margot Kerry and 149-155, 163-166, 168-173, 176, 181-183, 185, 189-192,

361

199-201, 215, 230, 232-233, 238, 245-249, 251, 252, 264 玛歌特·克瑞与卖淫

Santosh and 74 萨托什与卖淫

street 42-43, 71-73, 78, 84, 98 街头卖淫

Vonnie and 110-125, 135-139, 141 维尼与卖淫

women from business world in 184-185 来自商业世界的卖淫女

Santosh and 74-75 萨托什与性产业

social networks and 73 社会网络与性产业

socioeconomic and ethnic mixing in 164-166 性产业中社会经济和种族的混合

strip clubs 6, 44-47, 49-50, 185, 202, 261-262 脱衣舞俱乐部

Margot Kerry and 180-181 玛歌特·克瑞与脱衣舞俱乐部

Mortimer and 50-54 莫蒂墨与脱衣舞俱乐部

Times Square and 76 时代广场与性产业

transition to normal life 245-248 向正常生活的过渡

white women in 158 性产业中的白人女性

sex industry clients 186, 194-195 性产业顾客

emotional exchange and 187-188, 193-195 情感的交流与嫖客

Jonathan 192-195 乔纳森

Martin 186-189, 191-195, 203-206, 250, 257-258 马丁

money exchange as protection for 187-188 作为保护嫖客的货币交换

Nate 192-195 奈特

Sex Worker's Project, Urban

索 引

Justice Center, 2, 43, 47, 71, 73, 83, 175 城市正义中心性工作者项目

Shakespeare, William 233 威廉·莎士比亚

Shine 1-6, 12, 16, 23-25, 35-37, 42, 54-59, 62-63, 69-71, 98-103, 126-132, 138-143, 143-146 夏恩

 Analise and 7-13, 101, 215, 241, 256, 272 安娜丽丝与夏恩

 art galleries and, 2-6, 101, 214-215, 241, 265-266, 273 画廊与夏恩

 cocaine business of, 1, 4, 9-11, 58, 127, 129-132, 138-143, 207-214, 241, 243, 273 夏恩的可卡因生意

 conflict resolution and 172 冲突解决与夏恩

 Evaina and 10, 12, 214 伊夫林娜与夏恩

 family of 155-157, 265 夏恩的家庭

 father of 156 夏恩的父亲

 geographical boundaries of 102 地理边界与夏恩

 at hotel bar 126-129 夏恩在酒店酒吧

 J.B. and 255 J.B. 与夏恩

 Juan and 157-158, 165, 207-213, 237-239 胡安与夏恩

 mother of 156-157, 200 夏恩的母亲

 as pimp 99 作为皮条客的夏恩

 staff of 138-143, 157-158, 207-208, 231-232, 240 夏恩的职员

 S.V.'s meeting of 1, 30-35 素德·文卡特斯与夏恩的相遇

 S.V.'s relationship with 103 素德·文卡特斯与夏恩的关系

 white clients and, 101-103, 141, 174, 209-210, 214 白人顾客与夏恩

Shoomi 66-68, 90, 94 舒密

Smith, Neil 177 尼尔·史密斯

snowball sampling 151 滚雪球抽样

Social Security 77 社会保险

Society of Fellows 48 哈佛学会

social capital 165, 167, 209-210, 249, 253 社会资本

social classes 145, 176 社会阶层

 low income 175, 176 低收入阶层

 middle and upper 176 中上层阶级

 moving across 165, 176-178, 201, 202, 238, 242 在阶层间移动

 new 177-178 新的阶层

sociology, sociologists 23, 28-29, 37, 73, 87, 143-145, 195, 201, 203, 206, 250, 271 社会学，社会学家

 at Columbia 27-28 社会学家在哥伦比亚大学

 ecological viewpoint in 38, 145 社会学中的生态视角

 ethical research methods and 179-180 伦理研究方法和社会学

ethnography 1, 39 民族志

 Chicago style and 23-24 芝加哥风格与社会学

 globalization studied by 38 社会学中的全球化研究

 moving across social classes and 165, 201 在不同阶层中移动与社会学研究

 New York style and 23-25 纽约风格与社会学

 poor as viewed by 23, 143-144, 201 社会学视角的贫困

 small n problem in 40, 184, 250, 252, 263, 271-272 社会学中的小样本问题

 snowball sampling in 151 社会学中的滚雪球抽样

 S.V.'s documentary and 166-167 文卡特斯的纪录片与社会学

索 引

Soho 3, 132, 149 苏荷区

squeegee men 68, 69, 72 抹车仔

strip clubs 6, 44-47, 49-50, 185, 202, 261-262 脱衣舞俱乐部

    Margot Kerry and 180-181 玛歌特·克瑞与脱衣舞俱乐部

    Mortimer and 50-54 莫蒂墨与脱衣舞俱乐部

Sula 80-83, 91 苏拉

Swidler, Ann 213 安·斯威德勒

T

There are No Children Here (Kotlowitz) 105《这里没有小孩》（克罗威兹）

third culture 174 第三文化

Times Square 76 时代广场

Tito, 211, 237 蒂托

Tori 185-186 托莉

Truly Disadvantaged, The (Wilson) 29《真正的弱势群体》（威尔逊）

Tuskegee trials 179 塔斯基吉实验

U

underground economy 40, 86, 92 地下经济

    brokers in 173-174 地下经济中的中介者

    in Chicago 5, 40 芝加哥地下经济

    connecting to overworld 178 地下经济与上层社会的连接

    connectivity in 172-173 地下经济中的连接性

    floating communities and 53-54 流动社区与地下经济

    legal system and 171 法治系统与地下经济

    role of, in lives of middle class and wealthy 182 地下经济在中产阶层和富裕阶层生活中的角色

    social relations in 52-54 地下经济中的社会关系

    speculation about 39 关于地下经济的猜测

trust and confidentiality in 138 地下经济中的信任与机密

underground economy in New York, 1-2, 24, 41-42, 61-62, 86-87, 98, 177, 242 纽约地下经济

 apartment renting and 84 公寓租赁与纽约地下经济

 bank accounts and 83, 84, 87 银行账户与纽约地下经济

 black market 76, 137, 176, 177, 233, 242, 243 黑市

  wealthy young philanthropists and 104 富裕的年轻慈善家与黑市

 day laborers in 72-73 纽约地下经济中的临时工

 drugs, see drugs, drug dealing 纽约地下经济中的毒品，见"毒品，毒品交易"

 as floating community, 53-54, 58 作为流动社区的纽约地下经济

 in Harlem 36-37, 39-40, 175 纽约哈林区的地下经济

 health care and 83, 84 医疗服务与纽约地下经济

 sex work, see sex industry 性工作，见"性产业"

 Social Security and 77 社会保险与纽约地下经济

 spread into surrounding world 71 纽约地下经济向周围世界的蔓延

 violence in 89, 196-197 纽约地下经济中的暴力

University of Chicago 5, 27-29, 31 芝加哥大学

Urban Justice Center 61 城市正义中心

 Sex Workers' Project at 2, 43, 47, 71, 73, 83, 175 城市正义中心性工作者项目

V

Venkatesh, Sudhir（author） 素德·文卡特斯（作者）

索 引

arrival at Columbia 27, 29-30, 261 文卡特斯到达哥伦比亚大学

Bearman and 28, 130, 167-168 伯尔曼与文卡特斯

Chicago public housing documentary of 10, 166-167, 179, 180 文卡特斯的芝加哥公租房纪录片

Chicago sociology background of 23-24, 30, 86, 104, 130, 132-133, 144, 166, 178, 250 文卡特斯的芝加哥社会学背景

Clark and 30, 32, 33 克拉克与文卡特斯

at Columbia 130, 166, 185, 269 文卡特斯在哥伦比亚大学

as documentary filmmaker 179-182, 185, 229-230, 262-263, 268-269 作为纪录片拍摄者的文卡特斯

Gang Leader for a Day 1, 29, 40《黑帮老大的一天》

panic attacks of 150-151 文卡特斯惊恐症发作

research grant of 185 文卡特斯获得研究基金支持

separation and divorce of 80-81, 134, 151, 167-169, 188, 189, 191, 194, 217, 250 文卡特斯分居和离婚

small *n* problem in research of 40, 184, 250, 252, 263, 271-272 文卡特斯研究中的小样本问题

at University of Chicago 5, 27-29, 31 文卡特斯在芝加哥大学

at wine tasting 48-49, 133-134, 224 文卡特斯在品酒会

Village Voice 86-87《乡村声音》

violence 89, 196-197 暴力

vomiting 161-162 呕吐

Vonnie 110-125, 135-139, 141, 145, 162 维尼

W

Wallace, Terry 163 特里·华莱士

Wall Street 4, 63, 129, 203 华尔街

Waters, Mary 95 玛丽·沃特士

webs of significance 25 意义网络

welfare 106 福利

    Silvia and, 106, 108, 109 西尔维亚与福利

White, Harrison 28 哈里森·怀特

Williams, Carter 105-110, 132 卡特·威廉姆斯

Williamsburg 114 威廉斯堡

Wilson, William Julius 28-29 威廉·朱丽叶·威尔逊

wine tasting 48-49, 133-134, 224 品酒会

Winters, Betsy 105-110, 132-134 贝特西·文特斯

Winters, Michael, 105-110, 132-134 贝特西·麦克尔

women's shelter 123 女性庇护所

World Trade Center attack 97 世界贸易中心袭击

FLOATING CITY: A Rogue Sociologist Lost and Found in New York's Underground Economy by Sudhir Venkatesh

Copyright © 2013 by Sudhir Venkatesh.

Simplified Chinese translation copyright © 2021 by China Renmin University Press.

All Rights Reserved.

图书在版编目（CIP）数据

流动之城：一位社会学家的地下纽约观察记 /（美）素德·文卡特斯（Sudhir Venkatesh）著；李斌译. --北京：中国人民大学出版社，2021.4
ISBN 978-7-300-29135-2

Ⅰ.①流… Ⅱ.①素… ②李… Ⅲ.①地下经济–研究–纽约 Ⅳ.① F171.2

中国版本图书馆 CIP 数据核字（2021）第 054079 号

流动之城：一位社会学家的地下纽约观察记

[美] 素德·文卡特斯（Sudhir Venkatesh）著
李　斌　译
liudong zhi Cheng: Yiwei Shehuixuejia de Dixia Niuyue Guanchaji

出版发行	中国人民大学出版社			
社　　址	北京中关村大街 31 号	邮政编码	100080	
电　　话	010-62511242（总编室）	010-62511770（质管部）		
	010-82501766（邮购部）	010-62514148（门市部）		
	010-62515195（发行公司）	010-62515275（盗版举报）		
网　　址	http://www.crup.com.cn			
经　　销	新华书店			
印　　刷	涿州市星河印刷有限公司			
规　　格	145 mm × 210 mm　32 开本	版　次	2021 年 4 月第 1 版	
印　　张	11.75　插页 3	印　次	2021 年 4 月第 1 次印刷	
字　　数	236 000	定　价	59.00 元	

版权所有　　侵权必究　　印装差错　　负责调换